Rudolf Lantschbauer
Willi Haider

Steiermark Wein & Küche

Mit Texten von Henry Sams
Josef Ertl
Rezepte von Josef Zotter und Dietmar Kappel
Fotos von Rudolf Lantschbauer

Inhaltsverzeichnis

Inhaltverzeichnis der Rezepte:

Weinbau in der Steiermark

Viele Mythen haben den Wein zum Inhalt. In der Steiermark hat der Weinbau eine große Tradition. Ausgrabungen in der Südsteiermark, vor allem in der Region um Großklein, brachten Funde aus der Hallstattzeit um das Jahr 800 bis 400 vor Christi Geburt ans Tageslicht. Schon damals nutzten die Kelten die wildwachsenden Reben. Die Kelten waren ein Volk mit einer ausgeprägten Musikalität und einem großartigen Kunsthandwerk. Ihre Kreativität erreichte ihren Höhepunkt in der Goldschmiedekunst, die mit keiner anderen Hochkultur einen Vergleich scheuen muß. Es waren aber die Römer, die maßgeblich am Zustandekommen einer „Weinkultur" in der Steiermark beteiligt waren. Ihr Einfluß kann gar nicht hoch genug geschätzt werden, denn kaum ein Volk hatte jemals so nachhaltig die Lebensweise in ihren ehemaligen Provinzen geprägt. Überall dort, wo römische Legionen ihre Lager aufschlugen, römische Händler ihre Waren tauschten und römische Siedler ihre Höfe anlegten, brachten sie römische Lebensart, Sitten und Gebräuche mit. Und dazu gehörte auch der Wein. Im Vergleich zur traditionellen Weinkultur in Italien fiel der provinzielle Weinbau der Römer aber eher bescheiden aus. Eine bedeutende, geschlossene frühe Besiedlung der Römer war Flavia Solva. Im Römermuseum in der Gemeinde Wagna kann man sich heute ausdrucksstark ein Bild von der früheren Lebensweise dieses Volkes machen.
Mit der frühmittelalterlichen Völkerwanderungszeit brach in unseren Breiten nicht nur für den Weinbau ein dunkles Kapitel an. Durch diese im Sinne des Wortes ausgelöste Bewegung kamen eine Reihe verschiedenster Völker auch in die Steiermark. Doch kaum ein Volk blieb solange, daß es sich gelohnt hätte, das aufwendige Geschäft der Weinerzeugung zu beginnen. Was aber nicht heißen soll, daß die Durchziehenden einen guten Tropfen nicht geschätzt hätten.
Trotzdem – die Weinrebe hatte auch dieses bittere Zeitalter überlebt, wenn auch in verwilderter Form, wie die starke Ausdehnung der Anbaugebiete im Hochmittelalter rückschließen läßt. Und die zunehmende Christianisierung war für die Entwicklung des steirischen Weines sehr segensreich.

Es war Erzherzog Johann vorbehalten, einen großen Aufschwung im steirischen Weinbau zu Beginn des 19. Jahrhunderts einzuleiten. Im Jahre 1822 kaufte er in der damaligen Untersteiermark ein Anwesen und kultivierte auf einer Versuchsanlage eine Reihe von Rebsorten, die bis dahin in der Steiermark unbekannt waren. Dazu gehörten Sorten wie der Traminer, Burgunder, Sylvaner und der Rheinriesling. Den höchsten Stand von im Ertrag stehenden Rebsorten gab es vor 140 Jahren im Jahr 1854. Sage und schreibe 425 verschiedene Rebsorten wurden gezählt. Diese günstige Entwicklung wurde jäh durch den Auftritt der Reblaus unterbrochen und die Rodung der betroffenen Weingärten angeordnet. Im Jahre 1885 wurde mit dem Wiederaufbau durch das Pflanzen von reblausresistenten, amerikanischen Unterlagsreben begonnen. Mit fast 35.000 Hektar Rebflächen war die damalige Steiermark eines der wichtigsten Weinländer der österreichisch-ungarischen Monarchie, die mit Ende des ersten Weltkrieges und dem Verlust der damaligen Untersteiermark auf einen Schlag um 30.000 Hektar Weingärten ärmer wurde.

Der steirische Wein – ein Wandlungsprozeß

Bis Mitte dieses Jahrhunderts wurden in der Steiermark vorwiegend alkoholreiche, schwere und süße Weine gekeltert. Der reinsortige Ausbau steckte noch in den Kinderschuhen, der Gebrauch von Siebenzehntelflaschen war noch lange nicht salonfähig. Nur wenige gute Weinbaubetriebe erkannten schon damals die Bedeutung der „Aufmachung" ihrer Weine und handelten dementsprechend. Ansonsten war der „Doppler" in Mode. Berichten aus dem Jahr 1951 kann man entnehmen, daß 21 Lehrweinkosten mit 975 Weinen, drei Bezirksweinkosten und eine Landesweinkost mit 102 Weinproben organisiert und abgehalten wurden. In Leibnitz gab es in diesem Jahr auch eine Bundestraminerkost. Es wurde auch damit begonnen, die Weingärten von der Pfahlkultur auf die Hochkultur umzustellen. Waren es 12 Prozent aller Weingärten im Jahre 1959, die bereits auf Hochkultur umgestellt wurden, erhöhte sich der Prozentsatz zwei Jahre später auf 21 Prozent. Ein interessanter Vergleich ergibt sich mit den im Jahre 1960 kultivierten Rebflächen und jenen von heute. Während die im Herbst 1960 im Ertrag stehenden Weingartenflächen nur noch 1646 Hektar ausmachten, ist diese Fläche heute mit 3235 Hektar fast exakt doppelt so groß.
Die Einteilung der steirischen Weinbaugebiete umfaßte damals sieben Regionen. Das Grazer Gebiet, das weststeirische (Schilcher-)Weinbaugebiet, das Sausal, das Gebiet zwischen Sulm und Karnerbergstraße, das südliche Grenzgebiet, das Klöcher und das oststeirische Weinbaugebiet.
In den folgenden Jahren entwickelte sich der Weinabsatz immer mehr in Richtung Ab-Hof-Verkauf. Als Instrument der gezielten und gemeinsamen Selbstpräsentation der Weinbaubetriebe fand im Jahre 1970 die 1. Steirische Weinwoche in Leibnitz statt. Zu diesem Zeitpunkt waren 75 Prozent aller in der Steiermark im Ertrag stehenden Weingärten auf die Hochkultur umgestellt. Es war dies damals der höchste prozentuelle Anteil an der gesamtösterreichischen Anbaufläche. Die Zeichen der Zeit voraussehend wurde 1975 der Landesweinbauverband Steiermark gegründet.

Die Ziele waren vorgegeben:

1. Qualitätssteigerung durch Information, Aus- und Weiterbildung;
2. zielgerechte Werbung;
3. optimale Vermarktung;
4. Aufarbeitung spezieller Aufgabenkreise wie Betriebswirtschaft, Technik im Weinbau, Buschenschank, Weinbaumeister, Werbung.

Der steirische Weinbau von heute

Mit 3235 Hektar an Weinbaufläche hat die Steiermark heute einen Anteil von fünf Prozent an der gesamtösterreichischen Anbaufläche und ist mit etwas mehr als vier Prozent am Volumen des österreichischen Weines beteiligt. Meist trockene, steinige und steile Hänge werden durch den Weinbau genützt, die Rebflächen stehen fast ausschließlich – im Gegensatz zu jenen in Burgenland und Niederösterreich – auf steilen, sonnigen Hanglagen. Drei Viertel der Anbauflächen weisen auf eine Hangneigung von mehr als 26 Prozent Neigung hin. Extremlagen sind auch heute noch nur händisch zu bearbeiten und verlangen den höchsten Arbeitseinsatz des Winzers. Diesem Umstand wird der Ausdruck steirischer Bergwein voll gerecht, der auch im steirischen Weinbaukataster geregelt wird.
Die Strukturen des steirischen Weinbaues werden zum großen Teil von Klein- und Mittelbetrieben beherrscht. Durchschnittlich werden von den rund 4000 Weinbau betreibenden Winzern kleine 0,81 Hektar Weingartenfläche kultiviert. Ing. Werner Surma von der Weinbaufachschule Silberberg stuft einen Weinbaubetrieb mit drei bis vier Hektar Rebflächen als durchaus lebensfähige Existenz für eine Familie ein. Der steirische Weinbau ist ferner ein bedeutender Faktor im Fremdenverkehr. Daraus resultierend leisten die unzähligen Weinbauern einen wichtigen Beitrag zur Landschaftspflege.
Der Eigenbedarf an Wein der Steirer kann von den heimischen Winzern nur zu einem Drittel gedeckt werden. Angestrebt werden durchwegs Weine im Qualitätsbereich. Gekeltert werden – je nach Jahrgang – auch Raritäten bis zum Prädikatswein. Die Vermarktung der Weine erfolgt bis zu durchschnittlich 80 Prozent direkt ab Hof. Als marktwirtschaftliches Instrument spielen dabei die vielen Buschenschenken eine tragende Rolle. Die steirischen Winzer nehmen dabei eine Sonderstellung ein, die durch die Zirkularverordnung von Kaiser Josef II. vom 17. August 1784 ihre rechtliche Basis erlangte. Darin wurden den steirischen Weinbauern das Recht zugesprochen, ihre Produkte selbst zu vermarkten.
In den Reigen der anzubietenden und heute per Landesgesetz geregelten Waren fallen neben dem Wein noch Fruchtsaft, Most, Mineralwasser, Milch sowie kalte Speisen als Jausen wie die Brettljause, das belegte Brot, Sulzen mit Essig und (Kern-)Öl, Bohnen mit Rettich, Käse, Eier und verschiedene Garnierungen.

Fruchtig, duftig, trocken – der steirische Wein im Trend

Rechtzeitig haben die steirischen Weinbauern den Geschmackswandel der vergangenen Jahre erkannt und dementsprechend gehandelt. Heute werden von den Steirern vorwiegend trockene, leichte Weine gekeltert. Im Vordergrund steht die Definition folgender drei Begriffe: „Fruchtig" wie die reifen Trauben. „Duftig" vom geringen Alkoholgehalt her. „Trocken" der geringen und nicht aufdringlichen Restsüße wegen. Das Ergebnis dieser Weinlinie ist das Zusammenspiel von Klima, Boden und Lage der Weingärten sowie dem handwerklich soliden Geschick der Winzer bei ihrer Arbeit. Unter dem Motto „Die Weinqualität wächst im Weingarten" wurde 1989 die bishin freiwillige Mengenbeschränkung durch die Steiermärkische Landesregierung gesetzlich verordnet und wird dementsprechend auch kontrolliert.
Der steirische Weinbau lebt von seiner Sortenvielfalt. In keinem anderen Weinbaugebiet wird eine so große Anzahl verschiedener Rebsorten kultiviert wie in der Steiermark. Neben der aktuellen Geschmacksrichtung bestimmt auch dieser Umstand den Stellenwert des steirischen Weines.
Für Ing. Werner Surma von Silberberg sind drei Anforderungspunkte für den neuen steirischen Wein bedeutungsvoll. Der Wein sollte

1. reintönig, brillant, sauber und
2. sortentypisch genügend ausgeprägt sein und
3. Komplexität, große Dichte besitzen.

Das Geschmacksbild des steirischen Weines wurde in den letzten Jahren vor allem durch den Einsatz von Edelstahltanks für den Ausbau der Weine kontinuierlich „geschärft" und gesteigert. „Viele steirische Weine werden durch den Edelstahltank brillant sauber, behalten ihre Rasse und werden dem Ruf ‚fruchtig, duftig, trocken' dadurch erst voll gerecht. Das Holzfaß bringt andere Qualitäten mit sich, und kann durch den Edelstahltank nicht ersetzt werden."
Um eine zielführendere Vermarktung ihrer Produkte zu sichern, haben sich einzelne Interessens- und Qualitätsverbände gebildet. Einer der älteren ist der steirische Schutzring. Gut eingeführt sind auch der Klöcher Traminerschutz, die Schilcherschutzmarke „Weißes Pferd", die „Steirische Idylle" oder die „Hoheit".
Für den steirischen Weinbau prophezeiht der Weinbauer Alois Gross aus Ratsch an der Weinstraße für die nächsten Jahre eine ruhigere Zeit. „1985 bis 1990 war ein enormer Investitionsschub zu verzeichnen. Besonders in die Kellertechnologie wie die Anschaffung von Edelstahltanks wurde viel Geld investiert. Jetzt haben wir die Phase der Konsolidierung."

Die steirischen Weinbaugebiete

In drei Weinbaugebiete ist die Weinbauregion Steiermark geteilt, die je nach Struktur, Bodenverhältnissen und Klimazonen regionaltypische Rebsorten kultivieren. Viele von ihnen stehen in allen Weinbauregionen gleichermaßen im Ertrag. Durch die unterschiedlichen Bodenstrukturen, die Lage der Rieden sind all diese Weine mit einer eigenen Identität – Charaktereigenschaft – ausgestattet und verleihen so der breiten Sortenvielfalt noch mehr Bandbreite. 77 % der Gesamtweinbaufläche der Steiermark sind mit weißen Rebsorten ausgepflanzt, der Rest von 23 % ist den Rotweinen vorbehalten.

Die Südsteiermark

Das größte zusammenhängende Weinbaugebiet ist mit mehr als 1800 Hektar Rebfläche die Südsteiermark, in der die Weinanbaugebiete vom westlichen Teil des Bezirkes Leibnitz bis zur Mur eingebunden sind. Das südsteirische Weinland reicht von Spielfeld entlang der österreichisch-slowenischen Grenze bis nach Schloßberg bei Leutschach. In diesem Landstrich werden die qualitativ besten Weißweine des Landes gekeltert. Zwei Rebsorten dominieren den Weinbau in der Südsteiermark. Zum einen ist es der Brotwein der Steirer, der Welschriesling, zum anderen die Paradesorte Sauvignon blanc, früher weit verbreitet als Muskatsylvaner. Weiters folgen der Morillon oder Chardonnay, der Riesling x Sylvaner oder Müller-Thurgau. Verstärkt wird wieder der gelbe Muskateller angebaut, eine weitere „alteingesessene" Rebsorte.
Das zur Südsteiermark zählende Weinbaugebiet Sausal ist für seine steilen Weinberge bekannt. Zentrum dieses Weinbaugebietes ist Kitzeck, eine der höchstgelegenen Weinbaugemeinden von Mitteleuropa. Bis zu einer Seehöhe von mehr als 500 Metern stehen die Weingärten im Ertrag. Auf steilen Opakböden findet dort vor allem der Rheinriesling beste Wachstumsbedingungen vor. Welschriesling und Weißburgunder sind weitere Ausgängeschilder dieses Weinbaugebietes.
Interessantes gibt es in der Weinbaufachschule in Silberberg in der Gemeinde Kaindorf an der Sulm. Dort wurde ein Weinlehrpfad eingerichtet, in dem sämtliche in der Steiermark kultivierten Rebsorten ausgepflanzt sind.

Die Südoststeiermark

Dieses Weinbaugebiet reicht östlich der Mur bis zum Wechsel und schließt die politischen Bezirke Feldbach, Fürstenfeld, Hartberg, Radkersburg, Weiz sowie links der Mur die Bezirke Graz-Umgebung und Leibnitz ein. Das Gebiet umfaßt rund 1100 Hektar Rebfläche. Die Weinbaubetriebe sind dort sehr klein gehalten und mit zirka 3000 Betrieben hat die Südoststeiermark mit Abstand den höchsten Anteil von Winzern in der Steiermark. Zum südoststeirischen Weinland gehört auch das Klöcher Weinbaugebiet, das „Steirische Vulkanland", mit Weinbauflächen in den Bezirken Radkersburg und Feldbach. Als regionaltypische Spezialitäten finden auf den basaltverwitterten Böden rund um Klöch besonders der Traminer und Gewürztraminer gute Wachstumsbedingungen vor. Der gute Ruf dieser beiden Weinsorten reicht weit über die österreichischen Staatsgrenzen hinaus. Hauptsorten sind weiters Welschriesling, Weißburgunder, Ruländer und Müller-Thurgau. Eine Reihe von Rotweinsorten entwickelt sich in dieser Weinbauregion überdurchschnittlich gut.
Integriert in das südoststeirische Weinbaugebiet ist das „oststeirische Hügelland". Eingebunden sind in diese Region die Rebflächen der Bezirke Fürstenfeld, Hartberg und Weiz. Die höchstgelegenen Weingärten Österreichs stehen am Ringkogel bei Hartberg in einer Seehöhe von nahezu 600 Metern im Vollertrag.
Im oststeirischen Hügelland ist der Ruländer stark vertreten. Kultiviert werden weiters Sorten wie der Rheinriesling, der Welschriesling oder der Müller-Thurgau. In diesem Klima und den gegebenen Bodenverhältnissen finden sich die Rotweine gut zurecht, die Hauptsorte unter ihnen ist der Blaue Zweigelt.
Von Bad Radkersburg, Klöch nach Bad Gleichenberg bis hin nach Fürstenfeld, Hartberg und St. Johann bei Herberstein führt die südoststeirische Weinstraße, auch als Klöcher Weinstraße bekannt, durch das sanfte Hügelland dieses östlichen Weinbaugebietes der Steiermark.

Die Weststeiermark

In die Bezirken Graz-Umgebung westlich der Mur, Voitsberg und Deutschlandsberg ist die Weinbauregion Weststeiermark unterteilt. Es ist dies die kleinste Weinbauregion der Steiermark. Die Weingartenfläche umfaßt rund 320 Hektar und ist vorwiegend mit der Blauen Wildbacherrebe ausgepflanzt. Diesem Gebiet kommt mit dem Schilcher eine besondere Bedeutung zu. Anderen Rebsorten wie Weißburgunder, Welschriesling oder Müller-Thurgau sind nur kleine Anbauflächen vorbehalten.
Das Schilcherland wird durch die Schilcherweinstraße, ausgehend von Ligist, verbunden. Zielpunkt dieser idyllischen Straße ist die Grenzlandgemeinde Eibiswald. Eine Fremdenattraktion sondergleichen ist der Flascherlzug, eine alte Dampf-Schmalspurbahn, die von Stainz nach Preding führt.

Die Weststeirische Weinbauregion
Heimat des Blauen Wildbachers - Schilcher

Die weststeirische Weinbauregion beginnt nicht, wie viele glauben, an den Grenzen der Bezirke Voitsberg und Deutschlandsberg. Zu diesem Weinbaugebiet zählt auch die Stadt Graz und jene Gemeinden des politischen Bezirkes Graz-Umgebung, die rechts der Mur liegen. Wie jede andere Region hat auch das Schilcherland seine Weinstraße, dessen nördlicher Ausgangspunkt die kleine Gemeinde Ligist ist. Hier brachten Ausgrabungen die ältesten Wohnsiedlungen der Steiermark aus der Stein-, Eisen- und Bronzezeit aber auch urzeitliche Behausungen und Wohnhöhlen aus dem Tertiär ans Tageslicht. Altes bäuerliches Kulturgut kann man im Ligister Heimatmuseum besichtigen. Von Ligist geht es über den Steinberg nach Gundersdorf in Richtung St. Stefan ob Stainz. Über all die Jahrzehnte hat sich dieser Landstrich seine Ursprünglichkeit bewahrt. Die Senken und Höhen dieses weststeirischen Hügellandes werden von den Bauern mit großem Aufwand gepflegt, die damit auch ihrem Auftrag als Landschaftsgärtner mehr als gerecht werden. Die Grundflächen sind vielfach genützt, und so gibt es neben dem alles beherrschenden Weinbau Kürbisse ebenso wie viele verschiedene Obstfrüchte: Kirschen oder Weichseln, Birnen, Äpfel, Zwetschken und Kriecherln, aber auch Seltenes wie Quitten. Über St. Stefan kommt man nach Hochgrail, für viele das Herzstück dieser Region. Jedem Weingarten sein „Kellerstöckl". Einst als Preßhaus für die Weinbauern gedacht, wurde es in den vergangenen Jahren immer öfter zu einem Ferien- und Wochenenddomizil natur- und landschaftsverbundener Menschen ausgebaut. Reizvolle Beispiele dieser ursteirischen Behausungs- und Arbeitsstätte gibt es noch in der Gegend von Hochgrail bei St. Stefan ob Stainz zu entdecken. Mehr als siebzig Weingärten verlaufen entlang der Hügelkette. Aufgefädelt wie auf einer Perlenkette steht ein Kellerstöckl nach dem anderen in Reih und Glied.

Am Fuße des Reinischkogel entspringt der Stainzbach, mit dem man entlang der Schilcherstraße bei Marhof erstmals in Kontakt kommt.

In der Nähe von Marhof, in dem nur wenige Kilometer entfernten Rachling, ordinierte einst der legendäre Johann Reinbacher vulgo Höllerhansl. Tausende Menschen pilgerten in den zwanziger Jahren zu diesem „Naturheilarzt", der seine Diagnosen meist aus den mitgebrachten Urinproben stellte. Dazu mußte er ihn auch kosten. Als ein überschlauer Patient einmal den „Wunderdoktor", dem auch ein eigenes volkstümliches Lied gewidmet ist, mit einer Urinprobe von einer Kuh testen wollte, stellte er trocken fest: „Der Harn stammt von einer scheckigen Kuh und das größte Kalbl bist du."

Von Marhof geht es rasch nach Stainz, das vom gleichnamigen Schloß dominiert wird. Das einstige Augustiner-Chorherrenstift, im Jahre 1229 gegründet, besitzt nicht nur eine der schönsten Barockkirchen, sondern beherbergt auch ein Bauernmuseum mit laufenden Sonderausstellungen. Das Schloß war auch

Bild oben: Wie auf einer Perlenschnur sind die Winzerhäuser am Kamm von Hochgrail bei St. Stefan ob Stainz aufgefädelt.
Bild unten: Schloß Wildbach bei Bad Gams in der Weststeiermark

Austragungsort der steirischen Landesausstellung.
Einen großen Bahnhof gibt es jährlich für unzählige Ausflügler, wenn sie mit dem „Flascherlzug", einer alten Schmalspurbahn, von Stainz in Richtung Wieseldorf unterwegs sind. Als Wegzehrung wird Schilcher angeboten. Musikalisch begleitet wird man von Harmonikaklängen.
Die Schilcher Weinstraße hingegen führt an der Stainzer Warte vorbei hinauf ins Gamsgebirge und Hohenfeld. Von hier aus hat man einen atemberaubenden Panoramablick über das von den sanften Hügeln beherrschte Schilcherland. Steil abfallend geht es dann nach Bad Gams, vorbei an Wildbach und der Bezirksstadt Deutschlandsberg bis nach Hollenegg mit seinem gleichnamigen Schloß. Dieses in Privatbesitz der Familie von Liechtenstein befindliche Schloß besitzt einen der schönsten Renaissance-Arkadenhöfe Österreichs und ist nur jeweils zum Kirchgang am Sonntagvormittag zugänglich. Über Aichegg, Schwanberg, Wies führt die Schilcher Weinstraße zum Zielpunkt nach Eibiswald. Dieser südweststeirische Grenzort zu Slowenien ist auch Schnittpunkt internationaler Weitwanderwege. Dort wird auch jeden Samstagvormittag ein Bauernmarkt mit Schilcher-Spezialitäten abgehalten. In der ganzen Region kann man problemlos landwirtschaftliche Produkte aus eigener Erzeugung kaufen. Vom Schilcherwein über Kürbiskernöl bis hin zu Verhackert, Schmalz oder Geselchtes reicht das umfangreiche Angebot. Hinweistafeln erleichtern den Besuchern das Finden selbstvermarktender Höfe.
Seit jeher ist das Schilcherland auch Anziehungspunkt für viele Künstler. Einer von ihnen, der Schriftsteller Reinhard P. Gruber, lebt heute in der Nähe von Stainz. In seinem Buch „Schilcher-ABC" nimmt er sich besonders den Menschen dieser Landschaft an, bringt Heiteres wie auch Tiefgründiges zu Papier: „Im Geographieunterricht haben die Steirer seit jeher wegen Krankheit gefehlt."
Das weit gestreute Schilcherland mit seinem Spannungsfeld von bodenständiger Kultur und aufstrebender Investitionsfreudigkeit hat viel zu bieten. Von reichbewaldeten Hügeln über weite Felder und Äcker bis hin zu den so typischen Rebflächen. Von alten Winzerhäusern und Keuschen bis hin zu tiefen Kellern mit festen Mauern. Das alles kann man hier noch erleben. Die bäuerliche Struktur ist klein gehalten. Wie nirgends sonst gibt es so viele Bauern auf engstem Raum, wird Tradition er- und gelebt.
Schilcher überall. Unter dieser Maxime strömen jährlich Tausende und Abertausende Menschen in die Schilchergegend. Im Jahr 1993 standen in der Weststeiermark 358 Hektar Rebflächen mit der Wildbacherrebe im Vollertrag. Daß der Schilcher nicht mit üblichen Maßstäben gemessen werden kann, hängt einerseits von seiner Verarbeitung ab, die blauen Trauben der Wildbacherrebe werden wie ein Weißwein behandelt, andererseits von seiner Farbe und seinem Geschmack ab. Und die Schilcher-Weinbauern wissen, wovon sie sprechen, wenn sie sagen, daß das erste Glaserl Schilcher kaum zu trinken ist, das zweite schon besser schmeckt und das dritte praktisch von selber durch die Kehle rinnt. Die Geschmacksnerven müssen sich halt erst an diesen Wein, der recht hoch in der Säure ist, gewöhnen. Aber wenn er erst einmal schmeckt, dann kommt man schwer von ihm los. Ein weiteres Phänomen dieses Weines ist, daß man vom Schilcher immer durstiger wird, je mehr man davon trinkt. Geläutert wird man meist am nächsten Tag. Der Schilcher wirkt aber auch sehr anregend. In schlechter Erinnerung sind aber auch viele Raufereien, die durch diese „Rabiatperle" ausgelöst wurden. Wenn man früher vom Schilcher als einem „Feitlzieherwein" sprach, dann war das durchaus im übertragenen Sinn zu verstehen – als Phallus-Symbol, da der Schilcher auch auf die zwischenmenschlichen Beziehung stark anregend wirkt. Ein weiteres Phänomen, über das die Menschen im Schilcherland Bescheid wissen, das aber wissenschaftlich nicht zu belegen ist, ist die Tatsache, daß gerade in der Weststeiermark eine unglaubliche Häufung von Zwillingsgeburten aktenkundig ist. Warum, weiß keiner.
Der Schilcher ist ein steirisches Unikat, auch ein farbliches. Während sich der weststeirische Rebensaft in der Gegend um Stainz vorwiegend in seinem klassischen Kleid zeigt, in einem hellen rosaroten Zwiebelfarbton, fällt er in der Region um Eibiswald durch längere Maischestandzeiten mit einem dunklen Rot auf.

Vom Schiller zum Schilcher

Über den Schilcher gibt es viele Sagen und Geschichten. Wie kaum ein anderer Wein ist der Schilcher mit der Steiermark und im besonderen mit der Weststeiermark verbunden. Die blaue Wildbacherrebe, die seit Jahrhunderten an den Hängen der Koralm kultiviert wird, hat ihren Weg über diese Region hinaus gefunden und wird heute in allen steirischen Weinbaugebieten ausgepflanzt. Und der österreichische Gesetzgeber hat den Namen Schilcher für die steirischen Weinbauern schützen lassen. Über die unterschiedlichen Qualitäten dieses einzigartigen Weines in den verschiedenen Weinbauregionen sind sich selbst die Experten nicht einig. Doch wird jenem aus der Weststeiermark, schon aus der Tradition heraus, oft der Vorzug gegeben. Die Weststeiermark ist es auch, wo flächenmäßig die Wildbacherrebe am stärken vertreten ist.
Dem schillernden Farbenspiel zwischen heller Zwiebelfarbe und dunklem Rot verdankt der Schilcher seinen Namen. „Schillern" und „Schilchen" waren die mittelhochdeutsche Bezeichnung für die bizarre Farbenkomposition des Schilchers. Die Namen für den damaligen Wein waren vielfältig, von „rotes pau" oder „rotter wein" bis „Schiller" und schlußendlich „Schilcher" reichten die Bezeichnungen für den aus der blauen Wildbacherrebe gekelterten Wein.
Die unterschiedlichen Farbgebungen wurden ab dem 16. Jahrhundert auch in den Kellerbüchern festgehal-

ten. Bis zu diesem Zeitpunkt waren es die Klöster und Herrschaftshäuser, die über die abgelieferten Bergrechtsweine genauestens Buch führten. Diese gaben jedoch nur Auskunft über die Menge der Weine und nicht deren Qualitäten. Die erste dokumentarische und damit belegbare Erwähnung des Schilchers reicht in das Jahr 1580 zurück. Unter dem Titel „Von Baw/Pfleg und Brauch des Weins: Allen Weinbaw Herzen/Weinhändlern/Wierthen und Weinschencken sehr notwendig zu wissen" publizierte Johann Rasch das erste gedruckte, deutschsprachige Weinbuch, aus dem Historiker in einer Passage den Namen Schilcher ableiten. Ein Reprint dieses Buches erschien übrigens 1990 im Grazer Vinothek-Verlag und ist auch dort erhältlich. Das Weinbuch von Johann Rasch ist nicht nur das erste österreichische Werk seiner Art, sondern auch ein vergnügliches Dokument einer ehrlichen Leidenschaft seines Verfassers. Er beschreibt darin ebenso praktische Tips wie Regeln für Winzer, Weinhändler und Gastwirte, bringt „Geistliche betrachtung/von Wein unnd Weinbaw" zu Papier.
Interessant auch einige Eckdaten und Aufzeichnungen vom 12. Juli 1596 vom Verwalter des Domstiftes Seckau, das bereits seit dem 14. Jahrhundert Weingärten in Wittschein an den Hängen der Windischen Büheln, am Schützenberg am Luttenberg sowie am Ratzerberg bei Marburg an der Drau besaß. So wurden aus dem Stiftskeller einem Gastwirt „ain Startin Schiller", rund 600 Liter, zum Preis von 28 fl. Gulden verkauft. Bereits zwei Monate später, am 12. September 1596, wurden weitere „zween Startin, ain Schiller vnd ain wiesen" um 59 Gulden an diesen Mann gebracht. Als Lagenwein im heutigen Sinn erwähnt die „Hofmeister-Raitung" aus dem Jahre 1597 den Verkauf eines Startins „Schiller Raiffensteiner", einer Riedbezeichnung aus der Weinbauregion Wittscheiner Herrenberg, jenseits der heutigen österreichischen Grenze zu Slowenien. Aber auch in der benachbarten Glanzer Gegend wurde die Wildbacherrebe kultiviert, was aus einem Kellerverzeichnis vom Jahr 1643 hervorgeht. Darin wird unter den angezapften Herrenweinen ein Schilcher erwähnt. Rückschlüsse auf ein gutes Weinjahr oder den vermehrten Ertrag aus Neuanlagen lassen sich aus dem Kellerregister von 1661 schließen. Genau aufgezeichnet sind die für damalige Verhältnisse großen Mengen von „Rotten Wein in Zoggl, Trapen und Speiseneg" von insgesamt 21 Startin, rund 12.500 Liter.
„ainen roten Startin Latheiner nach Gräz per 24 fl." verkaufte im Jahre 1667 die Herrschaft Schwanberg. Unter dem Namen „Latheiner" wurden damals besondere Schilcher vermarktet, die ausschließlich in der Region von Ober- und Unterlatein in der Gegend von Wies und Eibiswald gekeltert wurden. Der Weinbau spielte bereits in dieser Zeit eine wichtige wirtschaftliche Rolle. Welchen Stellenwert die Weinkultur zum Beispiel in Voitsberg schon damals besaß, geht aus einer Dokumentation aus dem Jahre 1612 hervor. Darin wird festgehalten, daß der Wein in Voitsberg das meiste Gewerbe sei, welches von den Bürgern der Stadt betrieben wird. Und die Ratsherren in den Städten bekamen zur Lesezeit ein Monat Ferien.
Ein außergewöhnlich gutes Jahr brachte die Ernte 1680 ein. In den Kellern der Herrschaft Ligist wurden sage und schreibe 284 Startin Wein eingelagert, heutige 170.000 Liter Wein. Die große Bedeutung dieser Herrschaft zeigt ein Vergleich aus diesem Jahr. Insgesamt wurden nämlich in diesem Gebiet 409 Startin Wein, das sind etwa 215.000 Liter, gekeltert mit einem Gesamterlös von rund 6.000 fl. Gulden.
Ihre Spuren hinterließen auch die Regentschaft von Kaiserin Maria Theresia und Kaiser Josef II. „Weil das Land selbst genügend Wein erzeuge, der um den geringsten Wert nicht könne konsumiert werden", wurden in den Jahre 1751 und 1753 den steirischen Ständen ein Gulden Zoll für jeden Eimer eingeführten Wein zugesprochen.
Einen nicht allzu rühmlichen Eindruck hinterließ der Schilcher auf Papst Pius VI. Wenn man der Geschichte Glauben schenken darf, trug der Papst auf seiner Reise nach Wien zu Kaiser Josef II., als er im Franziskanerkloster in Maria Lankowitz nächtigte, in seinem Tagebuch folgendes ein: „Sie haben uns einen rosaroten Essig vorgesetzt, den sie Schilcher nannten." Historisch nicht belegt, wird diese Anekdote immer wieder gern erzählt.
Die Wildbacherrebe ist heute eine anerkannte Qualitätsrebe. Der Name dieser Sorte ist jedoch erst Ende des 18. Jahrhunderts erstmals aufgetaucht. Als „Wildbacher Schilcher" wurden nur jene Weine bezeichnet, die auch aus dieser Gegend stammten. Einen guten Ruf besaßen zudem die Weine aus der Herrschaft Wildbach. Das Schloß Wildbach in der Nähe von Bad Gams galt zu seiner Hochblüte um 1800 auch als kulturelles Zentrum in der Weststeiermark. Selbst Franz Schubert war Gast in diesem Schloß. Ein großer Förderer des weststeirischen Schilcherlandes war Erzherzog Johann. Er ließ eigene Weingärten anlegen, um spezielle Sorten zu züchten, die die Plattform für die heutige Form des Schilchers bildeten.
Die Wegbereiter des steirischen Weinbaus, der verstorbene Weinbaudirektor Ing. Viktor Vogt sowie Dr. Helmut Heidinger und Ökonomierat Friedrich König legten in den Jahren 1961 bis 1970 den Grundstock für den ersten steirischen Weinbauplan. Dieser sah unter anderen eine Subvention für die Umstellung von den damaligen Stockkulturen auf die besser zu bewirtschaftenden Hochkulturen vor. Friedrich König wiederum erkannte die Vorteile des Mulchsystems im Weinbau. Mit der Gründüngung, der neuen Art der Weingartenbearbeitung, ersparte man sich das mühsame und kostspielige Weingartenhauen, gleichzeitig wird das verrottete Gras zu Humus.
Gemeinsam mit dem damaligen Landesrat Dipl.-Ing. Josef Riegler konnte Viktor Vogt den Gebietsschutz für den Anbau der Rebsorte Blauer Wildbacher (Schilcher) in der Steiermark durchsetzen und auch im österreichischen Weinbaugesetz verankern.

Das für den Weinbau günstige Klima nützen auch einige Grazer Weinbauern. Am Gedersberg, am südwestlichen Stadtrand, werden rund fünf Hektar Rebflächen kultiviert. Alteingessene Betriebe mit Buschenschenken sind jene der Familien Gaar und Stromer in Gedersberg. Oberhalb von Schloß St. Martin besitzt Helga Meltschok ein Hektar Weingärten. Ausgepflanzt sind dort Pinot Blanc und Pinot Gris, man erreicht regelmäßig Kabinett als Traubenreife. Am östlichen Stadtrand, in Waltendorf am Kaiserwaldweg, führt die Familie Schaar ein kleines Weingut mit Buschenschank. Insgesamt stehen im „Weinbaugebiet Graz und Umgebung" rund 46 Hektar Weingärten im Ertrag. Aufgeteilt sind die Rebflächen in den Ortschaften Attendorf, Dobl, Feldkirchen, Hart bei Graz, Hitzendorf, Kainbach, Krumegg, Laßnitzhöhe, Pirka, Rohrbach-Steinberg, St.Bartolomä, St. Marein bei Graz, Seiersberg und Zwaring-Pöls.

Die Verbindung zwischen **Udo Querch** und dem Wein war von jeher sehr intensiv. So hat er sich vom Liebhaber erstklassiger Weine und Maler von Weinlandschaften zum eigenständigen Weinbauer weiterentwickelt. Der Inhaber einer Werbeagentur in Graz besitzt eine solide ökonomische Basis und schafft sich so eigene Freiräume, die er mit seiner Arbeit auf dem nur sieben Kilometer vom Grazer Jakominiplatz entfernten Weingut ausreichend füllt. Gemeinsam mit seiner Partnerin Judith Brunner geht Udo Querch unverdrossen ans Werk, kultiviert auf seinen steilen Weinbergen am Gedersberg die steirische Paradesorte, den Welschriesling, ebenso wie einen Rheinriesling oder den Riesling x Sylvaner. Seine erste Ernte brachte der Künstler und Weinbauer im Jahre 1992 in den Keller.

„Begonnen hatte alles mit meinem unumschränkten Interesse am Wein und der prinzipiellen Frage, ob es mir gelingt, Wein, den ich selbst gerne trinke, auch selbst zu erzeugen", beginnt Udo Querch zu erzählen. „In der Malerei kann ich verschiedene künstlerische Positionen beziehen. Sie bietet mir eine Möglichkeit zur Selbstdarstellung", so der Künstler. „Im Weinbau sehe ich aber eine reale Form der inneren und äußeren Verwirklichung."

Unzählige Reisen in fast alle bedeutenden Weinbauregionen schürten den Pioniergeist von Udo Querch in Sachen Weinbau, er besuchte renommierte, große Weingüter in Kalifornien und Frankreich, holte sich Tips und Anregungen von Betrieben wie Diamond Creek und Clos du Val im Napa Valley, Margeaux, Petrus oder Figeac in Bordeaux, schaute den besten Kellermeistern über die Schulter, schuf sich damit ein rundes Bild der Einheit der Kunst der Weinbereitung. Und so wurde die vorerst spielerische Neugier dieses Mannes zusehends von der unternehmerischen Tugend verdrängt. Zielstrebig suchte Udo Querch gemeinsam mit seiner „Juppi", einer hervorragenden Köchin und ebenso hervorragenden Weinkennerin, zuerst in der Südsteiermark nach einem geeigneten

Weinlese am Gedersberg bei Graz im Jahre 1925

kleinen Weinbaubetrieb, ehe er am Eckleitenweg 59 am Gedersberg am Stadtrand von Graz fündig wurde. „Ein idealer Fleck. Mitten im Grünen und doch in scheinbar greifbarer Nähe zur Stadt." Mit dem Kauf dieses kleinen Weingutes setzte das Paar zugleich auch klare Prioritäten in ihrer Strategie: „Wir wollen etwas produzieren, was uns selbst schmeckt. Der Rest wird vermarktet." Das Ziel hieß also Qualität vor Quantität. Udo Querch: „Bei unserer Anbaufläche können wir konsequent und äußerst genau den Arbeiten im Weingarten nachgehen. Denn ein großer Betrieb kann nicht so viel Zeit in seine Weingartenarbeit investieren wie wir."

Ein gutes Resultat dieser Vorgangsweise lieferte die 1995er Ernte mit Müller-Thurgau, Welschriesling, und einem Rheinriesling Kabinett, dessen Trauben mit 17° KMW gelesen wurden. Ein sehr fruchtiger und reintöniger Riesling, der mit einer pikanten Säure ausgestattet ist.

Damit die gewünschte Zielrichtung regelmäßig erreicht wird, gute, gesunde Trauben zu ernten und letztendlich damit Qualitätswein zu keltern, tauscht Udo Querch nach seinem Tagwerk in der Agentur oder am Wochenende sein Sakko gegen die Winzerschürze und scheut selbst schwierigste körperliche Arbeiten nicht. Für den ehemaligen 10fachen Staatsmeister im Gewichtheben und Olympiateilnehmer von Tokyo 1964 ist eines der größten Geheimnisse, erstklassige Weine zu vinifizieren, der saubere Umgang mit dem Lesegut im Weinkeller. „Meine Kellerwirtschaftsgeräte sind am letzten Stand der Weißweintechnologie. Die Mostkühlung während der Vergärung ist selbstverständlich. Dadurch habe ich diese Phase ebenso optimal unter Kontrolle wie den weiteren Ausbau meiner Weine", sagt der Neowinzer, und weiter: „Perfektion ist mein Anforderungsprofil." Daß dies so bleibt, dafür sorgt seine Gattin „Juppi", die ebenso unbarmherzig nach Schwachstellen sucht wie nach Möglichkeiten, die Arbeit im Weingarten und im Keller noch weiter zu optimieren. „Wir ergänzen uns zweifellos hervorragend. Der ständige Meinungsaustausch schafft wie selbstverständlich eine Atmosphäre gegenseitiger Bereitschaft, noch mehr an

Weinlese bei Udo Querch am Grazer Gedersberg

sich selbst zu arbeiten und – je nach Situationsbedarf – unser Nahverhältnis zum Weinbau fortwährend zu erneuern und zu vertiefen", erzählt Udo Querch. Mit vordergründigem Charme baut er seine Weine vorwiegend trocken aus. Der 95er Welschriesling verfügt über das typische, ausgeprägte Heublumenbukett, wie man es nur bei ausgereiften Welschrieslingen finden kann.
Zur Abrundung der Produktionspalette gibt es noch einen Rheinriesling Grappa und einen Weintraubenbrand.

Weinbau Udo Querch, Eckleitenweg 59, Graz-Gedersberg Telefon: 0316 / 28 16 96

Die eigentliche weststeirische Schilcher Weinstraße beginnt in Ligist. Der kleine Ort verfügt über rund 10 Ha Weingartenflächen, der größte Teil davon ist mit Blauem Wildbacher ausgepflanzt.
Gemeinsam mit seinem Vater Gottfried bewirtschaftet **Peter Kremser** aus Dittenberg 91 in Ligist sein zwei Hektar umfassendes Weingut. Drei Viertel der Rebflächen sind mit Blauen Wildbacher - Schilcher ausgepflanzt. Der Rest mit Grünem Veltliner und Müller Thurgau. Sechzig Hektoliter Wein ist eine durchschnittliche Jahresernte. Seine Wildbachertrauben werden in Tanks zu Schilcher vergoren; nach der malolaktischen Gärung kommen die Jungweine zur weiteren Reifung in traditionellen Holzfässer. Der 96er Schilcher ist sehr kräftig und verfügt über ein reichliches Säurepotential.

Weinbau Peter Kremser, 8563 Ligist, Dittenberg 91 Telefon: 03143 / 3959

Analysen und Zahlen sind für Horst Kleindienst ein notwendiges Übel. Sein Maß ist der Geschmack. Auf einer Rebfläche von drei Hektar kultiviert die Familie **Gabriele und Horst Kleindienst-Kainz** in Gundersdorf 9 in St. Stefan ob Stainz vorwiegend den Blauen Wildbacher.
Die steilen Weinberge reichen bis in eine Seehöhe von über 500 Meter. Das Gros der Rebflächen ist der Blauen Wildbacherrebe vorbehalten, ein kleiner Teil der Weingärten sind mit Zweigelt, Riesling x Sylvaner und Klevner bestockt. Nach klaren Richtlinien bearbeitet der Winzer seine Rebflächen, schonender Pflanzenschutz und der Verzicht auf Herbizide sowie eine optimalen Mengenbeschränkung im Weingarten sind wesentliche Kriterien für die Weinbaufamilie, die ihren Betrieb seit 1965 führt. Im Weinkeller kommen sowohl Stahltanks als auch traditionelle Holzfässer zum Einsatz.
Aus diesem Sendungsbewußtsein ordnet sich alles zum Bild: „Schilcher mit einer klaren Strenge in der Säure und der für diese Region typischen hellen Zwiebelfarbe zu erzeugen." Belohnt wurde diese konsequente Arbeit von Horst und Gabriele Kleindienst-Kainz mit vielen Auszeichnungen wie z.B. die Aufnahme in den österreichischen Weinsalon im Jahr 1991/92 mit ihrem Schilcher.
Die Produktpalette wird durch 15 verschiedene Edelbrände ergänzt, mit denen bisher 28 Medaillen bei der Destillata gewonnen wurden.

Weinbau Kleindienst-Kainz, 8511 St.Stefan ob Stainz, Gundersdorf 9, Telefon: 03463 / 81291

In Assing-Gundersdorf liegen die Rebflächen des **Weingutes Max Grinschgl**. Der Weinbaubetrieb hat sich auf die Produktion von Schilcher spezialisiert. Je nach Jahrgang werden von Max Grinschgl und seinem Sohn Franz von den 2 Hektar Weingärten in der Ried Assing 7.000 bis 9.000 Liter jenes zwiebelfarbigen Rebensaftes gekeltert, der so typisch für die Weststeiermark ist. Die gerebelten und gequetschten Blauen Wildbachertrauben werden von dem Pressen noch 4 bis 6 Stunden fermentiert, wodurch der zwiebelfarbene Ton des Schilchers entsteht. Der Most wird sowohl in Edelstahltanks als auch in normalen Holzfässern vergoren und auch darin weiter ausgebaut. Der Grinschgl-Schilcher wird österreichweit vermarktet.

Weingut Max Grinschgl, 8511 St.Stefan ob Stainz, Gundersdorf 50, Telefon: 03463 / 813012

Weit über die Region bekannt ist der Weinbaumeisterbetrieb von **Josef** und **Sabine Fuchs-Maierhofer** aus Gundersdorf 7 in St. Stefan bei Stainz. Viele kennen diesen Buschenschank-Gasthausbetrieb nur unter dem Namen **„Florlwirt"**. Die Qualität des Florlwirt-Schilchers wird seit jeher geschätzt. Die Weingärten stehen auf steilen Südlagen, die Rebstöcke wachsen auf die für sie besonders geeigneten Schiefer-Gneisböden mit einem hohen Anteil an Mineralstoffen. „Besonders die Ried Hochneuberg bringt seit vielen Jahren kontinuierlich gute Traubenqualitäten", erzählt Josef Fuchs-Maierhofer. Der ausgebildete Weinbau- und Kellermeister strebt einen leichten, trockenen Schilcher mit einem feinem Bukett und säurebetontem Charakter an. Der investitionsfreudige „Winzerwirt" hat innerhalb kurzer Zeit seinen von den Eltern übernommenen Betrieb neu ausgebaut und renoviert. Großzügig gestaltet wurde das Innenleben des Gasthauses. Dem Reigen der Natur trägt der „Florlwirt" mit seiner Speisenkarte Rechnung. Im Herbst gibt es zum Beispiel „Wildbretwochen". Auf den Tisch kommen Gerichte von Hirsch, Wildschwein, Fasan, Wildhasen und Mufflon. Weiters gibt es Kreationen von Lammgerichten, die, mit einer Steinpilzkruste über-backen, in Wacholdersaft, mit Polenta und Blaukraut angerichtet werden. Mit einer pikanten Schilcherrahmsauce und Kartoffeln wird die Schilcherforelle serviert.

„Florlwirt" Johann Fuchs-Maierhofer, Gundersdorf, 8511 St.Stefan ob Stainz, Telefon: 03463 / 81480

Die Wurzeln des Weinbaubetriebes **Hubert Strohmeier vulgo Ansager** in Lestein 48 in St. Stefan ob Stainz reichen bis ins 16. Jahrhundert. Der Weinbau war damals ein Teil des gemischten landwirtschaftlichen Betriebes. Seit 1975 befaßt man sich nur mehr mit dem Weinbau. 4 Hektar Rebflächen in der Riede Lestein sind zu 90 % mit dem Blauen Wildbacher bestockt. Morillon und Sauvignon blanc ergänzen das Sortenangebot.

Schwer wie die Weingartenarbeit ist jene im Keller. Bei der Vinifikation der Blauen Wildbachertraube zu Schilcher kommen nur Methoden zum Einsatz, die eine schonende Behandlung des Maischegutes bzw. des Weines zulassen. Der Ausbau der Weine erfolgt sowohl in Stahltanks als auch in traditionellen Holzfässern. Ein Teil der Blauen Wildbacherrebe wird auch zu Rotwein verarbeitet und in Barriquefässern ausgebaut. Eine weitere Spezialität des Hauses ist ein Schilchersekt.

Einen großartigen Erfolg feierte das Weingut Strohmeier 1990 als Österreichsieger im Weinsalon. 1992 gelang wiederum eine Berufung in den österreichischen Weinsalon.

Weinbau Hubert Strohmeier, Lestein 48, 8511 St.Stefan ob Stainz, Telefon: 03463 / 81855

Ich mache nur, was mir die Natur vorgibt. Diese philosophische Weisheit ist ein Spiegelbild von **Eduard Oswald, vulgo Trapl**. Erstmals wird der Name Trapl im Jahr 1572 urkundlich erwähnt. Rund 200 Jahre später kommt der „Traplhof" in den Besitz der heutigen Familie Oswald, die naturverbunden und umweltschonend die klassische Vinifizierung der Wildbachertraube zum Schilcherwein praktiziert. Ein kleiner Teil der 2,3 Hektar Rebfläche in den Rieden Lestein und Hochgrail sind mit Klevner und Riesling x Sylvaner ausgepflanzt. Auf den beiden Süd- und Südostlagen wachsen hochwertige Trauben, die beste Voraussetzungen für gute Weinqualität bilden und schonend mit einer alten Baumpresse aus dem Jahr 1865 verarbeitet werden. „Für die Vergärung verwenden wir Hefepilze aus eigener Züchtung, die mit ein Grund für eine längere Gärungsphase sind und dadurch das Bukett unseres Schilchers maßgeblich mitprägen", erklärt Eduard Oswald. „Wir leiten auch einen biologischen Säureabbau ein", setzt der Winzer fort. „Aber auch unsere alten Kastanien- und Eichenfässer tragen das ihre für den Ausbau unserer Schilcher bei." Bei der Flaschenfüllung besinnt sich Eduard Oswald auf alte Aufzeichnungen und Beobachtungen der Mondphasen. „Unser Wein wird nur bei bestimmten Mondphasen in die Flasche gefüllt", ist der Weinbauer von der günstigen Beeinflussung durch unseren Erdtrabanten auf den Wein überzeugt. Insgesamt werden beim Trapl sechs verschiedene Schilcher angeboten, die je nach Lagen und Erziehungsart der Weinstöcke ausgebaut werden.

Weinbau Eduard Oswald, vulgo Trapl, Lestein 40, 8511 St.Stefan ob Stainz, Telefon: 03463 / 81082

Es ist nicht erforderlich, den Schilcher zu verstehen. Man braucht ihn nur zu genießen. Diese Maxime für Liebhaber dieses eigenwilligen, typisch weststeirischen Rebensaftes könnte von **Franz Hiden** aus Hochgrail stammen. Seit Jahren produziert der junge Weinbau- und Kellermeister vorwiegend Schilcher. Von den 4,3 Hektar Rebflächen sind 85 Prozent mit der blauen Wildbacherrebe ausgepflanzt, der Rest verteilt sich auf Blauen Zweigelt, Weißburgunder und Muskat-Ottonell. „Die Erneuerung im Weinbau hat sich vor allem Anfang der neunziger Jahre rasant entwickelt", erzählt Franz Hiden. „Da man sich in der heutigen Zeit nicht leisten kann, Fehler zu machen, muß man vor jeder Investition an alles denken. Denn das Grundprinzip einer Erneuerung, vor allem in der Kellertechnologie, muß für viele Jahre konkurrenzfähig sein." Franz Hiden investierte auch in den Kauf von Rebflächen und vergrößerte innerhalb von wenigen Jahren seinen Besitz um fast zwei Hektar Rebflächen. Sämtliche Weingärten liegen in Hochgrail und befinden sich in guten Süd-, Südost- und Südwestlagen. Der Buschenschank wird von Gattin Maria Hiden geführt. Neben den Weinspezialitäten werden hauseigene Fleisch- und Wurstgerichte sowie selbstgebrannte Edelbrände und eigenes Kürbiskernöl angeboten.

„Jetzt haben wir jenen Standard erreicht, wo das Arbeiten großen Spaß macht", freut sich Franz Hiden. Im Weingarten achtet der Winzer auf den optimalen Rebschnitt, die sorgfältige Laubarbeit und eine naturnahe Bodenbearbeitung. Die Trauben werden von Hand gelesen, schonend gepreßt und je nach Qualität und Sorte in Edelstahltanks oder normalen Holzfässern der Vergärung und dem weiteren Ausbau der Weine zugeführt. Der Schilcher von Franz Hiden zeigt sich in funkelnden Roséfarben und sein Bukett bringt ein rassiges Duftspiel in die Nase mit einem sehr dichten, würzigen Körper. Er ist trocken und mit sehr viel Raffinesse ausgebaut und hat das wechselhafte Spiel von Säure und Frucht.

Weinbau Franz Hiden, 8511 St.Stefan ob Stainz Hochgrail 66, Telefon: 03463 / 81817

Allein schon der Name **Max Lukas** löst unter Schilcherfreunden Begeisterung aus. Nicht nur, daß er seit Jahren aus der blauen Wildbacherrebe konstant gleichbleibend gute Schilcherqualitäten erzeugt, auf seinem Hof, in der Buschenschank, wird man immer herzlich empfangen und ist stets willkommen. Gemeinsam mit seinem Sohn Max kultiviert er in Hochgrail in St. Stefan ob Stainz seine Weinberge, die allesamt in einer begünstigen Kessellage mit einem besonderen Kleinklima liegen. Die beiden Weinbauern halten viel von der naturnahen Pflege der Rebflächen und verbringen gemeinsam unzählige Stunden im Weingarten. Das beginnt beim Rebschnitt – „den machen wir ganz alleine. Das dauert zwar länger, erspart uns aber dann bei der Laubarbeit viel Müh' und Plag" – und endet bei der Traubenlese. Schonend wie mit ihren Weingärten gehen Max und Max auch mit den reifen Trauben um. Das gilt für das Pressen ebenso, wo die beiden Winzer lieber auf ein paar Liter verzichten, als die Trauben restlos auszuquetschen, und das gilt dann auch im Weinkeller, wo sie darauf achten, daß die Vergärung ja nicht zu stürmisch verläuft. Den beiden geht es gar nicht so sehr um die Quantität, vielmehr um die Qualität. Max Lukas der Ältere hat nie eine Weinbaufachschule besucht, hat aber von Anfang an, guten Schilcher produziert. Warum gleich auf Anhieb alles ganz hervorragend klappte, weiß der Weinbauer heute auch nicht mehr genau. Dafür weiß er so manches G'schichterl über den Schilcher zu erzählen, freilich immer mit dem gezielten Hinweis „I hab' aber damit nie was zu tun g'habt". So hört man aus seinem Munde von der oftmaligen wundersamen Vermehrung des Schilcherweines durch Birnenmost, der noch vor der Vergärungsphase mit dem Seihmost der Wildbacherrebe vermischt und gemeinsam vergärt

Schilcherweingarten von Max und Max Lukas in Hochgrail bei St.Stefan ob Stainz

wurde – „weil ja die Wildbbacherrebe oft nicht genug Trauben wachsen ließ und die Nachfrage nach dem rotschillernden, zwiebelfarbenen Wein ständig stieg". Aber auch der fertige Schilcher wurde oft genug mit Birnenmost verdünnt getrunken. Die Auswirkungen des Genusses einer solchen weststeirischen Mischung, erzählt hämisch der alte Winzer, zwangen viele Zecher auf den Boden. Da das Birnenholz ein begehrtes Brennmaterial war, und die Frucht dieses Baumes auch zu Hochgeistiges verarbeitet wird, hatte man Gründe genug, diese Obstbäume zahlreich zu pflanzen.

Der Aufenthalt in der „Kuchl" beim Lukas Max, verleiht einem das Gefühl der Integration, man nimmt teil am Familienleben, lebt mit ihnen ein paar Stunden und hört sich gerne die Erzählungen des Schilcherbauern an, wie jene, als ein paar Winzer vor unzähligen Jahren ins Kärntner Land fuhren, um ihren

Wein zu verkaufen. „Nicht jedem Wirt paßte der rassige Schilcher", weiß der Lukas Max zu berichten, da griff man oft zu einer List, entfärbte einfach den Schilcher und verkaufte ihn als Weißwein. „I hab' aber damit nie was zu tun g'habt", beteuert abermals der Weinbauer. Und man kann es ihm ruhig glauben, denn er hatte solcherlei Dinge nicht nötig – die Qualität seiner Schilcherweine überragte schon vor Jahren jene von vielen seiner Kollegen. Im übrigen ist der Weinbau im Laufe der Jahre „nüchterner" geworden, strenge gesetzliche Vorschriften lassen heute keine solche Spielereien mehr zu. „Das ist auch gut so", meint Lukas Max, „die Zeiten haben sich eben geändert." Herzhafte Menschen kann aber kein Gesetz ändern. Max Lukas ist einer von ihnen. Sie sind zwar rar, aber es gibt sie noch.

Weinbau Max Lukas, 8511 St. Stefan ob Stainz
Hochgrail 101, Telefon: 03463 / 81111

Jung an Jahren, alt an Tradition. So könnte man den Weinbaubetrieb von **Markus und Maria Klug, vulgo Pletteri,** aus Hochgrail in St. Stefan ob Stainz auf einen Nenner bringen. Die Familie betreibt schon seit dem Jahre 1792 Weinbau, wie eine Urkunde aus diesem Jahr einen Weingartenkauf bestätigt. Aus den Besitzungen von Erzherzog Johann wurden 1847 einige Gründe erworben, die dann als Weingärten verwendung fanden. Auf 3,5 Hektar Rebflächen zieht der Weinbau- und Kellermeister Markus Klug seine Blaue Wildbacherreben. Der Schiefer-Urgesteinsboden der Ried Hochgrail bringt einen rassig-mineralische Würzegeschmack in die zwiebelfarbenen Schilcher dieser Region.
Neben den Schilcher-Weinen produziert das Weingut Klug Schilcher-Frizzante und Trauben-, Trester- und Weinbrand vom Schilcher.

Weingut Markus Klug, 8511 St. Stefan ob Stainz
Hochgrail 100, Telefon: 03463 / 813145

Eine breitere Sortenpalette führt der Weinbau- und Gasthausbetrieb von **Anton Jochum** in Greisdorf in St. Stefan ob Stainz. Die beste Traubenqualität wächst in den Rieden Greisdorf und Hochgrail. Insgesamt stehen etwas mehr als zwei Hektar Rebflächen im Vollertrag. Zu den Spezialitäten des Hauses zählen neben dem Schilcher ein Zweigelt Kabinett Barrique sowie ein Schilchersekt.

Weinbau Anton Jochum, 8511 St. Stefan ob Stainz
Greisdorf 4, Telefon: 03463 / 81484

Wenn man von Greisdorf in Richtung Marhof fährt, hat man linker Hand einen wunderbaren Ausblick auf den Bergrücken von Hochgrail. Dort oben, in Steinreib 14, kultiviert die Winzerfamilie **Klug, vulgo Voltl** ihre Weingärten. Bereits seit mehreren Generationen befindet sich der Weinbaubetrieb im Familienbesitz. Im Jahr 1988 übernahm Fritz Klug von seinen Eltern Josef und Theresia den Betrieb. Von den fünf Hektar Gesamtrebflächen stehen 5 Hektar in der Ried Steinreib im Ertrag. „Die Grundlage unserer Qualitätsproduktion findet bereits im Weingarten statt. Das Schneiden der Stöcke im Winter, die Laubarbeit während des ganzen Jahres und die Düngung stehen im Vordergrund", so Fritz Klug.
Die tiefen Schieferböden sind besonders für die Blaue Wildbacherrebe geeignet, die auch Schwerpunkt der Produktion ist. Im Ertrag stehen weiters ein Blauer Zweigelt, Gelber Muskateller, Morillon, Ruländer und Weißburgunder. Das 96er Jahr brachte den Klugs durchwegs gute Ernten. Mit durchschnittlichen 15° KMW hatte der Schilcher eine ideale Reife. Kräftige und vollfruchtige Weine wurden daraus gekeltert. Vom Grazer Landhauskeller bis zur Steirischen Weinstube in Salzburg findet man die Klug-Schilcher.
Gabriele Klug, die Gattin des Winzers, kümmert sich um den eigenen Buschenschank. Hausgemachte Gustostückerln gibt es besonders an Wochenenden, wenn Schilcherkuchen mit Schlag, Strauben oder Potizen auf der Karte stehen.

Weinbau Fritz Klug, 8511 St. Stefan ob Stainz
Steinreib 14, Telefon: 03463 / 81753 oder 64 64

In der Schilcher-Weinbauregion setzt ein Weinbaubetrieb immer wieder neue Akzente: das **Weingut Lazarus, vulgo Pers**. Der Familienbetrieb befindet sich am Fuß des Reinischkogels an der Schilcherweinstraße in Langegg in St. Stefan ob Stainz. Nicht weniger als acht Familienmitglieder sind im Betrieb tätig. Das hohe Niveau der Lazarus-Produkte spiegelt sich in der breiten Palette der Auszeichnungen: Österreichischer Weinsalon 1991, 1992, steirischer Landessieger mit einem Schilcher Kabinett '93 im Jahr 1994, große Goldmedaillen bei der Weinmesse in Krems 1982 und 1984. Eine besondere Krönung gab es 1992, als die Tochter des Hauses für zwei Jahre als steirische Weinkönigin Helene I. inthronisiert wurde. Josef und Magdalena Lazarus bewirtschaften mit ihrer Familie 8,5 Hektar Rebfläche in den Rieden Hochgrail, Langegg und Lannach. Kultiviert werden der Blaue Wildbacher als Hauptsorte, sowie Riesling x Sylvaner, Welschriesling, Weißburgunder, Sämling 88 und Zweigelt. Auf entsprechende Laubarbeit und Ausdünnen der Trauben wird besonderer Wert gelegt. Josef Lazarus: „Mäßiger Ertrag bringt höchste Qualität." Neben dem klassischen Schilcher sind die Spezialitäten des Hauses Weinbrände, die in Eichenholzfässer gelagert wurden, ein Tresternbrand, Schilcher-Sekt und Schilcher-Frizzante. Angeschlossen an das Weingut ist eine bestens sortierte Vinothek und ein gutbürgerlicher Buschenschank, welcher bereits vor 40 Jahren Ziel für Ausflüge war. Lazarus-Produkte findet man in ganz Österreich.

Weinbau Josef Lazarus, 8511 St. Stefan ob Stainz
Langegg 20, Telefon: 03463 / 81405

Übersichtlich listet **Stefan Langmann vulgo Lex** aus Langegg 23 in St. Stefan ob Stainz auf der Weinkarte seine Produkte auf, sind die Werte von Alkohol, Restzucker, Säure sowie Preis und Mengenangabe zu ersehen. Für Weinkenner ein unverzichtbarer Gradmesser. Der Buschenschank ist schon seit vielen Jahren ein beliebter Ausflugsort. Der Stefan Langmann ist ein studierter Weinbauer. Nach der bäuerlichen Fachschule erweiterte er seinen Horizont in der Fachschule Silberberg, ehe er in Langenlois seinen Weinbaumeister machte. Auf diesem Wissen beruht seine ganze Arbeit als Winzer. „Ich hab' zwar recht viel Wein, mir geht es aber nicht um die Quantität, sondern in erster Linie um die Qualität" war schon sein Leitspruch vor vielen Jahren. Und so kultiviert er seine rund zwölf Hektar Rebflächen mit der entsprechenden Sorgfalt, kümmert sich um eine genaue Laubarbeit. Der Großteil der Weinberge sind mit Blauem Wildbacher ausgepflanzt, der zum klassischen Schilcher ausgebaut wird. Sein 96er Schilcher, in der Farbe rötlich schillernd, verfügt über eine recht kräftige Säure, er ist ein rassiger Vertreter dieser Rebsorte und bringt den sortentypischen Geschmack der Wildbachertraube schön zur Geltung. Das Angebot des Weinbaubetriebes wird mit einem Schilcher-Frizzante und zahlreichen Edelbränden bereichert.

Weinbau Stefan Langmann, 8511 St. Stefan ob Stainz Langegg 23, Telefon: 03463 / 81204

Eigentlich habe die Profitgier eines der größten Schilcherproduzenten und -händler in der Weststeiermark alles ins Rollen gebracht, blickt Altvater **Johann Leitinger, vulgo Klinger** aus Deutschlandsberg in die Vergangenheit. Als Traubeneinkäufer genoß Hans Leitinger eine Vertrauensposition, einigte sich Jahr für Jahr mit den Vertragswinzern über zu liefernde Traubenmengen und die Höhe des Traubenpreises. Und selbst er persönlich kultivierte seine Weingärten für diesen großen Betrieb und lieferte regelmäßig seine Trauben dorthin ab. Das Prozedere war immer das gleiche. Die Bauern trafen sich im Weingut, lieferten die Trauben ab und wurden zu Speis' und Trank geladen. Der Umschwung kam wie aus heiterem Himmel. Eines Sonntags, die Traubenpreise wurden bereits mit 12 Schilling je Kilogramm fixiert, wurden die Traubenlieferanten zu ihrem Abnehmer gerufen, der ihnen unmißverständlich offenbarte, daß er den vereinbarten Preis nicht halten wolle und nur 8 Schilling bereit wäre für das Kilo Trauben zu bezahlen. Jene Winzer, die damit einverstanden waren, wurden umgehend zum Essen geladen. Der Gesichtsverlust für Johann Leitinger, der ebenfalls mit einer Fuhr Trauben vor den Toren des Händlers stand und seinen Kollegen den ausgemachten Preis zusicherte, war enorm. Zutiefst betroffen machte er sich mit seinen Trauben auf den Heimweg und begann, sie selbst zu verarbeiten und seinen ersten eigenen Schilcher zu produzieren. So wurde Johann Leitinger zu seinem Glück gezwungen und wurde vom Traubenproduzenten zum Weinbauer. Das alles geschah Anfang der achtziger Jahre.

Heute führt Sohn Johann Leitinger den gemischten landwirtschaftlichen Betrieb am Oberen Steinwandweg 8 mit einer Rinder- und Schweinemast und etwas mehr als zwei Hektar Rebflächen. Der junge Leitinger besuchte in Silberberg verschiedene Weinbaukurse. So eignete sich der engagierte Winzer ein großes Fachwissen an, das er heute geschickt im eigenen Weinbaubetrieb anwendet. „Mit mehr als 70 Prozent Anteil ist die Blaue Wildbacherrebe die Hauptertragssorte unseres Betriebes", erzählt Johann Leitinger junior. Kleine Flächen sind weiters mit Weißburgunder, Welschriesling und Blaufränkisch bestockt. Johann Leitinger schenkt den Weingärten größte Aufmerksamkeit. „Wir sind total auf Qualität ausgerichtet und achten besonders darauf, daß wir gesundes Traubenmaterial ernten können." Die Weinstöcke werden im 2-Bogen-Schnitt kultiviert." Und wenn es die Natur zuläßt, strebt Johann Leitinger Kabinettqualitäten an. Die Vergärung und der reintönige Ausbau der Weine erfolgt großteils in temperaturregelbaren Edelstahltanks und wird sehr langsam vollzogen. „Dadurch wird die fruchtige Note des Weines intensiver, die natürliche Kohlensäure bleibt erhalten." Um bei dieser jugendlichen und frischen Linie zu bleiben, werden die Weine in der Regel in den Monaten Jänner und Februar in Flaschen gefüllt.

Zum Betrieb gehört auch ein Kellerstöckl, das großzügig ausgebaut wurde, ohne vom früheren Flair etwas verloren zu haben. Dort ist auch die Buschenschank untergebracht, die von Mutter und Freundin des Winzers betreut wird. An Sonn- und Feiertagen steht auch Bruder Kurt Leitinger im Einsatz. Angeboten wird die gesamte Produktpalette dieses gemischten Betriebes. Alle Fleischprodukte werden selbst hergestellt, wie fünf verschiedene Wurstsorten, zwei Speckarten, Haussulz, Verhackert, Streichwurst, Bratlfett, Grammelfett aber auch Topfen und verschiedene Fleischarten wie Schweinsbrüstl, Stelzen, Geselchtes in mehreren Variationen. Dazu wird selbstgebackenes Brot gereicht. Den kulinarischen Reigen komplettieren Mehlspeisen wie Strauben, Krapfen oder Nußpotitzen.

Weinbau Johann Leitinger, 8530 Deutschlandsberg
Oberer Steinwandweg 12, Telefon: 03462 / 4600

Im Platzbinderhaus am Stainzer Hauptplatz 3 ist die **Familie Ulz** zuhause. In dem alten Bürgerhaus aus dem 18. Jahrhundert ist seit mehr als einhundert Jahren ein Kaufhaus untergebracht. Diese lange Kaufmannstradition setzt heute das Ehepaar Alfred und Josefine Ulz fort, untergebracht ist auch eine gutsortierte Vinothek. Ganz dem Weinbau hat sich Tochter Karin Reiterer-Ulz verschrieben. Die Weinbau- und Kellermeisterin kultiviert gemeinsam mit ihrer Familie rund zwei Hektar Rebflächen in der Ried Scheibermichl in Gundersdorf sowie in der Ried Eichegg den Engelweingarten, einer besonders guten Lage. Diese Ried wird auch als zweite Geburtsstätte des Schilchers hochgelobt. Als Anfang dieses Jahrhunderts die Reblaus den Niedergang der Weinbaukultur heraufbeschwor, setzten die damaligen Pächter des Engelweingarten, die beiden Weinbaupioniere Max Gschiel und Josef Puchas, mit der Umstellung auf die reblausresistenten amerikanischen Unterlagsreben in den zwanziger Jahren ein neues „Fundament" für den weststeirischen Schilcher. Darauf aufbauend setzte ein neuer Höhenflug dieser Weinsorte ein. Karin Ulz-Reiterer: „Schon vor vielen Jahrhunderten schätzte man den Engelweingarten. Die Südlage in rund 400 bis 540 m Seehöhe gilt als eine der besten Schilcherweinlagen." Die Ried wechselte im Laufe der Zeit mehrmals die Besitzer. Hohen Besuch erhielt der Engelweingarten im Jahre 1847 mit dem österreichischen Kaiser Ferdinand I. und dem damaligen Bürgermeister von Stainz, Erzherzog Johann.
Das Qualitätspotential der beiden Weingärten in Gundersdorf und Stainz bringt bei gleicher Verarbeitung des Rebmaterials unterschiedliche Farbtöne. „Aus der Ried Scheibermichl mit vielschichtigen Opakböden erhalten wir immer dunklere Weine", erklärt die sympathische Weinbäuerin. „Wir produzieren zwei Typen von Schilcher. Den klassischen mit einer reschen Säure und einen milderen Vertreter dieser Weinsorte", sagt Karin Ulz-Reiterer. Durch die konsequente Traubenreduktion im Weingarten wird eine höhere Ausreifung der Trauben erreicht. „Wir streben für den milderen Schilchertyp Qualitäten im

Kabinettbereich an. Dadurch fällt auch der Säurewert." Gab es früher Säurewerte um die 16 und 17 Promille, liegt heute dieser Satz bei rund 10 Promille. Den Keller hat die Winzerin mit modernen Edelstahltanks bestückt. „Mit diesen Edelstahltanks läßt sich die Vergärung zügig und temperaturkontrolliert vollziehen. Der Schilcher bleibt frischer und jugendlicher", so Karin Ulz-Reiterer. Bis zum Frühjahr bleibt der Schilcher im Edelstahlgebinde, ehe er im März oder April in Flaschen gezogen wird.

Weinbau Alfred Ulz, 8510 Stainz
Hauptplatz 2, Telefon: 03463 / 2216

Vor mehr als 150 Jahren war der Weinbau der **Familie Johann Koller** in Feldbaum 35 bei Bad Gams noch Teil des landwirtschaftlichen Betriebes. Mit sechs Hektar Rebfläche wird jetzt im Vollerwerb produziert. 95 Prozent davon sind mit Blauem Wildbacher ausgepflanzt. Der Rest mit Zweigelt, Weißburgunder, Goldburger. Im Weinkeller kommen sowohl Stahltanks, traditionelle Holzfässer als auch Barriquefässer zum Einsatz. Auszeichnungen wie 1989 als Aperitif-Sieger im Weinsalon sowie Champion beim „Vino Forum 1993" zeugen von der Qualität des Hauses.

Schilchergut Johann Koller, 8524 Bad Gams
Feldbaum 35, Telefon: 03462 / 2923

An der Landstraße nach Trahütten, rund 2 km außerhalb von Deutschlandsberg, befindet sich das Weingut der Familie **Gerhard, Kathi und Reinhard Pongratz.** Angeschlossen daran ist auch eine Araberpferdezucht. Die Rebflächen sind auf die Rieden Burgegg (ein Hektar) und Warnblick (zwei Hektar) aufgeteilt. Ausgepflanzt sind sie mit Blauem Wildbacher und Weißburgunder. Das Kleinklima der Weingärten wird durch die Koralm geprägt. Im Sommer, wenn die Tagestemperaturen die 30° Grenze überschreiten, fließen in der Nacht die kühleren Luftschichten vom Berg ins Tal und bringen dadurch eine natürliche Abkühlung mit sich. Wenn die physiologische Traubenreife beim Blauen Wildbacher bei ungefähr 16°KMW erreicht ist, so sind noch immer 10 bis 10,5 Promille Säure vorhanden. Diese Trauben sind

die Voraussetzung für den typischen Deutschlandsberger Schilcher, der sich durch seine feine Frucht, seine harmonische Säure und dunkle Farbe auszeichnet. Wobei sich der traditionelle Farbunterschied von hellem Zwiebelfarbenton in Ligist bis zum fast rotweinartigen Schilcher in der Gegend um Eibiswald in den letzten beiden Jahren nivelliert hat.
Beim Ausbau der Weine werden auch Stahltanks eingesetzt. Großen Wert legt Kellermeister Gerhard Pongratz auf die Weingartenarbeit. „Die Laubarbeit und Traubenreduzierung zugunsten guter Qualität ist heute unumgänglich, die durchschnittlichen Erträge liegen bei uns bei 5.000 kg Trauben. Durch diese rigorose Mengenbeschränkung ist unsere Jahresernte auch sehr gering", so Gerhard Pongratz.
„In den vergangenen Jahren hat sich das kellertechnische Wissen der steirischen Winzer sehr verfeinert. Der Einsatz von Edelstahlgebinden für die Gärung und Lagerung des Schilchers hat die Weinproduktion hin zu einer frischen und spritzigen Linie verändert. Mehr Schulung der jungen Winzer, saubere Arbeit im Weinkeller und die gestiegenen Ansprüche der Konsumenten haben das ihre dazubeigetragen, die Weinqualität noch anzuheben."
Vom Pongratz-Schilcher gibt es zwei Linien. Die eine zeigt, der Pferdevorliebe der Familie entsprechend, ein Fuhrwerk mit einem Weinfaß von Gerald Brettschuh, und die andere schmückt eine Federzeichnung von Wilhelm Busch.
Der Schilcher 1996 zeigt sich in einem kräftigen Rubinrot mit einem ansprechenden Bukett und einer harmonisch-würzigen Säure. Der Weißburgunder 1996 ist ein zartblumiger, voller Wein mit edler Rasse und einer ausgesprochenen Fruchtigkeit in Duft und Aroma. Neben den Weinen produziert der Betrieb auch einen Schilcher-Edelbrand. Die Produkte werden in Vinotheken in Oberösterreich sowie bis nach Salzburg und Vorarlberg vertrieben.

Weinbau Gerhard Pongratz, vulgo Halmbauer
8530 Deutschlandsberg, Glashüttenstrasse 135
Telefon: 03462 / 2080

Mehr als vier Jahrhunderte reicht die Familientradition des **Weingutes Jöbstl** in Wernersdorf, hart an der Granze zu Slowenien, zurück. Geführt wird er von Johann und Waltraud Jöbstl. Die Handschrift von Sohn Hannes ist aber nicht wegzuleugnen. Der Obst- und Weinbaubetrieb zieht alle Register in der Vermarktung und der Produktion. Insgesamt stehen 4,5 Hektar Weingarten im Ertrag, vorwiegend mit dem Blauen Wildbacher und einem Teil Sauvignon blanc. Die Trauben werden naturnah produziert parallel mit sorgfältigem Schnitt und intensiver Laubarbeit. Moderne Kellertechnologie mit Stahltanks und Barriquefässern hat bereits Einzug gehalten. Die Spezialitäten des Hauses sind ein Schilcher Eiswein und ein Schilcher Mistella. Mit weiteren vier weststeirischen Betrieben wird auch ein Schilchersekt erzeugt. 1992/93, 1993/94 und 2x im Jahr 1994/95 war der Betrieb im österreichischen Weinsalon vertreten. Bei der „Destillata '95 und '96" gab es bereits den Titel „Schnapsbrenner des Jahres". Die Liste der Abnehmer liest sich wie ein Who-is-Who der Spitzengastronomie: Hotel Panhans, Semmering; die Restaurants Corso, Steirerstub'n und Schwarzes Camel in Wien, die Airest Catering in Wien, das Hotel Wiesler in Graz, das Hotel Alte Post in Bad Kleinkirchheim, der Stanglwirt in Going usw.

Weingut Familie Jöbstl, 8551 Wies
Wernersdorf 41, Telefon: 03466 / 42349

Eine Spezialität des Weinbaubetriebes **Prattes, vulgo Schwab** in St.Ulrich in Greith ist ein Blauer Wildbacher der als Rotwein in Barriques ausgebaut wird. Eine sehr interessanter, leicht und fruchtbetonter Rotwein, der im Geschmack an einen jugendlichen Cabernet Sauvignon erinnert.
Die Winzerfamilie konzentriert sich vollends auf das Keltern von Schilcher und Blauem Zweigelt. Die fast 2 ha Weingärten sind allesamt in der Nähe des Weingutes auf Südhängen angelegt. Erst seit Ende der achtziger Jahre begann man mit der Eigenproduktion von Wein, früher wurden die Trauben immer verkauft. Seinen Schilcher baut er in Edelstahltanks aus, der Blaue Zweigelt kommt nach einer geschlossenen Maischegärung in große Holzfässer und in Barriques. Trotz dieser kurzen Zeit als Weinproduzent wird eine sehr gute Weinqualitäten erzeugt. Er wurde mit seinem Schilcher Österreichsieger im Weinsalon 1989 und Champion beim Vinoforum 1993.

Weinbau Prattes, St.Ulrich im Greith, 8544 Pölfing-Brunn
Pitschgauegg 22, Telefon: 03465 / 2757

Ein noch sehr junger Weinbaubetrieb ist der von **Karl Malli** aus Tombach 3 in St. Ulrich in Greith. Die südweststeirische Winzerfamilie gründete ihr Weingut erst im Jahr 1988. „Resch und rassig" ist der Slogan von Karl Malli: so baut er seine Hauptsorte, den Schilcher, aus. Als enger Verwandter entpuppt sich auch der „Heckenklescher". Angepflanzt ist weiters ein Kerner. Alle Weine, im Jahresdurchschnitt an die 5.500 Flaschen, werden durchwegs im Stahltank vergoren und zum Großteil darin auch ausgebaut. Die Weine sind von überdurchschnittlicher Qualität, und es ist bei dieser kleinen Produktion kein Wunder, das Karl Malli sehr früh ausverkauft ist. Es lohnt sich aber, sich schon frühzeitig einige Flaschen reservieren zu lassen.

Weinbau Karl Malli, 8544 Pölfing-Brunn
St.Ulrich im Greith, Tombach 3, Telefon: 03465 / 3322

„Unsere Trauben wachsen in der Riede Aug in bester Südost-Lage, und finden dort ideale Wachstumsbedingungen vor", erzählt **Franz Kröll, vulgo Steinböckl** vom gleichnamigen Weingut in Aug 44 in Wies. Dieser Weinbaubetrieb ist sehr klein, gerade

0,6 ha Weingarten wird bearbeitet, die produzierten Weine zeigen jedoch, das die Größe eines Betriebes nicht alleine für die Qualität der Produkte ausschlaggebend ist. Die Familie Kröll hat sich seit Ende der achtziger Jahre gänzlich auf von die Schilcherproduktion spezialisiert. „Wir legen auf genaue Laubarbeit großen Wert", erzählt der Weinbauer „und praktizieren einen integrierten Pflanzenschutz." Ein gesunder Rebschnitt und das Ausdünnen der Trauben ist selbstverständlich. Im Weingarten und im Keller wird als „Biobetrieb" gearbeitet. Franz Kröll baut seine Weine gänzlich in Stahltanks aus. Der 96er „Schilcher aus Aug" besticht durch seine funkelnden Rosétöne und überrascht mit einem rassigen Duftspiel, das sich harmonisch mit den feinen Säurestrukturen zu einem frischen typischen Vertreter seiner Sorte entwickelt. Schilcherfreunde sind zu Verkostungen jederzeit herzlich willkommen.

*Weinbau Matthias Kröll, 8551 Wies
Aug 44, Telefon: 03465 / 2518*

Beinahe zwei Jahrhunderte hat das Bauernhaus der **Winzerfamlie Müller** aus Krass-Etzendorf 5 in Wies auf dem Buckel. 95 Prozent der zwei Hektar umfassenden Rebflächen sind mit dem Blauen Wildbacher bestockt, der Rest ist Welschriesling. Die Weinbaufamilie Müller wurde mit ihren Schilcherprodukten schon mehrfach ausgezeichnet, einmal als Salonsieger 1987, und die Teilnahme am Weinsalon 1995. Die Rarität des Hauses ist der Wildbacher Rubin, ein auf Rotweinbasis mit offener Maischevergärung erzeugter Wein.
Im direkten Sinne des Wortes eine spannende Verbindung zwischen Weingenuß und bildlich-ästhetischer Umsetzung zeichnet die Etiketten der Weinflaschen aus.
Angeschlossen an das Weingut sind eine Buschenschank und Ferienwohnungen.

*Weinbau Josef Müller, 8551 Wies,
Krass-Etzendorf 5, Telefon: 03465 / 3910*

In Etzendorf 38 bei Wies liegt das Weingut der **Familie Lipp**, das in den vergangenen Jahren konstant gute Weine keltert. Der Schilcher aber, wie ihn Josef Lipp macht, ist weit weniger bekannt als jener aus der Gegend um Stainz und Deutschlandsberg. Die Nachfrage ist aber um nichts geringer. „Die Weinbereitung ist eine Kunst für sich", erzählt der Winzer. „Die Bedingungen, die uns Jahr für Jahr die Natur vorgibt, sind immer unterschiedlich. Daraus kontinuierlich guten Wein zu keltern, ist die Aufgabe des Winzers." Und er scheint es zu verstehen, der Sepp, gute Weine zu produzieren. Denn seine Schilcher sind bis in den Westen Österreichs hinaus ein gefragtes Produkt. Damit er dieser Nachfrage auch gerecht wird, muß er Trauben zukaufen. „Ich achte aber das ganze Jahr über, daß die Weingärten, aus denen ich meine Trauben zukaufe, nach den gleich strengen Richtlinien bearbeitet werden wie meine eigenen." Unterstützt wird der Weinbauer bei seiner Arbeit von seiner Gattin Veronika und Sohn Wolfgang, der zur die Fachschule Silberberg besucht hat und die Gangart im Betrieb mitgestaltet.

*Weinbau Josef Lipp, vulgo Hambammer, 8551 Wies,
Etzendorf 38, Telefon: 03465 / 3984*

Die Weine von **Erich Kuntner** aus Obergreith 48 in St. Ulrich in Greith stellen einen bewußten Kontrast zu jenen Weinen dar, die im großen und ganzen in der Weststeiermark produziert werden. Der Weinbauer überrascht nicht nur mit einer breiten Sortenpalette an Weinen und Edelbränden, sondern auch mit seiner Interpretation des Schilchers: der Blaue Wildbacher als Rotwein. „Der Blaue Wildbacher ist grundsätzlich eine Rotweinrebe, daher ist es nur recht, ihn auch als Rotwein auszubauen." Erich und Brigitte Kuntner kultivieren 3,5 Hektar Rebflächen im südlichen Randbereich des weststeirischen Schilcherlandes. Der Blaue Wildbacher hat einen Anteil von mehr als 60 Prozent. „Selbstverständlich baue ich meinen Blauen Wildbacher nach wie vor zum Großteil als Schilcher aus", erzählt Erich Kuntner.
Im Jahre 1990 startete Erich Kuntner einen ersten Versuch, die Blauen Wildbachertrauben als Rotwein zu keltern. Aus einer Feuersbrunner Winzerfamilie stammend, hatte er schon einige Erfahrungen in der Kunst der Rotweinvinifizierung, und damit auch die Voraussetzungen, das Experiment „Blauer Wildbacher" zu starten. Seit dem Jahr 1992, ein Jahr, das sehr heiß und trocken war, baut er einen kleinen Teil davon in Barrique und einen Teil in großen Holzfässern aus. Die Trauben wurden mittels offener Maischegärung und viel persönlicher Hingabe verarbeitet. Nach 9 Monaten Faßreife, wurde die Cuvée aus den verschiedenen Holzgebinden in Flaschen gefüllt. Der Blaue Wildbacher 1996 wurde in großen Holzfässern ausgebaut und verfügt über schöne Johannisbeertönen im Bukett.
Mit der Ernte 1996 kamen die jungen Weingärten mit den Sorten Chardonnay, Sauvignon blanc und Riesling in den Vollertrag und erweitern damit das Angebot an Erich Kuntners Weinpalette. Mit viel Gefühl wurden die einzelnen Rebsorten vinifiziert. Eines haben sie gemeinsam, feine Fruchtnuancen und eine harmonische Säure.
Gemeinsam mit vier anderen Weinbauern erzeugt Erich Kuntner weiters einen Sekt aus klassischem Schilcher, der unter dem Namen „Insieme" vermarktet wird. Zum passenden Fest ist er ein prickelndes Erlebnis mit einer rassigen Säurestruktur, fruchtbetont im Geschmack mit den typischen Aromen der Wildbachertraube.
Die verschiedenen Brände runden die Angebotspalette des Hauses Kuntner ab. Vom Schilcher wird ein Trester- und ein Gelägerbrand hergestellt. Bei der „Destillata 1994" wurde der Tresterbrand vom Burgunder und der klare Schilchergelägerbrand mit der

Goldmedaille ausgezeichnet. Durch die feine Fruchtbetonung zeichen sich auch die Obstbrände aus. Himbeer, Pfirsich und Holunder werden durch das Brennhandwerk von Erich Kuntner zur Vollendung geführt.
Ein Digestif besonderer Art ist der „Mistela" vom Schilcher. Wie ein süßer Portwein mit Wildbacheraromen wird dieser Dessertwein ein Jahr in Barriques oxydativ ausgebaut. Als idealer Abschluß eines Festmenüs oder flüssiger Begleiter zu süßen Nachspeisen sehr zu empfehlen.

Weinbau Erich Kuntner, 8544 St.Ulrich im Greith, Obergreith 48, Telefon: 03465 / 3383

Vom Süden kommend geht es nach dem Ortsende von Wies links nach Lamberg. Gleich nach der Waldlichtung steht der große Hof von **Christian Reiterer**. Der junge Winzer gilt als Spätberufener. Erst mit dem Erntejahr 1991 produzierte der frühere Traubenproduzent seinen ersten eigenen Wein. „Von 0 auf 120.000", kann man die rasante Entwicklung dieses aufstrebenden Weinbauers betiteln. Denn aus den 25 Hektar Rebflächen in den Rieden Lamberg, Engelweingarten und Hochbuchegg mit durchwegs Wildbacherreben werden seit 1991 jährlich rund 120.000 Flaschen Qualitätsschilcher und Schilchersekt gekeltert. Durch den späten Start der eigenen Weinproduktion konnte Christian Reiterer den Weinkeller mit modernster Kellertechnologie ausstatten. Vergärt und ausgebaut werden seine Weine ausschließlich in Edelstahltanks. „Diese Edelstahltanks sind gerade für den Schilcher gut geeignet. Die Frucht und die Säure kommen besonders gut zur Geltung." Der Selfmademan ist aber auch ein hervorragender Marketingexperte. Seine Schilcher sind nicht nur in der gehobenen heimischen Gastronomie vertreten. Sie werden auch bis nach Japan exportiert.

Weinbau Christian Reiterer, 8551 Wies, Lamberg 2, Telefon: 03465 / 20853

Obwohl der Weinbaubetrieb der Familie **Karl und Anneliese Kiefer** in Eibiswald klein ist erzeugt er hervorragende Schilcher-Qualitäten, die in vielen Toprestaurants in ganz Österreich zu finden sind und mit zahlreichen Prämierungen ausgezeichnet wurden. Im Ertrag stehen derzeit 1,5 Hektar Weingärten in den Rieden Hörmsdorf, Oberlatein und Eichegg. Die 15.000 Stück Jahresproduktion von Qualitätswein wird durch Zukauf von Trauben erzielt, wobei Karl Kiefer persönlich die Qualität der Trauben begutachtet. Penibel wie beim Traubenzukauf kultiviert die Familie Kiefer auch ihre Weingärten. „Das Mulchen der Weingärten und die sorgfältige Laubarbeit sind die wichtigsten Kriterien für bestes Traubenmaterial", erklärt der Winzer „denn die Weinqualität wächst im Weingarten." Der Ausbau seiner Weine erfolgt sowohl in Edelstahltanks als auch in normalen Holzfässern. Zu den Spezialitäten des Hauses gehören neben dem Schilcher-Kabinett auch Edelbrände von den Schilchertrauben.

Weinbau Karl Kiefer, 8552 Eibiswald, Hörmsdorf 88, Telefon: 03466 / 42496

Bescheidene 1,4 Hektar Rebfläche kultiviert die Weinbaufamilie **Strohmeier** in Eibiswald. Ihr Peiserhof befindet sich seit Generationen im Familienbesitz und Josef Strohmeier setzt die Tradition fort, die Blaue Wildbacherrebe zu kultivieren. „Unsere Weinberge in den Rieden Haiden und Guntscherberg zählen zu den besten in dieser Region", erzählt der Winzer „die Weine aus diesen Trauben bringen die ganze für diese Hügellandschaft typische Kraft zum Ausdruck." Und daß Schilcher nicht gleich Schilcher ist, zeigt Kellermeister Josef Strohmeier eindrucksvoll mit den unterschiedlichen Vinifizierungsarten auf. Die typische Rasse des klassischen Schilchers erzielt der Winzer durch die Vergärung im Edelstahltank, der die Frucht und die natürliche Kohlensäure des Weines fein hervorhebt und konserviert. Der weitere Ausbau der Weine erfolgt sowohl im Edelstahltank als auch im Holzfaß.
Als besondere Auszeichnung für die Qualität der Weine gab es mehrmals eine Aufnahme in den österreichischen Weinsalon, wobei der Schilcher 1993 zum Sortensieger gekürt wurde. Als weitere Bereicherung der Produktpalette gibt es am Peiserhof noch Hochgeistiges wie Schilcher-Grappa, Schilcher-Gelägerbrand sowie Birnen- und Apfelbrände.

Weinbau Familie Strohmeier, 8552 Eibiswald, Haiden 53, Telefon: 03466 / 42414

Über die Radlpaß-Bundesstraße geht es in das Schilchergebiet Großradl bei Eibiswald. In Kornriegel 4 ist der Weinbaubetrieb der **Familie Krottmayer, vulgo Glirsch** angesiedelt. Das Kapitel Weinbau in der Geschichte dieser Familie beginnt vor mehr als 100 Jahren. Seit dieser Zeit befindet sich dieses Weingut im Besitz der Glirsch', der Familie von Siegfried und Claudia Krottmayer, die neben ihren 2,4 Hektar Rebflächen in den Rieden Aiblkogl und Lehner noch Obst- und Grünland kultivieren. „85 Prozent unserer Weingärten sind mit der Blauen Wildbacherrebe ausgepflanzt", erzählt der Winzer „nur ein kleiner Teil mit den Sorten von Weißburgunder und Blauer Zweigelt." Die Arbeit auf dem Hof verlangt den Einsatz aller Familienmitglieder. Neben der Tochter des Weinbauern, Simone Krottmayer, sind auch Altvater Krottmayer und seine Gattin noch fleißig bei der Arbeit. Die ganze Produktpalette des Betriebes, vom Schilcher bis zum Kernöl, wird großteils direkt ab Hof vermarktet. Vom 1. März bis 1. November jedes Jahres wird auch ein Buschenschank betrieben.

Weinbau Siegfried Krottmayer, 8552 Eibiswald, Kornriegel 4, Telefon: 03466 / 43756

Das Sausal

Die steirischen Weinregionen sind geografisch streng geordnet. Zum Sausaler Weingebiet gehören die Weinbaugemeinden von Kitzeck, St. Andrä-Höch, St. Nikolai, Gleinstätten, Leibnitz, Tillmitsch, im Norden des Gebietes Wildon sowie die Weinbauflächen der Gemeinde Heimschuh links der Sulm. Quer durch diese Weinbauregion führt die Sausaler Weinstraße. Ausgangspunkt ist die Wein- und Bezirksstadt Leibnitz, sie ist jährlicher Treffpunkt sowohl von Weinexperten als auch von Weinliebhabern. Denn über das Jahr gestreut findet eine Reihe von Veranstaltungen statt, die den Wein als Thema führt. Die bekannteste unter ihnen ist wohl die traditionelle Weinwoche im August.

Von Leibnitz führt die Sausaler Weinstraße nach Seggauberg. Das Schloß Seggau ist die Sommerresidenz der steirischen Bischöfe, besitzt eine der schönsten Römersteinsammlungen und wird als Kultur- und Bildungshaus geführt. Das Schloß kam im Jahre 860 in den Besitz des Erzbistums Salzburg. Hinter den dicken Mauern dieses Festungsbaues verbirgt sich auch einer der ältesten und größten Weinkeller des Landes. Und im Glockenturm des Schlosses hängt die schwerste Glocke der Steiermark, die Seggauer Liesl. Stille Zeugen einer alten Kulturepoche sind weiters die Wallfahrtskirche und das Tempelmuseum Frauenberg.
Am Fuße des Seggauberges, an den Ufern der Sulmseen, liegt die Weinbaufachschule Silberberg. Von Silberberg geht es dem Sulmtal entlang nach Heimschuh. Sehenswert ist dort die 1170 erstmals urkundlich erwähnte, dem heiligen Sigismund geweihte Pfarrkirche. Denn sowohl romanische als auch gotische Elemente sind sichtbar in dieser Barockkirche eingebunden.
Von Heimschuh über Fresing kommt man nach Kitzeck. Ein atemberaubender Blick über das Sulmtal und die angrenzenden Hügel bietet sich, wenn man die Römerstraße von Heimschuh über Einöd nach Kitzeck wählt. Dieser schmale, aber dennoch gut ausgebaute Weg gilt als einer der ältesten Verbindungen vom Sulmtal ins hochgelegene Kitzeck.

Die Weinbaugemeinde Kitzeck

In 564 Metern Seehöhe gelegen, zählt der Ort mit seiner 1.000jährigen Weinbaugeschichte zu den höchstgelegenen weinbautreibenden Gemeinden Mitteleuropas und wird als solches auch als Werbeträger genützt.
Im Jahr 1000 hatte Kaiser Otto I. das Gebiet zwischen Sulm und Laßnitz dem Erzbistum Salzburg als Lehen übergeben. Deutsche Bauern besiedelten das unbewohnte Gebiet, rodeten die Wälder und schufen so die Voraussetzung für die heutige Kulturlandschaft. Mit den Bauern kam auch der Weinbau ins Land. Schon damals erkannte man, daß das milde Klima und die gutstrukturierten Bodenverhältnisse der steilen Hänge gute Bedingungen für das Ziehen von Rebstöcken waren. Zum Vergleich: Kitzeck liegt auf dem gleichen geographischen Breitengrad wie Meran in Südtirol.
In den Jahren 1640 bis 1644 wurde an jener Stelle, wo heute die Pfarrkirche steht, eine Kapelle errichtet. Zur Pfarre erhoben wurde Kitzeck im Jahre 1789. Ein Blitzschlag vernichtete 1833 die Pfarrkirche, sie wurde aber gleich wieder aufgebaut. Sie ist das über viele Kilometer sichtbare Wahrzeichen von Kitzeck und seinen Weinbergen.
Ein aus dem Jahre 1726 stammendes Winzerhaus wurde zum Weinmuseum umfunktioniert.
Im Sausal sind die steilsten Weinberge der Steiermark. Johann Schwarz, ehemaliger Verwalter vom Landesweingut Kitzeck und selbst Winzer mit extremen Steillagen, beschreibt sie folgendermaßen: „Die Hänge sind so steil, daß du im Stehen ins Gras beißen kannst…" Arbeitskräftemangel als einer von mehreren Gründen zwangen in den vergangenen 25 Jahren die Weinbauern zur Rationalisierung und Technisierung, ihr Erfindergeist schuf spezielle Bearbeitungsgeräte, wie sie zum Teil heute in allen Weinbaugebieten mit Extremlagen benützt werden.
Der traditionellen Werte besinnend trugen einige Weinbauern und Weinliebhaber das „alte Zeug" zusammen. Ein aus dem Jahre 1726 stammendes Winzerhaus wurde kurzerhand zum Weinmuseum umfunktioniert und mit verschiedensten Exponaten ausgestattet. Das Museum umfaßt sieben Räume. Im Vorhaus – Laben genannt – sind bäuerliche Hausgeräte ausgestellt. Die alte Winzerstube zeigt das Reich der Weinbäuerin von damals, die Rauchkuchl wiederum beleuchtet die ehemals harten Lebensbedingungen.
Eine Reihe landwirtschaftlicher Arbeitsgeräte wie eine alte Weinpresse, Preßgeräte oder ein altes Fuhrwerk, aber auch kleine, scheinbar unbedeutende Objekte wie Tonkrüge, verschiedene Bretter und Holzbottiche, eine alte Kaffeemühle, Töpfe und Pfannen sind Dokumente aus längst vergangenen Tagen.
Heute ist Kitzeck eine moderne, den vielen Ansprüchen der erholungssuchenden Gäste gerecht werdende Gemeinde. Gastronomisches Aushängeschild ist der Weingasthof und das Restaurant der Familie Kappel am Steinriegel 25. Die Küche von Dietmar Kappel ist weit über die steirischen Landesgrenzen hinaus bekannt. Ebenso bekannt ist Alfred Heber, der Kirchenwirt von Kitzeck. Er führt nicht nur das älteste Gasthaus des Ortes, er keltert auch seine eigenen Weine. Ein weiterer ausgezeichneter gastronomischer Betrieb, der die steirische Küche pflegt, ist das Restaurant Steirerland am Demmerkogel. Die Infrastruktur beleben weiters unzählige Weinbaubetriebe und Buschenschenken. Für Naturliebhaber, Wanderer und Spaziergänger gibt es ein weit verzweigtes Netz von gut markierten Wanderwegen.
Der Reigen der vielen Berührungspunkte der Sausaler

Weinstraße setzt sich mit der Fahrt von Kitzeck über den Demmerkogel, vorbei am größten Klapotetz der Steiermark fort bis nach St. Andrä-Höch und schließlich bis zum Zielpunkt nach Maierhof. Nicht weit von Maierhof liegt Gleinstätten. Kultureller Mittelpunkt ist das Schloß Gleinstätten, im 16. Jahrhundert im Renaissancestil erbaut. Im überdachten dreigeschoßigen Arkadenhof mit seinen festen Säulen finden regelmäßig Kulturveranstaltungen statt.
Mit der Sausaler Weinstraße ist die Region dieses Weinbaugebietes aber noch lange nicht erforscht. Im nördlichen Teil wird rund um den geschichtsträchtigen Ort Wildon - Bodenfunde aus dem vierten Jahrtausend vor Christi lassen auf eine frühe Besiedlung dieses Gebietes schließen - Weinbau betrieben. Am Bockberg, dem Hausberg der Wildoner, der bis nach Graz hin sichtbar ist, werden ebenso Rebstöcke kultiviert wie in Afram.
Viele noch unbekannte Weinbaugebiete kann man sich selbst erschließen. So geht es zum Beispiel nach der Autobahnabfahrt Lebring von Graz kommend gleich nach dem Zieglerwirt rechts hinauf nach Göttling. Einige Buschenschenken, immer gut beschildert, laden zum Verweilen ein. Weiter geht es dann über Flamberg nach St. Nikolai im Sausal. Von hier kann man die Weinbaugebiete von Mitteregg, Petzles, Neurath oder Greith erobern. Man sollte sich von den engen Straßen nicht abhalten lassen. Der Weg lohnt sich, und man entdeckt immer wieder Neues.

Bild oben: Kitzeck - einer der höchstgelegenen Weinorte Mitteleuropas - lädt mit zahlreichen Buschenschenken und Restaurants ein.

Bild rechts: Während im Herbst die Nebelschwaden in den Tälern verbleiben, liegen die hochgelegenen Weingärten voll im Sonnenschein.

Nur wenige Kilometer vor Leibnitz, am Kogelberg, liegt das **Weingut Haselbrunn** der Familie **Otto Kieslinger**. Die weinbaulichen Fundamente wurden vom weit über die Bezirksgrenzen hinaus bekannten Großvater Otto Kieslinger gelegt, der den von einem Bahnarchitekten nach italienischem Stil erbauten Herrensitz in den dreißiger Jahren erwarb. So abgelegen das Weingut auch liegt, unter Weinfreunden ist dieser Betrieb, der auch als Buschenschank geführt wird, heute längst ein Inbegriff für Wein- und Lebensqualität. In diesem Landstrich, unweit vom Weingut Kieslinger entfernt, lebte und arbeitete auch der legendäre steirische Landschaftsmaler Carl Rotky, der seine vielen offenen Rechnungen oft genug mit seinen Malereien und Holzschnitten beglich.
Otto Kieslinger arbeitet ruhig und ist kein Mann von großen Worten. Wer in ihm jedoch nur einen Weinbauern sieht, bekommt ein falsches Bild. Er ist auf vielen Gebieten sehr bewandert, nicht nur was den Wein anlangt – und mancher seiner Kollegen holt sich den einen oder anderen guten Ratschlag von ihm. Als sein Vater noch den Betrieb führte, übernahm Otto

Kieslinger im Jahr 1970 die Verantwortung für die Kellerwirtschaft. Dies war der Anfang seines qualitätsorientierten Aufstieges. In der Anfangsphase versuchte er, die Zukunft seiner Weine im direkten Vergleich mit anderen abzuschätzen, und mit den eigenen Erfahrungen zu bestimmen.
Erfolgreich und eigenständig führt heute Otto Kieslinger gemeinsam mit seiner Familie den Weinbaubetrieb mit den dazugehörenden sieben Hektar Rebanlagen in den Rieden Kogelberg und Kreuzkogel, wobei einzelne Weingärten eine Hangneigung bis 54 % ausweisen. Die Reihe der ausgepflanzten Rebsorten umfaßt nahezu das gesamte steirische Sortiment, Welschriesling, Rheinriesling und Burgunder. Otto Kieslinger praktiziert eine Reihe verschiedener Vinifizierungsmethoden, die sich – auf die jeweilige Weinsorte abgestimmt – bestens bewährt haben. So zeichnet sich der 96er Traminer durch sein feinwürziges, dezentes Bukett aus. Er ist ein gehaltvoller und reifer Wein, mit feiner Säure ausgestattet. Ein wirkliches Trinkvergnügen für jeden Freund bukett-intensiver Weine. Der Rheinriesling Jahrgang 96 verfügt über ein konzentriertes Rieslingbukett, ist fruchtig und elegant. Diese rassige Säure bringt eine lange Lagerfähigkeit. Der 95er Blaue Zweigelt ist ein mittelschwerer Typ, ausgestattet mit viel Frucht und weichen Tanninen.

Weingut Haselbrunn, Familie Kieslinger
8430 Leibnitz, Kogelberg, Telefon: 03452 / 82780

Es wäre zu müßig, alle Verdienste von **Dr. Helmut Heidinger** aufzuzählen, welche er für das Land Steiermark und im speziellen für die Südsteiermark geleistet hat. Als Abgeordneter zum steirischen Landtag von 1966 bis 1983 und als Mitglied der Steiermärkischen Landesregierung von 1983 bis 1985 hatte er vor allem für die Weinbauern mit all ihren großen und kleinen Sorgen immer ein offenes Ohr. Und noch heute, Jahre nach seinem Abschied aus der Politik, macht er seinen Einfluß auf die südsteirischen Winzer geltend. Seit der Gründung des steirischen Landesweinbauvereins bis heute ist Helmut Heidinger Obmann-Stellvertreter. Die Geschichte seines Weingutes in Grottenhof bei Leibnitz reicht bis ins Mittelalter. Als Weinbauer kultiviert er, gemeinsam mit Gattin Annemarie, rund zwei Hektar Rebflächen. Im Ertrag stehen Welschriesling, Weißburgunder, Ruländer, Traminer, Zweigelt und Müller-Thurgau. Kurzer Rebschnitt, sehr niedrige Erträge, äußerste Sorgfalt bei der Lese der Trauben sind die Grundvoraussetzung für die fruchtigen Weißweine. Die Vinifikation der Weine erfolgt sowohl in Stahltanks als auch in Holzfässern. Der Jahrgang 1996 fiel sehr gut aus, feine Fruchttöne, sowohl beim Welschriesling als auch bei den Burgundern herrschten vor. Der Müller-Thurgau besticht durch seine jugendliche Frische.

Weingut Dr. Helmut Heidinger
8430 Kaindorf, Grottenhof 16, Telefon: 03452 / 72352

Unweit des südsteirischen Wallfahrtsortes Frauenberg, in der Gemeinde Seggauberg 45, liegt das Weingut der **Familie Assigal**. Hausherr August Assigal strahlt die ruhige Sicherheit eines Winzers aus, der seinen Weg gefunden hat und sein Weingut mit all seinen Freuden aber auch Sorgen langsam aber sicher in die Verantwortung jüngerer Hände abgibt. Sein Denken und Handeln findet die konsequente Fortsetzung in der Tochter Beate Assigal, der ehemaligen steirischen Weinprinzessin. Die Voraussetzungen für die junge Weinbäuerin sind vom Elternhaus ideal gestaltet worden. Ein breiter Sortenspiegel steht auf insgesamt fünf Hektar Rebfläche im Vollertrag. Ein großzügiger Neubau brachte auch Investitionen in die Kellertechnologie. Der Weißwein wird aus leicht gepreßten Trauben gekeltert, die nach längerer Maischestandzeit in temperaturgekühlten Edelstahltanks vinifiziert werden. Der Welschriesling 96 ist feinfruchtig, mit würzigem Bukett und rassiger Säure. Die Früchte der jahrelangen, konsequenten Weinbauarbeit wurden 1990 mit der Plazierung im österreichischen Weinsalon belohnt.
Beim Rotwein, dem Blauen Zweigelt, praktiziert die Weinbaufamilie eine offene Bottichvergärung mit anschließendem Ausbau in traditionellen Holzfässern. Das Weingut Assigal bietet auch Urlaub am Weinbauernhof an und führt einen Buschenschank.

Weingut August Assigal
8430 Leibnitz, Seggauberg 45, Telefon: 03452/86811

Es gibt nur ein einziges Gut für den Menschen: das Wissen, und nur ein einziges Übel: die Unwissenheit. Diese Weisheit des griechischen Philosophen Sokrates hat unumstritten noch heute seine Gültigkeit. Als unschätzbarer Vorzug in der Ausbildung junger Winzer setzt in der Steiermark die **Fachschule für Weinbau und Kellerwirtschaft Silberberg** wegweisende Impulse für die Zukunft. Diese Ausbildungsstätte feierte 1995 ihren 100. Geburtstag. Es war im Jahre 1895, als das Land Steiermark das Weingut Silberberg von privater Hand erwarb und eine Weinbauschule gründete. Die Weinkultur stand damals noch immer unter Schockeinwirkung der verheerenden Schäden, die die Reblaus anrichtete und so ging man daran, die Weinbaugebiete in der Steiermark mit reblausresistenten Weingärten neu zu formieren. Zu diesem Zweck wurde in Silberberg eine Landesrebenanlage errichtet. Im Jahre 1897 erhielt die Winzerschule Silberberg einen Schnittweingarten sowie Edelweingärten. Nach dem Ende der österreichisch-ungarischen Monarchie und der Abspaltung der Untersteiermark – Silberberg kooperierte ständig mit der Weinbauschule Marburg –, wurde die Winzerschule 1920 in „Steiermärkische Landes-Obst- und Weinbauschule" umbenannt. In den folgenden Jahrzehnten wurde die Schule ständig erweitert, erneuert und auf dem jeweiligen neuesten Wissensstand gebracht, man leistete aber auch wertvolle wissenschaftliche Arbeit und trug viel dazu bei, das Leistungsbild des heimi-

schen Weinbaues entscheidend zu verbessern.
Heute wird die Fachschule für Weinbau und Kellerwirtschaft Silberberg unter der Leitung von Direktor Robert Eder unter Einschließung des neunten Pflichtschuljahres als vierjähriger Lehrgang geführt. Und es ist die Qualität der Fachlehrer, die das eigentliche Kapital der Schule bildet. Sie sind für ihren Bereich selbstverantwortlich und verfügen über umfassende Kompetenzen. So ist für den Weinbauunterricht Ing. Franz Gosch verantwortlich, als Kellermeister Josef Gratzer. Ihnen steht Ing. Werner Surma als Organisator und Manager vor.
Die Sichtnähe zu den Einrichtungen dieser Weinbauschule – von den hauseigenen Weingärten über die modernsten Laboreinrichtungen bis hin zum Weinkeller – unterstreicht die klar vorgegebenen Strukturen von Silberberg: junge Menschen zu hochwertigen Fachleuten für den Weinbau auszubilden. Zum Einmaleins der Grundausbildung gehört auch die Arbeit mit modernsten Geräten, um die hochgesteckten Ausbildungsziele zu erreichen. Doch das ist nur die eine Seite. Denn eine Pflichtübung ist die 16monatige Praxis außerhalb der Schule. Sie spielt eine zentrale Rolle in der Ausbildung und wird von den Schülern in Wahlbetrieben absolviert. Zugleich beobachten die Verantwortlichen der Fachschule die Weiterentwicklung ihrer heranwachsenden Jungwinzer und bereiten sie auf die Abschlußprüfung gewissenhaft vor, der „Gehilfenprüfung für Weinbau und Kellerwirtschaft". Anschließend kann dann, nach mindestens dreijähriger Berufserfahrung, über einen Meisterkurs die Weinbau- und Kellermeisterprüfung abgelegt werden. Zusätzlich werden in Silberberg Jahr für Jahr zahlreiche Kurse, Fachexkursionen und andere Aktivitäten abgehalten und so leb- und bildhafte Akzente gesetzt. Damit zementiert die Fachschule für Weinbau und Kellerwirtschaft Silberberg jene Fundamente, auf die der steirische Weinbau jetzt und in Zukunft bauen kann.
Das Ansehen der Weinbauschule Silberberg wird auch an der Qualität der selbst produzierten Weine gemessen. Ing. Werner Surma bringt es auf den Punkt: „Unser Bestreben ist es, nicht nur gute Schüler auszubilden, sondern auch gute Weine zu schulen." Alles in allem stehen neben den Rieden in Kogelberg, den Gütern in Kitzeck, in Remschnigg bei Arnfels sowie in Schloßberg bei Leutschach rund 27 Hektar Rebflächen im Ertrag. Wie könnte es auch anders sein - die Weingärten werden sorgsam gepflegt und bearbeitet. Für die Vinifizierung der Weine stehen modernste Kellertechnologien ebenso zur Verfügung wie klassische Arbeitsmethoden. Die Jahresproduktion an Qualitätsweinen liegt bei rund 100.000 Flaschen.
Vom Chardonnay werden zwei Linien produziert, streng nach der Herkunft von der Ried Bowoden am Schloßberg in Leutschach oder der Ried am Felsen in Kitzeck. Beim 96er Jahrgang zeigt sich der Leutschacher etwas kräftiger im Bukett gegenüber seinem Kitzecker Kollegen. Diese Weine werden teilweise in Barriques ausgebaut und als Sortencuvée abgestimmt.

Ing. Werner Surma und Kellermeister Josef Gratzer

Beim Weißburgunder, von dem ebenfalls zwei Lagen getrennt ausgebaut werden, verhält es sich umgekehrt. Der Kitzecker der Ried Annaberg ist wuchtiger und voller. Welschriesling, Riesling, Sauvignon Blanc und Traminer vervollständigen die steirische Sortenvielfalt im Verkaufsprogramm. Vom Blauen Zweigelt wird ein Cuvée aus verschiedenen Lagen gekeltert. Der 1995 überrascht mit seiner leuchtenden Rubinfarbe als kräftiger und fruchtiger Rotwein mit zarter Herbe. Mit diesem 1995er Cuvèe wurde das Weingut Silberberg Landessieger in der Kategorie Zweigelt beim Steirischen Landeswettbewerb 1997.
Neben der hervorragenden Weine produktion, werden auch exzellente Destillate gebrannt. 14 verschiedene Brände werden zur Zeit angeboten. Die Palette reicht vom Muskateller Traubenbrand, über Schilcher Trester, Golden Delicious, Holzapfel, Quitte, Mispel, Kriecherl, Rote Ribisel, Hollunder bis zur Stachelbeere. Alle Fruchtbrände bestechen durch ihre feine Fruchtintensität und dem absolut sauberen Brand.

Weinbauschule Silberberg, 8430 Leibnitz
Kogelberg 16, Telefon 03452 / 82339

Dem Weinbau angemessen Respekt und Aufmerksamkeit schenken, sich aufs Wesentliche konzentrieren und dabei noch Akzente setzen – das sind die Maßstäbe, mit denen **Gerhard Wohlmuth** sein Weingut in Fresing 24 in Kitzeck führt. Die Familie Wohlmuth kultiviert bereits seit dem Jahr 1803 im Sausal ihre Rebflächen. Waren es 1987 rund 4 Hektar Weingärten, so sind es mittlerweile stattliche 10,5 Hektar Rebfläche, die es gilt, sorgsam zu bearbeiten. So stehen in der Ried Goller mit ihrem reinen Urgesteinboden Welschriesling, Pinot Blanc, Pinot Gris und Cabernet Sauvignon, und in der Kitzecker Ried Steinriegel, deren Untergrund aus meridianen Schiefer besteht, Sauvignon Blanc, Muskateller, Traminer, Blaufränkisch und Schilcher. In der Ried Wilhelmshöhe im Sausal, einer Steillage mit 55% Hangneigung wachsen Riesling, Sauvignon Blanc, Pinot Blanc und Chardonnay. Ihren Beitrag zur harten Arbeit auf dem Weingut leisten die Eltern des Winzers, Josef und

Agnes Wohlmuth, welche der alten Tradition nach im Weingarten fleißig mitarbeiten. „Ich kann mich ganz auf sie verlassen. Besonders mein Vater ist beim Setzen und Schneiden sehr genau und hat die Oberaufsicht über die Weingärten", dankt Gerhard Wohlmuth seinen Eltern.

Das breite Spektrum der im Ertrag stehenden Rebsorten ist beinahe unübersichtlich. „Die vorhandenen Bodenstrukturen sind sehr unterschiedlich – von Urgesteinsböden mit Kalkeinschlüssen bis zu Opak. Die Weinberge sind so angelegt, daß sie den einzelnen Klimabedingungen optimal angepaßt und mit den für sie richtigen Rebsorten ausgepflanzt sind", erzählt Gerhard Wohlmuth. Dieser Faktor ist unter anderem für die „Summus"- Weinlinie ausschlaggebend, einer Weinlinie, die darauf abzielt, die besondere Lage der Rebstöcke und die davon geerntete Traubenqualität (mindestens 18°KMW) für den späteren „Summus"-Wein hervorzubringen. Vom Jahrgang 1996 wurde ein Muskateller, Sauvignon Blanc, Pinot Gris und ein Chardonnay mit dem Namen „Summus" produziert. Der Winzer achtet schon im Winter auf einen rigorosen Rebschnitt der Weinstöcke. „Das Qualitätspotential eines Weines hängt zum großen Teil vom Ertrag ab. Daher gilt auch für mich die einfach Formel: Weniger ist mehr." Dieses konsequente Denken setzt sich auch bei der Laubarbeit fort. Der Wachstumsmechanismus muß sich vollkommen im Gleichgewicht befinden. Ein zu dichtes Laubdach behindert oft das Sonnenlicht und beeinträchtigt so die Zuckerbildung in der Traube. All diese Kriterien gelten selbstverständlich auch für die zahlreichen Vertragswinzer, denen Gerhard Wohlmuth die ganze Ernte abnimmt. „Ich achte schon sehr darauf, daß meine Traubenproduzenten das ganze Jahr nach meinen Qualitätsrichtlinien arbeiten."

Wenn sich der Reigen des Weingartenjahres schließt, beginnt für Gerhard Wohlmuth die schönste Jahreszeit – die Ernte. Auch dort geht er seinen eigenen Weg. Es wird jeder Weingarten mehrmals gelesen. Bei der ersten Lese wird das weniger entwickelte Material vorgelesen, aber erst wenn die Trauben ihre physiologische Reife voll entwickelt haben und das Laubwerk mit der Verfärbung keine Aktivitäten mehr anzeigt, ist für Gerhard Wohlmuth der richtige Zeitpunkt der Ernte gekommen. Prinzipiell wird nur am Vormittag gelesen: „Damit die Trauben so kühl wie möglich in den Keller kommen. Für unsere Spitzenweine verwenden wir nur Seihmost und den Saft der ersten, schonenden Pressung." Der Most wird sofort gekühlt und durch natürliche Klärung entschleimt und mit Reinzuchthefe zur Gärung gebracht. Dafür stehen sowohl Edelstahltanks zur Verfügung wie auch traditionelle Holzfässer, die im weiteren auch für den Ausbau der Weine Verwendung finden. Ausgesuchte Qualitäten sowohl von Weiß-, aber auch von Rotweinen werden in Barriquefässer ausgebaut. Bevorzugt verwendet Gerhard Wohlmuth dafür französisches Allier- und Limousinholz.

Gerhard jun., Maria, Gerhard sen., Daniela und Dieter Wohlmuth (von links).

Bei der Reifung der Weine werden je nach Rebsorte und Qualität die unterschiedlichsten Ausbaumethoden gewählt. So wurde der Chardonnay Summus 1993 teilweise im Edelstahltank und im Barrique ausgebaut und dann zu einer Cuvée vereint. Dadurch kommen die Vorzüge beider Ausbautechniken zusammen: Die frische Frucht und Säure des im Stahltank ausgebauten Weines mit dem kräftigen Körper und der weichen Struktur des barriquevergorenen Weines. Der frische Muskateller wird temperaturkontrolliert vergoren und reift anschließend einige Monate im Holzfaß, bevor er in Flaschen gefüllt wird.

Der Muskateller ist eines der Aushängeschilder des Betriebes, mit dem 1991er wurde Gerhard Wohlmuth im Jahre 1992 Bundessieger im Österreichischen Weinsalon. Der Muskateller Summus 1996 hat einen ausgeprägten Muskateller-Duft, ist elegant und finessenreich.

Der 86er Chardonnay war der erste Weißwein, der in Barriques ausgebaut wurde, er hat ein tiefes, saftiges Bukett, mit kräftigen Tanninen unterlegt. Der 96er Chardonnay Summus ist elegant und extraktreich, der 93er verfügt über eine feine Duftstruktur mit einem gehaltvollen Barriqueton im Bukett.

Bei der Rotweinbereitung bevorzugt Gerhard Wohlmuth die offene Maischevergärung mit anschließender Holzfaßreifung und teilweisem Barriqueausbau. Der Blaufränkisch 1986 war der erste in Barriques ausgebaute Rotwein. Seit 1991 gibt es auch einen Cabernet Sauvignon, der mit 15% Merlot als Partner gefüllt wird. Der 95er Cabernet Sauvignon Summus zeigt sich dunkelrot mit einem Bukett nach schwarzen Johannisbeeren und noch kräftigen Tanninen.

Das Familienwappen als Glasbrand zieren die dunkelgrünen Flaschen, in denen Gerhard Wohlmuth seine Weine abfüllt. „Wenn ein Wein länger leben soll, dann gehört er in dunkles Glas." Optisch ausgestattet werden die Etiketten Jahr für Jahr mit graphischen

Bewegungs-Bildern von anerkannten Künstlern – von Udo Querch über Pachernegg bis zu Gerald Brettschuh und Bernhard Eisendle – und stellen so ein detailliertes Gesamtkunstwerk dar.
Ein Großteil der Weine ist für den Export bestimmt, der bereits beachtliche 30 Prozent der Gesamtjahresproduktion von rund 120.000 Flaschen Qualitätswein ausmacht. Die abnehmenden Länder sind Schweden, Deutschland, Frankreich, Belgien, Italien, England, die USA und Israel. So findet man ihn im modänen Hotel Hilton am Londoner Hyde Park als einzigen Vertreter österreichischer Weinkultur.
Der wohl wichtigste Bestandteil des Weingutes ist die Familie. Bei Gerhard Wohlmuth bestätigt sich auf jeden Fall das Sprichwort: „Hinter jedem erfolgreichen Mann steht eine Frau." Sie betreut neben dem Haushalt auch die Buschenschank. Mit kreativem Geschmack gestaltet sie ihre kulinarischen Schmankerln – vom Räucherspeck über pikante Selchwürstel bis hin zur Zwiebel-Leberstreichwurst und verschiedenen Käsesorten. Drei Kinder komplettieren das Familienglück – Dieter, Daniela und Gerhard jun., der schon kräftig in die Fußstapfen des Vaters tritt und seine eigenen Weine keltert: einen Blaufränkisch und einen Pinot Blanc. „Der Bub beherrscht bereits die Grundregeln der Vinifizierung von Wein" ist Gerhard Wohlmuth stolz auf seinen Sohn. Somit braucht man sich im Hause Wohlmuth um die Erhaltung der jahrhundertealten Familientradition für die nächsten Jahrzehnte wahrlich keine Sorgen machen.

Weingut Gerhard und Maria Wohlmuth
8441 Fresing 24, Telefon 03456 / 2303

Bild oben: Einer der extrem steilen Weingärten von Christian Kramer.
Bild unten: Wilfried, Christian und Sylvia Cramer bei einer Faßkost.

Das Kapitel Weinbau wird bei der **Familie Cramer** in Gauitsch 19 in Kitzeck seit Generationen geschrieben. Der Stammbaum reicht bis in die Zeit des Dreißigjährigen Krieges zurück. Und im Namen des jetzigen Weingutes blieb jener des Urgroßvaters Carl Abert erhalten: Weingut Albert Christian Cramer. Wilfried Cramer, ein Doyen des steirischen Weinbaues, übergab vor einigen Jahren seinem jüngsten Sohn Christian das Zepter. Altvater Wilfried Cramer versteht es meisterlich, selbst Neuankömmlinge mit seiner südsteirisch-charmanten Art und Weise in Gespräche über das Weingut, die Geschichte usw. einzubinden, als wären sie schon jahrelang Vertraute der Familie. Das ist wohl eines jener Geheimnisse, warum man sich bei den Cramers so wohl fühlt. Der Familienreigen im Weingut wird von Großmutter

Elfriede, Hausherrin Sylvia und Stammhalter Leopold komplettiert.
Als dies in der Steiermark noch nicht üblich war, produzierte Wilfried Cramer bereits Weine feinster Stilistik. Und diese Tradition setzt Christian Cramer, Silberberg-Absolvent und Weinbaumeister, konsequent fort. Seine Weine, soviel läßt sich nach dem „10jährigen Jubiläum" als Weinbaumeister sagen, spiegeln seine ganze Freude am Wein wider. Der 6,5 Hektar große Familienbesitz ist heute ein beliebter Herzeig- und Musterbetrieb. Die gebietstypische Identität spiegelt sich in der breiten Sortenvielfalt. Im Ertrag stehen in den Rieden Trebien und Wölflhof Welschriesling, Rheinriesling, Weißburgunder, Morillon, Grauburgunder, Riesling, Schilcher, Scheurebe, Traminer, Muskat-Sylvaner, Blauburgunder und Zweigelt. Die Weingärten liegen in extremen Steillagen, mehr als die Hälfte haben über 50% Hangneigung, die Ried Trebien sogar 85 %. 110 Meter ist dort eine Weingartenzeile lang. 110 Meter in die Tiefe. Diese extremen Lagen sind nur mit speziellen Weinbergtraktoren, die mit einer zusätzlichen Seilsicherung abgesichert sind, zu bewirtschaften. „Sechs Räder + eine Seilwinde + vier Schutzengel braucht man, wenn man diese Weingärten bearbeitet. Wenn dort die Sicherungskette reißt, brauchst nicht mehr nachdenken wie du wieder raufkommst", meint Christian Cramer, „und jede auch noch so kleine Tätigkeit dauert doppelt so lange wie bei einer anderen Fläche." Die Qualität der dort wachsenden Trauben rechtfertigt aber die Anstrengungen. Die Reifeunterschiede der Steillagen werden durch mehrmaliges händisches Lesen ausgeglichen, dadurch gibt es eine mehrmalige Selektion des Traubengutes innerhalb einer Rebsorte. So wurde bei der Ernte 1993 der Morillon mit 20° und die Weißburgunder Reserve mit 19°KMW gelesen. Auf der Traubenqualität basiert auch die Kellerphilosophie des jungen Winzers, „Man kann im Keller keine Qualität erzeugen, sondern nur erhalten." Die Spitzenprodukte eines Jahrganges werden im Hause Cramer als „Reserve" bezeichnet. Diese Weine müssen in ihrer Gradation über dem Kabinett-Bereich liegen und das Potential für eine längere Reife haben. Vom Jahrgang 1996 gibt es vom Welschriesling, Riesling, Weißburgunder, Morillon, Grauburgunder und Roten Traminer eine „Reserve". Bei den Rotweinen, Blauer Zweigelt und Blauer Burgunder, praktiziert Christian Cramer die offene Bottichvergärung. Ausgesuchte Qualitäten, rot und weiß, werden auch in Barriquefässer ausgebaut.
Vor Ort kann man sich im Buschenschank, von dem Gebotenen selbst ein Bild machen. Dort gibt es auch das kleine, von Wilfried von Cramer geschriebene Büchlein „Südsteirische Weingeschichten", in dem Kitzecker Schmankerl und Anekdoten sehr humorvoll zusammengetragen wurden.

Weingut Albert, Christian Cramer
8442 Kitzeck, Gauitsch 19, Telefon 03456 / 2239

Seit dem schicksalsträchtigen Jahr 1919 ist das **Weingut Warga-Hack** in Gauitsch 20 in Kitzeck bereits im Familienbesitz. Seit den späten dreißiger Jahren hat Senior Peter Warga, der auch mehr als 30 Jahre Vizebürgermeister und Bürgermeister in Kitzeck war, die Verantwortung in der „Weinberg"-Gemeinde Kitzeck getragen. Unter seiner Federführung wurde viel verändert, erneuert.
In der dritten Generation führt heute sein Schwiegersohn Willi Hack gemeinsam mit Gattin Elisabeth den sechs Hektar Rebfläche umfassenden Weinbaubetrieb. Und auch sie brauchen sich über den Nachwuchs keine Sorgen zu machen. Denn man erkennt im Weinbaubetrieb bereits die „Handschrift" deren ältesten Sohnes Rainer, welcher die Weinbauschule Silberberg absolviert hat. Er ist jetzt auch schon mitverantwortlich für die Qualität der Hack-Weine.
Die Weingärten liegen in Gauitsch und Kleingauitsch. 80 Prozent der Rebfläche sind Steillagen. „Trotz aller Faszination der Kellertechnik spielt bei der Entwicklung guter Weine die genaue Arbeit im Weingarten eine große Rolle", so Willi Hack. „Denn ein konsequenter Rebschnitt und eine intensive Laubarbeit sind Voraussetzung für eine hohe Qualität."
Die Produktpalette des Weingutes Warga-Hack ist ein Spiegelbild alter steirischer Sortenvielfalt. So stehen neben den Hauptsorten Weißer Burgunder und Morillon-Chardonnay im Ertrag: Welschriesling, Riesling, Grauer Burgunder, Müller-Thurgau, Scheurebe und Zweigelt. Neu ausgepflanzt wurden Sauvignon blanc und Muskateller.
Die neue Technologie hat auch vor der Weinkellertür nicht haltgemacht. Die Weine werden sowohl in Stahltanks als auch in traditionellen Holzfässern vergoren und weiter ausgebaut.
Ein Kapitel für sich sind die Schnäpse. Persönlich überzeugen von der Qualität des Weines und der Obstbrände kann man sich im angeschlossenen Buschenschank.

Weingut Warga-Hack, 8442 Kitzeck, Gauitsch 20
Telefon 03456 / 2282

Das **Weingut Schauer**, einer der ältesten Familienbetriebe Kitzecks in Greith 21, wird von **Karl Schauer** jetzt in der 22. Generation betrieben. Urkundlich erwähnt wurde das Anwesen erstmals 1640. Bei seiner Arbeit wird er von Gattin Elisabeth und Mutter Rosina unterstützt, gemeinsam kultivieren sie fünf Hektar Rebfläche, die großteils in der Ried Gaisriegel, einer Südwestlage, zusammengefaßt sind. Der Winzer lehnt technische Neuerungen zwar grundlegend nicht ab, macht aber nur sparsam davon Gebrauch. Seine Weine werden gefühlvoll vinifiziert, sind solide und sauber ausgebaut. Die Hauptertragssorte ist der Welschriesling, ein zarter, fruchtiger Wein, leicht im Alkohol und trocken ausgebaut. Der Weinbaubetrieb Schauer ist auch Mitglied der Qualitätsgemeinschaft „Steirische Hoheit" und vermarktet seine Weine großteils direkt ab Hof bzw. über den neuen, dem Weingut angeschlossenen Buschenschank.

Weingut Karl und Elisabeth Schauer, 8442 Kitzeck, Greith 21, Telefon 03456 / 35 21

In extremen Steillagen in den Rieden Steinriegel und Feber liegen die Weingärten der Weinbaufamilie **„Mühlherrn" Schrotter** aus Brudersegg 11 in Kitzeck. Der überwiegende Teil der fünf Hektar umfassenden Anbaufläche ist mit der Sorte Welschriesling bestockt. „Bei der Arbeit tu' ich mir jetzt schon viel leichter als vor ein paar Jahren. Mein Sohn Thomas, er besucht die Weinbauschule Klosterneuburg, unterstützt mich tatkräftig und bringt bereits viel Wissen in den Betrieb ein", erzählt Hausherr Wolfgang Schrotter. Das Familienweingut von Wolfgang Schrotter ist sehr jung an Jahren. Die erste eigene Ernte wurde im Jahre 1982 eingebracht. Die heutigen Schrotter-Weine, die im nationalen und internationalen Wettstreit schon viele Auszeichnungen erhielten, sind Zeugnisse einer unermüdlichen Auseinandersetzung mit der langen Tradition des steirischen Weinbaus. So bringt der Sauvignon blanc 1996 mit seiner feinen dezenten Nase und dem würzigen, sehr dichten Körper die typischen trockenen südsteirischen Merkmale mit sehr viel Raffinesse ins Weinglas. Dies erreicht Wolfgang Schrotter dadurch, indem er versucht, die Sauvignon-Trauben bis zur maximalen Ausreifung am Stock zu belassen und so spät wie nur möglich zu lesen. Bei seinen jüngeren Weingärten hat er auch die Stockanzahl pro Hektar Weingartenfläche erhöht und gleichzeitig die Traubenmenge auf den einzelnen Rebstöcken reduziert. Diese Maßnahme bringt eine höhere Ausreifung der Trauben. Welschriesling und Weißburgunder sind die Hauptsorten, die reintönig und frisch ausgebaut werden.
Erika Schrotter betreut den Buschenschank, der in Kitzeck gleich neben dem Weinbaumuseum gelegen ist. Alle Weine können dort auch glasweise verkostet werden.

Weinbau Wolfgang Schrotter, vlg. Mühlherrn
8442 Kitzeck, Brudersegg 11, Telefon: 03456 / 3418

Die Kunst der jahrhundertealten Weinbautradition in Einklang zu bringen mit den Elementen aus der Küche - kaum besser könnte diese Verbindung als in der Person von **Dietmar Kappel** aus Kitzeck ausfallen. Er verkörpert das kulinarische Idealbild einerseits als Spitzenkoch, andererseits als Winzer und ist wie kein anderer berufener, den Wein nach der Küche und die Küche nach dem Wein zu richten. Günther und Theresia Kappel waren es, die gemeinsam mit Dietmar als Küchenchef, den Weinhof Kappel zu seiner heutigen Größe heranführten, und den Ruf des Hauses als Gourmettempel weit über Österreichs Grenzen trugen. Begonnen hatte alles mit dem Weinbau. Günther Kappel: „Ich hab damals vom Weinbau recht wenig Ahnung gehabt." Die Leidenschaft förderte aber das Ziel, Qualitätsweine zu keltern. Über die Jahre entwickelte sich aus einem bescheidenen Weinbaubetrieb mit einer Buschenschank ein Topweingut mit einem Spitzenrestaurant, dem nicht zuletzt Dietmar Kappel als Meisterkoch seinen Stempel aufdrückte.
Im Frühjahr 1994 gab es den großen Generationswechsel im Hause Kappel. Dietmar und seine Helene nahmen nicht nur den Kochlöffel und damit die Führung des Restaurants mit dem 30-Betten-Hotel fest in ihre Hände, Dietmar Kappel übernahm auch in Eigenverantwortung das mehr als drei Hektar Rebfläche umfassende Weingut. Und damit war die Symbiose Küche und Keller amtlich besiegelt und perfekt.
Der größte Schatz des Weingutes ist die Ried Langriegel, direkt hinter und unter dem Weinhof gelegen. Diese Lage zeichnet sich durch die unterschiedlichen Bodenstrukturen ebenso aus wie durch den Umstand, daß diese in sich kehrende Südwestkessellage stark unterschiedliche Hangneigungen aufweist. Dort, wo es möglich ist, zur Bearbeitung der Weingärten den Traktor einzusetzen, wird dieser mit einem Seil vor möglichen Abstürzen gesichert. An diesem östlichen Rand des Weingartens ist der Boden von lehmigem Untergrund geprägt und hat „nur" einen Neigungswinkel von 60°. Hier wachsen Ruländer und Weißburgunder. „Dem Terrain haben wir größte Aufmerksamkeit geschenkt. Denn auch innerhalb noch so kleiner Flächen unterscheiden sich die Bodenstruktur und die kleinklimatischen Bedingungen" erzählt Dietmar Kappel „und die extremen Steillagen lassen die Trauben am oberen Teil des Weingartens anders reifen als am unteren." Die Weinstöcke des Muskatellers wachsen auf Opakböden mit brauner Erde, daran anschließend wurde der Morillon ausgepflanzt. Dieser Abschnitt der Riede hat eine Hangneigung von 65° bis 70°. Der westliche obere Teil des Weingartens mit seinem Urgesteinsboden gehört dem Blauen Zweigelt, daran anschließend, ungefähr ab der Mitte des Weinberges, kultivieren die Kappels ihre Parade-Rebsorte, den Rheinriesling. Diese Rebe verlangt die ganze Aufmerksamkeit des Winzers, wächst sie doch auf extremen Steillagen von 75° bis 78° Hangneigung. „Dieser Abschnitt zeigt deutlich, daß wir die Natur nur dadurch beherrschen können, daß wir uns ihren Gesetzen unterwerfen", erklärt Dietmar Kappel „und unsere Zuneigung zu dieser Rebsorte erklärt sich von selbst, da wir unter schwierigsten Verhältnissen den Boden kultivieren müssen. Alles geht nur händisch. Mit der Sense mähen wir das Gras zwischen den Weinzeilen, und das mehrmals jährlich. Zum Spritzen gegen Rebschädlinges legen wir jedesmal einen Schlauch, maschinell geht da gar nichts. Und wie ein neugeborenes Kind behandelt werden bei der Lese die reifen Trauben. Von Hand werden sie einzeln vom Stock geschnitten und dann mühsam ins Preßhaus gebracht."
Je nach Rebsorte gibt es bei den Weißweintrauben eine kurze Maischestandzeit, dann folgt ein schonendes Pressen, ehe der Seihmost in die Edelstahltanks

Dietmar Kappel und Familie

gefüllt wird. Die Gärtemperatur wird durch Kühlplatten gesteuert und langsam vollzogen, um den Sortengeschmack besser herauszubringen. „Je nach Sorte bin ich an einem kräftigen Bukett oder an einer feinen Finesse und Ausgewogenheit interessiert. Dabei spielt natürlich mein Interesse als Koch eine große Rolle. Im Keller kann ich den Ausbau meiner Weine auch an meiner Küche orientieren. Bei den Burgundersorten zum Beispiel strebe ich ein kräftiges Aroma an, in dem Säure und Frucht harmonisch integriert sind. Der Rheinriesling sollte kräftiger sein, eine erfrischende Säurestruktur haben, die von einer feinen Würze begleitet werden." Der Ausbau der Weißweine ist vielfältig. So zeigt sich der 96er Riesling „Steirische Hoheit" mit einem ausgeprägten Marillenton und einer pikanten Säure. Der Morillon 1996 wirkt elegant-klassisch mit seiner kräftigen Morillon- Nase und kräftigen Extrakten am Gaumen. Der Weißburgunder ist sehr elegant und sortentypisch, mit einem kräftigen Nußduft und einer harmonisch eingebundener Säure. Der Blaue Zweigelt wird offen vergoren und in Barriquefässer ausgebaut. Im Duft ist er vielschichtig mit reifen Beerentönen. Die Tannine sind im Bukett schön eingebunden, ein überaus weicher und fruchtiger Typus.

Die Weine von Dietmar Kappel sind einerseits hervorragende Essensbegleiter, andererseits unterstreichen sie die Ausdruckskraft der Speisen. Damit wären wir beim Kapitel Küche und Wein.

Normalerweise sind Koch und Kellermeister zwei verschiedene Personen, Dietmar Kappel vereinigt beide Seelen in einer Brust. Für ihn ist die Verbindung Wein und Essen eine Symbiose. In der Küche versucht Dietmar Kappel immer, Produkte aus der Region zu verwenden und er versteht es hervorragend, die ursprünglichen steirischen Spezialitäten in einer zeitgemäßen, verfeinerten Form auf den Teller zu zaubern. Ob Hendln, Sulz'n, Soßen, Grammeln, hausgemachte Nudeln oder Teigtascherln – eines haben sie gemeinsam: sie sind allesamt relativ leicht, das heißt kalorienarm. Die Küche von Dietmar Kappel wird stark geprägt vom Wein. Eine Spezialität des Hauses ist das gefüllte Sulmtaler Hühnerbrüstl auf Rieslingsauce mit Erdäpfelkrapfen. Hier kommen die Finesse und Rasse des Rheinrieslings bei der Verarbeitung zur Sauce voll zur Geltung und entfalten sich mit dem Hühnerbrüstl zur vollen Harmonie. Der Wein verstärkt dabei die Kombination Hühnerfleisch mit Sauce und unterstreicht den Eigengeschmack des Gerichtes.

Der Muskateller von Dietmar Kappel ist trocken ausgebaut. Würzig im Duft und mit einer frischen Säure ist er sehr appetitfördernd und wird auch als Aperitif angeboten. Bei der Verarbeitung der Muskatellertrauben des Jahrganges 1996 wurde ein Teil der Maische angegoren, um die fruchtigen Bukettstoffe aus den Beerenhäuten besser herauszuholen. Dieser Wein paßt hervorragend zum Hendelleberparfait im Kürbiskernhemd oder auch zum Sulzerl vom steirischen Hühnerhaxl mit Weinessig. Zum steirischen Kalbskabonadel mit Sesam, Natursaft und Gemüserisotto empfiehlt der Küchenchef und Kellermeister einen Morillon ebenso wie zum Schweinslungenbraten auf Natursaft mit einer Grammelkruste. Dazu gibt es als Beilage mitgebratene Erdäpfel.

Der Weinhof Kappel in Kitzeck steht auf einem wunderschönen Platzerl und ist auch Ausgangspunkt für ausgedehnte Wanderungen und Erkundungsfahrten quer durchs südsteirische Hügelland. Die Familie Kappel genießt ihre Heimat, auch wenn durch die viele Arbeit im Hotel-Restaurant und im Weinbaubetrieb nicht immer viel Zeit dafür bleibt. Dietmar Kappel: „Die Freizeit verbringe ich im Weingarten oder im Keller." Er denkt dabei automatisch wieder an seine Arbeit in der Küche. „Wenn ich zum Beispiel einen Muskateller so schön goldgelb am Weinstock hängen sehe, ist der Gedanke an ein Muskatellerschaumeis nicht mehr weit." Im Weingarten holt sich der Koch viele Ideen für seine Menükreationen, kombiniert in Gedanken Essen und Wein, wie zum Beispiel Zander in Paprikasauce, dazu einen Sauvignon blanc mit den typischen Aromen von Paprikaschoten. Für Vater Günther Kappel ist einer der schönsten Augenblicke, wenn er selbst zum Genießen kommt. Dann schwärmt er von einer Landterrine und einem Schluck Rheinriesling. Und für die Verdauung gönnt er sich auch ab und zu ein Stamperl selbstgebrannten Muskateller Traubenbrand.

Auf Seite 152 finden Sie einige Rezepte von Dietmar Kappel.

Weinhof Kappel, 8442 Kitzeck, Steinriegel 25, Telefon: 03456 / 23 47

Im Alter von 16 Jahren erhielt er von seiner Mutter ein besonderes Geschenk – ein Grundstück. „Setz' was an und mach' was draus." Er pflanzte Himbeeren an und konnte sich zwei Jahre später sein erstes gebrauchtes Auto aus dem Ertrag leisten. **Reinhold Gerngroß** aus Hochbrudersegg 11 in Fresing hätte eigentlich Volksschullehrer werden sollen. Doch sein Wunsch war es, Landwirt zu werden, und das setzte er auch durch. Er besuchte die Weinbaufachschule Silberberg, übernahm anschließend immer mehr Verant-

Reinhold und Renate Gerngroß

wortung im elterlichen Weinbaubetrieb. Innerhalb von wenigen Jahren vergrößerte er den Betrieb von rund 2,5 Hektar Weingärten zur zweifachen Rebfläche. Auch heute wird er von seinem Vater Josef Gerngroß unterstützt, der wie sein Sohn ein begeisterter Jäger ist.

Im Frühjahr 1994 setzte der junge Weinbau- und Kellermeister einen weiteren innovativen Schritt und baute sich einen neuen Weinkeller. „Der Weinbau stellt immer wieder neue Herausforderungen", so Reinhold Gerngroß „da müssen wir uns auch nach den wirtschaftlichen Bedürfnissen richten." Der entscheidende Schritt für die zuküftige Weinqualität ist die Produktion der Trauben. Und da hat der junge Winzer eine klare Zielsetzung und legt sich die Latte sehr hoch. Seine Weinberge sind makellos gepflegt und liegen in günstigen Lagen wie die Ried Brudersegg, in der der Sauvignon blanc, die Paradesorte im Hause Gerngroß, ideale Wachstumsbedingungen vorfindet. Dieser Weingarten wurde mit Rebstöcken aus eigenen Selektionen ausgepflanzt. „In diesem Quartier paßt der Boden genau für den Sauvignon blanc. Die Lage des Weingartens liegt etwas tiefer als das Haus und dort reifen die Trauben etwas früher aus", erzählt Reinhold Gerngroß. „Denn je höher die Lage ist, desto länger ist die Zeitspanne bis zur pyhsiologischen Traubenreife." Eine besondere Neigung hat Reinhold Gerngroß für die Burgundersorten, dem Morillon, Weißburgunder und Klevner. Und gerade beim Klevner setzt der Winzer den Hebel an: „Viele der älteren Weinbauern sagen noch heute Klevner zum Morillon. Ich unterscheide aber alle Burgundersorten, obwohl diese schon immer als Klevner bezeichnet wurden. Der Weißburgunder ist im Vergleich zum Klevner üppiger im Wuchs. Der Klevner wiederum ist etwas lockerbeeriger und reift früher." Eine richtige Freude hat der Weinbauer aber mit beiden Sorten, stehen doch 35 Jahre alte Rebstöcke gemeinsam im Ertrag. Diese alten Rebstöcke bringen zwar eine kleine Ernte, die Trauben sind dafür aber viel bukettintensiver. Weißburgunder und Klevner werden seit Beginn der 90er Jahre getrennt ausgebaut.

Reinhold Gerngroß geht bei der Bestimmung des Le-

Josef Gerngroß

sezeitpunktes sowohl analytisch wie auch sensorisch vor, und bestimmt die Zucker- und Säurewerte der Trauben schon vor der Lese am Rebstock. Wenn die Reifeparameter stimmen und die Trauben geerntet werden sollen, muß alles sehr schnell und vor allem schonend vor sich gehen. Bewußt verhindert er Maischestandzeiten und bringt den Seihmost zur Vergärung sofort in Edelstahltanks. „Das bringt mir feinere Fruchttöne, der Wein wird zarter und eleganter" ist der Winzer überzeugt. „Ich brauch' keine Rennpferde im Keller, was ich brauche sind Reitpferde", vergleicht er seinen feingliedrigeren Sauvignon blanc gegenüber den wuchtigen und alkoholbetonten Vertretern dieser Weinsorte aus anderen Weinbauregionen. Mit seinem Sauvignon Jahrgang 1989 gelang es Reinhold Gerngroß bei einer internationalen Sauvignon Bewertung von über 250 eingereichten Weinen, den 15.Platz zu erreichen. Seit damals wird im Hause Gerngroß dieser Rebsorte noch mehr Aufmerksamkeit geschenkt. An Weißweinen gibt es noch einen ausgezeichneten Altsteirischen Mischsatz, einen Welschriesling und den Morillon.

Der Zweigelt blau wird offen im Bottich vergärt, ehe ein Teil in normalen Holzfässern zur weiteren Reifung gelagert und ein anderer in kleinen Barriquefässern zur Reife gebracht wird.

Weingut Reinhold Gerngroß, 8441 Fresing
Hochbrudersegg 11, Telefon: 03456 / 2922

Als Jäger kennt er die Gegend wie seine Westentasche. Als Winzer den Boden. **Hans Schwarz** vom steirischen Landesweingut in Greith 34 in Kitzeck hat ein G'spür und die Hand, aus seinen Weingärten Jahr für Jahr das Beste herauszuholen. Wie sein Vater früher, von 1957 bis 1989, führt Hans Schwarz seit 1989 das Landesweingut. Gemeinsam mit Gattin Rosemarie kultiviert die Winzerfamilie aber auch eigene Rebflächen, 2,5 Hektar im gesamten. Die Rieden Koregg am Demmerkogel, eine reine Süd- und Kessellage, und Trebien sind bestockt mit Welschriesling, Weißburgunder, Morillon, Grauburgunder und Schilcher. „Die Weingärten sind mir viel zu wichtig. Man darf sie nicht vernachlässigen", bringt Johann Schwarz sein Hauptaugenmerk auf den Punkt. „Wind und Sonne, das sind die Kriterien", setzt er fort um gleich darauf hinzuweisen, daß die Laubarbeit im Sommer und das Ausdünnen peinlich genau vollzogen werden müssen. „Du mußt durch die Reih' durchschauen können", erklärt er bildhaft und meint damit das aufgelockerte Blattwerk zwischen den Weingartenzeilen, welches er durch mühevolle Handarbeit schafft. Seine Weine baut er je nach Sorte im Stahltank oder in Holzfässern aus. „Der Welschriesling zum Beispiel bleibt bei mir im Stahltank. Durch die Vergärung im Tank gibt es eine fruchtigere Säure. Aber auch die Kohlensäure bleibt besser erhalten", so der Winzer. Eingesetzt wird aber auch Barrique, im speziellen das Holz der Allier-Eiche.

Die Etiketten von Hans Schwarz sind mit einem Fasanenpaar geschmückt, welches mittlerweile zum Markenzeichen geworden ist. „Als Jäger habe ich eine besondere Beziehung zur Natur. Ich bin jeden Tag in den Weingärten. Und der Fasan ist jenes wildlebende Federvieh, das ich täglich sehe", erklärt uns der Weinbauer Hans Schwarz. Kostproben werden von Montag bis Samstag zwischen 10 und 18 Uhr gerne gereicht.

Weingut Hans und Rosemarie Schwarz, 8442 Kitzeck Greith 34, Telefon: 03456 / 2256 oder 30 64

Thematische und stilistische Akzente im Ausbau seiner Weine in einer Kontinuität, wie sie in der Südsteiermark nicht oft vorkommt, setzt **Franz Hirschmugl** aus Rettenberg 97 in St. Andrä-Höch am Demmerkogel. Seine Weine sind geprägt von der ausdrucksstarken Identität der verschiedenen Rebsorten einerseits sowie von der unverkennbaren Handschrift des Weinbau- und Kellermeisters Franz Hirschmugl andererseits. Mit seinen Produkten ist er auf vielen Weinkarten der gehobenen Gastronomie in ganz Österreich vertreten. Ständiges Aushängeschild des Weingutes ist der Sauvignon blanc. Der 96er Jahrgang zeigt sich in einem grüngelben Farbton mit einem schönen Schotenbukett, ist feinwürzig und gehaltvoll.

Weingut Franz Hirschmugl, 8444 St.Andrä im Sausal, Demmerkogel, Telefon: 03456 / 26 84

Am Nordrand des Weinbaugebietes Südsteiermark, in Göttling 20 in der Gemeinde Lang, liegt das Weingut von **Franz und Maria Lenhard, vulgo Flurlweber.** Es ist nicht leicht, dieses Weingebiet geographisch zuzuordnen. Zu nördlich vom südsteirischen Weinland, zu östlich von Kitzeck. Man erreicht es am besten über die Autobahnabfahrt Lebring und biegt unmittelbar beim Gasthof Zieglerwirt ab in Richtung Westen auf die Hügel dieses Gebietes. Die Wurzeln des Weinbaus lassen sich dort bis ins 18. Jahrhundert verfolgen. Im Jahr 1958 erwarb die Familie das Winzerhaus und rund ein Hektar Wein- und Obstgärten. Franz Pratter erinnert sich noch heute: „Im Weingarten herrschte das totale Durcheinander. Die Reihen waren praktisch mit allen Sorten ausgepflanzt." Seine Tochter Maria schickte Franz Pratter nach Silberberg in die Weinbauschule. Das alte Winzerhaus erhielt einen großzügigen Zubau und die Kellertechnologie wurde moderner ausgerüstet.

In den Rieden Lechenberg und Schloß Flamhof stehen 2,7 Hektar Weingärten im Ertrag. Ausgepflanzt sind sie mit Welschriesling, Weißburgunder, Zweigelt und Muskatsylvaner. Während sich Maria Lenhard nur mehr mit der Imkerei und den kulinarischen Dingen beschäftigt, ist Franz Lenhard für die Linie der Weine alleinverantwortlich. „Meine frischen Weine kommen in den Stahltank. Dort bleibt die feine Stilistik voll erhalten. Einen Teil vinifiziere ich in normalen Holzfässern", erklärt der Neo-Winzer. Für den weiteren Ausbau meiner Weine verwende ich beides. Die Spezialitäten des Hauses sind ein Welschriesling, ein Traminer, und ein Zweigelt rosé. Angeschlossen an das Weingut ist ein Buschenschank.

Weingut Franz und Maria Lenhard
8403 Lang, Göttling 20, Telefon: 03182 / 7186

Ein Kleinod ist das Weinbaugebiet Mitteregg zwischen St. Nikolai im Sausal und Kitzeck. Mitten drin steht das **Weingut Pichler-Schober vulgo Haasn,** welches von Mutter Hilde und Sohn Hubert geführt wird. In den Rieden Nebenegg und Mitteregg stehen 5,5 Hektar Rebfläche im Ertrag. Der junge Weinbaumeister und Silberberg-Absolvent Hubert Pichler produziert mehr als 10 verschiedene Weinsorten. Mit dem 96er Morillon gelang Hubert Pichler der Sieg beim Landeswettbewerb 1997 und die Reihung im Österreichischen Weinsalon. Eine Spezialität ist ein Burgunder-Cuvée-Sekt, welcher nach der klassischen Methode flaschenvergoren wurde und sich aus 70% Weißburgunder, 20% Ruländer und 10% Morillon zusammensetzt. Vermarktet werden auch Edelbrände und Fruchtsäfte aus eigener Erzeugung. Angeschlossen an das Weingut ist ein Buschenschank.

Weinbau Pichler-Schober, 8505 St.Nikolai im Sausal, Mitteregg 26, Telefon: 03456 / 3471

Mi hat's so richtig g'freit, daß der Bua bessere Weine g'macht hat als i selber", erklärt uns **Herbert Strauß** sen. auf die Frage, welches Gefühl er hatte, als er seinen Hof in Petzles 6 in St. Nikolai im Sausal im Jahr 1990 seinem Sohn Herbert Strauß übergab. Mit der Hofübergabe an seinen Sohn Herbert begann eine neue Ära. Der Weinbau- und Kellermeister absolvierte die Weinbauschule Retz in Niederösterreich. „Meinen Lehrmeister Ing. Redl habe ich dabei viel zu verdanken“, spart der Junior nicht mit Lob für den Direktor dieser Schule. Die Weine baut Herbert Strauß sowohl in Stahltanks als auch in traditionellen Holzfässern aus. „Ein Winzer muß sich seinen Kunden nicht aufdrängen. Wenn das Produkt stimmt, stimmt auch die Kundenliste“, so Herbert Strauß. Angeboten werden Welschriesling, Weißburgunder, Ruländer, Muskateller, Traminer, Zweigelt, Blauburger und Schilcher. Angeschlossen an das Weingut ist ein Buschenschank. Dort packt der Herbert oft seine Steirische aus und spielt gemeinsam mit seinem Freund Max für seine Gäste auf.

Weingut Herbert Strauß, 8505 St.Nikolai im Sausal, Petzles 6, Telefon: 03456 / 3485

Für spektakuläre Schlagzeilen sorgte der junge Önologe Dietmar Silly aus Gabersdorf, als er Mitte der 90er Jahre als hauptverantwortlicher Kellermeister im bischöflichen **Weingut Schloß Seggau** bei Leibnitz ein neues Kapitel in der Geschichte des Weinbaus einleitete. Ohne viel Federlesens wurden bis auf alte Jahrgangsweine sämtliche Weinbestände kurzerhand zu Dumpingpreisen an den Mann gebracht. Das Weingut besitzt bestens gelegene Weinberge in den Rieden Hochkittenberg und Unterkittenberg, in Kitzeck und Wiesberg mit einer Gesamtrebfläche von zwölf Hektar, die mit der breiten steirischen Rebsortenpalette ausgepflanzt sind. Die steilste Riede ist Hochkittenberg mit einer Hangneigung bis zu 70 %. Der ehemalige Bischofssitz ist heute das größte Kultur- und Freizeitzentrum im südsteirischen Raum und alljährlicher Veranstaltungsort vieler nationaler und internationaler Symposien. Das zum Schloß gehörende Weingut beherbergt den in Raummaßen größten Weinkeller der Steiermark und wurde bereits in den Jahren 1680 bis 1683 erbaut. Im hinteren Trakt, abgeschlossen durch massive Eisengitter, befindet sich ein „Geheimverlies“. In den vierziger Jahren wurde dort eine Zisterne bodenglatt abgetrennt und zugemauert, um dort Altbestände hervorragender Jahrgangsweine vor den Besatzungssoldaten zu bewahren. Die Bestände reichen bis in das Jahr 1928. Bei einer Verkostung eines Rheinriesling, Jahrgang 1935, zeigte sich dieser in einem tiefen Dotterblumengelb mit prächtigen Carameltönen und einem noch feinen Säurespiel.
Mit Dietmar Silly als Kellermeister wurde auch ein neuer technologischer Investitionsschub getätigt. So stehen jetzt für die Vinifizierung der weißen und roten Weine moderne Edelstahltanks ebenso zur Verfügung wie neue, normale Holzfässer für den weiteren Ausbau der Weine. Vom 96er Jahrgang sind Rheinriesling, Welschriesling und Weißburgunder besonders erwähnenswert. Eine Spezialität des Hauses ist auch der Meßwein, der nach eigenen Kriterien gekeltert, nicht nur bei den Pfarrern großen Anklang findet. Mit der Cuvée 1996 wurde das Bischöfliche Weingut Landessieger bei der Weinprämierung im Jahre 1997.

Bischöfliches Weingut Schloß Seggau
8430 Leibnitz, Seggauberg 1, Telefon 03452/2435

Auf dem höchsten Kogel von Kitzeck, dem Gaisriegel, stehen die Weingärten der Winzerfamilie **Georg** und **Elisabeth Lambauer.** Vier Hektar Rebfläche sind im Ertrag. Umgeben von dem satten Grün und im Schatten einer mächtigen Linde steht dort das Weingut. Die Familie Lambauer ist auch unter dem Vulgonamen Köstenbauer weit in das Land hinein bekannt. Kellermeister Georg Lambauer ist bestrebt, die natürlichen Voraussetzungen für den Weinbau effizient zu nutzen. Die Rebstöcke wurden daher so gesetzt, daß jede einzelne Sorte die für sie optimale Umgebung findet. Bodenstrukturen und Klimabedingungen wurden in erster Linie dabei berücksichtigt. Vor allem die Bodenstrukturen sind vielschichtig. „So bevorzugt der Rheinriesling kalkhaltige Böden“, erklärt Georg Lambauer, „in Kitzeck finden sich gerade für den Rheinriesling ideale Bedingungen.“ Aber auch Sorten wie der Welschriesling, Weißburgunder, Sauvignon Blanc gedeihen hier prächtig. „Und mein Schilcher, der ein rauhes Klima braucht, steht auf dem höchsten Punkt des Gaisriegls. Letztendlich kommt es aber auf den Kellermeister an, was er aus den vorhandenen Möglichkeiten macht“, formuliert Robert Lambauer, der gemeinsam mit seinem Sohn Bernhard, Silberberg-Absolvent und diplomierter Sommelier, das Weingut führt.
„Die Qualität eines Weines besteht aus einer sorgsam geplanten Kette von exakten Arbeitsgängen“, ist Georg Lambauer überzeugt, „das beginnt bei uns beim Rebschnitt, der extrem kurz gehalten wird, setzt sich fort bei der konsequenten Laubarbeit und dem Ausdünnen und reicht bis hin zur Kellerarbeit und letztendlich bis zur Vermarktung.“ Der Lesetermin wird von Georg und Bernhard Lambauer gemeinsam bestimmt. „Wir arbeiten sehr reduktiv. Ein Vorteil ist, daß der längste Weg vom Weingarten in den Keller nicht länger als 200 Meter ist.“ Der Keller ist mit modernen Edelstahltanks ebenso bestückt wie mit klassischen Holzfässern. Es werden durchwegs trockene Weine produziert. Der 96er Jahrgang liegt bei durchschnittlich 1,0 g Restzucker. Festgesetztes Ziel ist es, die steirische Linie in den Weinen zu erhalten – reinsortig, frisch und fruchtig. Bei den Rotweinen gibt es eine geschlossene Maischevergärung im Edelstahl-Rührtank. Ein biologischer Säureabbau wird angestrebt. Produziert wird weiters ein Schilcher-Sekt sowie Edelbrände aus Waldhimbeer, Birne, Kirsch und Marille. Angeschlossen an das Weingut ist eine Buschenschank.

Weingut Georg Lambauer, 8442 Kitzeck
Greith 19, Telefon: 0 34 56 / 22 35

Die Südsteirische Weinstraße

Wesentlichen Anteil an der steilen Entwicklung des steirischen Weinbaus der vergangenen Jahre hat das Weinbaugebiet Südsteiermark. Die gemeinsamen Merkmale der einzelnen Gemeinden sind unübersehbar: die über sanfte oder auch steile Hügeln verstreuten Weinberge. Von Spielfeld über die Ostflanke des Graßnitzberges, entlang der österreichisch-slowenischen Grenze über Gamlitz bis hin nach Leutschach und Eichberg-Trautenburg reicht dieses Gebiet, das durch die südsteirische Wein- und anschließende - Rebenlandstraße verbunden wird. Der Grundgedanke für den Bau der südsteirischen Weinstraße, der die Basis einer erfolgreichen Entwicklung dieses Landstriches mit sich brachte, liegt viele Jahrzehnte zurück. Die Straße wurde auf Initiative des damaligen Landeshauptmanns der Steiermark, Josef Krainer sen., gebaut und im Oktober 1955 feierlich eröffnet. Als wichtige Verbindungslinie zwischen den einzelnen Gemeinden sowie als verkehrsmäßige Besserstellung für die Weinbauern zur Erreichung ihrer Weingärten gedacht, wurde sie innerhalb kurzer Zeit ein beliebtes Ausflugsziel nicht nur von Weinliebhabern. Nach und nach richteten die Weinbauern Buschenschenken ein, die Nachfrage nach südsteirischem Wein stieg und bei den Produzenten entwickelte sich ein Qualitätsbewußtsein, das wiederum den Konsumenten zugute kam.

Einer, der den Aufbruch dieser Weinstraße von Anfang an miterlebte, war Alois Gross sen. aus der kleinen Gemeinde Ratsch an der Weinstraße. „Wir waren schon immer von der Sinnhaftigkeit und der Bedeutung dieser Straße überzeugt", erzählt der Weinbauer, „mit der Eröffnung im Jahre 1955 begann für den südsteirischen Weinbau eine neue Epoche, die bis heute nachhaltige Wirkungen im positiven Sinn mit sich bringt." Während der steirische Schriftsteller Reinhard P. Gruber vor rund zehn Jahren über diese Weinstraße noch schrieb: „ außerdem bietet das Befahren der Verkehrsstrecke ein angenehmes nostalgisches Gefühl – die Dimension der Straßenbreite entspricht den Anfängen der Motorisierung, wie wir sie aus historischen Wochenschaufilmen noch kennen", ist diese Straße heute – bis auf wenige Ausnahmen – schön ausgebaut und gefahrlos zu befahren. Außerdem hat dieser straßenbauliche kleine Eingriff in die Natur der Seele dieses Landstriches nicht geschadet. Hügel an Hügel, Weingarten an Weingarten reihen sich hier zu einer zusammenhängenden Weinbaufläche, die mit ihrem landschaftlichen Reiz ihresgleichen suchen muß. Der Herbst mit seinem bunt-schillernden Kleid ist die beliebteste Zeit für erholungs- und abwechslungssuchende Besucher. Kastanien werden gebraten und dazu wird Sturm, der noch nicht gänzlich vergorene junge Wein, getrunken.

Die südsteirische Weinstraße besitzt gleich zwei Ausgangspunkte. Einerseits ist dies Ehrenhausen, andererseits die Grenzgemeinde Spielfeld, der östlichste Teil, von dem aus man die Weinstraße erreichen kann. Die Marktgemeinde ist der bedeutendste steirische Grenzübergang nach Slowenien und ein wichtiger Bahnknotenpunkt. Der Geschichte der Eisenbahn ist in Spielfeld auch ein eigenes Museum gewidmet.

Ehrenhausen, an der Mündung des Gamlitzbaches in die Mur gelegen, wurde ursprünglich als Burguntersiedlung unterhalb des Schlosses Ehrenhausen gegründet. Der Ort wurde 1559 zum Markt erhoben und zeichnet sich heute durch ein von alten Bürgerhäusern geprägtes, gut erhaltenes Ortsbild aus. Das Schloß, ein dreigeschossiger, unregelmäßiger Vierflügelbau, entstand Mitte des 16. Jahrhunderts unter Einbeziehung des mächtigen, aus dem 12. Jahrhundert stammenden Bergfrieds. Etwas unterhalb des Schlosses steht das Mausoleum Ruperts von Eggenberg mit Innenstuckarbeiten nach Plänen von J. B. Fischer von Erlach. Zu den weiteren Sehenswürdigkeiten der Marktgemeinde zählen ferner die Wallfahrtskirche zur schmerzhaften Mutter Maria, der Emmabrunnen am Hauptplatz mit Steinfiguren von Veit Königer, die Torbögen der ehemaligen Murbrücke und schließlich das Georgi-Schlössl der **Familie Wagner**, das im historischen Stil des 19. Jahrhunderts erbaut wurde.

In Ehrenhausen finden alljährlich an den letzten Wochenenden im September sowie Anfang Oktober Weinlesefeste statt. Ganzjährig geöffnet hat die in der Ortsmitte am Hauptplatz gelegene Buschenschank von **Hannes und Evelyn Stauder**, die sich im gleichen Haus wie der Gendarmerieposten befindet.

Von Ehrenhausen führt die Weinstraße hart an der Grenze zu Slowenien über Berghausen nach Ratsch an der Weinstraße. Dort steht eine dem Heiligen Urban, dem Schutzpatron der Winzer geweihte Kapelle. Sehenswert sind weiters die alten Herrensitze Kästenburg, Rebenburg und Bärenburg. Die Kästenburg, ein altes Weingut, wird von der **Familie Jakope** bewirtschaftet und hat ihren Namen von einer 450 Jahre alten Edelkastanie, die gleich neben dem mächtigen Haus steht.

Am unteren Rand des Tales befindet sich die größte weinbautreibende Gemeinde der Steiermark, Gamlitz. Sie stand im Jahre 1990 durch die Landesausstellung Weinkultur auf Schloß Gamlitz, **Familie Melcher,** im Blickpunkt der Öffentlichkeit. Im Zuge der Landesausstellung wurde das gesamte Ortsbild erneuert und renoviert. Neben dem Schloß mit seinem Weinbaumuseum zählt ein romanischer Karner, der heute als Kapelle dient und in dem ursprünglich Totengebeine aufbewahrt wurden, zu den Sehenswürdigkeiten. Erwähnenswert sind die an der Außenseite der 1170 erstmals urkundlich erwähnten Pfarrkirche eingemauerten römerzeitlichen Grabsteine.

Während die Abschnitte südlich von Gamlitz rund um den Urlkogel in Eckberg sowie die Weinbaugebiete Sernau und Steinbach vielen Weinexperten ein Begriff sind, gelten die nördlich der Weinbaugemeinde gelegenen Katastralgemeinden als Geheimtip. So geht es gleich nach der Raiffeisenbank in Gamlitz rechts nach Grubtal. Weinbaubetriebe wie **Kapun, Gnaser, Meixner, Jahrbacher, Dreisiebner-**

Muster oder die Familien **Ebenwalder, Raab-Holzer** in Oberlupitscheni kultivieren dort ihre Rebflächen. Von Grubtal kommt man nach Labitschberg. Dort sind es die Familien **Tinnauer, Tschernko, Liener oder Pongratz,** die Weinbau betreiben. Über Labitschberg geht es entweder weiter in Richtung Kranachberg oder wieder zurück nach Gamlitz. Von Gamlitz kommt über Eckberg wieder auf die südsteirische Weinstraße nach Glanz, das mit mehr als 350 Hektar Rebfläche die zweitgrößte Weinbaugemeinde der Steiermark ist. Herrliche Wanderwege, urige Buschenschenken und eine Reihe von alten Kellerstöckeln ergeben ein idyllisches Bild.
Über Schloßberg oder von Glanz kommend erreicht man den Hopfen- und Weinbaumarkt Leutschach. Als Sehenswürdigkeiten bieten sich die 1250 erstmals urkundlich erwähnte, dem Heiligen Nikolaus geweihte Pfarrkirche sowie zwei aus dem ersten Jahrhundert nach Christi entstandene römische Löwen im alten Rathaushof an. In diesem Haus ist auch die Weingalerie untergebracht, die von der ehemaligen steirischen Weinkönigin Claudia Pronegg betreut wird.
Während Leutschach Zieletappe der südsteirischen Weinstraße ist, beginnt in diesem Ort die Rebenlandstraße. Sie führt in das Weinbaugebiet von Eichberg-Trautenburg mit den Gemeinden Eichberg, St. Johann, Gündorf und Großklein. Einen herrlichen Blick über das südsteirische Weinland kann man von der 30 Meter hohen Aussichtswarte in Eichberg-Trautenburg genießen.
Geschichte schreibt die Gemeinde Großklein. Im Hallstatt-Museum werden kostbare Funde aus eisenzeitlichen Fürstengräbern aus der Hallstattzeit von 800 bis 400 v. Chr. gezeigt. Sehenswert ist auch der spätbarocke Bau aus dem Jahr 1616 von Schloß Ottersbach. Großklein schließt an das Sausaler Weinbaugebiet an.

Tatis Mond" oder „Bettys Busserl" dazu „a jungs Bürscherl" – originell zeigen Gitta und Klaus Rupp aus Obegg 11 bei Spielfeld auf ihrer Speisekarte, welche Jausen und Getränke sie im 1. steirischen Bio-Buschenschank anbieten. Zur Klärung der Situation: „Tatis Mond" und „Bettys Busserl" sind Frischkäsespezialitäten vom Schaf, und das Bürscherl ist ein junger, frischer südsteirischer Bergwein.
In den frühen siebziger Jahren gab es eine regelrechte Explosion alternativ arbeitender landwirtschaftlicher Betriebe. Das Zauberwort hieß „Biologisch". Im Weinbau wurden in den vergangenen Jahren ebenso neue Maßstäbe gesetzt. Die naturnahe Produktion von Weinen ist heute für jeden Winzer beinahe selbstverständlich. **Gitta und Klaus Rupp** sehen in der Verwirklichung ihres Traums, echte Bio-Winzer zu sein, eine große Herausforderung. Auf neuen Grundmauern und an einem Neubau wurde ein in der Nähe von Eibiswald abgetragenes, mehr als 100 Jahre altes steirisches Holzhaus in Obegg wieder auf- und zugebaut. Terrassenförmig sind idyllische Platzerl vor dem Winzerhaus angelegt. Das Ehepaar Rupp bewirtschaftet rund drei Hektar Grundfläche sowohl Weide- und Streuobstland, aber vorwiegend Weingärten auf rein biologischer Weise, das bedeutet, sowohl im Weinbau als auch im Obstbau werden keine Herbizide, Pestizide oder synthetische Fungizide angewendet. Sie werden nach den Richtlinien für den organisch- biologischen Landbau kultiviert. Die Eheleute verwenden dafür nur organischen Dünger, Kompost und Gründüngung und bieten so den unzähligen Nützlingen in ihren Weingärten einen gesunden Lebensraum.
Ihre Weinberge sind mit typischen, alten steirischen Rebsorten ausgepflanzt. Gitta Rupp: „Da die Rieden schon lange vor unserer Zeit bekannt waren, sind sie mit guten Reben bestockt. Die Alten haben schon gewußt, wo welcher Wein hingehört." Die Rebflächen weisen extreme Steillagen auf. So wird die Riede hinter dem Haus „Sündenbüßerriegel" genannt, es ist eine Neuanlage angepflanzt mit der Rebsorte Morillon. Unter diesen schwierigen Umständen keltern sie weiters Weine wie Welschriesling, Rheinriesling, Ruländer, Muskateller, Zweigelt oder einen Blaufränkisch, die man in der Buschenschank auch glasweise angeboten bekommt. Sie sind durchwegs trocken ausgebaut. Der 96er Welschriesling mit seiner zartgrünen Farbe besticht durch seinen frischen, fruchtigen Geschmack, der leicht an saftige Äpfel erinnert. Elegant und vollmundig zeigt sich der Ruländer Jahrgang 1996 mit einer fein eingebundenen Säure. Der Blaufränkisch, Jahrgang 1995, schimmert in einem dunklen Rubinrot, unterstreicht zartherb den körper- und gerbstoffreichen Geschmack mit einem langen Abgang.
Im Bio-Betrieb von Gitta und Klaus Rupp werden aber auch Schafe und Schweine gehalten, die ebenfalls „biologisch" gefüttert werden und so die Nahrungskette der Familie und der Gäste auf gesunder Basis „auffetten". Weiters werden noch eine Reihe von Natursäften angeboten wie auch Sauermilch, Joghurt, Molke und Milch von Schafen.

1.Steirische Bio-Buschenschank Klaus Rupp
8471 Spielfeld, Obegg 11, Telefon: 03453 / 4017

Gemeinsam statt einsam. Rund 300 Weinbauern aus dem ganzen steirischen Rebenland haben sich im **„Steirischen Weinvertrieb Ehrenhausen und Klöch"** mit der Zentrale in Ehrenhausen zusammengeschlossen. Durch das gemeinsame Auftreten wird das Überleben vieler kleiner Weinbaufamilien abgesichert und die Möglichkeit gegeben, sich auch auf einem größeren Markt zu behaupten. Die Geschichte dieser großen „Weinbaufamilie" hat ihren Ursprung im Jahre 1916. Damals erwarb eine kleine Gruppe steirischer Weinbauern vom Schloß Ehrenhausen den Weinkeller. Dort wurden die Weine gemeinsam gekeltert und gelagert. Durch die verkehrsgünstige Lage von Ehrenhausen, direkt an der Südbahnlinie Wien–Triest, konnten die Weinbauern ihre „Südsteirischen Weine" hauptsächlich in „Hal-

ben", in Holzfässern, nach Graz an Gastwirte verkaufen. Diese Form des gemeinsamen Auftretens blieb – beginnend von den damals wirtschaftlich sehr bewegten Zeiten bis heute – in ihren Wurzeln erhalten.
Zur Zeit bewirtschaften die Mitglieder gemeinsam rund 200 Hektar Rebfläche. Und so vielfältig wie das steirische Weinland ist auch das Sortenangebot. Kellermeister **Ing. Sieghard Kugel:** „Entscheidend für uns ist die Ernte. Hier wird nach Lage und Reife klassifiziert. Es kommt nicht alles in den großen Topf", erklärt er uns die wesentlichen Qualitätskriterien. „Wir suchen uns jedes Jahr die besten Chargen aus. Diese werden dann getrennt vinifiziert." Dem Kellermeister steht dabei modernste Kellertechnologie zur Verfügung. Unter dem Namen „Erzherzog Johann" werden vom „Steirischen Weinvertrieb" nur die besten, strengen Ausleseverfahren unterzogenen Qualitäten in den Verkauf gebracht. Ing. Kugel: „Wer einen Erzherzog-Johann-Wein oder -Sekt genießt, soll wissen, daß hinter jedem Schluck viele fleißige Weinbauernhände stehen sowie die Idee, gemeinsam ein gutes Produkt anzubieten."

Steirischer Weinvertrieb, 8461 Ehrenhausen
Telefon: 03453 / 2423

Die Scheu vor neuen, innovativen Projekten ist für manche Weinbaubetriebe ein Hemmschuh in der weiteren Entwicklung. Das **Weingut Regele** in Ehrenhausen, seit 1830 in Familienbesitz, hat sich vor unzähligen Jahren mit der Produktion von Schaumwein, im speziellen mit der Platscher Perle, weit über die steirischen Landesgrenzen bekanntgemacht. Dieser Tradition verpflichtend, schenkt man heute neben der Erzeugung von Qualitätsweinen auch dem Sekt größte Aufmerksamkeit. Schilchersekt, Sparkling und Resecco sind die Renner des Hauses.
Der Betrieb wird von den Brüdern Franz und Georg Regele, beide Absolventen der Weinbauschule Klosterneuburg, geleitet. Gemeinsam tragen sie die Sorge für die fünf Hektar Rebflächen und den Ausbau ihrer Weine. Zu den Weinspezialitäten zählen Welschriesling, Morillon, Ruländer, Traminer und der Zweigelt. Das Raritätenkabinett wird durch eine große Anzahl von Altweinen bereichert, die ab 1948 von Franz Regele sen. zusammengestellt wurden. Es war dies jenes Jahr, als er den Betrieb von seinen Eltern in Eigenverantwortung übernahm.

Weinkellerei Regele, 8461 Ehrenhausen, Erwitsch 34,
Telefon: 03453 / 2426

Du bist der, der einen von meinen Lieblingsrotweinen erzeugt. Dieses Kompliment bekam **Günther Wagner** von Hollywoods Megastar Arnold Schwarzenegger bei einem Treffen höchstpersönlich zu hören. Aber auch das Gästebuch der Familie Wagner aus Ehrenhausen ist prominent besetzt. Mit Arthur Miller zum Beispiel, der 14 Tage die Gastfreundschaft von Pippi und Günther Wagner genoß. Während das **Georgischlößl**, einst Herrschaftssitz und Richtstätte des Ortes, als unternehmerische Kulisse einen würdigen Rahmen abgibt, liegt das eigentliche Weingut der Familie Wagner in Wielitsch, einem kleinen Tal am Beginn der südsteirischen Weinstraße. Der Besitz ist am Taleingang mit zwei flankierenden Sandsteinportalen nach italienischem Muster abgegrenzt. Die sechs Hektar Weingärten haben den Vorteil, daß sie sich in einer vom Mikroklima begünstigten Kessellage rund um das Weingut befinden. Sie sind von einem stark muschelkalkhaltigen Untergrund durchzogen und durch das tertiäre Meer entstanden: „Immer wieder finden wir Muscheln, die an die Bodenoberfläche gelangen", ergänzt der Winzer.
Günther Wagner ist ein dynamischer Mensch, begeisterungsfähig und ein Suchender in Sachen Wein. Der Autodidakt kennt viele internationale, renommierte Weingüter, vor allem in Italien und Frankreich, und sammelte so genügend Erfahrungen, die er hervorragend in seinem Betrieb einbrachte. Vor allem auf dem Rotweinsektor ist er seit vielen Jahren unumstritten im steirischen Spitzenfeld plaziert. Sein Zweigelt, von dunkler, rubinroter Farbe mit einem Anflug von violettem Schimmer, bringt Jahr für Jahr kontinuierlich die gleiche Qualität ins Glas. Vor einigen Jahren ist Günther Wagner auf den Cabernet Sauvignon gekommen, den er auch in der dafür am besten geeignetsten Lage ausgepflanzt hat. Der 95er ist sehr ansprechend, wie kaum ein anderer Rotwein in der Südsteiermark, mit einem sauberen Bukett, zartherb und mit feinen Tanninen austattet. Für die Reifung wurden verschiedene Faßgrößen verwendet. Denn Günther Wagner läßt den Cabernet bis zu zwei Jahren in Barriques reifen – sowohl in den 225-, als auch in 300-Liter-Eichenfässern –, ehe er ihn für gut genug befindet, ihn der Weinwelt zu präsentieren.
Die weißen Sorten des Weingutes Wagner, sie machen 60 Prozent der Gesamtproduktion aus, bedürfen besonderer Aufmerksamkeit. Seit einigen Jahren zeichnen sie sich durch ihre feingliedrige Struktur und schöne Fruchtstilistik aus. Die gesamte Palette des 96er Jahrgangs ist ein Paradebeispiel für die zeitgemäße steirische Weinproduktion. So werden zum Beispiel Welschriesling, Weißburgunder, Chardonnay und der Rote Traminer im Edelstahltank, bei extremer Temperaturkühlung, stark entschleimt und nur mit eigenen Hefen vergoren. „Durch die kontrollierte Gärung im Edelstahltank und die längeren Gärzeiten kommt die Frucht der Trauben im Wein besser zur Geltung", ist Günther Wagner überzeugt. „Auf jeden Fall bin ich mit der jetzigen Linie meiner Weißweine hochzufrieden."
Der Globtrotter in Sachen Wein brachte aus der Toskana auch eine Spielart der Weinbereitung mit nach Ehrenhausen, wie man sie sonst nur in Italien vorfindet – die Methode zur Produktion eines Vin Santo, eines heiligen Weines. Der Vin Santo ist in die Kategorie Süßwein zu reihen, und wird nur aus gesunden und einwandfreiem Traubenmaterial erzeugt.

Günther Wagner

Nach dem Österreichischen Weingesetz wird ein Wein mit dieser Produktionsmethode als Strohwein bezeichnet. Für die Produktion seines Vin Santo/ Strohweines Jahrgang 1992 adaptierte Günther Wagner einen eigenen Raum. In diesem wurden ausgewählte Trauben der Sorten Weißburgunder und Ruländer auf Schnüren zum Trocknen aufgehängt. Den ganzen Winter lagerten die Trauben dort, ehe sie Ende März 1993 mit 30°KMW gepreßt wurden. Mehr als ein Jahr lang gärte dieser Wein dann im Holzfaß aus „steirischer Eiche"ehe er abgezogen wurde. Nach einigen Monaten der weiteren Reife wurde er schließlich in Flaschen gefüllt. Im Bukett erinnert diese steirische Rarität sehr stark an den 88er Château d`Yquem. Für den ersten Versuch ein durchaus beeindruckendes Ergebnis.
Während sich Günther Wagner um den Weinbau sorgt, führt seine Frau „Pippi" Wagner im Georgischlößl in der Küche Regie. Der kulinarische Reigen, den man in der Schloßgastwirtschaft leider nur mehr auf Bestellung mit dem Ambiente des Schlosses anbietet, ist sowohl steirisch-regional gehalten als auch mit vielen südländischen Spezialitäten gewürzt. Eine Rarität auf der Speisenkarte sind neben vielen verschieden vom Schloßherrn selbst zubereitete Schinkenarten steirische Flußkrebse aus eigener Züchtung, welche Günther Wagner in zwei Teichen in der Nähe seines Weingutes in Wielitsch betreut.

Georgischlößl Günther Wagner
8461 Ehrenhausen, Telefon: 03453 / 2553

Eindrucksvoll beweist seit Jahren ein junger Winzer aus Ratsch an der Weinstraße, welches wirtschaftliche Potiential im Weinbau vorhanden ist und auch genützt werden kann: **Alois Gross.** Innerhalb kurzer Zeit hat er sich an die Spitze der Weinproduzenten emporgearbeitet und durch den Kauf zusätzlicher Lagen sein Weingut zu einer stattlichen Größe herangeführt und nach seinen Vorstellungen gestaltet. Mit seiner Gattin Ulrike bildet Alois Gross ein ideales Team. Die ehemalige Bankangestellte entlastet ihren Mann durch die Führung der kaufmännischen Belange im Weinbaubetrieb derart, daß er sich voll und ganz auf die Weinproduktion und Vermarktung konzentrieren kann. Für die Gross-Familie, die Doppelbedeutung hat durchaus seine Richtigkeit, ist der hohe Standard ihrer Weine seit jeher ein Anliegen. Altvater Alois Gross legte den Grundstock für das heutige Weingut. Er war einer der ersten, der seinen Wein Anfang der sechziger Jahre in Flaschen füllte und so verkaufte. Und als er 1972 den ersten Edelstahltank in den Keller stellte, war er seinen Kollegen um vieles voraus.
Die Liebe zum Weinbau und Freude zur Investition hat der Sohn wohl von ihm geerbt. Ende der siebziger Jahre übernahm Alois Gross jun. die Alleinverantwortung in der Kellerwirtschaft. Der junge Weinbauer, von stiller und ruhiger Art, ließ sich nie beirren und arbeitete konsequent seinem Ziel entgegen, Weine bester Qualitäten zu produzieren. Er hat dabei jenes Niveau erreicht, welches man sich von Spitzenwinzern erwartet: kontinuierlich hohen Standard zu bewahren und somit der Linie seiner Weine Jahr für Jahr die gleiche Handschrift zu verleihen. Zu 90 Prozent werden frische, fruchtige Weine gekeltert, vom Welschriesling, Weißburgunder und Sauvignon blanc werden 2 Linien produziert. Einerseits die „Steirische Klassik", mit ihrem sortentypischen Charakter und andererseits die Lagenweine mit der genau definierten Traubenherkunft. Ein kleiner Teil der Produktion wird in Barriques ausgebaut.
Das größte Kapital von Alois Gross sind seine Rieden. Im Eigenbesitz befinden sich neun Hektar Rebfläche, weitere Weingärten sind zugepachtet. Der Ertrag wird auch durch den Zukauf von Trauben gesteigert. „Mindestens dreimal im Jahr schaue ich in den Weingärten meiner Produzenten nach dem rechten", erzählt der Weinbauer. „Ich finde es sehr wichtig, daß man im Weingarten bei der Arbeit den Weintyp definiert und auch mitausbilden hilft. Wenn man die Trauben selbst produziert, ist immer der zukünftige Wein im Vordergrund."
Ein Großteil der insgesamt 100.000 Flaschen Gesamtproduktion kommt aus den besten Lagen, zu denen in erster Linie die Weingärten von den Rieden Nußberg und Kittenberg zählen. Sie sind mit Sicherheit zu den schönsten in dieser Region zu reihen und bringen die ganzen Vorteile dieser Hügellandschaft ausdrucksstark in den Weinen zur Geltung.
Die Ried Nußberg im Ratscher Kessel ist mit sieben Hektar Rebfläche eine geschlossene Einheit. Die Weinstöcke, die sowohl auf einer tiefen kalkhältigen Schicht Urgesteinsboden wachsen, als auch auf sandi-

gem Lehmboden ausgepflanzt sind, liegen auf süd- bis südwestgerichteten Steillagen und werden von Alois Gross mit äußerster Sorgfalt gepflegt. „Ein maximaler Pflegeaufwand im Weinberg ist für mich das Wichtigste. Denn die Qualität wächst am Stock", begründet er seinen großenen Aufwand in den Weingärten, der von Sorte zu Sorte verschieden ist. „Beim Welschriesling kommst du auf rund 40 Stunden Laubarbeit pro Hektar und Durchgang", rechnet der Winzer vor.
Mindestens viermal im Jahr gibt es einen solchen Durchgang in den Weinbergen von Alois Gross. So werden im Mai die austreibenden Beiaugen und Hirntriebe an den Rebstöcken ausgebrockt. Das Einschlupfen der Triebe zwischen dem ersten Draht erfolgt kurze Zeit danach. Die dritte Arbeit im Weingarten sind das Ausgeizen im Traubenbereich sowie ein weiteres Einstricken der Triebe zwischen dem zweiten Draht. Als vierter Arbeitsgang im Weingarten wird das Einkürzen der Reben vorgenommen, dadurch wird das Längenwachstum gestoppt und es wachsen mehr junge Blätter nach, die wiederum für die Zuckerbildung in den Trauben wichtig sind.
Ist das Wachstum beim Welschriesling für den Weinbauern nicht so arbeitsintensiv, so muß bei anderen Sorten ein vielfaches mehr an Arbeit aufgewendet werden. Zum Beispiel beim Sauvignon blanc, einer der Paradesorten von Alois Gross. „Diese Sorte hat eine verstärkte Triebbildung und ein höheres Laubwachstum. Mit 90 Stunden Laubarbeit pro Hektar und Durchgang ist der Zeitaufwand also mehr als doppelt so hoch als beim Welschriesling", erklärt uns Alois Gross und begründet damit gleichzeitig die Preisunterschiede beim Verkauf dieser zwei Weine.
Der Zeitpunkt der Traubenlese ist von zwei entscheidenden Faktoren abhängig. Zum einen vom physiologischen Reifegrad der Trauben, dem Zuckerwert, zum anderen von den für die Steiermark höheren Säurewert. „Der Welschriesling zum Beispiel schmeckt bitter, unreif und grün, wenn er in einem guten Jahr zu früh mit 15°KMW vom Stock geschnitten wird und dabei mit 18°KMW geerntet werden könnte."
Die Kunst der Kellerwirtschaft ist im Weingut Gross weit fortgeschritten. Sämtliche Weißweine werden in temperaturgesteuerten Edelstahltanks vergoren, die frischen, fruchtigen Sorten wie Welschriesling, Muskateller, Sämling dort auch weiter ausgebaut. Diese Weine werden als „Steirische Klassik" vermarktet. Die Burgundersorten kommen nach der Vergärung für den weiteren Ausbau ins Holzfaß oder werden in Barriques ausgebaut.
„Die Edelstahltanks sind eine wesentliche Bereicherung in der Kellertechnologie. Durch den Edelstahl kann ich die Frucht konzentrieren und die Frische erhalten. Auch über die Wintermonate hinaus", ist der Winzer überzeugt. „Weiters kann ich den optimalen Zeitpunkt der natürlicher Kohlensäure zur Substanz des Weines abwarten und dann den Fülltermin bestimmen. Trotzdem möchte ich das Holzfaß nicht missen. Es bringt je nach Rebsorte viele Vorteile."

Bild oben: Die Weingärten der Ried Nußberg in Ratsch
Bild unten: Alois Gross

Eine wichtige Linie sind die Burgunder-Sorten. Sie werden vom Winzer in der Kombination der Ausbaumethoden Edelstahl und Holz als ideal definiert, aber auch in Barriques ausgebaut. In Verwendung stehen Fässer aus Tronchais und Allier, die er dafür bevorzugt. „Für 10 bis 12 Monate kommen diese Weine in die kleinen Eichenfässer. Durch das Holz und das Toasting der Fässer bleibt die Sortenfrucht dominanter." Der „Nußberg 1995", eine Cuvèe aus Morillon und Grauburgunder wurde in diesem Stil vinifiziert; ein herrlicher Wein mit feinen Barriquetönen neben der großen Fruchtfülle. Der Sauvignon blanc 1996 vom Nußberg ist wie jedes Jahr vollfruchtig, weich und im Abgang säurebetont.
Der Blaue Zweigelt wird ebenfalls im Stahltank vergoren. Ein Teil des Zweigelts kommt für den weiteren Ausbau in große Holzfässer. Die gehobenere Qualität des Zweigelts reift, je nach Jahrgang, 10 bis 14 Monate in Barriques. Der 95er Zweigelt hat eine intensive, kräftige rubinrote Farbe, einen intensiven Rotweinduft, ist trocken herb mit fülligem Fruchtgeschmack.
In der Kellertechnologie sieht Alois Große noch einige Möglichkeiten, die Qualität der Weine weiter zu steigern. „Es werden immer wieder neue Ideen umgesetzt. Um die Fruchtigkeit der Weißweine zu steigern versuchen wir zur Zeit die ganzen Trauben, mit den Stengeln zu pressen, den Most auf 15°C. abzukühlen und dann zu vergären." Dadurch erhofft

sich der Winzer noch feinere Fruchttöne in seinen Weinen, diese im weitren auch zu erhalten und ins Glas zu bringen.
Eine bedeutende Veränderungen gab es im Weingut Gross. Neben dem Wohnhaus am Nußberg steht der neue 700 Quadratmeter großer Weinkeller, der mit allen zeitgemäßen technischen Feinheiten der Kellerwirtschaft ausgestattet ist.

Weingut Alois Gross
8461 Ratsch 10, Telefon: 03453 / 2527

Eine wichtige Erkenntnis der Vergangenheit hat sich **Chistian Kugel** aus Graßnitzberg 42 in der Gemeinde Spielfeld zum unternehmerischen Prinzip gemacht: „Man muß über den Preis das Image halten." Voraussetzung ist freilich eine gleichbleibend hohe Qualität der Produkte. Diese beginnt für Christian Kugel und seinem gleichnamigen Sohn, der bereits im Betrieb voll integriert ist, im Weingarten. Einer alten Gewohnheit nach und mit dem nötigen Respekt „besuchen" sie täglich zu früher Morgenstund´ ihre Weingärten, um ihnen einen „Guten Tag" zu wünschen. Dabei brauchen sie allerdings nicht zu weit gehen, diese sind großteils um das Weingut angeordnet und stehen mit neun Hektar Rebfläche zu Buche. Das große Wissen von Christian Kugel sen. um den Wein stammt zum Teil aus jenen Jahren, als er seine eigene Rebschule führte und in die er umfangreiche Entwicklungsarbeiten steckte. „Das Züchten von Edelreisern ist eine vielfältige Arbeit und mußt mit Umsicht betrieben werden. Es ist auch ein Prozeß der Bewußtseinsbildung, zukunftsweisend, und verlangt ein seriöses Maß an Selbsteinschätzung." Auch ein glückliche Zufall hilft Christian Kugel im Weinbau: So stieß er vor etlichen Jahren auf einen Weingarten, der mit alten Morillonreben bestockt war und in dessen Wein die fruchtige sortentypische Linie so sauber herauskam, daß er diese Reben sofort selektionierte. Heute steht diese Selektion nicht nur bei Weinbauern in der Südsteiermark im Ertrag, sondern auch in anderen österreichischen Weinbaugebieten. Und das Lob dieser Winzer über solche Vermehrungen zeigt Christian Kugel, daß er mit seiner Art der Kulturform, der „Vitis vinifera sativa", auf dem richtigen Weg ist. Die Rebschule hat der Weinbauer mittlerweile wieder „geschlossen", Versuche macht er aber weiterhin. Derzeit experimentiert Christian Kugel mit neuen Unterlagsreben wie der Ribaria Portalis, einer wilden Uferrebe. „Man muß immer ein Ziel vor Augen haben. Mein Bestreben ist es, eine Rebe zu erhalten, die einerseits früh reift und schwach tragend ist, andererseits weniger Holz und weniger Laub entwickelt."
Rund 70 Prozent der Kugel-Weingärten sind gute, schwere Ackerböden, die mit unzähligen Nährstoffen versorgt werden. Die Strukturen reichen von reinem Bergsand bis zu Muschelkalk- und Lehmböden. Bei Neuanlagen gibt es zuerst genaue Bodenuntersuchungen, ehe die für das Terrain beste Rebsorte ausgesucht und gepflanzt wird. Das war beim Sauvignon blanc so, der in der Ried Obegg ein neuen Standort erhielt, und ebenso beim Ruländer, der in der Ried Graßnitzberg neu ausgepflanzt wurde. In den Weingärten achtet der Winzer auf eine Dauerbegrünung und den sorgsamen Umgang damit: „Denn Gras nimmt bei viel Regen, besonders im Reifezustand, überschüssiges Wasser auf." Mehrmals im Jahr wird daher der Boden gemulcht und besonders gepflegt. Die weiteren Schritte im Weingarten wie ein exakter Rebschnitt, konsequente Laubarbeit und Traubenkorrektur faßt Christian Kugel in der Maxime „Weniger Trauben ist mehr Qualität" zusammen.
Großen Wert legt der Weinbauer auch auf die Erntezeit: „Diese dynamische Phase verlangt ein genaues Beobachten und Erkennen der Situation. Der Lesetermin wird von uns bestimmt durch das Auswerten bestimmter Faktoren wie Säurewert, Zuckergradation, physiologischer Zustand der Rebstöcke und vieles mehr", erzählt der Weinbauer. Die Trauben werden dann reduktiv verarbeitet, das heißt schonend gelesen und ebenso schonend ins Preßhaus gebracht und weiterverarbeitet. Für die Vergärung und den weiteren Ausbau der Weine stehen Edelstahltanks sowie klassische Holzfässer und solche aus Barriques zur Verfügung. Der Weißburgunder 1996 von der Ried Graßnitzberg wurde extrem gekühlt vergoren und überzeugt mit seinem zarten Fruchtbukett und seiner pikant-fruchtigen Säure. Der 96er Sauvignon blanc verfügt über eine zarte Würze und ist mit reifen Paprikaaromen ausgestattet. Als Rotwein wird ein Zweigelt gekeltert, der leicht und fruchtig ist. Bei der Steirischen Weinbewertung 1993 erreichte Christian Kugel mit seinem Welschriesling 1993 die höchste Punktezahl und kam damit in den Österreichischen Weinsalon.

Weingut Christian Kugel, 8471 Spielfeld
Graßnitzberg 42, Telefon: 03453 / 2590

Über 18 Hektar Rebfläche, davon 16,5 Hektar im Ertrag - für steirische Verhältnisse sind **Erich und Walter Polz** aus Graßnitzberg 54 in Spielfeld „Riesen" im Weinbau. Dementsprechend groß ist auch der Sortenspiegel. Vom Welschriesling über Grünen Sylvaner, Chardonnay, Gelben Muskateller bis zum Rheinriesling und Altsteirischer Mischsatz geht das Angebot. Aushängeschilder sind aber der Sauvignon blanc und der Morillon, die in den bevorzugten Lagen Hochgraßnitzberg und Obegg wachsen. Der Sauvignon blanc 1996 aus dieser Lage zählt zu den besten Weinen Österreichs. Mit dem Morillon 1996 Steirische Klassik sind die Brüder Polz auch im Österreichischen Weinsalon 1997 vertreten.
Gerade diese Weine sind ständig ausverkauft, sodaß eine Reservierung angebracht ist. Kellermeister ist Erich Polz, der für die Vinifikation sowohl Stahltanks als auch Eichenfässer zur Vergärung und Reifung verwendet. Morillon und Grauer Burgunder werden auch Barriquevergoren und darin weiter ausgebaut.

Die breite Produktpalette wird durch Edelbrände, wie ein Trebernbrand vom Muskateller, ein Weinbrand und ein Apfelbrand ergänzt. Zu finden sind die Polz-Weine in fast allen guten österreichischen Restaurants und Gasthöfen.

Weingut Erich und Walter Polz, 8471 Spielfeld
Graßnitzberg 54, Telefon: 03453 / 2730

Dieter Firmenich kennt die Geschmacksnerven seiner Kunden. Und das in zweierlei Hinsicht. Einerseits was die Qualitäten seiner Weine betrifft, andererseits wenn es um die Gestaltung seiner Etiketten geht. Beide stammen aus seiner Hand und beide wurden auch prämiert. Sein Weinbaubetrieb Steinberghof liegt in der Kleingemeinde Berghausen, in Wielitsch 62 an der südsteirischen Weinstraße. Gemeinsam mit Gattin Uli und Tante Anna kümmert sich der Winzer um den vom Urgroßvater um die Jahrhundertwende erworbenen Besitz. In den Rieden Graßnitzberg und Steinberg liegen die 2,6 Hektar im Ertrag stehenden Weingärten. Dieter Firmenich: „Die äußerste Sorgfalt bei der Betreuung der Rebstöcke ist das Wichtigste. Um höchste Qualitäten produzieren zu können, muß man nicht nur das nötige Wissen bei der Mengenbeschränkung besitzen. Es gehört auch jede Menge Gefühl dazu."
Zu den Spezialitäten des Hauses gehören auch verschiedene Obstedelbrände und sortenreine Tresterbrände. Angeschlossen an das Weingut ist ein Buschenschank mit einer höchst sehenswerten alten Baumpresse aus dem Jahr 1855.

Weinbau Dieter Firmenich, 8461 Berghausen 63
Telefon: 03453 / 2435

Erfolg läßt sich nicht bestellen. Das weiß auch **Robert Strablegg** aus Graßnitzberg 58 in Spielfeld. Still und leise arbeitete sich der Weinbauer und Klosterneuburg-Absolvent in den vergangenen Jahren kontinuierlich an jenen Qualitätsstandard heran, der als Gradmesser für viele Weinbaubetriebe herangezogen wird. Als knapp 21jähriger übernahm Robert Strablegg 1988 in Alleinverantwortung den alteingesessenen Familienbetrieb und führte ihn zu einer stattlichen Größe mit einer jährlichen Flaschenproduktion von rund 100.000 Stück. Als Faktoren und Elemente der raschen Entwicklung seines Weinbaubetriebes gelten sicherlich die unumschränkte Freude zur Innovation und damit zusammenhängend Investition. „Jeder kämpft um einen Freiraum für Veränderungen. Das bedeutet, ein Weinbaubetrieb in unserer Größenordnung muß sich ununterbrochen verändern können. Damit schafft man ein Klima ständiger Innovation."
Zum Weingut von Robert und Gabriele Strablegg gehören 14 Hektar Rebflächen. Die Rieden Hochgraßnitzberg und Graßnitzberg stehen auf oberflächenverwitterten Muschelkalkböden und befinden sich in unmittelbarer Nähe des Weinbaubetriebes. Ein weiterer Teil der Weingärten steht in der kleinen Gemeinde Sulztal in der Ried Speisernegg. Ein Faktum für die gute Qualität der Weine ist die konsequente und fleißige Arbeit im Weingarten. „Die muß man natürlich vorleben, um beispielgebend auf die Mitarbeiter einzuwirken." Ein Ergebnis dieser Philosophie sind die zahlreichen Auszeichnungen der Strablegg-Weine, auch durch den österreichischen Weinsalon. Als einer der wenigen Betriebe war er schon dreimal mit seinen Weinen darin vertreten. Im Jahre 1987 mit dem Sauvignon blanc, 1989 und 1990 mit dem Muskateller. Gerade diese beiden Sorten zählen bei Robert Strablegg zu den gefragtesten Weinen, und so mancher Kunde muß sich mit den drei Buchstaben „aus" anstelle einiger Flaschen Wein begnügen. Doch stehen der Weiße und der Graue Burgunder in ihren Qualitäten den Paradeweinen um nichts nach.
Der Gelbe Muskateller Sulztal 1996 verfügt über ein intensiv traubiges Bukett und einen feinen, säurebetonten Körper. Eine besondere Weinrarität keltert Robert Strablegg mit seinem Roten Riesling.

Weingut Robert Strablegg, 8471 Spielfeld
Graßnitzberg 58, Telefon: 03453 / 2605

Erfahrung wird durch Fleiß und Müh erlangt, schrieb schon William Shakespeare in „Die beiden Herren von Verona". Den Drang des Menschen, ständig forschen und entdecken zu wollen, kann man im Weinbau seit Hunderten von Jahren eindrucksvoll nachvollziehen. **Manfred Tement** aus dem gleichnamigen Weingut in Zieregg in der Gemeinde Berghausen, direkt an der südsteirischen Weinstraße, ist ein solcher Mensch. Sein Bekenntnis, für das Neue immer aufgeschlossen und offen zu sein, begründet zum Großteil den Erfolg dieses jungen Winzers, der als einer der Marktführer seinen steirischen Kollegen stets um ein Stück voraus ist. „Ich habe schon immer versucht, etwas Gutes zu machen", erklärt Manfred Tement. „Dazu gehört auch, daß man sich für den Wein aus anderen Ländern interessiert. Hartnäckig muß man ergründen und hinterfragen, warum in diesem und in jenem Weinland verschiedene Techniken so oder so angewendet werden", erklärt der Weinbauer. „Das so erlangte Wissen am eigenen Produkt anzuwenden und dabei zu lernen ist wegweisend für den Erfolg im Weinbau."
Eine bemerkenswerte Übereinstimmung mit diesem Leitgedanken findet man in den Weinbergen von Manfed Tement. Die dort ausgepflanzten Rebsorten sind nach ganz besonderen Kriterien an die für sie günstigsten Lagen angeordnet worden. „Eine Vielzahl von Faktoren spielt bei der Anlegung eines Weingarten eine immens wichtige Rolle", ist Manfed Tement überzeugt. „Jede Rebsorte braucht den für sie richtigen Boden und eine ideale Umgebung", so der Winzer, und weiter: „Niederschlagsmenge und Sonnenscheinstunden, Tages- und Nachttemperaturen, Hangneigung und Verlauf der Weingärten, Zusammensetzung der Bodenstruktur, Charakter des jeweili-

gen Rebstocks – all diese Faktoren und viele mehr sind miteinander verbunden und müssen bei der Auspflanzung neuer Rebflächen aufeinander abgestimmt werden."

Das Wissen um diese Eigenschaften, die Festlegung der verschiedenen Rieden mit den für sie günstigsten Rebsorten geht besonders in Burgund in Frankreich sowie in der Gegend um Rhein und Mosel in Deutschland zurück bis ins 11. Jahrhundert. Benediktiner- und Zisterzienser-Mönche bearbeiteten schon damals mit missionarischem Eifer ihre Lagen, studierten die Böden, beobachteten die klimatischen Strukturen und ließen keine Gelegenheit aus, auch dem kleinsten Detail ihre größte Aufmerksamkeit zukommen zu lassen. Das erklärte Ziel dieser Passion war, ein Optimum an Weinqualität zu erreichen und sich gleichzeitig von anderen Weinproduzenten deutlich abzuheben. Im Laufe der Jahrhunderte erkannte man auch in anderen Weingegenden den Wert dieser mit Akribie verfolgten Wissenschaft – und die Defination guter, besserer und bester Lagen fand allgemeine Akzeptanz.

„Es ist aber nicht so, daß eine annähernd gleiche Bodenstruktur mit gleichen klimatischen Bedingungen in verschiedenen Weinbaugegenden dieselbe Qualität von Trauben und damit zusammenhängend gleichen Wein hervorbringt", erklärt Manfred Tement. Bodenanalysen bringen im wahrsten Sinne des Wortes die verschiedenen Substanzen, die Zusammensetzung der im Boden enthaltenen Mineralien sehr wohl ans Tageslicht. Eine Erklärung dafür, welche dieser Substanzen sich auf den Geschmack der Trauben und damit auch auf den Wein auswirken, sind sie bis dato schuldig geblieben. „Der Boden ist eben nur ein Teil des Gesamtbildes eines Weingartens", beteuert der südsteirische Trendsetter in Sachen Weinbau. „Um einen wirklich großen Wein hervorzubringen, sind drei Faktoren ausschlaggebend", setzt Manfred Tement fort, „die optimale Lage für die ausgepflanzten Rebstöcke, die über die Wachstumszeit herrschenden Witterungsverhältnisse und letztendlich die handwerkliche Fähigkeit des Kellermeisters, sein Wissen und seine Erfahrungen in die Realität umzusetzen."

All dies schlägt sich natürlich auch auf der Haben-Seite der Jahresbilanzen nieder. „Denn Morillon ist nicht gleich Morillon. Und Sauvignon blanc ist nicht gleich Sauvignon blanc. Um sich von der Vielfalt der auf dem Markt angebotenen Weinsorten deutlich abzuheben, bezeichnen wir diese Gewächse mit dem jeweiligen Riednamen", erklärt Manfred Tement einer seiner Marketingstrategien. „Ob Weine aus den Grand-Cru-Lagen in Frankreich oder aus den ‚designated vineyards' in Kalifornien stammen – eines haben sie alle gemeinsam: sie erzielen Spitzenpreise bei der Vermarktung. "

Der Sortenspiegel im Weingut Tement ist vielfältig. Ausgepflanzt sind: Welschriesling, Sauvignon blanc, Morillon, Weißburgunder, Gelber Muskateller, Roter Traminer, Grauburgunder, Riesling, Mischsatz, Blaufränkisch und Cabernet Sauvignon. Sie sind in fast allen drei Rieden – Zieregg, Graßnitzberg und Wielitsch – zu Hause. Der Sauvignon blanc „Zieregg", der Morillon „Zieregg", der „Rote Zieregg", ein Cuveé aus Cabernt Sauvignon und Blaufränkisch, sowie der Weißburgunder „Graßnitzberg" werden riedenrein angeboten.

Die beste Lage des Weingutes Tement ist die Ried Zieregg, ein exponierters Gebiet von 400 bis 470 Meter Seehöhe mit einer Rebfläche von 6,5 Hektar. Die Bodenstrukturen sind hier vielschichtig – von Muschelkalk über Sand- und Lehmböden bis hin zu Mergel-, das heißt Opakböden. „Dieser Bodentyp mit seiner unterschiedlichen geologischen Struktur hat die Festlegung und Grenzziehung der einzelnen Weingärten maßgeblich beeinflußt", erklärt Manfred Tement die Besonderheit der Ried Zieregg. So steht der Sauvignon blanc teilweise auf Opakböden, die Trauben aus diesem Weingarten bringen weichere Weine hervor. Ein anderer Teil wiederum ist auf Muschelkalkböden ausgepflanzt und zeichnet sich durch seine rassige und feinnervige Säurestruktur aus, die in voller Harmonie mit den breiteren Geschmackskomponenten steht. Die beiden unterschiedlichen Spielarten des Sauvignon blanc haben aber ihren eigenen Reiz. Eine weitere zusätzliche Selektion ist neben dem Sauvignon blanc aus der Ried Zieregg der Morillon aus der gleichen Ried. Während der Sauvignon im südwestlichen unteren Teil ausgepflanzt ist, schließen die Rebstöcke des Morillon fast nahtlos an den Sauvignon-blanc-Weingarten an und führen vom mittleren in den oberen Teil, der vorwiegend mit lehmverwittertem Mergelboden durchzogen ist. Riedenrein wie sein „südlicher" Nachbar wird auch der Morillon angeboten.

Mit vier Hektar Weingartenfläche steht die Ried Graßnitzberg im Ertrag. Die Südostlage von Graßnitzberg bringt am Vormittag mehr Sonnenstunden als jene von Zieregg und ist mit einem Muschelkalkverwitterungsboden mit einem größeren Anteil an Sand durchzogen. Hier wachsen frische, säurebetonte Trauben, hauptsächlich Burgunder-Sorten.

Die 13 Hektar Gesamtrebfläche wird mit der Ried Wielitsch und ihren 2,5 Hektar Weingärten erreicht. Diese Lage wurde erst vor einigen Jahren zugekauft. „Vorläufig denke ich nicht an eine weitere Vergrößerung unserer Rebflächen", sagt Manfred Tement. „Jetzt haben wir wohl die richtige Betriebsgröße erreicht, um gut arbeiten zu können."

Die Pflege seiner Weinberge ist für Manfred Tement ein Kapitel für sich. Damit die Rebstöcke nur wenige Trauben entwickeln können, diese aber in höchster Qualität, werden sie einer rigorosen Mengenbeschränkung unterzogen. Je nach Sorte liegt der Ertrag nur zwischen 3500 und 5500 Liter pro Hektar. „Weiters achte ich verstärkt auf das geichmäßige Ausreifen der Trauben", setzt der Weinbauer fort. Der Zeitpunkt der Lese wird von Manfred Tement nach dem Gesamtbild der entwickelten Trauben bestimmt und - wenn es sein muß - in mehreren Arbeitsgängen durchgeführt: „Die physiologische Reife der Trauben, das heißt der optimale Zuckerwert muß im richtigen Verhältnis zum Säurewert stehen. Davon hängt vieles ab." Innerhalb von kurzer Zeit muß der Winzer während der Lese eine Unzahl von Entscheidungen treffen. Im Weingut Tement werden die im Weingarten geernteten Trauben in kleinen, flachen Wannen möglichst unbeschädigt zum Preßhaus transportiert. Von diesem Moment an ist es wie ein sportlicher Wettkampf um Minuten und Sekunden: „Hier entsteht die perfekte Kombination von Natur und Technik", philosophiert der junge Weinmacher. „Im Preßhaus entscheiden sich die Verarbeitungsweisen des Lesegutes. Quetschen oder Rebeln, oder gar beides? Pressen der Trauben im Ganzen? Soll die Maische ruhen oder rasch verarbeitet werden? Fragen, die eine schnelle Entscheidung verlangen und für jede Sorte, jede Qualität unterschiedlich und vorbestimmend für die weitere Gangart in der Vinifizierung sind", setzt Manfred Tement fort. „Ein Weinbauer ist heute längst nicht nur Arbeiter. Er setzt Maßstäbe in Qualität und Ökonomie. Er muß sich selbst Maßstäbe vorgeben und darf es den Konsumenten nicht zu leicht machen", spielt Manfred Tement auf die Eigendynamik eines guten Winzers an. „Wenn man sich so intensiv mit dem Weinbau beschäftigt, muß man auch weiter sein als der Konsument."

In Edelstahltanks erfolgt großteils die Vergärung der Moster. Durch die Möglichkeit der Temperaturregelung kann die Dauer der Gärung gesteuert werden, die aber nach spätestens 14 Tagen ausklingen soll. Danach erfolgt der weitere Ausbau der Weine. Die frischen, fruchtigen typischen Südsteirer bleiben im Edelstahltank oder werden in ein großes Holzfaß gefüllt, die weichen, abgerundeten Sorten wie Weißburgunder, Morillon, Grauburgunder oder der Rote Traminer kommen für den weiteren Ausbau ins Holzfaß, aber auch in zwei- bis fünfjährige 300-Liter-Barriquefässer. „Wie lange bei uns ein Wein im Barrique reift, hängt einerseits vom Wein selbst und von der Wahl des Holzes und dem Toasting des Fasses ab", beschreibt Manfred Tement die Kriterien des Barriqueausbaues seiner Weine. Ein Barriquefaß „atmet" mehr als ein herkömmliches großes Holzfaß und ermöglicht so einen stärkeren Austausch zwischen Luft und Wein. Durch das Toasting entwickeln sich sekundäre Aromen, die den Charakter des Weines durch den Ausbau in solchen Fässern maßgeblich beeinflussen.

Bei der Auswahl der Eiche muß die Erfahrung und das Wissen des Winzers ebenso mitspielen wie sein Gaumen und seine Nase. „Die Vorstellungskraft, wie ich mit dem jungen Wein und den unterschiedlichen Holztyp der Barriques das Gewünschte erreiche, habe ich stets in Kopf. Viele Komponenten spielen da mit." Den „Zieregg Morillon" gibt Manfred Tement für ein Jahr in großteils neue Barriquefässer. Im zweiten Jahr werden die Fässer dann mit dem Morillon-Chardonnay gefüllt. Diese Fässer werden drei bis vier Jahre lang verwendet. Unter bestimmten Voraussetzungen wird auch der „Sauvignon Zieregg" mit teilweisem Barriqueeinsatz vinifiziert und wie alle anderen barriquesausgebauten Weinen je nach Jahrgang einem biologischen Säureabbau unterzogen.

Neben den Ried-Selektionen gibt es bei Manfred Tement noch die „Steirische Klassik". Es sind dies alle frischen, fruchtigen und im traditionellen Stil ausgebauten Weine, die von mehreren Weinbergen stammen und im Regelfall jung abgefüllt werden.

Im Gegensatz zu den Weißweinen füllt Manfred Tement seine roten Sorten frühestens nach einem Jahr Holzfaßlagerung ab. Angeboten werden ein Blauer Zweigelt, ein Blaufränkisch-Cuveé und ein „Roter Zieregg", eine harmonische Komposition von Cabernet Sauvignon und Blaufränkisch.

Was wäre ein Weingut ohne die hilfreichen Hände von Frauen? Manfred Tement wird – besonders bei der Weingartenarbeit – sowohl von seiner Mutter Edina unterstützt als auch beim Verkauf und der wichtigen Kundenbetreuung von seiner Gattin Heidi. Komplettiert wird die Familie Tement durch die beiden Youngsters Armin und Stefan.

Weingut Edina & Manfred Tement, 8461 Berghausen Zieregg 13, Telefon: 03453 / 4101

Die Weingärten der Winzerfamilie **Potzinger** liegen in Sichtnähe zu Slowenien an der südsteirischen Weinstraße. 4,5 Hektar sind im Eigenbesitz, 1,5 Hektar in der Ried Kittenberg zugepachtet. Während die Gerätschaft, der Fuhrpark, für die Bearbeitung der Rebflächen im seit 1850 in Familienbesitz befindlichen Weingut in Ratsch an der Weinstraße untergebracht ist, liegt der Weinkeller im rund 10 Kilometer entfernten Gabersdorf. Um die Kontrolle über die laufende Entwicklung in den Weingärten zu sichern,

ist daher das tägliche Pendeln zwischen Stammhaus und Weingut für Herbert Potzinger und Sohn Stefan unerläßlich. Die Zusammenarbeit aller Familienmitglieder hat bei den Potzingers große Bedeutung. Das beginnt im Weingarten und „endet noch lange nicht mit der Vinifizierung der Weine im Keller."
Vater und Sohn, Herbert und Stefan, beide Absolventen der Weinbauschule Klosterneuburg bestimmen gemeinsam die Linie der Weine. Angestrebt werden trockene, fruchtige Weine mit wenig Zuckerrest. Im Ertrag stehen derzeit Rebsorten wie Welschriesling, Weißburgunder, Morillon, Sauvignon blanc oder auch Schilcher und Zweigelt. Das Zusammenspiel von Farbe, Geruch und Geschmack zeigt beim 96er Sauvignon blanc merklich die Linie der Weine. „1996 haben wir die dreifache Zeit beim Lesen aufgewendet als im langjährigen Durchschnitt", erzählt Maria Potzinger. „Das Ergebnis kann sich daher auch sehen lassen." Der Sauvignon blanc 1996 zeigt sich mit einer fein ziselierten Säure am Gaumen, wirkt kräftig, charaktervoll und besitzt eine ausgeprägte Primärfrucht.

Weingut Potzinger, 8424 Gabersdorf 12
Telefon: 03452 / 82277

Wein - Kultur: Beides wird in der „Kästenburg" der **Familie Jakope** in Ratsch an der Weinstraße ausreichend geboten. Die **„Kästenburg"** strahlt Würde und Stil aus, sie ist das älteste bestehende Haus an der südsteirischen Weinstraße. Einst Sitz eines Amtsmannes, wurde es im Jahre 1638 erbaut. Die dicken Mauern werden von zwei mächtigen, rund 500 Jahre alten Edelkastanienbäume von der Straße abgeschirmt. Die Weinbaufamilie Jakope bewirtschaftet fünf Hektar Weingartenfläche in den Rieden Sulz und Kogel, die mit zehn verschiedenen Rebsorten ausgepflanzt sind. „Die Arbeit auf dem Gut wird von allen Familienmitgliedern gemeinsam erledigt", erklärt Ilse Jakope bescheiden. „Gemeinsam bestimmen wir auch die Linie unserer Weine." Der Region entsprechend ist diese Weinlinie fruchtig, trocken ausgerichtet, wird aber letztendlich von jeder Weinsorte individuell selbst bestimmt. Ilse Jakope ist es, die federführend und mit einer großen Portion Organisationstalent das Weingut lenkt und auch den angeschlossenen Buschenschank führt, der in regelmäßigen Abständen auch als Galerie Verwendung findet. Die dort ausgestellten künstlerischen Werke wirken in den alten Räumen vertraut und fällt es schwer, den tatsächlichen Ursprungsort der zu Bildern verwandelten Objekte zu orten. Denn der große Saal mit seinem den Raum dominierenden alten Kachelofen, der schön gearbeiteten Holzdecke und den zum Teil alten, mundgeblasenen, in Blei gefaßten Fensterscheiben wird nämlich selbst zum Ausstellungsobjekt und Blickfang der Besucher.

Weingut Kästenburg Familie Jakope
8461 Ratsch 66, Telefon: 03453 / 2565

Während der Weinbau im allgemeinen berechenbar ist, ist der Lauf der Geschichte wechselhaft und starken gesellschaftlichen und politischen Zwängen unterworfen. Der Stammbaum der **Weinbaufamilie Lambauer** aus Eckberg 37 bei Gamlitz reicht bis in das Jahr 1722 zurück. Unter die Regentschaft von Karl VI., als das Habsburger-Reich seine größte Ausdehnung hatte, fällt die Gründung des Familienbetriebes in der früheren Untersteiermark, jenseits der heutigen österreichischen Grenze in Slowenien. Über Jahrhunderte und Jahrzehnte verstanden es die Lambauers, ihren Besitz zusammenzuhalten. Auch dann noch, als sie längst in Eckberg ihren neuen Stammsitz hatten. Nur kurzfristig wurden die Besitzungen vom damaligen Jugoslawien enteignet, später aber der Familie zurückgegeben. Heute führen Eva Lambauer und ihr Bruder Josef das Weingut „Bacchuskeller" direkt an der südsteirischen Weinstraße als sogenannten Doppelbesitz. Denn ein Großteil der acht Hektar im Ertrag stehenden Weingärten befinden sich auf slowenischer Seite in der Ried Speisenegg. Dort sind auf einer Fläche von drei Hektar Welschriesling, Grüner Sylvaner, Sauvignon blanc und Rheinriesling ausgepflanzt. In der Ried Kriewetz in Eckberg wachsen der Traminer und der Weißburgunder. Die Weinberge in der Ried Illgitsch sind mit 40 Grad Hangneigung sehr steil, mühsam zu bearbeiten und ebenfalls mit Traminer und einem Teil Welschriesling bestockt. „Unsere Weingärten jenseits der Grenze stellten für uns nie ein Problem dar. Ein eigener Weg führt über die grüne Grenze zu unseren dortigen Besitzungen", erklärt Eva Lambauer. „Man muß nur darauf achten, daß man den Grenzübertrittsschein mit sich trägt. Denn es kann schon passieren, daß man während der Arbeit von Zollorganen kontrolliert wird."
Die fachliche Kompetenz im Weinbaubetrieb liegt sowohl bei Eva Lambauer, einer Silberberg-Absolventin, als auch bei ihrem Bruder Seppi, der seine Weinbauausbildung in Klosterneuburg mit dem Ingenieur-Titel abschloß. „Wir trennen zwar unsere Aufgaben auf dem Weingut nicht strikt, im allgemeinen ist mein Bruder Seppi für die Weingartenarbeit zuständig, während ich im Weinkeller die Verantwortung trage", lächelt Eva Lambauer. „Von jeder Sache gibt es oft unterschiedliche Auffassungen, da ist es nur gut, wenn man Dinge trennt." Und man kann sich gut vorstellen, wie die symphatische Winzerin ihre Stöckelschuhe mit den Gummistiefeln tauscht und im Weinkeller ihrer Arbeit nachgeht. Je nach Sorte werden die Weine in Edelstahltanks oder in Holzfässern vergärt und weiter ausgebaut. „Dem Weißburgunder zum Beispiel tut das Holz sehr gut, weil er sich dort fruchtig und weich entwickelt." Neben dem Weißburgunder zählt auch der Sauvignon blanc zu ihren Lieblingsweinen: „Ich liebe den zarten grasigen, in Paprikaschoten übergehenden Ton dieses Weines." Ein Favorit ist weiters der Grünsylvaner: „Diese leichte, spritzige Weißweinsorte ist besonders im Sommer begehrt und besticht durch ihre intensiven Pfirsicharomen."

Andere besondere Geschmackstöne bringt Josef Lambauer in seinen Eigenbränden zur Entfaltung, sei es Hochgeistiges von der Zwetschke, vom Kriecherl oder von der sehr seltenen altsteirischen Apfelsorte Goldrenette. In der Buschenschank „Bacchuskeller" kann man den ganzen bunten Reigen an Eigenprodukten genießen. Sättigende Hausmannskost wie geräuchertes Geselchtes in Zweigeltessig und Kürbiskernöl oder Verhackertwürstel, Schweinsbraten mit Bratlfett bis hin zu Käsevariationen oder hausgemachte Mehlspeisen wie Buchteln, Weinstrauben und Apfelstrudel kann man hier genießen.

Weingut Josef und Eva Lambauer, 8462 Gamlitz
Eckberg 37, Telefon: 03453 / 2570

Die Investition in die Kellertechnologie und damit zusammenhängend der Kauf von Edelstahltanks machte sich auch im **Weinhof Stani Gustl** der **Familie Nekrep** aus Eckberg bei Gamlitz äußerst positiv bemerkbar. Seit mehr als 100 Jahren wird dort der Weinbau betrieben. Der Hausherr, Josef Nekrep, ist ein leutseliger Mensch. „In meinem Buschenschank setz' ich mich gern mit Menschen zusammen und höre ihnen zu", meint der Weinbauer, „man lernt ja nie aus." Aufgeschlossen allem Neuen gegenüber führt der Winzer auch seinen Betrieb mit 7,7 Hektar Rebfläche.

Die Weinberge mit einem Neigungsgrad von bis zu 70 Prozent liegen alle in Eckberg und werden organisch, also unter Verwendung von natürlichen Düngern kultiviert. Den Zeitpunkt der Traubenlese bespricht der Winzer mit seinem Sohn Günther, bevor Entscheidungen getroffen werden.

Josef Nekrep hat schon immer eine gute Hand für den Wein gehabt. Richtig glücklich ist der Winzer aber erst, seit er die Edelstahltanks im Keller stehen hat. „Sie bringen die rassige Frucht meiner Weine so richtig zur Geltung", meint der Weinbauer. Dieses Ergebnis spiegelt sich im Rheinriesling wider. Ein ungewöhnlich feingliedriger Weißwein, sehr reich im Mund und mit einem sauberen, frischen Abgang.

Der 96er Morillon, offenherzig und delikat, mit einer animierenden Würze und einem feinen Säurerückgrat, bringt eine angenehme Trinkreife ins Glas. Und noch eine Stärke zeichnet diesen Betrieb aus: das Preis-Leistungsverhältnis verläuft in geordneten Bahnen.

Weinhof Stani Gustl, Josef Nekrep
8462 Gamlitz, Eckberg 72, Telefon: 03453 / 2248

Der Winzer **Johann Dietrich** aus Eckberg bei Gamlitz ist einer jener diskreten, charmanten Weinproduzenten, die seit Generationen ihren Wurzeln treu geblieben sind. Weinbaumeister Johann Dietrich ist Herr über 3,5 Hektar Rebflächen, die allesamt rund um das Weingut gepflanzt sind. Schon früh begann der Winzer, sich über seine Umwelt Gedanken zu machen. Besonders die Düngung und der Pflanzenschutz in seinen Weingärten waren ihm ein großes Anliegen. „Wir bemühen uns, die Natur schonendst zu behandeln und sämtliche Pflanzenschutzmaßnahmen gezielt und mit Bedacht auf unsere Umwelt durchzuführen. Dadurch bringen wir bei der Lese gesunde Trauben in unser Preßhaus und erfüllen somit die besten Voraussetzungen, gute Weinqualität zu erzeugen", erklärt Johann Dietrich den Leitgedanken seines Wirkens auf dem Weingut. Vergärt werden die Weißweine sowohl in Edelstahltanks als auch in normalen Holzfässern. Dazu werden vom Kellermeister generell keine Gärhilfen sprich Hefen zugesetzt und verwendet. Selbstbewußt antwortet Johann Dietrich auf die Frage nach den Weinspezialitäten des Hauses: „Vom Morillon bis hin zum Kerner ist jede unserer Weinsorten eine Spezialität." Aus der Sortenvielfalt im Weingut Dietrich sind zwei Weine hervorzuheben – der Morillon und der Welschriesling. Der 96er Morillon ist fein strukturiert mit einem dominanten aber nicht aufdringlichen Säurespiel. Der Welschriesling wiederum bringt sehr viel Frucht ins Glas und besitzt ein rassiges Säurepotential.

Weinbau Johann Dietrich, 8462 Gamlitz
Eckberg 9 Telefon: 03453 / 4203

Er produziert – im ursprünglichen Wortsinn – ein Kabinettstück nach dem anderen, der **Wolfgang Maitz** aus dem südsteirischen Ratsch an der Weinstraße. Sein **Weingut „Rebenburg"** führt er gemeinsam mit Gattin Maria. Sowohl die Eltern Josef und Maria Maitz als auch die beiden Kinder Rosemarie und Wolfgang der Jüngere gehen dem Winzerehepaar hilfreich zur Hand. Das Weingut Rebenburg wurde Mitte der fünfziger Jahre von den Eltern des Winzers gekauft. Seit 1975 führt Wolfgang Maitz den Betrieb. Wolfgang Maitz, der auch auf dem Schachbrett eine gute Figur macht, ist ein begeisterter, verantwortungsvoller Jäger und sehr naturverbunden.

Die Landschaft rund um die Rebenburg meint es gut mit den Menschen. Man könnte tagelang umherwandern. Die Rieden und das Weingut bilden eine Einheit. Mächtig, doch zweifellos in die Landschaft passend zeigt sich das Weingut. Derzeit stehen 4,5 Hektar Weingärten im Ertrag. Weitere zwei Hektar sind zugepachtet. Die beiden wichtigsten Rieden Hochstermetzberg und Schusterberg sind Steillagen mit 26 bis 55 % Hangneigung. Diese Lagen können fast nur händisch und zum geringen Teil mit Spezialgeräten bewirtschaftet werden. Bestockt sind sie mit Welschriesling, Rheinriesling, Weißburgunder, Sauvignon blanc, Traminer, Scheurebe, Morillon, Ruländer, Grünem Sylvaner und Zweigelt.

Wolfgang Maitz: „Wir betreiben einen sehr naturnahen Weinbau." Eine große Artenvielfalt von Kleinlebewesen belebt die Mikrostruktur der Weingärten der Familie Maitz und ist so sichtbares Zeichen eines gesunden Bodens.

Durch rigorose Mengenbeschränkung werden nur Weine im oberen Qualitätsbereich angestrebt. „Als dein eigener Kellermeister mußt du darauf achten, be-

Bild oben: Die Weingärten von Wolfgang Maitz in Ratsch. Bild unten: Drei Generationen Weinbau, Josef, Wolfgang und Wolfgang jun. Maitz.

stes Traubenmaterial in den Keller zu bekommen. Denn große Weine wachsen im Weingarten. Die Weinliebhaber haben weiters mehr Fachwissen als früher, sind kritischer geworden und verlangen nach guter Qualität", erklärt uns der sympathische Weinhauer. „Die einzelnen Sorten werden fast jedes Jahr sorgfältig ausgelesen. Nicht gut entwickelte Triebe müssen unbedingt eliminiert werden. Der Weinbauer muß das ganze Jahr über die volle Übersicht über den Weinstock haben", so Wolfgang Maitz. Und weiter: „Zweifellos ist es schwer, eine allgemein gültige Antwort zu finden. Denn kein Jahr gleicht dem anderen. 1993 ein normales und im Sommer 1994 kam es zur Wachstumsexplosion der Reben, 1995 war sehr feucht und im Jahr 1996 war nur durch sehr viel händische Arbeit am Stock und mehrmaliges Auslesen der Trauben gutes Traubenmaterial zu ernten." Sein Ziel ist es, nicht Kostweine, sondern Trinkweine zu produzieren, als Essensbegleiter. „Es sollte ein Vergnügen bereiten, eine Flasche guten Weines zu trinken." Um dies zu erreichen, ist auch eine zeitgemäße Ausstattung des Weinkellers unumgänglich. Im Dunkel des Kellers werden für die Vergärung der Weine hauptsächlich Edelstahltanks eingesetzt. Auch für den Roten, den Blauen Zweigelt. Für den Ausbau kommen dann sowohl Stahltanks als auch normale Holzfässer zum Einsatz. Wolfgang Maitz: „Die Trauben werden vor dem Pressen gerebelt und sehr rasch verarbeitet. Die entschleimten Moste werden dann in Edelstahltanks und in Holzfässern – je nach Sorten – schonend vergoren."

Edelstahl und Holz – eine gelungene Einheit. Als solche präsentiert sich den Besuchern der Weinkeller. Sauber stehen die Edelstahltanks in Reih und Glied, und die klassischen Holzfässer sind mit verschiedenen Motiven beschnitzt. Ein beachtliches Lager von Altweinen und Raritäten, nicht nur aus dem Hause Maitz, lagern in kleinen Nischen des Weinkellers.

Schon seit vielen Jahren produziert Wolfgang Maitz Weine im Spätlese- und wenn möglich im Auslesebereich, die auch mit einem Zuckerrest ausgebaut werden. Die einzelnen Qualitätsstufen der Weine werden allerdings nicht mehr extra bezeichnet. Es gibt zwei Weinlinien, die Lagenweine, die Ried Schusterberg, eine Kessellage direkt unter dem Winzerhaus gelegen und den Hochstermetzberg, beim Parkplatz des Hauses Richtung Süd-Westen gelegen. Alle anderen Weine werden nur mit der Rebsorte bezeichnet. Der Traminer Schusterberg 1996 ist ein solcher Lagenwein: Ein intensiver Traminerduft umschmeichelt die Nase, das gehaltvolle Bukett wird von einer pikanten Säure unterstützt. Der Sauvignon blanc Hochstermetzberg 1996 verfügt über einen nuancierten und eleganten Duft und einen ausgeprägten Sauvignonge-

schmack. Der 96er Rheinriesling aus der Ried Hochstermetzberg ist elegant und fruchtig, mit einem charaktervollen Sortenduft und harmonisch-pikanter Säure. Der 95er Blaue Zweigelt „M" vom Schusterberg ist ein weicher, fruchtbetonter und vollmundiger Rotwein.
An die Rebenburg angeschlossen ist eine Pension mit 20 Gästebetten und eine Buschenschank mit einer urigen Weinstub'n und einer geräumigen Terrasse mit herrlichem Ausblick auf die Weingärten rund um Ratsch. Die Buschenschenke ist von Ostern bis Allerheiligen geöffnet. „Wir forcieren den Urlaub am Bauernhof. Die Kombination Erholung und Wein kommt bei uns sehr gut an", meint Maria Maitz. „Das südsteirische Wein- und Hügelland ist ein herrliches Erholungs- und Wandergebiet." Der sanfte Tourismus wird bevorzugt. So werden für den Buschenschank keine Busgesellschaften angenommen. „Da bleibt mehr Zeit für den Einzelgast."
Wolfgang Maitz nimmt an keinen Weinprämierungen teil. Die Qualität wurde aber von zwei renommierten Fachzeitungen ausreichend gewürdigt. So reihte der „Gault Millaut" das Weingut Rebenburg unter die besten 50 und das Magazin „A la Carte" den Betrieb unter die besten 100 Weingüter Österreichs.

Rebenburg, Weingut - Pension Familie Wolfgang Maitz
8461 Ratsch a.d. Weinstraße 45, Telefon: 03453 / 2153

In vielen Ländern haben Weinbaubetriebe längst erkannt, daß sie nur dann erfolgreich bestehen können, wenn sie die neuen Entwicklungen sowohl im Weingarten als auch in der Kellertechnologie ergebniswirksam von der Theorie in die Praxis umsetzen. Um diesen Anforderungen zu entsprechen, muß sich der zeitgemäße Winzer immer noch mehr Wissen aneignen und muß durch fachliche Kompetenz bestechen. Der junge, südsteirische Weinbaumeister **Engelbert Elsnegg** aus Eckberg 26 bei Gamlitz hat das schon sehr früh erkannt und rechtzeitig darauf reagiert. „Die Weiterentwicklung im Weinbau ist mein besonderes Anliegen", erzählt der Winzer. „Die schulische Grundausbildung muß durch einen ständigen Lernprozeß immer mehr erweitert werden. Man darf auf keinen Fall auf einer Ebene stehenbleiben." Diese Erkenntnis bestimmt schon lange die Gangart im Weinbaubetrieb der Familie Elsnegg. Der junge Weinfan hat von seinen Eltern die Liebe und Ausdauer geerbt, die man in der Südsteiermark mit seinen steilen Weinbergen braucht, um das harte Leben eines Weinbauers zu bewältigen. Nach außen hin eher ruhig wirkend, mischt sich Engelbert Elsnegg gemeinsam mit seiner Gattin Monika gern unter die Leute und ist bei vielen gesellschaftlichen Ereignissen anzutreffen. „Beim Reden kommen die Leut' zusammen. Da erfährt man die eine und andere Neuigkeit", erklärt der Winzer.
Die Betriebsgröße des Weingutes hat sich seit vielen Jahren nicht verändert und mit 5,5 Hektar Rebfläche konsolidiert. Die Weinstöcke, die großteils auf einer

Engelbert Elsnegg

tiefen Schicht angeschwemmten sandigen Lehmboden wachsen, werden von Engelbert Elsnegg und seinem Familienteam mit äußerster Sorgfalt gepflegt und stehen zum Großteil in den Rieden Eckberg, Urlkogel und Edelbach im Ertrag. Geerntet werden die Trauben per Hand. Die Vinifikation liegt allein in den kompetenten Händen des engagierten Weinbaumeisters und spiegelt seine erfahrungsreiche Arbeit sowie den Einsatz moderner Technik unter anderem die Vergärung der Weine in temperaturgeregelten Edelstahltanks wider. Für den weiteren Ausbau der Weine verwendet Engelbert Elsnegg sowohl normale Holzals auch Barriquefässer. Der Reigen der Auszeichnungen reicht von regelmäßigen Prämierungen auf Landesebene bis hin zur Plazierung im österreichischen Weinsalon.
Die breite Sortenpalette wird durch das Angebot von Edelbränden komplettiert, deren Erzeugung ganz in den Händen von Elsnegg Senior liegt. Und für erholungssuchende Weinliebhaber stehen im Hause Elsnegg komfortable Gästezimmer zur Verfügung.

Weingut Engelbert Elsnegg, 8462 Gamlitz
Eckberg 26, Telefon: 03453 / 4812

Das Betätigungsfeld von **Franz Ferlinz** aus Eckberg bei Gamlitz ist vielfältig, und das schon seit Jahrzehnten. Auf der einen Seite führt er an der südsteirischen Weinstraße einen Gasthof mit 60 Gästezimmern und andererseits ein rund drei Hektar großes Weingut.
Seit mehr als einhundert Jahren gibt es die Ferlinz schon in dieser Gegend. Die Weingärten in Süd- und Ostlagen stehen rund um den Urlkogel, einer weithin sichtbaren Erhebung inmitten des südsteirischen Weinlandes. Im Ertrag steht eine breite Palette typischer steirischer Rebsorten, deren Pflege und Hege Franz Ferlinz sehr bewußt vornimmt. „Das konsequente Ausdünnen der Trauben liegt mir sehr am Herzen. Je nach Sorte habe ich oft einen Ertrag von knapp 4000 Liter pro Hektar", erzählt der Winzer. In der Regel baut Franz Ferlinz seine Weine trocken aus.

Aushängeschilder sind der Welschriesling, Muskateller und Rheinriesling. Der 96er Grauburgunder hingegen wurde halbtrocken ausgebaut, besitzt ein vollmundiges Aroma mit viel Schmelz am Gaumen und einem feinen Säurespiel. Das besondere Steckenpferd von Franz Ferlinz sind seine Edelbrände. Raritäten sind Destilla von Williams, Zweigelt, Himbeeren, Maschanzker, Kriecherl, ein dreijähriger Muskateller-Traubenbrand sowie ein Williams, der vier Jahre im Holzfaß reifte.

Weingut Franz Ferlinz, 8462 Gamlitz, Eckberg 22
Telefon: 03453 / 2392

Als Bürgermeister bestimmte **Karl Grasmuck** über Jahre die Gangart in der größten steirischen Weibaugemeinde Gamlitz. Heute greift er seinem Junior Karl-Heinz Grasmuck auf dem Weingut und in der Rebschule kräftig unter die Arme, der aber für die Kellerwirtschaft eigenständig verantwortlich ist. Im Ertrag stehen 2,5 Hektar Rebfläche in der Ried Sernauberg, einer reinen Südlage. Die Weine werden sowohl in Stahltanks als auch in traditionellen Holzfässern und Barriques ausgebaut. Mit dem Sauvignon blanc gelangen schon mit mehreren Jahrgängen großartige internationale Erfolge. So wurde mit dem 91er Sauvignon der World Champion bei der Internationalen Laibacher Weinbewertung gewonnen.
Sein Sortiment ergänzt Karl Grasmuck mit einem Frizzante „Moussant" und einem „Heckenklescher", ein Direktträgerwein dessen Reben in der eigenen Rebschule gezogen wurden.

Weingut Karl Grasmuck, 8462 Gamlitz
Hauptstraße 51, Telefon: 03453 / 2278

Johann Tinnauer liebt Herausforderungen und scheut nicht die Arbeit. Er ist ein Kämpfer und Rebell – und als solcher setzt er sich in den verschiedenen Gremien vehement für die Standesinteressen der Weinbauern ein. Sein Weingut liegt in Labitschberg 42 bei Gamlitz, man erreicht es über Oberlupitscheni von Seggauberg aus oder von Gamlitz in Richtung Leutschach. „Wir produzieren hier schon sehr lange Wein", erzählt der Winzer, der Ende der achtziger Jahre den Betrieb von seinen Eltern übernahm. An Rebfläche stehen derzeit 3,5 Hektar im Ertrag. Die Rieden haben unterschiedliche Bodenstrukturen – „da findet sich für jede Sorte ein ideales Platzerl", schwärmt der Weinbauer und begeisterte Jäger, der seine Weingärten ebenso pflegt und hegt wie das Wild in seinem Revier. „Die Natur kann man nicht betrügen, man muß sie pflegen und hegen, dann bekommt man den rechten Lohn dafür", ist Johann Tinnauer überzeugt.
Bei der Lese achtet er auf die schonende aber auch rasche Verarbeitung des Traubenmaterials. „Die Vergärung meiner Weine führe ich ausschließlich in Holzfässern durch", so der Winzer. Einige seiner Weißweine kommen aber für den weiteren Ausbau in den Edelstahltank. Zu den aufregendsten und anspruchvollsten Weinen zählt Johann Tinnauer den Sauvignon blanc. „Besonders der 96er Jahrgang hat viel Aufmerksamkeit von uns verlangt", erzählt der Winzer, „bei der Lese wurde genau darauf geachtet, nur gesundes Traubenmaterial zu ernten." Der Lohn dieser Arbeit ist ein würziger Sauvignon blanc mit schönen Paprikaaromen und einer fest eingebundenen Säure. Der Blaue Zweigelt wird offen vergoren, ehe er ins Holzfaß zum weiteren Ausbau kommt. Mit angenehmen Gerbstoffen zeigt er sich in einem hellen Rubinrot mit einem kräftigen Abgang.
Hans Tinnauer ist Obmann der steirischen Trilogie, einer Vereinigung von Edelbrandspezialisten, und brennt selbst Hochprozentiges von der Williamsbirne, vom Apfel, Kriecherl, Holunder, Himbeer usw. Der breite Reigen der Eigenprodukte wird auch im Buschenschank angeboten.

Weingut Tinnauer Johann, 8462 Gamlitz
Labitschberg 42, Telefon: 03453 / 2391

Bereits um die Mitte des vorigen Jahrhunderts war die **Familie Dietrich vulgo Tischler** in Gamlitz vertreten. Drei Generationen leben heute vom Weinbau. Oma Christine, Mutter Maria und Sohn Franz Dietrich mit seiner Gattin Claudia. Zu ihrem Weinhof in Sernau 13 gehören 4,5 Hektar Rebfläche. Die Weinberge im Sinne des Wortes weisen durchwegs Steillagen von 30 bis 70 Prozent auf. Die wichtigsten Rieden und Lagen sind der Tischler-Kogel, Jagerberg sowie der Schirmann-Weingarten, alles Südlagen. Franz Dietrich: „Trotz der extremen Lagen legen wir großen Wert auf gezieltes Weingartenarbeiten im Hinblick auf Qualitäts- und Prädikatsweine." Mehr als zehn verschiedene Sorten werden gekeltert. Teils in Stahltanks, teils in traditionellen Holzfässern. Besonders zufrieden ist der Winzer mit dem 96er Rheinriesling, dritter bei der steirischen Landesweinkost 1997. Er besitzt eine feine, reife Rieslingnase mit Pfirsicharomen. Ausgewogen in Frucht und Säure ist er der Paradewein des Weinbaubetriebes. Vermarktet werden die Produkte großteils über den Buschenschank, dessen Wahrzeichen ist eine überdimensionale alte Traueresche unter deren schweren Ästen fünf Tische Platz finden.

Weinbau Franz Dietrich, 8462 Gamlitz
Sernau 13, Telefon: 03453 / 3384

Keinen leichten Lebensweg hat das Winzerehepaar **Raimund und Aloisia Kapun** aus Grubtal bei Gamlitz hinter sich. Im Jahr 1960 übernahmen sie auf Leibrente eine kleine Landwirtschaft. Da diese noch nicht lebensfähig war, mußte Raimund Kapun, ein Silberberg-Absolvent, als Fleischer sein Zubrot verdienen. 1962 legte das Ehepaar den ersten Weingarten an. „Es war ein dorniger Weg für uns, doch heute sind wir stolz, was wir geschaffen haben", erzählt uns der stämmige Winzer. Die Eltern von vier Kindern konnten 1988 in ihr neues Haus einziehen. Integriert wurde auch ein neuer Weinkeller. Auf den knapp zwei Hektar großen Rebflächen werden Weißburgunder, Sämling 88 und Müller-Thurgau kultiviert. Raimund Kapun ist noch ein Weinbauer alten Schlages. Seine Weine baut er noch vorwiegend halbtrocken aus und verkauft sie zum großen Teil ab Hof.

Weinbau Raimund Kapun, 8462 Gamlitz, Grubtal 39
Telefon: 03553 / 32564

Tradition nicht nur aufrechtzuerhalten ist die Zielsetzung von **Sepp Liebmann** aus Sulztal 29 im südsteirischen Weinland. Der Winzer verkörpert die Verschmelzung von Emotion und Intellekt. Auf der einen Seite sucht er als Autorennfahrer die Perfektion, auf der einen Seite scheut er als Weinbauer nicht den verbalen Gedanken- und Schlagabtausch, um demonstrativ jene Linie der Weinbaukultur zu vertreten, die es im südsteirischen Weinland (leider) kaum mehr gibt. Und er sollte es eigentlich wissen, wovon er spricht. Der Winzer besuchte sowohl die Weinbauschule Silberberg als auch jene von Klosterneuburg, ehe es ihn für zwei Jahre in die deutsche Weingegend verschlug.
Heute kultiviert er rund 2,5 Hektar Rebfläche. Unbeirrt läßt er den Dingen seinen Lauf und interpretiert die Entwicklung der Natur auf seine Art und Weise. Im Keller kommen bei Sepp Liebmann traditionelle Holzfässer zum Einsatz. „Bei der Vinifizierung meiner Weine lasse ich der Natur freien Spielraum. Dadurch erreiche ich jene Qualitäten, die meine Kunden so schätzen“, erzählt der Winzer. Eine Rarität ist ein Muskat-Damascener. Diese Sorte wurde vom Vater von Sepp Liebmann ausgepflanzt. Der schnelle Sepp entpuppt sich auf jeden Fall als ausgezeichneter Gesprächspartner. Auch wenn es nicht nur um Wein, sondern um schnelle Autos geht. An das Weingut angeschlossen ist auch ein Buschenschank.

Weinbau Liebmann Sepp, 8462 Gamlitz, Sulztal 29
Telefon: 03453 / 3022

Der Weinbau hat bei der **Familie Anton und Rosa Pilch** aus Ottenberg 34, hart an der südsteirischen Weinstraße, einen enormen Stellenwert. Wenngleich der Umfang des Gutes 22 Hektar umfaßt, stehen davon dem Weinbaubetrieb „bescheidene“ 4,5 Hektar Rebfläche zur Verfügung. Die restliche Fläche verteilt sich auf Obstbau und Landwirtschaft. Seit 1817 im Familienbesitz, leben am Weingut vier Generationen harmonisch zusammen: Großvater Viktor Zweytick, daher der Name des Weingutes Pilch-Zweytick, Anton und Rosa Pilch, ihre Kinder Rudolf und Anton, Schwiegertochter Marianne sowie die beiden Enkelkinder Reinhard und Martina. Die Familie steckt voller Energie und ist der Schlüssel zum Erfolg. Denn jeder packt an.
Bewirtschaftet werden 4 Hektar Rebfläche, vorwiegend in Ottenberg gelegen. Neben den typisch steirischen weißen Sorten wird auch ein Blauer Zweigelt gekeltert. „Einen lockeren Stockaufbau und eine konsequente Traubenausdünnung, abgestimmt auf die einzelne Sorte, sind das Ziel eines jeden auf Qualität ausgerichteten Weinbaubetriebes“, so Anton Pilch der Jüngere. Er ist für die Linie der Pilch-Weine verantwortlich. Der Zweigelt wird mittels offene Bottichgärung gekeltert – neben dem Sauvignon blanc, dem Morillon ist der Sämling 88 einer der Lieblinge des Kellermeisters. Die Familie Pilch-Zweytick führt ganzjährig einen Buschenschank, täglich von 10 bis 22 Uhr.

Weinbau Anton Zweytick-Pilch, 8462 Gamlitz
Ottenberg 34, Telefon: 03453 / 2582

Von Ehrenhausen kommend, der südsteirischen Weinstraße entlang geht es nach Ottenberg, einer Katastralgemeinde des Weinbauortes Ratsch an der Weinstraße. In Ottenberg 32 befindet sich das Weingut der Familie **Johann und Charlotte Schwarzl**. Vor rund zehn Jahren übernahm das Ehepaar den Betrieb. Weinbau- und Kellermeister Johann Schwarzl kultiviert 2,5 Hektar Rebfläche. Als „Schutzringbetrieb“ verpflichtete sich der Betrieb, ausschließlich Trauben steirischen Ursprungs zu vermarkten. Die Hauptsorten sind Welschriesling, Sauvignon blanc und Zweigelt. Die Weingärten in den Rieden Ottenberg, Oberranzried sind Südostlagen, jene der Ried Burgstallkogel reine Südlagen. Johann Schwarzl: „Durch intensive Laubarbeit und Reduzierung der Menge wird höchstmögliche Traubenqualität im Weingarten erreicht.“ Für die Vinifikation der Weine werden Stahltanks und Holzfässer eingesetzt. Bei Rotweinen wird neben der offenen Bottichvergärung auch jene im Stahltank praktiziert. Der Betrieb führt auch gerne Qualitätsweinverkostungen für bis zu 20 Personen durch. Die Weinspezialitäten des Hauses sind der Welschriesling – der Jahrgang 1990 war im österreichischen Weinsalon vertreten – und eine Sauvignon-blanc-Spätlese. Neben mehreren Haubenlokalen in Österreich wie dem Steirereck in Wien, dem Maria-Theresia-Schlößl in Salzburg findet man die Schwarzl-Weine auch auf den Weinkarten der gehobenen Gastronomie in der Schweiz.

Weinbau Johann Schwarzl, 8462 Gamlitz
Ottenberg 32, Telefon: 03453 / 2820

Neben vielen Randbedingungen, die – neben dem eigenem Geschick und der Bereitschaft zur Investition – über den Erfolg eines Unternehmens mitentscheiden, ragt eine besonders hervor: Die Erkennung eines Aufwärtstrends in der Gesamtentwicklung und das richtige Reagieren darauf. Ein G'spür für solche Trends hatte man im **Weingut Sattlerhof** in Sernau 2 bei Gamlitz schon Ende der sechziger Jahre, als Ing. Wilhelm Sattler gemeinsam mit seiner Gattin Luise das Weingut seiner Schwiegereltern übernahm. Wie ein roter Faden läßt sich heute die rasante Ent-

wicklung dieses Weinbaubetriebes zurück verfolgen, die innnerhalb der vergangenen sieben Jahre die Betriebsgröße von fünf Hektar Weingärten auf das Doppelte mit sich brachte. Da heißt es „Toujours en vedette" – immer auf dem Posten zu sein, denn die zehn Hektar Rebflächen in den Rieden Pfarrweingarten, Sernauberg und Kranachberg sind das Grundkapital dieser südsteirischen Weinbaufamilie und bedürfen ständiger Pflege und Hege. Die Grundrichtung der Weinproduktion ist seit nahezu zwei Jahrzehnten auf die trockene, fruchtige Linie ausgelegt. Die Weine der als „Steirische Klassik" benannten Weinlinie zeichnet sich durch ihre feine, leichte und fruchtbetonte Stilistik aus.Vinifiziert werden aber auch Ried-Selektionen, die als Lagenwein, wie der Sauvignon blanc „Kranichberg", vermarktet werden. Von der Fachjury wurde dieser 96er Sauvignon blanc in den österreichischern Weinsalon gereiht. Fruchtig, jugendliche Aromen in der Nase, vielschichtig am Gaumen mit breitem Schmelz und Dichte und einem wunderbar eingebautem Säurespiel besitzt dieser Sauvignon viel Potential. Das A la Carte"-Magazin hat den 96er Sauvignon bei seiner Jahrgangsverkostung als den Besten erkoren.
Maßgeblich an der Qualität der Sattler-Weine ist heute Willi Sattler Junior verantwortlich. Während der Weinbau- und Kellermeister für den Weinbaubetrieb verantwortlich zeichnet, führt sein Bruder Hannes gemeinsam mit Gattin das zum Betrieb gehörende Restaurant.

Weingut Sattlerhof, 8462 Gamlitz, Sernau 2
Telefon: 03453 / 2556

Während sich das **Weingut Schnabl** bei Gamlitz in den Schatten des Sernauberges schmiegt, liegen die Weingärten in den Rieden Steinbach und Sernauberg teilweise prall in der Sonne. Franz und Monika Schnabl bewirtschaften ihren Weinbaubetrieb gemeinsam mit Sohn Matthias bereits in dritter Generation. Kultiviert werden vier Hektar Rebflächen. Im Ertrag stehen die Sorten Welschriesling, Müller-Thurgau, Rheinriesling, Morillon, Weißburgunder, Sauvignon blanc, Ruländer, Muskateller und Zweigelt blau. Das Wesentliche bei der Weingartenarbeit sieht Franz Schnabl in der Kurzformel „Mäßiger Anschnitt, exakte Laubarbeit und optimale Ausdüngung der Trauben". Die Spezialitäten des Hauses sind ein trockener Muskateller sowie ein Chardonnay. Im Reigen der zahlreichen Auszeichnungen sticht besonders die Reihung mit dem Sauvignon blanc 1991 im österreichischen Weinsalon hervor. Prämiert werden aber auch immer wieder die zahlreichen Edelbrände, welche das Weingut hervorbringt.

Weingut Franz Schnabl, 8462 Gamlitz, Sernau 6
Telefon: 03453 / 3010

Wie kaum ein anderer versteht er es, seine Gesprächspartner zu faszinieren, die Materie Wein

und alles, was damit zusammenhängt, zu einem spannenden Erlebnis werden zu lassen. **Siegfried Fritz Melcher vom Schloß Gamlitz**. In seiner Art der Selbstverständlichkeit führt er sie bewußt in tiefere, bislang für sie weitgehend unbekannte Ebenen, inszeniert gekonnt Spannungsmomente als Anregung zum Dialog. Das macht ihn einerseits so symphatisch und bringt im andererseits jede Menge Bewunderung entgegen. Die Familie Melcher zählt schon lange zu den Wegbereitern gehobener Weinkultur. Aus diesem Blickwinkel betrachtet, war die Durchführung der steirischen Landesausstellung „Weinkultur" auf Schloß Gamlitz im Jahre 1990 für Fritz Melcher die Erfüllung eines langgehegten Traumes, die gewachsene Geschichte des steirischen Weinbaus als zentrales und gebündeltes Thema in den geschichtsträchtigen Mauern seines Besitzes einem interessierten Publikum nahezubringen. Durch eine breite Veranstaltungsreihe wie Ausstellungen, Lesungen, Musikabende und vor allem durch das Weinmuseum möchte Fritz Melcher das Schloß Gamlitz wieder in den Mittelpunkt der südsteirischen Weinregion zurückführen. Wertvolle Hilfe leistet ihm dabei Gattin Jolanda. Sie organisiert die Galerie, bietet Malern die Möglichkeit zur Selbstdarstellung, schafft durch den scheinbar zwanglosen und nie aufdringlichen Umgang mit den künstlerischen Werten eine Atmosphäre der Herzlichkeit und Offenheit.
Das „Gschloss zu Gomlitz" wurde in den Jahren 1111 bis 1131 erbaut und kam durch eine Schenkung der Grafen von Sponheim in den Besitz von Stift St. Paul zu Lavanttal. Schon damals wurden Reben gezogen und Meßwein für das Stift gekeltert. Über die Jahrhunderte wechselte das Schloß immer wieder die Besitzer, ehe es im Jahre 1909 in den Besitz der heutigen Familie Melcher kam. „Bereits 1892 zog mein Großvater, Joseph Leitner, einen Weinhandel auf", erzählt Fritz Melcher. „Und 1908 baute er einen Weinkeller mit glasausgekleideten Zisternen. Die größte faßte unglaubliche 67.800 Liter." Begleitet wurde dieses quantitative Wachstum von einem beispiellosen Pioniergeist, welcher bis heute der Familie „erhalten" geblieben ist.
Fritz Melcher und sein Sohn Arnold kultivieren sieben Hektar Rebflächen in den besten Lagen. Im Ertrag stehen Sorten wie Welschriesling, Muskateller, Sauvignon blanc, Morillon-Chardonnay und der

Fritz und Arnold Melcher

Blaue Wildbacher. Die zwei bedeutendsten Lagen sind die Ried Sonneck und die Ried Wittscheiner Herrenberg. Eine Ausnahmeerscheinung unter all den im Ertrag stehenden Rebsorten ist eine im Jahre 1942 angelegte Sauvignon-blanc-Anlage. Gepflanzt wurde sie auf der Unterlagsrebe Rupestris Goethe 9, benannt nach dem Önologen Herrmann Goethe, der im vorigen Jahrhundert in der Weinbaulehranstalt Marburg an der Drau lehrte. „Ihr ganzes Potential spielt die Sauvignon-blanc-Rebe erst ab dem 20. Lebensjahr voll aus, erst dann kommt es regelmäßig zu außergewöhnlichen Ernten." Gute Jahrgänge gab es in den sechziger und siebziger Jahren 1967, 1969, 1971, 1973, 1975, die konstant an der Grenze zur Spätlese und im Bereich der Auslese geerntet wurden. All diese Weine zeigen sich auch heute noch in erstklassigem und nicht oxydiertem Zustand. Der Sauvignon blanc aus dieser alten Anlage erreicht seine Trinkreife zwischen dem 5. und 10. Lebensjahr. Das Resultat dieses Weines spiegelt auch die Philosophie des Önologen Fritz Melcher wider: „Es sollten Weine produziert werden, die nicht im April oder Mai hochprämiert werden und wenig später wieder zum Vergessen sind", zieht er Bilanz „was ich ein ganzes Leben lang schon machte, sind Weine, die viele Jahre, ja Jahrzehnte lagerfähig sind", setzt Fritz Melcher fort.

In diesem Klima, in dem Fritz und Arnold Melcher mit Begeisterung am Werk sind, spielt die Selbstdistanzierung für die beiden Winzer keine bedeutende, aber doch eine kleine Rolle. So beachtet der Junior bei seiner Kellerarbeit, je nach Situation, die Mondphasen, mißt den unterschiedlichen Witterungsbedingungen wie Tief- und Hochdruck große Bedeutung zu: „Unser Wein wird nur bei Hochdruckwetter gefüllt, damit mehr Bukettstoffe erhalten bleiben", erklärt Arnold Melcher, während für Fritz Melcher die Umsetzung aller gegebenen Möglichkeiten mit dem Ziel, guten Wein zu produzieren, vordergründig ist. Davon, das im Schloßweingut Melcher in den letzten Jahrzehnten große steirische Weine produziert wurden, kann man sich an Hand der großen Vinothek des Hauses jederzeit überzeugen. Dort findet man Sauvignon blanc-, Muskateller- und Traminerjahrgänge zurück bis in die 50er Jahre. Allesamt gut gelagert und ausgezeichnet trinkfähig.

Weingut Melcher - Schloß Gamlitz
8462 Gamlitz, Telefon: 03453 / 2363

Die unerbittlichen Gesetze der Natur im Weinbau und deren Grundzüge sind der Menschheit seit Jahrtausenden bekannt. Und trotzdem sind die Arbeitsweisen der Weinbauern keinem einheitlichen Schema zu unterwerfen. Der enge Zusammenhang mit den sich ständig wechselnden Erneuerungen brachte für viele Winzer in den vergangenen Jahren einen kurzatmigen Rhythmus der Veränderung bei der Erzeugung ihrer Weine. Ein Weinbauer, der seit Ende der siebziger Jahre erfolgreich wie kaum ein anderer Winzer in der Steiermark seinen Weg geht, ist Fritz Tinnacher vom **Weingut Lackner-Tinnacher** aus Steinbach 12 bei Gamlitz. Er ist einerseits ein Verfechter der traditionellen Werte, andererseits allem Modernen aufgeschlossen und neuen Ideen sehr zugänglich. Mit seiner Frau Wilma hat er auch einen Partner gefunden, der viel vom Weinbau versteht und ebenfalls Freude an Experimenten hat. Gemeinsam führt das sympathische Winzerehepaar das seit Jahrhunderten im Familienbesitz befindliche Weingut mit 52 Hektar Grundfläche, 13 Hektar davon sind mit Weinreben bepflanzt. Die sorgfältigste Pflege der Weingärten als Qualitätslieferant hat bei Fritz Tinnacher oberste Priorität. Seine Lagen ziehen sich wie ein Band durch die Landschaft, führen von Steinbach bis nach Eckberg an die südsteirische Weinstraße. Um das günstige Mikroklima in den Rieden zu erhalten, wurden zwischen Wald und Weingärten auch schmale Wiesen und Wildäcker angelegt. Wilma Tinnacher: „Wir sind ein sehr wildschonender Betrieb. Vor Jahren hatten wir arge Wildschäden durch die Rehe. Besonders junge Triebe der besten Sorten waren ihre Lieblingsnahrung. Heute haben wir kaum Probleme mit ihnen."

Im Durchschnitt wurden in den Weingärten Fritz Tinnachers pro Hektar 3300 Rebstöcke in Form einer Mittelhochkultur ausgepflanzt. Abgeschnittenes Rebholz wird gehäckselt und dann in den Boden eingearbeitet, um ihn so mit wertvollen Nährstoffen zu versorgen. Die im Laufe der Wachstumsperiode anfallenden Entscheidungen über die Art und den Zeitpunkt der Weingartenarbeit richtet sich bei Fritz Tinnacher nach dem jeweiligen Entwicklungsstand der Natur und dem konsequenten Qualitätsdenken.

In Süd-, Südost- und Südwestlagen mit einer Hangneigung von bis zu 55 Prozent und einem Höhenunterschied von 360 bis 500 Meter Seehöhe liegen die Weinberge der Familie Tinnacher. Auf Grund der Erfahrungswerte seiner Vorfahren, ebenfalls erfolgreiche Winzer, und andererseits seiner eigenen bestimmte der Weinbauer die Neuanlegung oder weitere Kultivierung der einzelnen Rebsorten. „Bei dieser Größe unserer Weingärten ist es nur natürlich, daß die Strukturen des Bodens sehr unterschiedlich ausgebildet sind", sagt der Winzer. „Solch ein Umstand ist bei der Auspflanzung neuer Rebsorten ebenso zu beachten wie das Kleinklima der jeweiligen Lage und die Wahl der geeigneten Unterlagsrebe."

Auf lehmigen Sandboden stehen die Sorten Grauburgunder, St. Laurent, Sauvignon blanc und ein Teil des Zweigelts, der sich auf dem Übergang zu schottrigem Untergrund befindet, wo wiederum der Welschriesling beste Wachstumsbedingungen vorfindet. „Beim Zweigelt kann man die unterschiedlichen Bodenstrukturen am besten erkennen. Während er auf dem lehmigen Sandboden bestens gedeiht, entwickelt sich der kleinere Anteil dieser Sorte auf dem Schotterboden etwas schwächer."

Eine dreißigjährige Rebanlage der Sorten Weißburgunder und Muskateller steht auf vorwiegend gemischten Böden, einem schottrigen Ausläufer mit anschließendem lehmigen Sand. „Auch einem Teil unseres Sauvignon blanc gefällt es hier."

Eine geologische Rarität ist ein kleines Stück Weingarten mit schwerem, fettigem Boden. Auf rund 15 ar sind dort bescheidene 400 Stöcke der Sorte Rheinriesling ausgepflanzt, die bereits am frühen Morgen starker Sonneneinstrahlung ausgesetzt sind, bevor die Sonne für kurze Zeit von einem Hügel verdeckt wird und anschließend wieder ihre Wärme für den Rest des Tages abgibt. Interessant sind auch die Bodenverhältnisse einer weiteren Welschrieslinganlage, die von stark gefärbtem roten Sand geprägt sind. Mit viel Schiefergestein und einem Übergang zu schweren Böden enden die Grundgrenzen der Weingärten, die auf diesem Fleck mit den Sorten Weißburgunder und Morillon bestückt sind.

Die Formation und Lage der Weinberge mit den für sie jeweils eigenen kleinklimatischen Zonen bilden die Basis für die reife Entwicklung der Trauben. „Das alles muß man heute als Weinbauer beachten, will man Qualität in den Weinkeller bringen." Damit wäre das Kapitel Traubenlese erreicht. Der Zeitpunkt der Ernte wird von Fritz Tinnacher nach fixen Kriterien bestimmt. „Ich folge da meinen Erfahrungswerten ebenso wie meinem Gefühl." Für den Winzer ist also nur dann ein Erntegrund gegeben, wenn die Verfärbung des Weinstockes den Abschluß des Wachstums anzeigt und die Trauben über ihre Vollreife hinausgehen.

Das reduktive Arbeiten ist für den Weinbauern ein Grundprinzip, mit dem er bereits im Weingarten bei der Weinlese beginnt. Es geht darum, die gelesenen Trauben so schonend wie möglich vom Stock zu schneiden und ebenso schonend ins Preßhaus zu bringen. Dazu werden die Trauben in Butten, das sind kleine Behälter, in geringen Mengen gelesen. Es muß vermieden werden, daß der ausgetretene Saft der Trauben mit Sauerstoff in Berührung kommt, denn unter bestimmten Voraussetzungen steigt die Geschwindigkeit der mikrobiologischen Oxidation und bewirkt ein rasches Braunwerden des Traubensaftes. Bei der Weiterverarbeitung im Preßhaus geht und ging Fritz Tinnacher neue Wege, vom sofortigen Rebeln und Pressen der Trauben bis zur Ganztraubenverarbeitung spezieller Sorten wie Welschriesling, Weißburgunder und Sauvignon blanc, deren Trauben nicht gepreßt, sondern schonend gequetscht werden. Bei der Vergärung und beim Ausbau seiner Weine setzt Fritz Tinnacher sowohl Edelstahltanks als auch klassische Holzfässer ein. Während er einer der ersten Winzer in der Südsteiermark war, der die Qualitäten des Edelstahls erkannte und damit bereits in den siebziger Jahren arbeitete, sind Barriques für ihn kein Thema. „Ich glaube, daß der Einsatz von Eiche dem steirischen Wein die klassische Note nimmt. Es ist wichtig, besonders für mich, daß man eine eigenständige Linie verfolgt. International kann man so sicher besser bestehen."

„Mein Ziel ist immer, die Frucht der Trauben in den Wein zu bringen." Um diesem Ziel so nah als möglich zu kommen, läßt der Winzer keine Gelegenheit für Experimente aus, um so seine ganz persönlichen Erfahrungen zu sammeln. Das geschieht bei Fritz Tinnacher praktisch Jahr für Jahr und trägt zum umfassenden Wissen des Winzers mit bei.

Die Weine von Fritz Tinnacher zeichnen sich allesamt durch eine überdurchschnittlich hohe Lagerfähigkeit aus. Wegen des reduktiven Ausbaus der Weine, kann man oft schwer das Alter bestimmen. Für ein charakteristisches Diagramm im Laufe einer mehrjährigen Entwicklungsperiode eines Weines ist der Grauburgunder besonders geeignet, der eindrucksvoll aufzeigt, wie ein großer Wein im Laufe der Jahre an Trinkqualität zulegen kann und ein imposantes Eigenleben besitzt. Dazu Wilma Tinnacher: „Im ersten Lebensjahr kann man nur erahnen, wie er sich entwickelt. Er wird von einer ungewöhnlichen Aura begleitet, die sich nur schwer beschreiben läßt. Im zweiten Jahr ist er dann gut trinkbar, der Körper wirkt stärker, der Duft intensiver, er ist aber noch immer in seiner Jugendphase. Ab dem dritten Jahr zeigt er sich in einer außergewöhnlich schönen Balance mit kräftigen Carameldüften, es setzt eine konstante Entwicklung ein und die ideale Trinkreife erreicht er zwischen dem vierten und sechsten Jahr. Im Laufe der Entwicklungsphase gibt es beim Grauburgunder ein variantenreiches Spiel von Höhepunkten und Tiefpunkten, besonders bei den Aromen. Wie viele andere Weine von Lackner-Tinnacher ist der Grauburgunder auch nach zehn Jahren noch absolut trinkreif.

Der Grauburgunder 1996 wirkt sehr kräftig und vollmundig. Die pikante Säure verleiht dem Wein einen erfrischenden Abgang. Der Sauvignon blanc 1996 ist im Bukett kräftig und gehaltvoll und mit einer feinen Säure unterlegt. Der Muskateller 1996 ist mit seiner Fruchtigkeit ein echter „Steirer" im klassischen Stil. Ebenso kann man den Welschriesling 1996 mit seiner frischen Frucht als idealen Vertreter der steirischen Weinlinie bezeichnen.

Ein eigener Bereich ist die Produktion von Süßweinen im Hause Lackner-Tinnacher. Schon seit Jahrzehnten werden Spätlesen, Auslesen und wenn möglich sogar Ausbruche geerntet. Die Produktion

von Süßweinen erzwingt der Winzer nicht. Wilma Tinnacher: „Wenn's der Herrgott gibt und wir sehen es, dann greifen wir halt zu." Beim Weingut Lackner-Tinnacher meint's der Herrgott meist mit dem Grauburgunder gut. Dann wird der Weingarten in zwei Quartiere geteilt und jedes einzeln in Zeitabständen gelesen. 1992 war so ein Jahr, da wurden vom Welschriesling, Weißburgunder und vom Grauburgunder eine Spätlese gelesen. Vom Traminer und Grauburgunder sogar eine Auslese. Die am 3. Dezember geernteten Grauburgunder-Trauben hatten sogar ein Mostgewicht von über 28°KMW. Steirische Prädikatsweine sind vor allem wegen der hohen Säure in Verbindung mit der Fruchtsüße besonders harmonisch und auch fast unendlich haltbar. So hat die Muskateller Spätlese 1983, geöffnet 11 Jahre nach der Ernte, ein unglaublich frisches Sortenbukett und einen intensiven Muskatellerduft.
Mit den besten Weinen versucht Fritz Tinnacher auch international auf sich aufmerksam zu machen. Die ersten Erfolge stellten sich in der europäischen Weinhauptstadt London ein. „Mir geht es vor allem um die Blickpunkte, die man durch das Verkosten und Vergleichen von Weinen aus allerlei Weinbauregionen der Welt erreicht." Zu dieser Horizonterweiterung trägt sowohl das Fachsimpeln als auch im Kleinen die Zusammenarbeit mit heimischen Weinbauern bei: „Das kann vor Betriebsblindheit schützen." Die grundsätzliche Einstellung, daß nämlich nur jener erfolgreich ist, der sich fortschreitend verändert und nicht ruht, prägt das Weingut Lackner-Tinnacher und ist für Fritz Tinnacher mit ein Grund für die konstante Qualität seiner Weine und das kritische Verhalten gegenüber seinen Abnehmern: „Denn was mir nicht genügt, maße ich keinem meiner Kunden zu!"

Weingut Lackner-Tinnacher, 8462 Gamlitz,
Telefon: 03453 / 2142

Zusammen mit seinen beiden Söhnen bewirtschaftet **Karl Strauß** in Steinbach 16 bei Gamlitz sein Weingut, das im vorigen Jahrhundert von der Familie Schopper gegründet wurde. Der Name Schopper ist noch heute als Vulgoname geläufig. Die Winzer kultivieren eine breite Palette von Weinsorten. Sieben Hektar Rebfläche mit Welschriesling, Weißburgunder, Morillon, Sauvignon blanc, Muskateller, Sämling und Traminer stehen zur Zeit im Ertrag. Wie die meisten Winzer hier im südsteirischen Weinland macht auch Karl Strauß Weine feiner Stilistik, trocken und fruchtig. Der Weinkeller, der Größe des Weingutes entsprechend imposant, ist sowohl mit modernen Stahltanks bestückt als auch mit traditionellen Holzfässern. Die weißen Sorten werden durchwegs im Stahltank vergärt. Der Großteil davon kommt aber für den weiteren Ausbau in Holzfässer. Bei den Rotenweinsorten, dem Blauen Zweigelt, St. Laurent und Blauer Portugieser gibt's sowohl eine offene Maischevergärung als auch jene im Stahltank. Eine reizvolle Rarität ist ein Welschriesling- und Chardonnay-Sekt. Der Junior des Hauses, Gustav Strauß, widmet sich intensiv den Edelbränden, Maschanzker-Apfel, Jonagold-Apfel, Kriecherl wurden bereits mehrfach ausgezeichnet.

Weingut Strauß Karl, 8462 Gamlitz, Steinbach 16
Telefon: 03453 / 3434

Wir fahren, von Gamlitz kommend, nach Sernau. Das **Weingut „Olwitschhof"** von **Otto Riegelnegg** befindet sich auf halbem Weg zwischen Gamlitz und Glanz an der Weinstraße, es ist ein etwas abseits der Duchzugsstraße gelegenes Gebiet, stark zersiedelt und urwüchsig. Der Landstrich um das Weingut von Otto Riegelnegg gehört eigentlich zu Steinbach, die Zufahrt ist aber nur über Sernau möglich.
Wie vom Boden lösgelöst ziehen dunkle Gewitterwolken am Horizont auf. Tief in den Himmel ragen die Pappelreihen, die vom aufkommenden Sturm hin- und hergepeitscht werden. Dort, wo man im Süden schon die Windischen Bühel sehen kann, braut sich ein Unwetter zusammen. Mit gemischten Gefühlen werden wir von Otto und Theresia Riegelnegg am Hof willkommen geheißen. Vor dem Bauernhaus, knapp vor der dichten Weinlaube, fallen die ersten dicken Tropfen, dann geht es Schlag auf Schlag. Die Tropfen verwandeln sich in dichten Regenguß, und die ersten kleinen Hagelkörner fallen zu Boden. Im fahlen Licht der Bauernstube müssen wir dann durch die kleinen Fenster, welche den Blick direkt auf den Weingarten freigeben, mitansehen, wie der Hagel immer heftiger wird. Kopfschüttelnd und mit bitterer Miene hört man von Otto Riegelnegg: „Da flieg'n die Trauben obi auf'n Boden." Minuten später ist das Spektakel vorüber. Sofort wird im Weingarten Nachschau gehalten. „Die wahren Schäden sieht man aber erst nach Tagen", erklärt der Winzer. Diesmal scheint er noch mit einem blauen Auge davongekommen zu sein. „Die Reife der Trauben ist schon so weit fortgeschritten, daß sie elastisch genug sind, kleine und mittlere Hagelschloßen ohne viel Schaden zu überstehen", hört man die Erleichterung des Weinbauern.
Otto Riegelnegg ist ein ruhiger, besonnener Mensch. Gemeinsam mit seiner Frau bewirtschaftet er fünf Hektar Rebfläche. Alle Weingärten sind rund um das Haus am Sernauberg angelegt. Für den Winzer ist das Gefühl ein wichtiges Instrument im Weinbau. So ist er vor jedem Lesetermin regelmäßig und in kurzen Abständen in seinen Weingärten zu finden. Von mehreren Stellen pflückt er die Trauben vom Stock und kostet sie, wie zum Beispiel den Sauvignon blanc. „Beim Kosten schmecke ich sofort, wenn der Geschmack vom Grasigen in den für den reifen Sauvignon typischen Paprikaton umschlägt. Dann ist es Zeit, die Trauben zu ernten." Dabei kann es sich oft nur um Stunden handeln, gibt er uns zu verstehen. Die Hochreife der Trauben muß aber schon vorhanden sein. Otto Riegelnegg: „Es geht mir um den richtigen Geschmack, nicht nur um die Analysen."

Wie bei der Weingartenarbeit bestimmt auch im Keller das G'spür die Arbeit. In Edelstahltanks vergärt er seine Weißen. Durch Handauflegen auf die Außenwand des Gärtanks bestimmt er die jeweilige Gärtemperatur. „Ich achte darauf, daß die Gärtemperatur – je nach Sorte – sehr niedrig ist. Die Temperatur spüre ich mit meiner Hand, die ich auf den Edelstahltank lege. Dann lasse ich den Wein solange es geht vergären", erklärt der Winzer. Und durch sein feines Gehör orientiert er sich durch die Geschwindigkeit beim Blubbern der Blasen in der Gärglocke über den jeweiligen Stand des Vergärungsprozesses. Und auch hier geht er seine eigenen Wege.
„Einzelne Sorten haben im Jänner noch gegoren." Durch diese lange Vergärungsphase glaubt Otto Riegelnegg, das Traubenbukett im Wein feiner und besser auszubilden. Der Erfolg gibt ihm recht, gleich drei Jahre hintereinder, in den Jahren 1994, 1995 und 1996 wurde Otto Riegelnegg in der Kategorie Sauvignon blanc als bester Wein Österreichs Salonsieger. Mit dem Sauvignon blanc Jahrgang 1996 war er wieder im Weinsalon vetreten und sein Muskateller 1996 wurde am Höchsten bewertet.
Sehenswert sind auch der neue Weinkeller und die Vinothek des Olwitschhof.

Weingut Olwitschhof, Otto und Theresia Riegelnegg
8462 Gamlitz, Steinbach 62, Telefon: 03454 / 6263

Unweit von Otto Riegelnegg, in Sernau 21 bei Gamlitz, liegt das Weingut seines Bruders **Karl Riegelnegg.** Seit Anfang der achtziger Jahre produziert dieser Weinbauer in regelmäßigen Abständen Prädikatsweine höchster Gradationen. Bescheiden in der Art, großzügig in der Herzlichkeit findet Karl Riegelnegg kaum eine Antwort auf die Frage, warum ausgerechnet er es immer wieder versteht, solche Weine mit dem wechselhaften Spiel von Säure und Süße zu vinifizieren.
Die Chance, etwas besonderes zu machen, bot sich dem Winzer vor mehr als zehn Jahren, im Superjahr 1983: „Die Trauben wurden damals extra lang am Stock hängengelassen. Ich dachte mir, wer weiß, wann wieder ein so gutes Jahr kommt." Und das Ergebnis lobt den Meister: edelsüße Spätlesen, Auslesen und Beerenauslesen. Der Erfolg, der auf den Winzer zukam, hatte aber damals seine innere Logik. In den Jahren 1980 und 1981 vernichtete Frost wie ein Keulenschlag eine erst zehnjährige Rebanlage. Die Gelegenheit wurde beim Schopf gepackt und eine Neuanlage ausgepflanzt. 1983 stand diese Anlage praktisch erstmals im Ertrag. „Das Risiko, Verlust zu machen und den geringen Ertrag durch zu langes Warten bei der Lese zu verlieren, war eigentlich gering."
Die Weinberge von Karl Riegelnegg befinden sich in guten Lagen und haben alle Voraussetzungen für die Produktion hervorragender Weine. Es stehen vier Hektar Rebfläche im Vollertrag, die wichtigsten in den Rieden „Guschaleitn" und „Hartner Südhang". „Es freut mich wahnsinnig, wenn ich Jahr für Jahr die Trauben im Weingarten heranwachsen sehe und sie dann ihre goldgelbe Farbe bekommen und gesund von den Rebstöcken geschnitten werden können", erklärt der Weinbauer begeistert. Das Weingut von Karl und Annemarie Riegelnegg liegt auf einem für die Südsteiermark charakteristischen Weinhügel. Er führt, vom westlichen Ortsende von Gamlitz beginnend, bis hin nach Glanz. Der Hof steht auf der nördlichen Seite des Sernauberges, umgeben von Wäldern und Weingärten. „Meine Eltern investierten Stück für Stück in den Weinbau, ehe ich mit meinem Bruder Otto das Gut übernahm und gemeinsam bewirtschaftete. Vor wenigen Jahren trennten sich unsere beruflichen Wege und mein Bruder machte sich selbständig. Doch noch heute arbeiten wir eng zusammen, teilen uns die Maschinen und Geräte für den Weinbau. Wir sind halt eine Familie." Ganz im Sinne der Familientradition wurde Karl Riegelnegg mit seinem 95er Muskateller „A la Carte"-Sieger. Mit dem leichten Welschriesling 1990 wurde er österreichischer Bundessieger und mit dem Rheinriesling 1990 gewann er 1991 die große Goldmedaille bei der Internationalen Weinmesse in Laibach.
Alle Weine zeichnen sich durch ihre Fruchtfülle bei gleichzeitiger Feinheit aus. Der 96er Welschriesling besticht durch sein Heublumenbukett, mit einem vollen ausgereiften Fruchtkörper. Der Sauvignon blanc 1996 Selektion Sernauberg zeichnet sich durch seinen kräftig-würzigen Paprikaduft und seinem vollen Bukett aus. Rotweine sind für Karl Riegelnegg ein besonderes Anliegen. Seine Zweigelt vom Sernauberg, sowohl im großen Eichenfaß, als auch in Barriques ausgebaut, sind besondere Vertreter dieser Rebsorte. Durch strenge Mengenreduktion und mehrmaliges Auslesen erreichen die Trauben immer mehr als 18°KMW. Tiefdunkelrot in der Farbe, mit einem schönen Wildkirschton und zarter Herbe mundet der Zweigelt Barrique 1995. Der 1996er ist ein würdiger Nachfolger, ebenso dunkelrot und fruchtbetont.

Weinbau Karl und Anni Riegelnegg, 8462 Gamlitz
Sernau 21, Telefon: 03454 / 490

Um mehr als die doppelte Rebfläche vergrößerte sich 1996 der Betrieb des Weingutes von **Maria** und **Johannes Söll.** Der Weinbaumeister und Silberberg-Absolvent machte sich Anfang der neunziger Jahre gemeinsam mit seiner Frau selbständig, gründete in Gamlitz, in Sernau, einen Weinbaubetrieb mit angeschlossenem Buschenschank und Gästezimmern. Im Ertrag standen damals rund 4,5 Hektar Weingartenfläche. Mit Anfang 1996 übernahm er nun auch das in Nachbarschaft gelegene Weingut seines Elternhauses. Hannes Söll, der jahrelang als Verwalter eines großen Weingutes an der südsteirischen Weinstraße und als Mitarbeiter des renommierten Winzerbetriebes Lackner-Tinnacher seine Erfahrungen sammelte, keltert Weine aus den Rebsorten Morillon,

Sauvignon blanc

Muskateller

Blauer Zweigelt

Blauer Wildbacher - Schilcher

Muskateller, Welschriesling, Sauvignon blanc und Traminer. Der Weinkeller ist mit modernster Technologie ausgestattet, es stehen Edelstahltanks ebenso zur Verfügung wie klassische Holzfässer und solche aus Barriques. Eine Rarität dieses Weingutes sind ein Traminer Eiswein oder der Zweigelt Strohwein. Eine ebensogroße Sortenpalette gibt es an verschiedenen Edel- und Weinbränden, ausgezeichnet bei der Destillata 1996. Eine Spezialität ist der Sauvignon-Blanc-Weinbrand.

Weingut Maria und Johannes Söll, 8562 Gamlitz Sernau-Steinbach 63a, Telefon 03454 / 6667

Am ersten Wochenende im Oktober, wenn die Weinlese voll im Gang ist, die Gärglocken in den Weinkellern hörbar laut die Wandlung des Zuckers des Seihmostes in Alkohol verkünden, wird in der südsteirischen Weinbaugemeinde Gamlitz das Erntedankfest gefeiert. Nahezu kein Weinbauer aus der naheliegenden Umgebung läßt es sich nehmen, bei diesem Fest dabei zu sein. „Es ist der schönste Abschnitt im Reigen der Jahreszeiten", erzählt **Josef Trabos.** Gemeinsam mit seiner Frau Gerti führt er am Fuße des Kranachbergs, auf dem Weg von Gamlitz nach Leutschach, sein fünf Hektar umfassendes Weingut. Dem alten Haus des Weinbaubetriebes gab der Winzer Anfang der neunziger Jahre mit einem großzügigen Zubau ein neues Gesicht.

Die Trabos sind eine Familie alten Schlages, bescheiden auf der einen Seite, arbeitssam auf der anderen. Mehr als zehn verschiedene Rebsorten stehen auf vorwiegend Südwestlagen in der näheren Umgebung des Weingutes im Ertrag.

Zwei Drittel der Weingärten sind mühsam zu bearbeiten, mit mehr als fünfzig Prozent Hangneigung sehr steil. „Die Qualität der Weine wird im Weingarten gemacht. Darum achte ich besonders auf gezielte Ertragsverminderung und eine sorgsame Laubarbeit", so der Weinbauer. Quartier für Quartier wird die Lese im Herbst vollzogen und die Trauben so rasch als möglich und schonend ins Preßhaus gebracht. Für die Vinifizierung der Weine verwendet der Winzer sowohl Edelstahltanks als auch normale Holzfässer – je nach Weinsorte.

Mit dem 96er Weißburgunder wird die solide Arbeit des Weinbauers durch die Reihung in den Österreichischen Weinsalon honoriert. Hellgelb mit einer jugendlichen frischen Nase, sehr fruchtig am Gaumen und einer angenehmen Säure bringt dieser Wein all seine Vorzüge ins Glas. Edelbrände vom Kriecherl, Birne, Quitte sowie Traubenbrände ergänzen die Produktpalette. Und während sich Josef Trabos um den Weinbau kümmert, stellt Gerti Trabos im Buschenschank ihre Frau. Die Spezialitäten sind ein steirisches Büffet mit selbstgebackenen Bauernbrot aus dem Holzbackofen.

Weinbau Josef Trabos, 8462 Gamlitz, Kranach 30 Telefon: 03454 / 430

Aufbauend auf eine lange Familientradition kultivieren **Otto und Anna Sabathi vulgo Sunki** in Kranach 51 bei Gamlitz ihren 36 Hektar umfassenden landwirtschaftlichen Betrieb. Der Großteil der Flächen sind Wald, ein kleiner Teil davon Wiesen und Äcker. „Der Weinbau bestimmt aber unser Leben", erzählt Anna Sabathi. Die Weinbauern setzen damit die lange Tradition der seit mehr als 200 Jahren auf diesem Hof lebenden Familie fort. „Schon mein Urgroßvater, der 1817 geborene Matthäus Adam, war ein großer Winzer. Mitte des vorigen Jahrhunderts produzierte er hier jährlich ganze 70 Halben Wein, das sind mehr als 20.000 Liter." Eine beachtliche Menge für diese Zeit. Heute stehen bei den Sunkis rund acht Hektar Rebflächen im Ertrag, 95 Prozent davon in Kranachberg, ein kleiner Weingarten mit Zweigelt in Steinbach. Die Arbeit in den Weinbergen ist für die Familie Sabathi sehr mühsam. „Ein Großteil unserer Anlagen sind sehr steil und mit keiner Maschine zu bearbeiten. Doch die Mühe lohnt sich", setzt die in ihrer Art bescheidene und sympathische Weinbäuerin fort. „Die Rebstöcke finden auf den schotterhältigen Böden sehr gute Wachstumsbedingungen vor." Daß dies auch so bleibt, werden regelmäßig Bodenproben gezogen. „Wir legen großen Wert auf eine ausgewogene Düngung der Weingärten. Die Analyse aus den Bodenproben unterstützt dabei unser pflanzen- und naturgerechtes Handeln im Weingarten." Im Ertrag stehen derzeit Sorten wie Welschriesling, Muskateller, Sauvignon blanc, Weißburgunder oder Ruländer. Eine „Mischkulanz" in Form einer 45 Jahre alten Anlage mit verschiedenen Rebsorten steht ebenfalls noch im Ertrag. „An diesem Weingarten hänge ich besonders. Mit dem bin ich praktisch aufgewachsen", erzählt die Frau. Anna Sabathi hat vom Rebschnitt bis zur Lese alle Arbeiten im Weingarten im kleinen Finger. Otto Sabathi ist für die Linie der Weine zuständig, unterstützt wird er von seinem Sohn Hannes, einem Silberberg-Absolventen. Die Weine werden durchwegs trocken in traditionellen Holzfässern ausgebaut. Die Etiketten, in ihrer Form einfach gehalten aber mit umso mehr Stil, wurden von Barbara, der Tochter des Hauses entworfen. Angeschlossen an das Weingut ist eine Buschenschenke mit einigen Gästezimmern.

Weinbau Otto Sabathi, 8462 Gamlitz, Kranach 51 Telefon: 03453 / 2990

Kranachberg 50 in Gamlitz. Viele Überraschungen stecken hinter dieser Adresse. Zum beeindruckenden Äußeren, umgeben von Wäldern und Rebflächen und mit einem herrlichen Panoramablick, liegt dort das Weingut von **Peter und Anna Skoff** vulgo Stani. Die historische Form des alten Gutshauses steckt in einer neuen Fassade. Großzügig und mit viel Holz sind die Innenräume gestaltet. Die Weinbauern kultivieren in Süd- und Südostlagen auf rund sechs Hektar Weingartenfläche zehn verschiedene Rebsorten und die Rieden sind mit bis zu 60 Prozent

Hangneigung und den auffallend engen Weinzeilen sehr schwer zu bearbeiten. „Durch die engeren Reihen ergeben sich mehr Stöcke pro Hektar als im Durchschnitt", erzählt der Winzer „aber auch eine geringere Einzelstockbelastung." Ein qualitätsorientierter Rebschnitt, strenge Laubarbeit sowie sortenbezogene Traubenkorrekturen sind für Peter Skoff selbstverständlich. Der Weinkeller ist technisch gut sortiert. Für die Vergärung und den weiteren Ausbau der Weine stehen sowohl Edelstahltanks als auch klassische Holzfässer zur Verfügung. Bei Rotweinen gibt es eine offene Maischevergärung, ehe sie für den weiteren Ausbau in normalen Holzfässern gelagert werden. Als belebendes Objekt unter der großen Sortenvielfalt keltert Peter Skoff eine Burgunder Cuvée aus Morillon, Weißburgunder und Ruländer. Weitere Spezialitäten sind verschieden ausgebaute Morillons, ein trockener Muskateller oder der extraleichte Welschriesling.
Verschiedene Trebernbrände ergänzen die Produktpalette. Als Freizeitangebot stehen fünf neue Gästezimmer und eine ganzjährig geöffnete Buschenschank mit einer schönen Terrasse den Gästen zur Verfügung.

Weingut Peter Skoff, 8462 Gamlitz, Kranachberg 50
Telefon: 03454 / 6104

Mit 21 Hektar Rebfläche hat das Weingut Casutt in Kranach bei Gamlitz eine stattliche Größe erreicht. Geführt wird das noch junge Weingut, gegründet 1992, von Elisabeth und Werner Casutt. Der dynamische Kellermeister sammelte nach einer gediegenen Ausbildung in der Weinbauschule Klosterneuburg Erfahrungen in Burgund, Elsaß und in Kalifornien. Danach ging er unverdrossen ans Werk, pachtete sich zunächst in Kranach sein jetziges Weingut, ehe es als Familienbesitz erworben wurde. Werner Casutt setzt sich klare Prioritäten in der Unternehmensstrategie. „70 bis 80 Prozent der geernteten Trauben werden verkauft, der Rest selber verarbeitet." Bei der Gesamtgröße dieses Winzerbetriebes noch eine beträchtliche Menge. „Die Qualität der Trauben aus diesem fruchtbaren Hügelland muß Jahr für Jahr höchsten Standard besitzen. Sie sind es, die das Grundkapital des Weingutes ausmachen. Denn der gute Preis der Trauben wird über die Qualität erzielt und kommt letztendlich auch meinen Weinen zugute", formuliert Werner Casutt das Credo hinter der steilen Expansion seines Betriebes. Die Rebflächen des Casutt-Weingutes verteilen sich über das Sausal, Kranach, Glanz und Ratsch an der Weinstraße. Im Ertrag steht ein Großteil der steirischen Rebsortenpalette. Für die Linie der Weine hat Werner Casutt eine einfache Formel parat: „Ich strebe in erster Linie fruchtige, frische Trinkweine an mit höchster Qualität." Dann gibt es noch die kräftigen und lagerfähigen Weine, die in klassischen Holzfässern und Barriques ausgebaut werden. Die Grundlage seines Perfektionsdranges ist die konsequente Arbeit im Weingarten und Keller. Bei den Weißweinen zählt neben Weißburgunder, Morillon, Sauvignon blanc, Muskateller, Chardonnay und die Cuvée Julia zu den Paradeweinen des Casutt-Weingutes. Diese Cuvée Julia wird aus dem Seihmost von Zweigelt und Blauburger gekeltert. Es ist ein weißer Wein mit einer spritzigen Säure und exotischen Fruchtnuancen. Eine Spezialität und Rarität des Hauses ist auch der altsteirische Mischsatz. Der 96er Jahrgang wurde aus sieben einheimischen Rebsorten gemeinsam geerntet und gepreßt. Er besitzt vielschichtige, florale Nuancen mit einem rassigem Säurespiel.

Weingut Werner Casutt, 8462 Gamlitz, Kranachberg 17
Telefon: 03453 / 53 56

Mit diszipliniertem Ernst und großer Begeisterung bewirtschaften in Grubtal 14 bei Gamlitz zwei Familien ihren Obst- und Weinbaubetrieb. Die Familien **Muster und Dreisiebner**. Um den Weinbau kümmert sich Otto Dreisiebner, für die Obstanlagen ist Josef Muster zuständig. Diese gesunde Mischung, die sich aus motivierten Familienmitgliedern einerseits und ebensolcher mit breiter Fachkenntnis andererseits zusammensetzt, kultiviert ihre Rebflächen mit besonderer Akribie. „Wir arbeiten in einem klar vorgegebenen Rahmen mit dem Ziel, nur Qualitätsprodukte zu erzeugen. Das schließt sowohl den Weinbau als auch die Obstproduktion ein", ist man sich im Hause Muster-Dreisiebner einig. Die Weingärten, die sich großteils rund um das Familiengut befinden, stehen mit Sorten wie Welschriesling, Weißburgunder oder Ruländer im Ertrag. Die qualitätsbewußte Weingartenarbeit beginnt bereits mit „einem gesunden Rebschnitt", findet ihre Fortsetzung in der exakten Laubarbeit und reicht bis zum rigorosen Ausdünnen der Trauben. „Wir machen das jetzt schon seit mehr als 20 Jahren. Wir sind wollen nur Qualitätsweine erzeugen und streben vor allem den Kabinettbereich an." Aushängeschild des Weingutes ist der mehr als 200 Jahre alte Gewölbekeller mit den schön verzierten und geschnitzten Holzfässern. Die Weine werden durchschnittlich trocken und fruchtbetont ausgebaut und selbst vermarktet. Angeschlossen an das Weingut Muster-Dreisiebner ist auch eine Buschenschank.
Weingut Dreisiebner - Muster, 8462 Gamlitz, Grubtal 14
Telefon : 03453 / 2300

Einen phantastischen Rundumblick genießt man vom Schererkogel in Steinbach bei Gamlitz. Hier lebt und arbeitet seit fast einem Jahrhundert die Familie von **Otmar und Helga Adam vulgo Scherer.** Von Gamlitz kommend fährt man über Sernau zu ihrem Weingut mit rund vier Hektar Rebfläche. Die Weingärten werden mehrmals im Jahr gemulcht: „Dadurch wird der natürliche Humusgehalt im Boden ge-

Bild Seite 62 und 63: Weingärten an der südsteirischen Weinstraße bei Glanz

fördert", sagt Otmar Adam. Das ist aber nur ein kleiner Teil der sorgsamen Weingartenpflege. Eine intensive Laubarbeit sowie integrierter Pflanzenschutz lassen die Qualität des Weines bereits im Weingarten entstehen. Die Trauben werden nach der Lese mit einer alten Baumpresse aus dem vorigen Jahrhundert schonend gepreßt und der Seihmost in Holzfässern vergoren, wo der Wein auch bis zur Flaschenreife ausgebaut wird.

Weinbau Otmar Adam, 8462 Gamlitz, Steinbach 53
Telefon: 03453 / 3830

Es gehörte schon eine Menge Pioniergeist dazu, als **Ing. Wolfram Zierer** Anfang der siebziger Jahre in Eckberg 25 bei Gamlitz mit dem Weinbau begann. Das Kapital des Weingutes Ludwigshof, das er damals übernahm, waren veraltete Geräte und 1,5 Hektar Weingärten, die terrassenförmig so großzügig angelegt waren, daß der Ertrag daraus bescheiden war. Einzig allein das rund 200 Jahre alte Gutshaus war ein Lichtblick, auch der alte Gewölbekeller stellte ein architektonisches Kleinod dar. 3,5 Hektar Weingärten stehen heute im Vollertrag. „Wir haben hier eine kleine klimatische Insel, nicht zu hoch und nicht zu tief. Gerade ideal für unsere Größe", so der Winzer. Über die vergangenen zehn Jahre erneuerte Ing. Wolfram Zierer all seine Rebflächen, veredelte seine Rebsorten alle selbst. Ein interessantes Kapitel sind die unterschiedlichen Bodenstrukturen. Die Rebstöcke stehen auf einem kleinen Kogel, einer Kuppe. „Während der obere Teil reiner Sandboden ist, wechselt er nach unten auf sandig-lehmigen Boden, ehe er fast in reinen Lehmboden übergeht. „Bei der Neuanlegung unserer Weingärten haben wir auch diesen Umstand berücksichtigt wie auch die Hangneigung und Hanglage", erklärt der Weinbauer. So kommt es, daß die ausgesetzten Rebsorten mit den zum jeweiligen Boden passenden Unterlagsreben versehen wurden und durch die Längsrichtung des Weingartens quer durch alle drei Bodenschichten bis zu drei verschiedene Unterlagsreben für die gleiche Sorte verwendet wurden. Die wichtigsten Merkmale bei der Weingartenarbeit faßt Ing. Wolfram Zierer in der Formel zusammen: „Trauben + Sonne + Luft = Ausgangsbasis für Qualität". Dementsprechend handelt er auch. Das beginnt bei einem gesunden Rebschnitt und reicht bis zur intensiven Laubarbeit. „Ich achte darauf, daß die Traubenzone von den Blättern freigestellt ist. Im Laubdach belassen wir bis zur Ernte nur die gesunden, grünen Blätter, die noch was bringen." Auch bei der Lese hält er sich an bestimmte Kriterien. Prinzipiell gibt es bei jeder Sorte eine Vorlese, und die Trauben werden gerebelt und schonend gepreßt.
Die Kellertechnologie ist auf dem letzten Stand. Sämtlich Weißweine werden im Edelstahltank vinifiziert. Barriques ist für Ing. Wolfram Zierer kein Thema – „Ich will die Frucht und nicht das Holz". Die Rotweine wie Blauburgunder, Zweigelt und Blauer Portugieser kommen in klassische Holzfässer. Fest im Berieb eingebunden ist Sohn Klaus Zierer. Der ganze Stolz des jungen Weinbaumeisters ist sein eigener Cuvée mit Anteilen von Welschriesling, Muskateller und Sämling 88, die allesamt von seinem eigenen Weingarten am Urlkogel stammen.

Weingut Ing. Wolfram Zierer, 8462 Gamlitz, Eckberg 25
Telefon: 03453 / 2475

Über viele Jahre hatte sich auf dem Weingut der Familie von **Robert und Berta Knaus** in Sulztal nicht viel verändert. Das Haus in dem Graben, nur wenige Meter von der österreichisch-slowenischen Grenze entfernt, bewahrte seine Ursprünglichkeit. Der Betrieb mit seiner Buschenschank wurde (und wird) als Geheimtip gehandelt. Künstler und Gelehrte pilgerten ebenso zum Knaus wie viele andere nach Urigem suchenden Menschen. Nach und nach gab es Veränderungen. Die alte Stube und die Küche wurden teilweise erneuert, ohne aber von ihrem Charme etwas eingebüßt zu haben. Die alten Holztische und Bänke am Hof unter dichten Bäumen sind erhalten geblieben, wie auch die Natürlichkeit und die Bescheidenheit der großen Familie Knaus. Der Weinbaubetrieb wird heute von Sohn Odo geführt. An den steilen Hängen des Sulztales kultiviert er seine Reben, achtet auf eine gewissenhafte Laubarbeit und versäumt nicht das konsequente Ausdünnen der Trauben. Von all den Sorten, die im Ertrag stehen wie Sauvignon blanc, Welschriesling, Ruländer, Morillon oder Weißburgunder, hebt sich Jahr für Jahr der Traminer ab. Das traubige Bukett dieses Weines wird von würzigen Aromen schön unterstrichen und durch eine feineingebundene Säure sauber unterlegt. Und falls man einmal Lust auf eine Schachpartie hat, die Knaus-Männer machen auch auf dem Brett mit seinen 64 Feldern eine gute Figur.

Weingut Robert Knaus, 8462 Gamlitz, Sulztal 8
Telefon: 03453 /2652

Seine Leidenschaft und die Freude für den Weinbau hat **Erhard Krenn** zu seinem Beruf gemacht. Als er noch zur Schule ging, arbeitete der Sohn einer Pädagogenfamilie in seiner Freizeit und während der Ferien auf einer Landwirtschaft. „Mit Begeisterung war ich damals schon bei der Sache." Im Jahre 1982 kaufte sein Vater, ebenfalls ein Erhard, in Eckberg 28 bei Gamlitz etwas mehr als zehn Hektar Scheibengrund mit einem dazugehörenden Winzerhaus. Heute kultiviert die Familie rund drei Hektar Weingarten in der Ried Edelbach und eine große Obstplantage. Die Rebflächen stehen in guten Lagen und sind von zarten sandigen Lehmböden durchzogen, die den Weinstöcken beste Voraussetzungen für ein optimales Wachstum bieten. Im Ertrag stehen Sorten wie der Welschriesling, Muskateller, Weißburgunder aber auch ein Schilcher.
So oft es geht „besucht" der junge Weinbauer seine Weingärten. Ein gesunder Rebschnitt, konsequentes

Ausdünnen der Trauben und eine genaue Laubarbeit sind für ihn selbstverständlich, doch legt der Hart'l großen Wert darauf, daß er sooft als möglich im Weingarten nach dem Rechten sieht. „Denn vorbeugen ist besser als späteres Behandeln."
Erhard Krenn vermarktet seine all seine Produkte, dazu gehören auch Edelbrände von Kriecherln, Zwetschken, ein Obstler und ein „ang'setztes Nußschnapserl", großteils ab Hof und über die Buschenschank (geöffnet nur am Wochenende). Zum Team der Familie Krenn gehören Gattin Helga sowie die Kinder Julia und Verena.

Weinbau Erhard Krenn, 8462 Gamlitz
Eckberg 28, Telefon: 03453 / 3763

Viele Weinbauern konnten ein Leben lang davon zehren, daß sie die richtigen Weinberge kultivierten und rechtzeitig auf die sich veränderden Marktverhältnisse reagierten. Eine hundertjährige Tradition hat das Weingut **Josef Dreisiebner** aus Sulztal 35, nahe der südsteirischen Weinstraße. Die Familie Dreisiebner erkannte als einsten die Bedeutung des steirischen Weinbaus sowie dessen Entwicklung; und Ende der vierziger Jahre wurde bereits ein Großteil der Weine in Flaschen abgefüllt, zusätzlich wurde für die Direktvermarktung 1948 ein Buschenschank eingerichtet. Das Weingut Josef Dreisiebner wird heute von den drei „Drei-Siebner"-Brüdern und deren Familien als Betriebsgemeinschaft geführt. Im Ertrag stehen sieben Hektar Rebflächen in der Weinbaugemeinde Sulztal. Für die Vinifizierung der Weine stehen der Familie alle der heutigen Zeit entsprechenden Kellertechnologien zur Verfügung. Der Großteil der Weißweine wird in Edelstahltanks vergoren und auch ausgebaut. Es kommen aber auch traditionelle Holzfässer – je nach Sorte – zum Einsatz. Beim Rotwein wird für die klassische Variante die geschlossene Bottichvergärung praktiziert, für die leichteren, fruchtbetonten Rotweine werden Edelstahltanks verwendet. Produziert werden ebenso Edelbrände von Kriecherl, Pfirsich, Zwetschken usw. An das Weingut angeschlossen ist ein Buschenschank. Dort werden alle Weinsorten auch glasweise von der Bouteille angeboten.

Weingut Josef Dreisiebner, 8462 Gamlitz, Sulztal 35
Telefon: 03453 / 2590

Kaiser Franz Joseph I. löste gerade Ferdinand I. als Regent des österreichischen Kaiserhauses ab, als im Jahr 1849 in der Südsteiermark eine alte Baumpresse gezimmert wurde, die heute – rund 150 Jahre später – noch immer im Einsatz steht. Diese wuchtige Presse mit seinem schweren Stein und dem mächtigen Holzbalken ist das Schmuckstück des alten Winzerhauses von **Johann Jöbstl** in Sernau bei Gamlitz. Das eigentliche Gutshaus der Familie Jöbstl befindet sich hingegen in Badendorf 9 bei St. Georgen an der Stiefing. „Wir waren schon immer Pendler", umreißt Johann Jöbstl die Strukturen seines Weinbaubetriebes mit Sitz in Badendorf und Gamlitz. Gemeinsam mit seiner Frau Rosalinde, steirische Weinkönigin in den Jahren 1986 bis 1988, führt Johann Jöbstl sein Weingut, kultiviert der Winzer fünf Hektar Rebflächen in der Ried Sernau. Der ausgebildete Weinbau- und Kellermeister muß seine steilen Weinberge teilweise händisch bearbeiten, keine Maschine schafft die teilweise gestellten Anforderungen. Doch die Wengärten stehen in durchwegs guten Lagen. „In unseren Weinbergen ist vieles möglich – vom Qualitätswein bis zur Auslese in kleinen Mengen." Die Bodenstruktur der Süd-, Südost- und Südwestlagen der Weingärten sind vorwiegend sandiger Lehm. „Durch den Lehmboden, er ist ein guter Wasserspeicher, haben wir selbst in sehr heißen Jahreszeiten mit unseren Weingärten kaum Probleme." Im Ertrag stehen derzeit Sorten wie Welschriesling, Weißburgunder, Morillon, Grauer Burgunder, Muskateller, Sauvignon blanc aber auch ein blauer Zweigelt.
Neben einem gesunden Rebschnitt, genauer Laubarbeit und dem Ausdünnen der Trauben im Weingarten, wird die Arbeit mit der alten Baumpresse Jahr für Jahr für Johann Jöbstl und seinen Helfern zum Erlebnis. „Man kämpft und lebt mit dieser Presse", hört man aus dem Mund von Johann Jöbstl. Und man kann es verstehen. Denn die ganze Ernte wird mit ihr verarbeitet. „Es ist ein enormer Aufwand und verlangt den ganzen körperlichen Einsatz, oft 24 Stunden hindurch. Aber letztendlich lohnt sich diese Arbeit." Ein Vorteil der Baumpresse liegt auch darin, daß man geringste Mengen problemlos verarbeiten kann. Die Trauben werden mit sanft-schonendem Druch sehr langsam gepreßt – ein Stock acht bis zehn Stunden, ehe man ihn wieder auseinandernimmt und neu scheitelt. „Wir erleben die Geburt eines Weines intensiver, besonders in der Anfangsphase, wenn der Saft aus dem Holz herausrinnt", erzählt der Weinbauer und weist auch auf die unterschiedlichen Bedingungen hin: „Die Trauben der Rebsorten Sämling und Muskateller sind schwerer zu pressen, denn die Beerenhäute sind dicker als der übrigen Traubensorten."
Durch den natürlichen Luftkontakt der gepreßten Trauben im Stock der Baumpresse findet die Fermentation bereits in der Maische statt. „Das ist mit ein Grund für die eigenständige, typische und prägnante Linie unserer Weine" erklärt Johann Jöbstl. „Bei absolut reduktiv ausgebauten Weinen bleibt die Frucht sehr lange frisch, dann aber bauen sie meist sehr schnell ab. Unsere Weine hingegen entwickeln sich langsam, werden aber stetig immer besser." Mit der alten Baumpresse wurden schon sehr viele gute Weine gepreßt, wie der 1986er Welschriesling. Mit dem damaligen Österreich-Sieger im Weinsalon hat Johann Jöbstl den Durchbruch in der gehobenen Gastronomie in Österreich geschafft.
Die Vergärung und der Ausbau der Jöbstl-Weine findet in traditionellen Holzfässern statt. Ein ausgesuchter Teil kommt in steirische Eichenhalben: „Wir verwenden für unsere Barriquesfässer aber nur heimi-

Rupert und Maria Adam

sches Eichenholz. Denn wie der Wein sollte auch das Holz der Fässer aus dem gleichen Land kommen" erklärt Johann Jöbstl.
Daß die Weingärten von Johann Jöbstl in Sernau von der Natur begünstigt sind, zeigt sich mit der Ruländer Auslese, die der Weinbauer in einem so kritischen Jahr wie 1996 ernten konnte. Ausgebaut wurde dieser Wein im Barriques. „Die Gärung dauerte Monate", erzählt der Winzer. „Bei einer ersten Verkostung war ich noch sehr skeptisch, doch nach einem halben Jahr zeigte sich dieser Ruländer bereits von seiner schönsten Seite", so Johann Jöbstl. Herrliche Carameltöne binden die schöne Restsüße dieser Auslese vollmundig ein, die ausdrucksstark die feine Säure unterstreicht. Ein Reigen von Auszeichnungen wie Sortensieger bei der Steirischen Weinbewertung stellen dem Winzer ein gutes Zeugnis aus.

Weinbau Johann Jöbstl, 8413 St.Georgen a.d.Stiefing
Badendorf 9, Telefon: 03183 / 409

Die Alten kennen den Hof und deren Bewohner noch unter dem Vulgonamen Simongregor. Heute führen **Franz und Berta Klapsch** den landwirtschaftlichen Betrieb in Labitschberg 8 bei Gamlitz.
Die wirtschaftliche Substanz sind 33 Hektar Grundfläche, drei Hektar davon Weingärten. Während sich Franz Klapsch ausschließlich um die Bestellung der Felder und Acker kümmert und gemeinsam mit seiner Gattin Berta den Großteil der Weingartenarbeit auf sich nimmt, ist Sohn Roland Klapsch alleinverantwortlich bei der Kellerarbeit. Seinen ersten Wein kelterte er im Jahre 1992. „Der erste Qualitätswein im Hause Simongregor" freut sich der Weinbauer, „ein Muskateller Kabinett." Roland Klapsch arbeitet sauber und solide. Eine sorgfältig geplante Kette von Investitionen während der vergangenen drei Jahre machte sich auch in der Qualität der Weine bemerkbar. „Einen Teil meiner Qualitätsweine vinifiziere ich in Edelstahltanks", erklärt der junge Weinbauer, „so auch den Chardonnay, der zu meiner Leitsorte gehört." Der 96er Chardonnay ist ein spürbar frischer Wein mit einem herrlich eingebundenem Säurespiel und exotischen, intensiven Fruchtnuancen. Abgefüllt in der neuen steirischen Flasche wird dieser Wein mit einer speziell entworfenen Etikette des südsteirischen Künstlers Rudolf Holzer präsentiert. Neben der Liebe zum Wein gehört auch die Erzeugung von Auszügen, Likören wie von Nuß, Weichsel oder Fichte zu der liebsten Beschäftigung von Roland Klapsch. Angeschlossen an das Weingut ist eine neu adaptierte Buschenschank mit einer alten Holzpresse als stilvolles Interieur.

Weingut Franz Klapsch, 8462 Gamlitz
Labitschberg 8, Telefon: 03453 / 32562

Als steirische Weinkönigin repräsentierte Maria Adam aus Gamlitz zwei Jahre lang die steirische Weinkultur. Das Grundgerüst für ihre fachliche Qualitäten bekam sie von ihrem Elternhaus. Vater **Rupert Adam** bewirtschaftet gemeinsam mit seinem gleichnamigen Sohn Rupert drei Hektar Rebfläche in Kranach. Eine wichtige Erkenntnis hat sich dabei Rupert Adam Senior zur Maxime gemacht: „Die Kombination Wissen und Erfahrung optimal zu nutzen." Während Sohn Rupert mit seiner Ausbildung in Silberberg viel neues, theoretisches Wissen im Weingut einbringt, ist die jahrzehntelange Erfahrung im Weinbau von Vater Rupert Adam ein unverzichtbares Kapital. Ergänzt wird das Duo von Tochter und Schwester Maria mit ihrer wertvollen Erfahrung im Marketingbereich. Sie spart auch nicht mit weinphilosophischen Betrachtungen: „Den Wein muß man behandeln wie einen guten Freund. Mit der nötigen Sorgfalt, mit großer Achtung und immer darauf bedacht, einen geliebten Verbündeten an seiner Seite zu haben." Das spiegelt sich in den 96er Jahrgängen. Der Weißburgunder zum Beispiel besitzt feine Fruchttöne, einen kräftigen Körper und ein rassiges Säurespiel. Der 96er Morillon ist ein anspruchsvoller, trockener Wein, feinwürzig und vielschichtig, voll am Gaumen mit einer eleganten Finesse. Ergänzt wird die breite Produktpalette mit einer Reihe von Edelbränden, auf der Destillata 1996 mit zwei Goldmedaillen ausgezeichnet.

Weingut Rupert Adam, 8462 Gamlitz
Kranach 13, Telefon: 03453 / 2485

Auf dem Weg von Leutschach zur östereichisch-slowenischen Grenze nach Langegg liegt abseits der Durchzugsstraße der Weinbaubetrieb von **Erwin und Judith Lamprecht** aus Pößnitz 41. Die Familie Lamprecht bewirtschaftet seit 1959 als reiner Familienbetrieb diesen gemischten landwirtschaftlichen Betrieb. Davon werden drei Hektar für den Weinbau

genutzt. Erwin Lamprecht ist für Keller und Weingärten verantwortlich, wobei ihm die Produktion von erstklassigen Trauben ein besonderes Anliegen ist. Ertragsbegrenzung, Gründüngung und integrierter Pflanzenschutz sind für ihn selbstverständlich. Zusätzlich wird der anfallende Stallmist aus der Landwirtschaft als Humus in den Weingärten verwendet. In den Rieden Pößnitzberg und Wresnig steht ein breites Sortiment von Rebsorten im Ertrag. Welschriesling und Zweigelt sind davon die Hauptsorten, die im klassischen Stil vinifiziert werden. Der Welschriesling 1996 wurde ganz trocken ausgebaut, ist feinwürzig mit einem dezenten Welschrieslingbukett. Der extraktreiche und würzige 96er Traminer aus der Ried Pößnitz hat einen zarten Rosenduft im Bukett und eine schön eingebundene Säurestruktur. Über ein Jahr lagerte der 95er Zweigelt in Eichenholzfässern bevor er in Flaschen gefüllt wurde. Dieser rubinfarbene Rotwein hat einem ausgeprägtem Sortencharakter und einem angenehmen Kirschbukett.
Das alte Winzerhaus dient als Buschenschank, in dem Mutter Judith und Heidi Lamprecht von Mitte April bis Ende Oktober steirische Spezialitäten, hausgebackenes Brot vom Holzbackofen ebenso angebieten, wird wie typische steirische Mehlspeisen.

Weingut Erwin Lamprecht, 8463 Leutschach, Pößnitz 41
Telefon: 03454 / 342

Er fällt durch sein enormes Arbeitstempo auf. Und er verkörpert eine gesunde Mischung aus Gefühl für die Umwelt, G'spür für kaufmännisches Handeln und jede Menge technischer Qualitäten: Roland Repolusk. Das **Weingut Repolusk** in Glanz 41 liegt unweit der slowenischen Grenze. Der Weinbaubetrieb umfaßt eine Gesamtfläche von 40 Hektar, davon werden 9 Hektar als Rebfläche genutzt. Das Weingut hat eine sehr lange Tradition. Bereits im Mittelalter wurden auf den jetzigen Repolusk-Rieden Reben kultiviert. Aus dieser Zeit stammt auch das Hauswappen, das Signum der Grafen Scheidt, Freiherrn auf Hohenburg. Karl Repolusk, der Schwiegervater von Roland baute den Betrieb zur heutigen Größe auf. Er war auch der erste Weinbaumeister Österreichs. Die Größe eines solchen Betriebes verlangt viel Arbeitseinsatz. Bei der Weingartenarbeit legt Roland Repolusk auf effiziente, händische Laubarbeit und das Ausdünnen der Trauben großen Wert. In den steilen steirischen Weinbergen ist eine händische Weinlese unumgänglich. Die Handlese ist zwar sehr aufwendig, bringt aber eine genaue Selektion der Trauben mit sich. Im Durchschnitt schneiden im Tag ein Leser ca. 300 kg Trauben von den Rebstöcken. Bei der Ernte 1996 wurde jede Rebsorte mindestens zweimal gelesen um das Optimum an Qualität zu erreichen. Eine selbstauferlegte Mengenreduktion gibt es vor allen bei

Drei südsteirische Weinbaufamilien bei Wein & Gugelhupf: Dipl.Sommelier Gudrun Hernach, Eva Lamprecht, Barbara und Roland Repolusk, Karl Lamprecht und Ewald Hernach.

den Rotweinsorten. Vom Blauen Zweigelt wird in normalen Jahren gerade 5.000 kg geerntet. Die ersten Trauben werden kurz nach der Blüte entfernt und während der ganzen Vegetationsperiode wird bei der Laubarbeit der Traubenbehang am Stock reduziert. Roland Repolusk erzielt durch diese mehrmalige Traubenselektion einen gleichmäßigen Reifegrad der Trauben im Weingarten. Eine konzentrierte Fruchtfülle im Wein sind der Lohn der Bemühungen. Weißburgunder, Morillon und Muskateller erreichten immer Kabinettreife. Die Verarbeitung der Trauben im Preßhaus und Keller erfolgt mit modernen Kellerwirtschaftsgeräten. Sowohl Weiß- als auch Rotweine werden in temperaturgeregelten Stahltanks vergoren. Der weitere Ausbau erfolgt in Holzfässern, „die Säure wird bei einer Holzfaßreifung runder und dadurch sind die Weine angenehmer zu trinken."
Die Repolusk-Weine sind von den schweren Böden und den sehr guten klimatischen Bedingungen geprägt. Die besten Lagen sind die Rieden Kaltenegg, Oberglanzberg und Czamillonberg. Der 96er Sauvignon blanc aus der Ried Kaltenegg ist sehr nuancenreich und mit einen feinen, für den Sauvignon typischen, leicht grasigen Bukett ausgestattet. Ein ausgeprägtes und fruchtiges Bukett hat der 96er Muskateller. Im Spätlesebereich wurden die Trauben für den Traminer 1995 gelesen. Ein sehr voluminöser und duftintensiver Traminer, von geradezu perfekter Harmonie. Mit der harmonisch eingebundenen Restsüße wirkt er sehr rund und elegant.
Den größten internationalen Erfolg konnte die Familie Repolusk im Jahre 1991 bei der Internationalen Laibacher Weinbewertung erringen, da wurde ihr Weißburgunder Champion in der Klasse der trockenen Weißweine.
„Die von uns produzierten Weine werden selbst vermarktet, wobei auf den individuelle Geschmack

unserer Kunden großes Augenmerk gelegt wird", so Roland Repolusk. Er wird dabei von seiner Gattin Barbara sowie Schwester Gudrun und Mutter Amalia unterstützt. Angeschlossen an das Weingut ist auch ein Buschenschank mit einer schönen Terrasse und herrlichem Ausblick. Er wird von März bis Dezember durchgehend betrieben.

Weingut Roland Repolusk, 8463 Leutschach
Glanz 41, Telefon: 03454 / 313

Man muß die besten Seiten der Weinbautradition unserer Väter mit den Möglichkeiten der neuen Kellertechnologie kombinieren. **Erwin Sabathi** aus Pößnitz 48 in Leutschach widmet sich in diesem Sinne mit viel Hingabe und vererbter Berufung zum Weinbau der Erzeugung von Qualitätsweinen. Das Grundkapital von 5,5 Hektar Rebflächen sind die Ried Pößnitzberg, eine weit ausgerichtete Südkessellage, und die Ried Weinberg. Mehr als zehn verschiedene Rebsorten sind dort ausgepflanzt und stehen im Vollertrag.
Erwin Sabathi ist sehr stolz darauf, daß er jeden Jahrgang selbst vinifiziert und so den Weinen seine Handschrift verleiht. Seine Spezialitäten sind Welschriesling, Chardonnay, Sauvignon blanc und Gelber Muskateller, die sowohl klassisch als auch zum Teil in Barriquesfässer ausgebaut werden. Die bei vielen Wettbewerben ausgezeichneten Weine können auch im an das Weingut angeschlossenen Buschenschank verkostet werden.

Weingut Erwin Sabathi, 8463 Leutschach, Pößnitz 48
Telefon: 03454 / 265

Als Bürgermeister leitet er die Geschicke der Gemeinde Glanz an der Weinstraße, und das jetzt schon seit vielen Jahren. Ebenso geschickt führt **Johann Masser** sein Weingut in Pößnitz 39. Die Tradition nimmt in der Geschichte der Familie Masser einen festen Platz ein, und ihr altehrwürdiger Gutshof ist ein stiller Zeuge der Entwicklung dieses Weinbaubetriebes.
Das Engagement von Johann Masser für die Gemeinde und ihre Menschen hat sich auch auf den Weinbau in dieser Region positiv ausgewirkt. Und das ist nicht zuletzt auf die Aufarbeitung wichtiger Sachthemen zurückzuführen. Handwerklich solide arbeitet Johann Masser im Weinbau. Die naturgerechte Bearbeitung der Weingärten zählt dabei ebenso dazu wie der sorgsame Umgang mit den gekelterten Weinen. Im Ertrag stehen neben der Hauptsorte dem Welschriesling altsteirische Sorten wie der Morillon, Traminer oder blaue Zweigelt.

Weingut Johann Masser, 8463 Leutschach, Pößnitz 39
Telefon: 03454 / 324

Bereits die vierte Generation ist im Weingut Tschermonegg von **Albin und Antonia Tschermonegg** in Glanz 50 am Werken. In den Rieden Oberglanzberg, Bockenberg und Pößnitzberg stehen zehn Hektar Rebfläche im Ertrag. Erwin Tschermonegg ist für die Linie der Weine verantwortlich. „Durch die Erhöhung der Pflanzenanzahl im Weingarten sowie einer neuen Erziehungsart schaffen wir ideale Bedingungen für die Reben. Durch gleichmäßigere, luftigere Aufteilung der Trauben und Reben gibt es eine geringere Belastung des Rebstockes und dadurch gesundes Traubenmaterial. Weiteres verzichten wir auf mineralische Düngung", läßt uns Erwin Tschermonegg wissen. Für die Vinifikation der Weine kommen Stahltanks und traditionelle Holzfässer zum Einsatz. Der Sauvignon blanc 1996 wurde beim Landeswettbewerb 1997 Sieger in der Kategorie Aperitif und in den Österreichischen Weinsalon gereiht. Tiefer, intensiver Sauvignonduft, breite Fruchtnuancen am Gaumen und ein schön eingebundes Säurespiel sind die Merkmale dieses Siegerweines. Der 96er Chardonnay verfügt ebenso über ein so außergewöhnlich hohes Niveau. Albin Tschermonegg kelterte auch im schwierigen 96er Jahrgang Weine, die sich durch ihre klare Frucht und Frische auszeichnen. Angeschlossen an das Weingut ist ein großzügig gestalteter Buschenschank.

Weingut Albin Tschermonegg, 8463 Leutschach, Glanz 50
Telefon: 03454 / 326-0

Ein Blick vom Weinbaubetrieb des **Josef Puschnig** ins benachbarte Slowenien oder über die vielen Hügel des südsteirischen Weinlandes erweitert im wahrsten Sinn des Wortes den Horizont. Der Hof liegt etwas abseits der südsteirischen Weinstraße in der kleinen Weinbaugemeinde Glanz. Josef Puschnig ist einer jener Weinbauern, die seit vielen Jahren konstant Weine höchster Prädikatsstufen in ihren Weinkeller bringen. Sein Vater legte den Grundstein für das heutige Weingut. Josef Puschnig Senior: „Im Jahre 1959 begann ich selber mit dem Weinbau. Der frühe steirische Wein war ein Verschnitt von Welschriesling und Sylvaner, die auch gemischt ausgepflanzt wurden. Die beiden haben sich wunderbar ergänzt. Was der ein zuwenig Säure hatte, hat der andere mitgebracht." Josef Puschnig Junior baut heute seine Weine alle reinsortig, den Großteil trocken, aber einen kleinen Teil im Prädikatsweinbereich gelesen, mit Restsüße. Im Ertrag stehen vier Hektar Weingärten in den Rieden Kaltenegg und Sanberg. Die Ried Kaltenegg in der Nähe des Weingutes steht auf lehmigen Böden: „Schwerer Lehmboden speichert das Wasser besser und gibt es nur langsam ab. Das kommt besonders in trockenen Jahren den Weingärten zugute." In dieser Ried stehen 25jährige Rebanlagen im Ertrag. Ausgepflanzt sind dort der Sauvignon blanc, Morillon, Traminer und Zweigelt. In Kranach, der einstigen Heimat von Altvater Puschnig, steht die Ried Sanberg mit durchwegs sandigen Böden im Ertrag: „Dieser Boden läßt die Trauben am Stock langsamer reifen als auf schweren Böden. Der Wein aus Trauben von sandigen Böden entwickelt sich aber schneller und ist in der Jugend zugänglicher", erzählt der Winzer. In Sanberg wachsen Morillon, Sauvignon blanc, Riesling, Muskateller und Cabernet Sauvignon. Der Morillon und Sauvignon blanc wurden neu ausgepflanzt, als „Flachbogen-Erziehung". Das heißt, ein Bogen befindet sich rund 80 Zentimeter vom Boden mit zehn Augen und einer hohen Laubwand. Pro Trieb gibt es 15 bis 20 Blätter. „Die Zuckerbildung durch die Photosynthese findet in jungen Blättern statt, zirka zwölf Wochen lang", so der Weinbauer. „Wenn das Blatt zu alt ist, bringt es nichts mehr. Deshalb sollen die älteren Blätter drei bis vier Wochen vor der Ernte entfernt werden." Die Puschnigs haben schon immer eine Traubenreife ab Kabinett angestrebt, wobei Spätlesen und Auslesen immer wieder erreicht wurden. Während die Weißweine sowohl in Edelstahltanks und Holzfässer vergären und weiter ausgebaut werden, werden die Rotweine wie Zweigelt und Cabernet Sauvignon im Rototank vergoren, ehe sie zur weiteren Lagerung in Holzfässer kommen. Ein Teil davon wird auch in Barriques ausgebaut. Als Spezialisten für gehaltvolle Weine ist der Traminer eine der Paradesorten. In den gehobenen Qualitätsstufen wie Spätlese oder Auslese braucht der Wein mindestens 2 Jahre um sein Potential entwickeln zu können. Die 89er Traminer Auslese verfügt über zarte Rosentöne mit einer harmonisch-weichen Säure. Der feine Botrytiston umschmeichelt den Gaumen. Die 36 g/l zuckerfreies Extrakt sind fast ein Garantieschein für ein langes Leben. Der 90er Traminer ist im Duft intensiver als sein Vorgänger, im Körper füllig und voll. Das Traminer Cuvée Jahrgang 1991, als Kabinett geerntet, ist sehr Duftintensiv mit schlankem Körper und langen Abgang. Die 1992 Traminer Spätlese verfügt über einen feinen Rosenduft, Frucht und Säure sind gut ausbalanciert.

Der Sauvignon blanc 1995 verfügt über viel Kraft und Würze. Im Jahr 1996 wurde der Sauvignon blanc als Qualitätswein gelesen, er duftet intensiv nach Paprikaschoten, ist im Bukett reif und ausgewogen. Das Bukett der Morillon 1996 erinnerd an Südfrüchte, die kräftige Säure wirkt sehr harmonisch und erfrischend. Der Cabernet Sauvignon 1995 verfügt über einen fruchtigen Körper, ist nicht zu schwer und mit feinen Tanninen im Hintergrund.

Weingut Josef Puschnig, 8463 Leutschach
Glanz 32, Telefon: 03454 / 329

Die Katastralgemeinde Pößnitz ist ein vom Klima und vom Boden her begünstigtes Weinbaugebiet knapp an der Grenze zu Slowenien. Eingebunden in die Gemeinde Glanz befinden sich in diesem Landschaftsstrich eine Reihe guter Weinbaubetriebe wie jener der **Familie Hernach vulgo Roschitz** in Pößnitz 84. Seit nunmehr rund einhundert Jahren kultiviert diese alteingesessene Winzerfamilie ihre Weinberge, die zum Teil sehr steil sind. Der Rest verteilt sich auf leichte Hang- aber auch Flachlagen. In den Rieden Pößnitzberg und Wolleschnig stehen insgesamt 5,5 Hektar Rebflächen im Ertrag, die durchschnittlichen Ernten betragen 4500 Liter pro Hektar. Das Qualitätsdenken beginnt für Ewald und seinem Sohn Herbert Hernach bereits im Weingarten. Denn was die Natur nicht leistet, schafft auch der Kellermeister nicht mehr. Die Rebflächen sind den vorhandenen Bodenstrukturen angepaßt, die sich vor allem aus verschiedenen Schieferschichten zusammensetzen und den Trauben sowie den später daraus gekelterten Weinen einen eigenen Charakter geben. Vinifiziert werden ausschließlich Weißweine wie der Morillon, Weißburgunder, Sauvignon blanc, der Gelbe Muskateller, Welschriesling und Roter Traminer. Vergoren und ausgebaut wird der Großteil der Weine im Stahltank. Nur ein geringer Anteil kommt zum weiteren Ausbau in klassische Holzfässer. Der Morillon 1996 ist sehr feinfruchtig und besticht durch die feine elegante Säure. Der 96er Riesling besticht durch seine Eleganz und Rasse. In der Ried Wolleschnig wächst in einer Junganlage der Sauvignon blanc, der schon bei seiner ersten Ernte im Jahr 1996 fast die Spätlesegrade von 19°KMW erreicht hat. Sehr intensiv duftend, kräftig und konzentriert im Bukett, ein überaus eleganter Sauvignon blanc, der noch viel von dieser Lage erwarten läßt.

Weingut Herbert Hernach, 8463 Leutschach, Pößnitz 84
Telefon: 03454 / 6178

Peter Maßer ist in Fötschach 41 in Glanz, der zweitgrößten weinbautreibenden Gemeinde der Steiermark zu finden, etwa einen Kilometer von der südsteirischen Weinstraße entfernt. Sein fünf Hektar umfassendes Weingut führt er als Familienbetrieb. Die Weingärten in den Rieden Fötschach und Sernauberg befinden sich durchwegs auf Südhängen mit bis zu 50 Grad Hangneigung. Sie sind großteils mit Weißweinsorten ausgepflanzt. Ergänzt werden sich mit einem Zweigelt und Blauen Wildbacher, der als Schilcher gekeltert wird. Peter Maßer: „Genauigkeit im Weingarten, um ein perfektes Traubenmaterial als Ausgangsprodukt zur Erzeugung guter Qualitätsweine zu erreichen, ist mein oberstes Gebot." Bei der vinifizierung seiner Weine stetzt Peter Maßer auch Barriquefässer ein. Sowohl bei den Weißen als auch bei den Roten. Ergänzt wird das Weinangebot mit Edelbränden, einem Sekt und als Sommergetränkt mit einem Moussant Perlwein. Besonders stolz ist der Winzer, daß seine Produkte auch im Hospitz-Hotel in St. Christoph am Arlberg auf der Karte zu finden sind.

Weinbau Peter Maßer, 8463 Leutschach, Fötschach 41
Telefon: 03454 / 467

Die südsteirische Gemeinde Leutschach hat eine lange Tradition als Hopfen- und Weinbaugebiet. Die beiden gegensätzlichen Produkte werden hier schon jahrhundertelang kultiviert. Seit mehr als siebzig Jahren hat sich die **Familie Pronegg** aus Kranach 5 in

Leutschach dem Weinbau verschrieben. Während sich Karl und Irene Pronegg um ihr Weingut und den dazugehörenden drei Hektar Rebflächen kümmern, ist Tochter Claudia als südsteirische Botschafterin in Sachen Wein unterwegs. Die ehemalige steirische Weinkönigin arbeitet in Leutschach für den Tourismusverband steirisches Rebenland.
Rund drei Hektar Rebflächen kultiviert die Familie Pronegg in durchwegs guten Lagen. Die wichtigsten Sorten sind der Welschriesling, Weißburgunder, Ruländer und Zweigelt. Qualitätsorientiert und pflanzenschonend werden die Weingärten bearbeitet. „In der Natur gibt es immer wieder etwas zu entdecken. Kein Jahr gleicht dem anderen. Das macht den Weinbau so vielfältig und interessant." Die unterschiedlichen Strukturen der Böden und das „Höhenklima" sorgen dafür, daß an den Hängen des Kranachberges säurereiche, fruchtige und feinduftige Weine heranwachsen. Karl Pronegg wird bei seiner Arbeit von Sohn Karl unterstützt. Der Silberberg-Schüler bringt schon ein breites fachliches Wissen in den Betrieb ein. Die Qualität ihrer Weine ist daher letztendlich auch das Ergebnis ihrer konsequenten Arbeit, die mit dem Rebschnitt im Weingarten im Frühjahr beginnt und mit der Vinifikation der Weine im Keller noch lange nicht endet.
Ein Kapital des Weingutes ist auch die Buschenschank. Feinstes von Küche und Keller, alles selber produziert, werden von April bis November den Gästen angeboten. Zum Verkosten und Kaufen ist man aber das ganze Jahr über willkommen.

Weinbau Karl Pronegg, 8463 Leutschach, Kranach 5
Telefon: 03454 / 261

Roland und Waltraud Tscheppe, Stefan sitzend, Katharina und Eduard stehend.

Mitten in einer einzigartigen Naturkulisse steht das Weingut der Familie **Roland Tscheppe.** Nahe der österreichisch-slowenischen Grenze am südsteirischen Pößnitzberg in der Gemeinde Leutschach werden von der Winzerfamilie bereits in der 6. Generation die Weinberge kultiviert. Ausgehend als kleiner Eigenversorger für das frühere Familiengasthaus „Zum Kreuzwirt" führte Dipl.-Ing. Roland Tscheppe sein Weingut, getragen von der rasanten Entwicklung des steirischen Weinbaus der vergangenen zwei Jahrzehnte, zu einem imposanten Betrieb mit 25 Hektar Eigenbesitz und 20 Hektar Pachtfläche. Das kennzeichnende Potential sind zwei außergewöhnliche Lagen. Die Stammriede Pößnitzberger Römerstein auf einer langgezogenen Hügelkette mit Süd- und Südostlagen und rund 13 Hektar Rebflächen sowie die Ried Czamillonberg, dem einstigen Weingut der Grafen Woracziczki. Es ist dies eine in einer sanften Mulde gelegene Südlage, die optimal das ihr zur Verfügung stehende Terroir nützt. Ein kennzeichnendes Kapital der Rebflächen sind die Bodenstrukturen mit den für diesen Landstrich typischen Ablagerungen aus dem Tertiär. Das blaugraue, kalkig-tonige Sediment aus Schlieren und Mergel besitzt jene mineralhältigen Elemente, die für die Entwicklung und das Wachstum der Weinstöcke so wichtig sind. Die geschützten Steilflächen und Hanglagen, die flachen Mulden und der Umstand, daß dieses Gebiet zu einem der windärmsten und sonnenreichsten Österreichs zählt, reihen sich in Summe zu einem idealen Bild für den Weinbau. Voraussetzung dafür ist aber auch die weitsichtige, strategische Hege und Pflege der Weingärten. Rigolen zur Aufbereitung und Lockerung der Böden zählen ebenso dazu wie die Gründüngung zur Lebendverbauung durch Mikroorganismen. Durch das mehrmalige Mulchen der Weingärten wird auf natürliche Weise den Rebstöcken Humus zugeführt. Ein gesunder Rebschnitt und das konsequente Ausdünnen der Trauben sind für Roland Tscheppe weitere selbstverständliche Schritte für eine qualitätsbewußte Produktion. Sie geht Hand in Hand mit der Eigenständigkeit des Sortiments, denn das Weingut Tscheppe verfügt über einen umfangreichen Sortenspiegel. Derzeit stehen 13 verschiedene alte steirische Rebsorten wie ein rekultivierter Sylvaner im Vollertrag, die je nach Sorte, Bodenverhältnissen und Lagen auf den für sie besten Unterlagsreben wachsen.
Im Weingut Tscheppe erkannte man schon in den sechziger Jahren die Chancen, die im steirischen Weinbau lagen. Vater Eduard Tscheppe mit seiner ausgeprägten individuellen Grundeinstellung, der Aufgeschlossenheit gegenüber allem Neuen, aber auch mit der Bereitschaft, Fehlschläge einzustecken, hat gemeinsam mit einzelnen Mitkämpfern Pionierleistungen im steirischen Weinbau gesetzt. Er war einer der ersten, die auf einer großflächigen Versuchsanlage die heute allgegenwärtige Hochkultur bei der Ziehung der Rebstöcke einführte. Sohn

Roland Tscheppe ortete neue Möglichkeiten der Mechanisierung in der Weingartenarbeit. Mit dem Einsatz der Halbraupe im Weingarten gelang im ein großer Schritt in der Arbeitsrationalisierung. Die gesellschaftliche Wertschätzung des erfolgreichen Winzers war ein weiterer Aspekt in der Unternehmensstrategie, sich nicht auf den erreichten Lorbeeren auszuruhen, sondern vermehrt an der Entwicklung seines Weinbaubetriebes zu arbeiten und mit Innovationen eine ständige Bewegung in seinem Handeln und Denken zu bewirken. Tatsächlich hat sich dieses Klima zugunsten neuer Prozesse auf die Aufnahmefähigkeit des Marktes positiv ausgewirkt.
Roland Tscheppe bringt seinen Standpunkt auf einen wesentlichen Nenner: „ Der Wein lebt in seiner Vielfalt von der Landschaft, in der die Weinstöcke wachsen, von den unterschiedlichen Rebsorten und den Menschen, die die harte Arbeit des Weinbaus nicht scheuen."
Eine Rebsorte, hinter der eine ganze Philosophie steckt, ist der Welschriesling. Der Lieblingswein der Steirer ist ein „Schützling" von Roland Tscheppe, der den Welschriesling schon in den sechziger Jahren als Hauptweinsorte forcierte: „ In den fünfziger Jahren war der niederösterreichische Grüne Veltliner am Markt sehr gut eingeführt", erklärt Roland Tscheppe, „meine Grundidee war, mit dem Welschriesling ein steirisches Pendant zu schaffen." Heute ist der Welschriesling die Hauptweinsorte im steirischen Weinbau, der gut kultiviert und vom Ertrag her stabil ist. Durch die fruchtig-leichte Linie ist er ein beliebter Trinkwein, der ein breites Konsumationsfeld abdeckt. Entscheidend mit beigetragen am Aufschwung des Welschriesling hat das Weingut Tscheppe. Der Welschriesling gilt als Wegbereiter für den Erfolg anderer steirischer Rebsorten. „Als man dazu überging, die Weine reinsortig auszubauen, machten gleich eine Reihe anderer alter steirischer Rebsorten diese Entwicklung mit." Vom Sauvignon blanc über den Weißburgunder, Muskateller bis zum Morillon. In der Kultivierung der alten steirischen Rebsorten sieht das Haus Tscheppe eine verpflichtende Aufgabe. „Das Klima und die Bodenbeschaffenheiten der steirischen Weinberge eignen sich am besten für Weißwein." Der Ausbau der Weine in Barriquefässer wird nicht forciert. „Ein allzu kräftiger Holzton raubt dem steirischen Wein meist seine Identität", so Roland Tscheppe. „Wir sollten uns im klaren sein, daß der steirische Weißwein unter allen Weinbaugebieten der Welt mit seiner feinen Frucht, dem schönen Säurespiel und seinem nie aufdringlichen jugendlichen Kleid eine Sonderstellung einnimmt."
Der Welschriesling 1996 vom Pößnitzberger Römerstein ist von einer leichten, fruchtig-frischen Art und präsentiert sich anregend spritzig. Der 96er Morillon vom Pößnitzer Römerstein ist jahrgangsbedingt schlanker, aber überaus fruchtbetont.
Der Pinot gris 1996 aus der Ried Römerstein ist sehr elegant und von beeindruckendem Extraktreichtum. Der Sauvignon blanc des gleichen Jahrganges verfügt über ein reifes Sortenbukett, eine gute Ausreifung mit belebender Säure. Der Abgang ist langanhaltend und fruchtig. Die Gewürztraminer Spätlese 1992 wurde halbtrocken ausgebaut, ist hocharomatisch mit einem ausgesprochen nuanziertem Geschmacksbild.
In Lestein bei St.Stefan ob Stainz in der Weststeiermark gedeihen die Schilchertrauben. Der 96er, trocken ausgebaute Schilcher ist hell-zwiebelfarben, und mit einer rassig-fruchtbetonten Säure ausgestattet.
In der Zwischenzeit arbeitet die 6. Generation der Familie Tscheppe, Tochter Waltraud, eine Kleßheimer Touristik-Absolventin, und die Söhne Eduard und Stefan im Weingut mit. Eduard und Stefan sind im Betrieb für die Erschließung von Auslandsmärkten zuständig und als Mitglieder der Jungwinzer Österreich sehr aktiv.
Die am Pößnitzberg eingerichtete, gut sortierte Vinothek spiegelt die Entwicklung des Weingutes und die fließenden Übergänge der jahrgangsunterschiedlichen Weinqualitäten - zurückreichend bis 1949 - eindrucksvoll wieder. Und es wäre nicht Roland Tscheppe, würde er nicht für einen stilvollen Rahmen für Weinverkostungen sorgen. Dementsprechend geschmacksvoll ist der Präsentationsraum.

Weingut Eduard Tscheppe, 8463 Leutschach,
Pößnitz 168, Telefon und Fax: 03454 - 205

Einen erfolgreichen Weg in der Art der Weinbereitung geht seit 1928 das **Weingut Schwarzl** in Leutschach. Gekeltert werden dort Qualitätsweine aus Trauben von 14 Hektar Weingärten, die von fünf Vertragswinzern bearbeitet werden. Welschriesling, Pinot blanc, Chardonnay, Sauvignon blanc, Muskateller, Schilcher und Blauer Zweigelt sind die Hauptsorten. Zahlreiche Auszeichnungen bescheinigen Dorothea und Reinhold Schwarzl die solide Arbeit, die sich leisten. Hervorzuheben sind der „International World Wine Champion 1995" in Laibach mit einem Weißburgunder oder der 1. Platz bei der internationalen Pinot-Blanc-Bewertung in Düsseldorf in Deutschland. Erfolge, die die Weinliebhaber honorieren und die wirtschaftliche Entwicklung des Weingutes rasch vorantreiben. Die Arbeitsweise von Reinhold Schwarzl setzt enormes Fachwissen voraus. Gemeinsam mit den Winzern legt der Kellermeister die Bearbeitung der Weingärten fest. „Es ist eine Wechselbeziehung gegenseitigen Vertrauens", skizziert Schwarzl sein System, „und so werden mir optimale Freiräume geschaffen, um mich ganz meiner Arbeit im Keller und der Vermarktung meiner Weine zu widmen."
Die Trauben werden zum spätmöglichsten Lesezeitpunkt geerntet und in das Schwarzl-Weingut nach Leutschach angeliefert. Die gezielte Verarbeitung beginnt Reinhold Schwarzl mit der schonenden Pressung, die Gärung wird mit Reinhefe eingeleitet. Der Ausbau der Weine wird sowohl in klassischen Holzfässern als auch in modernen Edelstahltanks vollzogen. „Durch die moderne Kellertechnologie kann ich mei-

ne Vorstellungen, wie ein Wein werden soll, optimal umsetzen.“

Weingut und Kellerei Reinhold Schwarzl, 8463 Leutschach Arnfelser Straße 12, Telefon und Fax: 03454 / 238

Die Natur ist das einzige Buch, das auf allen Seiten großen Inhalt bietet heißt eine alte Volksweisheit. Die Natur auf natürliche Art zu lenken haben sich **Gerhard Horvath** und seine Frau Marlene zur Aufgabe gemacht. Gemeinsam führen sie ihren biologischen Weinbaubetrieb in Schloßberg 99 nahe Leutschach. Die gesamte Landwirtschaft umfaßt stolze zwölf Hektar Grundfläche, davon sind etwas mehr als ein Hektar mit Rebflächen bepflanzt. „Bereits vor 20 Jahren habe ich meine Ernährung vollkommen umgestellt auf rein biologische und Vollwertkost“, erzählt der Biobauer. „Als ich mit dem biologischen Weinbau begonnen habe, bin vorerst im luftleeren Raum gestanden. Ich besuchte ähnlich gelagerte Betriebe, um Erfahrungen zu sammeln“, gesteht Gerhard Horvath. Einer dieser Betriebe, die er besuchte, war der Bioweinbauer Rudolf Beilschmied in Rust. „Er konnte mir viele Ezzes geben.“ Stück für Stück lernte so Horvath dazu und blieb konsequent auf dem eingeschlagenen Weg. Im Mittelpunkt seines Schaffens steht natürlich die Arbeit im Weingarten. „Ich versuche, über den Boden die Pflanzen widerstandsfähiger zu machen. Denn wenn ich mit Kunstdünger die Pflanze zu einem starken Wachstum anrege, ist sie von Haus aus anfälliger für Pilzinfektionen.“ Daher werden keine wasserlöslichen Mineraldünger aber auch keine synthetischen Pflanzenschutzmittel verwendet. Die natürlichen Pflanzendünger werden von den Biobauern selbst hergestellt. „Unsere Weinstöcke versorgen wir nur mit organischem Dünger, Kompost sowie Gründüngung. Jeder unserer Blattdünger unterstützt den Pflanzenschutz.“ So gibt es Essezen von Brennessel, Beinwell, Rainfarn, Zwiebelschalen, welche verjaucht bei jeder Pflanzenbehandlung und je nach Bedarf Verwendung finden. „Die ganze Familie hilft uns beim Sammeln dieser Pflanzen.“ Den Mixturen werden unterschiedliche Wirkungen zugesprochen. So soll die Brennesseljauche gegen Läuse sich hervorragend eignen und auch leicht pilzhemmend sein. Doch dies allein ist kein ausreichender Pflanzenschutz. Es werden Algenpräparate ebenso verwendet wie Biovin, einem wässrigen Auszug aus Tresternkompost. Das Ökosystem besteht aus einem sich immer wieder kehrenden Kreislauf. So müssen zum Beispiel Nützlinge, das sind Kleintiere, die in den Pflanzen im Weingarten ihren natürlichen Lebensraum haben, unterstützt und aufgebaut werden. Aus diesem Grund wird der Weingarten zwischen den Weinzeilen abwechselnd gemäht, so daß immer ein Teil davon blüht. „So können die Kleintiere in die nächste, blühende Weinzeile abwandern und überleben.“
Bei der Ernte werden die Trauben je nach Reifegrad und Zustand selektiv gelesen. So wird der gekelterte Wein von nicht einwandfreien, gesunden Trauben für die Essigproduktion verwendet. Der Trester wird zusätzlich eingemaischt und daraus ein feiner Grappa gebrannt. Die vinifizierten Weinsorten sind der Welschriesling, Muskatsylvaner und ein kleiner Teil Schilcher. Der 96er Welschriesling zeigt ein überaus fruchtiges Aroma mit leichten Apfeltönen und bringt im Abgang sein zartes Säurespiel voll zur Geltung. Der Schilcher 1996 besticht durch seine kräftige, rassige Säure und Frucht.
Der Biobauer ist Mitglied im Verband der organisch-biologisch wirtschaftenden Bauern Österreichs und verkauft seine Produkte ab Hof ebenso wie über Hofläden der Biobauern in Graz.

Bioweinbau Gerhard Horvath, 8463 Leutschach Schlossberg 99 Telefon: 03454 / 6196

Eichberg-Trautenburg

Das Gemeindeamt der kleinen Weinbaugemeinde Eichberg-Trautenburg befindet sich in Leutschach. Auch sonst hat dieser weit zerstreute Ort viel Gemeinsames mit dem Hopfen- und Weinbauort. Die werblichen Aktivitäten werden vom Tourismusverband Rebenland in Leutschach gemeinsam getragen. Die Gemeinde Eichberg-Trautenburg setzt auf den sanften Tourismus wie „Urlaub am Bauernhof“. Gut markierte Wanderwege, zahlreiche Trocken- und Feuchtbiotope, die Besichtigung der „Alten Wassermühle“ oder des Kulturweinlehrpfades bieten sich für Urlauber an.
Wuchtig ragt am Kreuzberg eine riesige Aussichtswarte mit 30 Meter Höhe in die Landschaft. Der Lohn des mühsamen Aufstieges ist ein herrlicher Panoramablick über das südsteirische Weinlan. Bei gutem Wetter ist im Osten sogar die Riegersburg auszumachen.

Es ist die Freude und der Fleiß, mit dem **Franz Lieleg** seinen Weinbaubetrieb in Eichberg-Trautenburg 93 führt. Er liebt Herausforderungen und den unbändigen Drang nach Neuem. Das zentrale Merkmal seiner Innovationsfreude ist der Weinkeller mit den neuen Edelstahltanks und die für den teilweisen Ausbau des Rotweines angeschafften Barriquesfässer. Seine Trauben wachsen zur Gänze in der Ried Eichberg-Trautenburg auf einer Gesamtfläche von fünf Hektar. Die Weine werden handwerklich solide, sorgfältig und sauber ausgebaut. Einen schönen Erfolg landete der Weinbauer mit seinem 93er Muskateller, dessen Qualitäten als Landessieger und mit der Berufung in den österreichischen Weinsalon ausgezeichnet wurden. Angeschlossen an das Weingut ist auch ein Buschenschank. Als kulinarische Schmankerln werden dort neben den typisch südsteirischen kalten Gerichten auch geräucherte Forellen aus eigener Zucht angeboten.

Weinbau Franz Lieleg, 8453 Eichberg-Trautenburg Eichberg 39, Telefon: 03454 / 439

Sie gelten als Synonym für fortschrittlichste Kellertechnologie, die Edelstahltanks der **Firma Mühlfellner aus Ehrenhausen** in der Südsteiermark. Der hohe technische Standard dieser in den vergangenen Jahren stark expandierenden Firma bestimmt die Arbeit: Präzision und Maßgenauigkeit in der Fertigung. Die langjährige Erfahrung der Firma Mühlfellner mit ihrem technischen Know-How gewährleistet, daß die Ideen und Wünsche der Önologen und Kellermeister auch umsetzbar werden. Im internationalen Weinbau ist der Einsatz von Edelstahltanks längst selbstverständlich, für die Vergärung und Lagerung von Weißweinen genauso wie für die Rotweinvinifizierung.

Ein nicht unerheblicher Anteil an der Entwicklung des steirischen Weinbaus, vor allem in den vergangenen zehn Jahren, ist der Vinifizierung der Weine in Edelstahltanks zuzuschreiben. Ing. Werner Surma von der Weinbaufachschule Silberberg sieht in der gebündelten Investition der steirischen Winzer in diese Technologie den Grund für den breit angelegten Qualitätsschub, der gerade den jungen, fruchtigen Weintyp fördert. Und Ing. Surma weiß, wovon er spricht: Zu seinen erfolgreichsten Investitionen in Silberberg gehören die Edelstahltanks der Firma Mühlfellner. „Der Ausbau der Weine in Edelstahltanks fördert vor allem den reintönigen Sortencharakter der einzelnen Rebsorten. Die für den steirischen Wein so bedeutende Säurestruktur bleibt bei der Tankreifung erhalten und die Weine sind frischer und jugendlicher als vergleichsweise jene, die im traditionellen Holzfaß zur Reife gebracht werden." Entscheidender Vorteil ist dabei die temperaturkontrollierte Gärung bei Weißweinen mit Kühlsystemen innerhalb oder außerhalb des Tankes.

Eine gezielte Vergärung bei Rotweinen wird dadurch erreicht, daß durch die Edelstahltanks eine exakte Gärtemperatur erreicht werden kann. Nur durch diese Technik kann man reintönige und farbintensive Weine produzieren. Große Rotweine, wie sie in Frankreich, Kalifornien oder Italien gekeltert werden, sind meist eine Kombination von Edelstahltankvergärung und Barriqueausbau. Diese Technologie wird auch von österreichischen Rotweinproduzenten mit Mühlfellner-Edelstahltanks angewandt.

Grundvoraussetzung für jede technische Entwicklung sind langjährige Erfahrungen. Gegründet wurde die Mühlfellner Tankbau Ges.m.b.H. von Max Mühlfellner im Jahre 1953 mit einem Schmiedeunternehmen. Ende der sechziger Jahre setzte Max Mühlfellner seinen ersten großen Innovationsschritt, als er mit der Entwicklung und Planung von Nirosta-Behältern begann. Sein konsequentes Vorgehen fand bald Anerkennung in ganz Österreich. Heute führt die Tochter des Firmengründers, Margareta Köstenbauer gemeinsam mit ihrem Gatten Peter den Betrieb. Mit ihren Produkten deckt die Mühlfellner Tankbau Ges.m.b.H. auch andere Bereiche als den des Weinbaus ab. Als eine der entscheidensten Innovationen erwarb die Firma im Jahre 1990 die Patentrechte für die Produktion von Mann-Loch-Türen, die nahezu in allen Tanks Verwendung finden.

MÜHLFELLNER
TANKBAU Ges.m.b.H.
A-8461 Ehrenhausen, Tel. 03453-2265, Fax 03453-4107

Hoppla, Zwillinge. Es ist nicht dem Wein zuzuschreiben, sollten Sie im Weinbaubetrieb und Buschenschank der **Familie Skringer** in Eichberg-Trautenburg 28 doppelt sehen. Ganze drei Minuten sind Hansi und Franz Skringer auseinander. Während Franz Skringer außerhalb des Familienbetriebes als Kellermeister arbeitet, führt Johann Skringer den Betrieb.
Maßgeblich sind die Skringer-Brüder an der Gründung der steirischen Idylle beteiligt. Es ist dies der Zusammenschluß einiger (Muster-)Betriebe in Eichberg-Trautenburg zu einer Qualitätsgemeinschaft. Vier Hektar Rebflächen stehen derzeit im Ertrag. Die Pflege der Weingärten ist für Johann Skringer oberstes Gebot: „Ordnungsgemäße Laubarbeit ist ein wesentlicher Bestandteil für eine gute Traubenqualität. Und gezielter Pflanzenschutz und Düngung spielen mit eine Rolle, um sauberes Traubengut zu ernten.“ Im Weinkeller setzt Johann Skringer sowohl Stahl als auch Holz ein. „Nur ausgereiftes, reinsortiges Traubenmaterial kommt bei mir ins Preßhaus. Durch die saubere Verarbeitung und den reduktiven Ausbau werden feinfruchtige, sortentypische Weine gekeltert“, so der Winzer.
Auszeichnungen wie der österreichische Weinsalon sind die Ernte dieser Arbeit. Dem 96er Sauvignon blanc gelang die höchste Auszeichnung im Österreichischen Weinsalon als Salonsieger. Hellgelb in der Farbe besticht er durch intensiven Heuduft in der Nase, besitzt einen gründlichen Fruchtgeschmack und ist langanhaltend am Gaumen.

Weingut Johann Skringer, 8453 Eichberg-Trautenburg Eichberg 28, Telefon: 03456 / 2666

Man kann sich bei **Josef Skringer** aus Eichberg 53 von der ersten Begegnung an nicht dem Gefühl entziehen, es mit einem Enthusiasten zu tun haben, der von seinen Eltern mit Liebe und Ausdauer zum Weinbauer erzogen wurde. Josef der IV. – der Vorname wird seit Generationen als Erbfolge vom Vater auf den Sohn übertragen – sieht als Bauer auch einen Auftrag als Landschaftsschützer und Umweltarchivar für einen gesunden Lebensraum für unsere Nachfahren. Dementsprechend sorgfältig pflegt er seine rund drei Hektar Weingärten, die sich zum Teil auf extremen Steillagen befinden. Für die Vinifizierung seiner Weine setzt Josef Skringer sowohl Edelstahltanks ein als auch normale Holzfässer. Temperaturgekühlt im Edelstahltanks werden der Welschriesling, Weißburgunder und Schilcher vergoren. Der Winzer produziert Weine auch im Sinne der Weinbauerngemeinschaft „Steirisch Idylle“, das bedeutet, der Ertrag pro Hektar Rebfläche darf 5500 Kilogramm nicht überschreiten und muß aus eigenem Anbau stammen.

Weinbau Josef Skringer, 8453 Eichberg-Trautenburg Eichberg 53 , Telefon: 03455 / 7755

Das sanfte Auf und Ab der Hügelketten im südsteirischen Weinbaugebiet Eichberg-Trautenburg ist die Heimat des Weinbauernhofes **Strablegg**, welcher in den vergangenen Jahren mit den hervorgebrachten Weinen österreichweit Aufmerksamkeit erregte. Der junge Weinbaumeister Franz Strablegg krönte seine konsequente Weinbauarbeit in den Jahren 1988, 1990 und 1992 jeweils mit dem Gelben Muskateller als Sieger im österreichischen Weinsalon und 1989 und 1994 mit der Plazierung im Weinsalon. Seine bunte Mischung an ausgepflanzten Rebsorten bringt er mit einer ebenso bunten Vielfalt an Geschmacksrichtungen in die Flasche, die mit eine Grund für die Faszination des südsteirischen Weines sind. Die Freude am Vollbrachten ist für Franz Strablegg kein Grund, sich auf seinen Lorbeeren auszuruhen – im Gegenteil. Seine Weingärten mit einer Gesamtfläche von mehr als zwölf Hektar verlangen größten Arbeitseinsatz und sorgfältigste Pflege. Eine der Toplagen ist die im Jahr 1989 zugekaufte Ried Kaiseregg, ein ehemaliger Besitz des Spannheimer-Geschlechtes, deren Existenz bis ins 12. Jahrhundert dokumentarisch nachgewiesen werden kann. Als Lagenweine dieses Ursprungs werden der Riesling Kaiseregg und der Gewürztraminer Kaiseregg als besondere Selektionen produziert und verkauft. Beim Riesling handelt es sich um eine Jungfernlese. Ausgestattet mit Rasse und einer erfrischenden Säurestruktur mit nur 0,9g Restzucker bringt er in die Nase den zarten Duft von Rosen und am Gaumen ein interessantes Spiel von Pfirsicharomen. Wuchtig mit einer konzentrierten Frucht bringt der Gewürztraminer Kaiseregg sein ganzes Gewicht am Gaumen voll zur Geltung. Ein prickelndes, lustiges Ereignis ist der „Schilcherstrizzi“. Es ist dies ein „leichtfüßiger“, belebender durch Fläschengärung erzeugter Frizzante aus der Wildbacherrebe.
Noch etwas verschlossen aber mit den Vorzügen und Eigenschaften für lange Lagerfähigkeit ausgestattet ist der blaue Cuvée Barrique, mit dem Franz Strablegg seine ersten Erfahrungen mit den kleinen Holzfässern machte. Diese Vereinigung von Blauburgunder, einer Jungfernlese, sowie Blauer Wildbacher und Blauer Zweigelt bringt als Einheit ein kräftiges, dunkles Rubinrot ins Glas und verbindet die Aromen von Waldbeeren elegant mit jenen des Barriqueseinsatzes.

Weingut Franz Strablegg, 8453 Eichberg-Trautenburg Eichberg 54, Telefon: 03455 / 429

Auf Stein wächst guter Wein. Das **Weingut Rothschädl** in Eichberg-Trautenburg 20, nur wenige Meter von der mächtigen Kreuzkogelwarte entfernt, besitzt bestens gelegene Weinberge in verschiedenen Lagen mit vorwiegend steinigen und sandigen Böden. Toni Rothschädl bewirtschaftet fünf Hektar Rebflächen in den Rieden Kreuzberg und Eichberg mit durchschnittlich mehr als 50 Prozent Hangneigung. Diese Weingärten erfordern großen körperlichen Einsatz, den man dem schmächtigen Winzer kaum zu-

traut. „Im Weinbau ist es von enormer Wichtigkeit, die Schadschwelle rechtzeitig zu erkennen und dementsprechend entgegenzuwirken", erklärt Anton Rothschädl. „Wir haben da unsere eigenen Methoden, die wir nur mit großem manuellen Aufwand bewältigen können." Vom gleichen Kerbholz geschnitzt wie ihr Gatte ist Margit Rothschädl: „Wenn ich oft durch unser schönes Land fahre, stört mich die strapazierte Landschaft, durch ihre braune Streifen vom gesunden Umland abhebend, schon sehr. Für einen gesunden Lebensraum bin ich gerne bereit, hart zu arbeiten."
Der von der Winzerfamilie praktizierte naturnahen Weinbau hat auch seine Tücken und so kann es oft zu beträchtlichen Ernteeinbußen kommen: „Wir nehmen das in Kauf", meint der Weinbauer, der in gleich schonender und natürlicher Weise auch seine Weine vinifiziert.
Gekeltert wird fast die gesamte steirische Rebsortenpalette; vom Welschriesling gleich zwei Linien, einen leichten und einen gehaltvollen. Die Burgunderfamilie ist fast vollständig vertreten, es gibt einen Klevner, einen Pinot blanc, einen Weißburgunder und dazu noch einen Morillon. Gelber Muskateller, Sauvignon blanc und Roter Traminer runden das Angebot von Weißweinen ab. An Rotweinen keltert der agile Winzer Zweigelt, ein Zweigelt Cuvée, einen Zweigelt Barrique und noch einen Blauen Wildbacher, der auch in einem Barrique ausgebaut wird.

Weingut Anton Rothschädl, 8453 Eichberg-Trautenburg
Eichberg 20, Telefon: 03454 / 6363

Seine ersten Erfahrungen mit der Erzeugung von Qualitätswein machte **Josef Klug** aus Eichberg-Trautenburg 18 im Nachbarweingarten. „Meine Eltern hatten eine bescheidene Fläche von 0,8 Hektar Rebfläche und produzierten Weine, wie man sie damals so machte. Mit einem hohen Alkoholgehalt, so um die 13 Prozent, und einem Restzucker von 10 g. So richtig brandig und stierisch." Dieser Wein wurde dann in der Buschenschank verkauft. Das war in den siebziger, aber auch noch in den achtziger Jahren so. „Unseren Nachbarn, die damals schon hervorragende Qualitätsweine kelterten, half ich immer öfter bei der Weingartenarbeit und lernte so enorm viel dazu."
Josef Klug besuchte später die Weinbauschule Silberberg und legte gemeinsam mit seinem Vater neue Weingärten an. Im Jahr 1989 übernahm Josef Klug mit seiner Gattin Gertrude den elterlichen Betrieb und man sieht heute dem jungen Winzer die Freude an, daß er mit seinen Weinen jenen Qualitätsstandard hat, mit dem er sich identifizieren kann. Josef Klug führt eine gemischten Betrieb, das heißt, von den 20 Hektar Grundbesitz stehen vier Hektar dem Weinbau zur Verfügung. Der Rest sind Wiesen, Äcker und Wälder. „Als Landwirt sehe ich eine große Verantwortung gegenüber der Natur. Landschaftspflege ist für mich kein leeres Wort. Selbst der steilste Hang wird von mir gemäht", so Josef Klug. Den Weinbau stellt er aber in den Mittelpunkt seines Schaffens. „Ich achte darauf, den Traubenertrag vom Schnitt her gering zu halten. Große Aufmerksamkeit schenke ich der Laubarbeit, um Krankheiten vorzubeugen und ein gesundes Traubenmaterial zu ernten", so der Winzer. Im Ertrag stehen die Sorten Welschriesling, Weißer Burgunder, Klevner, Grauer Burgunder, Muskateller, Sauvignon blanc, Sämling 88, Blauer Wildbacher und Blauer Zweigelt. Der Mitgliedsbetrieb der „Steirischen Idylle", eine Marketinggemeinschaft Eichberger Winzer, achtet sehr auf Qualität. So stehen im Keller der Familie Klug für die Vergärung der Weine hochwertige Edelstahltanks zur Verfügung. Angeschlossen an das Weingut ist ein Buschenschank mit einer schönen Terrasse und herrlichem Ausblick.

Weinbau Josef Klug, 8453 Eichberg-Trautenburg
Eichberg 18 Telefon: 03454 / 6163

Thomas Wildbacher aus Eichberg 56 gehört zu jener Generation von Winzern, die sich durch konsequente Weingartenarbeit und rigorose Mengenbeschränkung rasch zu einem qualitätsbewußten Weinbaubetrieb entwickelt haben. Auf seinen steilen Weinbergen kultiviert er auf einer Gesamtfläche von rund zwei Hektar großteils die Sorten Chardonnay und südsteirischer Schilcher.
In Eichberg-Trautenburg 61 ist die Weinbaufamilie **Gertrude Zitz** zu Hause. Die umfangreiche Sortenpalette umfaßt die Hauptsorte Welschriesling sowie Weißburgunder, Grauburgunder, Muskateller aber auch Zweigelt und etwas Schilcher. Im Vollertrag stehen rund drei Hektar Weingärten. Angeschlossen an das Weingut sind weiters eine Buschenschank mit einer herrlichen alten Bauernstube sowie Gästezimmer.
Nicht ganz vier Hektar Rebfläche bewirtschaftet die **Winzerfamilie Jaunegg** in Eichberg-Trautenburg 160. Umgeben von einem herrlichen Panorma keltern die Weinbauern typische steirische Sorten wie Welschriesling, Weißburgunder, Sauvignon blanc oder Muskateller sowie Zweigelt, Blauburgunder und einen Schilcher. Einen wohlgeordneten Einblick in die Welt des Weinbaus bietet das **Weingut Adam** aus Krannach 37 in Leutschach. Der Weinbau- und Kellermeister Amandus Adam betreut neben etwas mehr als fünf Hektar Weingärten auch eine Rebschule. Seine Rieden liegen in dem stetigen Auf und Ab des südsteirischen Hügellandes auf unterschiedlichen Bodenstrukturen, die bei der Anlegung der Weingärten eine bedeutende Rolle spielten. Im Ertrag stehen Welschriesling, Sauvignon blanc, Gelber Muskateller, Weißburgunder und ein Zweigelt. Die Vinifikation der Weine liegt in der Kompetenz des Winzers selbst und spiegelt seine erfahrungsreiche, auf Qualität ausgerichtete Arbeit wider.

Josef Ertl
Brauchtum im Weinbauernjahr

Das bäuerliche Brauchtum war im Jahrlauf der steirischen Weinbauern und Winzer schon in früherer Zeit recht selten zu finden. Das hatte seine Begründung darin, daß es den Winzern zu schlecht ging, um große Feste feiern zu können. Und Brauchtum steht mit der Arbeit und zu einem sehr hohen Grad mit dem Feiern von Festen in direkter Verbindung.
Doch einiges ist erhalten geblieben und wird auch noch gepflegt, und davon soll berichtet werden.
Zuvor jedoch scheint es angebracht, eine Erklärung einzufügen, die nur indirekt mit dem Brauchtum verknüpft werden kann. Sie betrifft die Berufsbezeichnungen der bäuerlichen Bevölkerungsschicht, die für den Weinbau zuständig ist. Hier gibt im Steirischen den Weinbauern und den Winzer, zum Unterschied von den übrigen weinbautreibenden Regionen Österreichs, wo man den Weinhauer und den Winzer kennt. Bis vor einigen Jahren war der Besitzer der Weinbauer, während der Arbeiter im Weingarten der „Weinzerl" oder Winzer war. Der Besitzer wurde, auch wenn er sich keinen Winzer leisten konnte, und deshalb selber im Weingarten oder Weinberg arbeiten mußte, immer Weinbauer und nicht Winzer genannt. Umgekehrt war der gedungene Arbeiter im Weinbaubetrieb früher ausschließlich der Winzer. Er wurde auch so bezeichnet, wenn er für den auswärts lebenden Besitzer einen Weingarten zu betreuen hatte. Es in der letzten Zeit bei einigen Weinbauern üblich geworden, sich als Winzer zu bezeichnen, obwohl sie selber Besitzer des Weinbaubetriebes sind. Das ist bedauerlich, denn die steirischen Weinbauern hätten doch sicher allen Grund, auch auf ihre überlieferten Berufsbezeichnungen stolz zu sein. Genau so, wie es unverständlich ist, daß viele Weinbauern (nicht Winzer!) von den althergebrachten steirischen Sortenbezeichnungen zu den allgemein üblichen Namen übergelaufen sind.
Oder haben diese Gedanken doch mehr mit Brauchtum zu tun, als beim ersten überdenken sichtbar wird?
Doch nun zurück zum Brauchtum. Trotz der eingangs erwähnten Begründungen für eine gewisse Brauchtumsarmut gibt es doch einiges, das hier genannt werden kann. Natürlich ist zu unterscheiden zwischen gewachsenem und weiterlebendem Brauchtum und neu entstandenem - oder sollte man sagen - *falschem* Brauchtum. Falsch deshalb, weil man es dazu verwendet, um den Besuchern Heimatliebe und Brauchtumspflege vorzuleben.
Natürlich weiß auch ich, daß zum Beispiel mit den in den letzten Jahrzehnten entwickelten Weinlesefesten ein gutes Geschäft zu machen war und noch ist. Doch was ist *echtes* Brauchtum? Diese Frage stellt sich jedes Jahr neu, wenn an den September- und Oktoberwochenenden Scharen von Besuchern ins Weinland ziehen, um an diesen „Festen" teilzunehmen. Ist es nicht manchmal Klamauk, verbunden mit Werbeveranstaltungen, was hier als Brauchtumspflege angeboten wird? Natürlich gibt es aber auch bei diesen Festen echtes, ehrlich gemeintes Brauchtum. Aber neben diesen Auswüchsen, denen vielleicht aus wirtschaftlichen Überlegungen eine Berechtigung zugestanden werden kann, gibt es auch echtes Brauchtum, das ohne äußeren Aufwand still aus der Arbeit des Volkes kommt.
Grundsätzlich könnte eine Gliederung des Brauchtums nach verschiedenen Gesichtspunkten vorgenommen werden, wobei Überschneidungen möglich sind. Folgende Einteilung soll Grundlage dieser Betrachtung sein:

* Gedeihen des Weingartens und der Trauben
* Gemeinschaftsarbeit
* Feste und Feiern

Gedeihen des Weingartens und der Trauben

Alles Brauchtum in Verbindung mit dem Wohlergehen des Weingartens, der Weinstöcke und Trauben steht in enger Verbindung mit dem Glaubensleben der ländlichen Bevölkerung.
Schon früh im Jahr ziehen die Gläubigen gemeinsam mit ihrem Priester durch Wiesen, Felder und Weingärten, um mit ihrem Gebet ein gutes Gedeihen und Segen für ihre Arbeit zu erbitten. Hier sind die Flurumgänge zu nennen, das Maibeten bei Feldkreuzen und Bildstöcken, die Fronleichnamsprozession. An manchen Orten findet die Palmweihe noch im Freiland statt, und der Segen des Priesters soll gute Frucht bringen. Palmzweige und die frischen grünen Zweige des Fronleichnamsumzuges werden mit heimgenommen, in den Acker oder Weingarten gesteckt. Aus dem Holz der Palmzweige werden Kreuzchen gebunden und an die Kellertüre genagelt. Auch hier soll der Segen weitergegeben werden. Bei drohendem Unwetter werden Zweige ins Feuer geworfen; als „Brandopfer" sollen sie Schutz vor Unheil bringen.
Bevor noch Hagelnetze über das Land gezogen wurden, sollten Wetterämter Katastrophen abhalten.
An vielen Stellen im Weinland errichtete Bildstöcke, Kreuze und Kapellen zeugen ebenfalls vom Glauben der Weinbauern. Daß auch heute noch solche Bildstöcke und Kapellen erbaut werden, ist ein Zeichen dafür, daß gerade in der bäuerlichen Bevölkerung noch echte Gläubigkeit vorhanden ist.
Hier ist wohl die 1970 bis 1972 von der Jägerschaft und den Weinbauern von Ratsch an der Weinstraße erbaute „Urbani-Kapelle" besonders zu erwähnen. In ungezählten freiwilligen Arbeitsstunden wurde hier ein Gotteshaus für den Schutzpatron der Weinbauern, dem Heiligen Urban, errichtet, das seinesgleichen in ganz Österreich nicht hat.Die Kirche nennt zwei Heilige mit dem Namen Urban:
Papst Urban (223 - 230) soll erlassen haben, daß der Kelch beim heiligen Opfer aus Silber oder Gold sein müsse. Deshalb wurde er fallweise mit einem Kelch in der Hand abgebildet.
Bischof Urban von Autun und Langres (Frankreich)

versteckte sich vor seinen Verfolgern erfolgreich in einem Weingarten. Er wurde deshalb mit einer Traube oder einer Rebe in der Hand dargestellt. Er ist der wirkliche Patron der Weinbauern. Sein Namensfest, der 25. Mai, fällt in die Zeit der beginnenden Rebblüte. In dieser Zeit ist Fürsprache um gutes Wetter besonders wichtig.
Auch ist hier der Brauch des Faßbodenschnitzens anzuführen, der sich von altersher erhalten hat. Meist wird der Schutzpatron der Weinbauern in Verbindung mit dem eigenen Anwesen dargestellt.
So vielfältig das Weinland ist, so groß ist auch die Zahl der Heiligen, die zum Schutz der Weinberge aufgerufen sind. Im Volksmund sind sie meist mit dem erwünschten Wetter in Verbindung gebracht:

Vinzenzi Sonnenschein,
bringt viel Korn und guten Wein (22. Jänner).

Pauli Bekehrung, licht und klar,
bringt ein gutes Weinjahr (25. Jänner).

Friert es zu Mariä Verkündigung,
sind starke Maifröste zu erwarten (25. März).

Zu Georgi naß,
schwimmen die Trauben bis ins Faß (24. Mai).

Ist Urbani voller Sonnenschein,
gibt es viel und guten Wein (25. Mai).

„Heiliger Urbani loss grotn
den Weißen und den Roten."

Wenn es zu Medardi regnet,
gehen die Trauben fort (8. Juni).

Regnet es zu Barnabas,
fault die Traube bis ins Faß (11. Juni).

Wenn zu Vitus die Trauben schon verblüht sind,
gibt es eine gute Ernte (15. Juni).

Sankt Lorenz mit heißem Hauch,
füllt dem Winzer Faß und Schlauch (10. August).

Maria Himmelfahrt klarer Sonnenschein,
gibt viel und guten Wein (15. August).

Matthias macht die Weinbeer süß (21. September).

Zu Theres und Galles lest alles. (15. und 16. Oktober)

Wenn am Martinitag die Sonn übers Weingebirg scheint, ist im kommenden Jahr ein gutes Lesen (11. November).

Wenn am Nikolaustag der untere Wind weht,
gefriert das Weinholz unter der Tuchent
(6. Dezember).

Die hl. Cäcilia im Weingarten, Südsteiermark

Ein Heiliger verdient noch besondere Erwähnung: der Heilige Johannes. An seinem Namenstag, dem 27. Dezember, bringen in manchen Orten der Steiermark die Weinbauern eine Flasche mit Jungwein in die Kirche zur „Johannisweinweihe" oder zur Weinsegnung. Am Ende eines Dankgottesdienstes segnet der Priester die mitgebrachten Weine. Jeder Bauer nimmt danach seinen Wein mit heim und gibt einige Tropfen des gesegneten Weines in seine Weinfässer. Dadurch soll sich der Wein besonders gut entwickeln und außerdem später keinem Trinker schaden.
Im Anschluß an diese Weinsegnung finden in einigen Orten dann gemeinsame Weinverkostungen statt. Dabei wird über die Qualität des Jahrganges ein erstes Urteil gefällt, aber auch Hilfsmaßnahmen für schwierige Weine werden besprochen.
Diese erste Verkostung wird als „Hansweinkost" bezeichnet. Sie findet in der letzten Zeit immer weitere Verbreitung, nachdem sie vor einigen Jahrzehnten fast völlig in Vergessenheit geraten war.
Und noch einige Heilige müssen beschrieben werden, weil sie mit wichtigen Ereignissen im Weinbauernjahr in Verbindung gebracht werden. Mit dem Anna-Tag (25. Juli) werden die Weingärten gesperrt. Das heißt, sie dürfen von Unbefugten nicht mehr betreten werden. Noch Mitte der Fünfziger-Jahre gab es zur Überwachung der Weingärten in Gamlitz einen amtlich angestellten Weingartenhüter. Heute sind die Weinberghüter jedoch kaum noch irgendwo im Steirischen Weinland zu finden.
Der 25. Juli hat für das Brauchtum in den letzten Jahren immer größere Bedeutung erlangt. Am Jakobi-Tag werden die Klapotez aufgestellt oder losgelassen.

Dieses Aufstellen wird mancherorts wirklich mit großem Aufwand betrieben. Musik spielt auf, es wird getanzt und gesungen; und natürlich wird auch gegessen und getrunken.
Der Klapotez, die Windmühl oder das steirische Windradl gehört sicher zu den bekanntesten Brauchtumsgütern des Steirischen Weinlandes. Wie alt diese Vogelscheuche ist, seit wann sie in den Weingärten zum Vertreiben der Vögel eingesetzt wird, weiß eigentlich niemand genau. Früher hieß sie allgemein nur Windradl oder Windmühl. In der letzten Zeit aber hat sich der Name Klapotez eingebürgert. Er kommt sicher von unserem südlichen Nachbarstaat Slowenien; „klopotati" bedeutet in der slowenischen Sprache „klappern". Und diese Bezeichnung gibt lautmalerisch genau das Geräusch wieder, das beim Drehen des Klapotez durch den Wind entsteht.
Aufgestellt werden die Klapoteza zu Jakobi, das ist die Zeit, wo die Trauben anfangen so zu schmecken, daß sie von Vögeln gerne gefressen werden. Durch das Klappern sollen die naschhaften Tiere vertrieben werden.
Die Klapotez sind inzwischen zum Wahrzeichen des Südsteirischen Weinlandes geworden. Immer wieder werden sie auf Bildern dargestellt, und in unzähligen Liedern werden sie besungen.

Weingartenlied

Reben,die lange entblättert sind,
Frieren und liegen darnieder,
Über die Hänge im Abendwind
Weinen Klapotezalieder.

Weinen um all die vergangene Lust,
Ernte und Winzergelage,
Wecken in meiner ruhigen Brust
Sehnsucht verklungener Tage.

Gib mir noch einmal, braunäugiges Kind,
Deine verdurstenden Glieder! -
Nutzlose Klage! Im Abendwind
Weinen Klapotezalieder.

Ernst Goll

Übrigens haben die Klapotez in der Steiermark acht Flügel, während sie in Slowenien meist sechs Flügel haben. Heutzutage müssen die Klapotez oft stillgelegt werden, die Sommergäste wollen in ihrer Ruhe nicht gestört werden.
Zu Martini, am 11. November, wenn keine Trauben mehr in den Weingärten hängen, wenn aus dem Sturm schon der neue Wein geworden ist, dann wird der Klapotez entweder abgebaut, damit er im Winter keinen Schaden nimmt, oder er wird abgesperrt, daß die rauhen Herbstwinde ihn nicht zerstören.
Aber auch heidnisches Brauchtum ist bei manchen Weinbauern noch zu finden. So wird von einer frisch geöffneten Flasche ein wenig Wein auf den Kellerboden geschüttet. Damit sollen Korkreste entfernt werden, sagen die einen, böse Geister sollen besänftigt werden, sagen andere.
Geldmünzen, in die schwarz verschimmelten Kellerwände gedrückt, sollen Glück bringen.
Die holzgeschnitzte schwarze Katze, die auf ein Faß gestellt wird, hat eine besondere Bedeutung. Sie kennzeichnet den besten Wein des Jahrganges und sie soll ihn „beschützen".
Verträge zwischen Weinbauern und Winzern, zwischen Bauern und ihren Knechten und Mägden erhielten früher mit dem „Leikauftrunk" ihre Gültigkeit. Unter Leikaufmachen verstand man einen Vertragsabschluß.
Auch heute werden Handelsangelegenheiten zwischen Bauern oft noch mit einem gemeinsamen Trunk besiegelt. Fallweise halten diese Abkommen besser als solche, die schriftlich festgehalten wurden.
Ein weiteres Kapitel aus früherem Brauchtum stellt der „Mistball" dar. In der Zeit, als es noch keinen Kunstdünger gab, und echter Mist daher sehr kostbar war, veranstalteten Weinbauern, die selber kein Vieh hatten, den Mistball. Teilnehmer an einem solchen Fest war jeder, der eine Fuhre Mist als Eintritt mitbrachte. Der Veranstalter stellte Musik, Speisen und Getränke.

Gemeinschaftsarbeit

Viele Arbeiten in den steirischen Weinbergen sind zeitaufwendig und wegen der Steilheit der Hänge sehr schwierig. So ist es gebräuchlich, für manche Arbeiten Tagwerker, Hilfslöhner oder auch Freunde einzuladen. Durch die größere Zahl der Helfer sind die vorgesehenen Arbeiten dann schneller fertiggestellt.
Einige dieser Gemeinschaftsarbeiten sollen hier vorgestellt werden.

Da ist zuerst einmal die Neuanlage eines Weingartens zu nennen. Dazu ist es notwendig, den Berghang gründlich und tief umzugraben. Rigolen heißt dafür der Fachausdruck. Früher mußte diese Arbeit händisch durchgeführt werden, heute stehen entsprechende Maschinen zur Verfügung, die an einem Tag mehr zu leisten imstande sind, als früher ganze Gemeinschaften in wochenlangem Einsatz leisten konnten. Auch das Versetzen der Reben für eine Neuanlage ist eine Arbeit, die von Fachkräften in größeren Gruppen schneller bewältigt werden kann. Nachbarschaftshilfe ist üblich. Daß bei solcher Gemeinschaft auch das Gespräch nicht zu kurz kommt, ist wohl verständlich. Wann schon hat der Bauer sonst Zeit, sich länger mit Berufskollegen zu unterhalten und wichtige Erfahrungen auszutauschen?
Bevor die Weingärten begrast wurden, mußte der Boden alljährlich mehrmals unkrautfrei gemacht werden. Das geschah mit einer Haue. Auch für das Weingarthauen kamen mehr Menschen zum Einsatz.
In diesem Zusammenhang muß natürlich das Lesen genannt zu werden. Wohl zu keiner anderen Arbeit im Weingarten kommen Gäste so gern zu Hilfe als zur

Lese. Einerseits sicher deswegen, weil die köstlich reifen Trauben (kostenlos) gegessen werden können, andererseits aber auch, weil dieses Ernten einfach zur schönsten Arbeit im Weinbauernjahr gehört und es eine Auszeichnung ist, vom Weinbauern eingeladen zu werden.
Bei manchen Weinbauern wird das Ende der Lese mit einem festlichen Lesermahl gefeiert. Die „Steirische" darf dabei nicht fehlen. Und wenn der Bauer selber schon längst beim Pressen ist, vergnügen sich die anderen Leser bei Gesang und Tanz.
Und erst das Pressen! Hier ist es wohl am besten, einen Schriftsteller zu Wort kommen zu lassen, der in unübertreffbarer Sprache diesen Vorgang beschrieben hat: Paul Anton Keller im „Sausaler Jahr":
„... Manche Stöcke sind zum Brechen voll: die Fruchtzweige, die der Winzer angeschnitten und sorgsam in Bogen gezogen hat - Binder heißen sie in der Sprache des Fachmanns -, sind dick voll Trauben ... Da gibt es Stöcke, die einen Eimer füllen. Die Buttentrager sammeln den Inhalt aus den Eimern und wandern mit der Fechsung zur Presse hinab ...
... Der Duft lebt im ganzen Raum."
Alsbald schaufeln die Helfer die Beeren in die Quetschmühle, und den Brei, der unten abfließt, fördert der Winzer in den Preßkorb. Nicht immer geht es so mit Maschinenkräften her beim Weinpressen. Die kleineren Weinbauern treten ihre Trauben. Da steigt der Mann, wenn die Ernte am Preßblatt liegt, barfuß hinauf, drei vier Helfer kommen nach und alle gehen auf den Trauben herum und zertreten die Frucht. Das kann einem unter Umständen dauernd den Gaumen belegen, daß kein Tropfen Wein darüber mag. ..."
Das war eine Schilderung über das Weinpressen vor einem halben Jahrhundert. Heute gelten als oberstes Gesetz in der Kellerarbeit Sorgfalt und Hygiene.
Doch noch auf einen Brauch kann in diesem Zusammenhang verwiesen werden, der sich zum Teil bis in die Gegenwart erhalten hat. Der Buttenträger, dessen Aufgabe es ist, die gelesenen Trauben in seiner Butte zum Keller oder zu einem bereitstehenden Fahrzeug zu bringen, benützt als Stütze für das beschwerliche Gehen in den steilen Weinbergen einen Stock. Diesen Stock verwendet er aber auch, um die Zahl der von ihm getragenen Butten durch eine Einkerbung zu vermerken. Der Lesestock ist somit ein Nachweis über die Arbeitsleistung des Buttenträgers; die in den einzelnen Jahren gesammelten Stöcke geben Aufschluß über die jeweilige Erntemenge.
Durch die Entwicklung bergtüchtiger Weingartenmaschinen ist manche händische Arbeit heute nicht mehr notwendig. Mit dem Verschwinden dieser Arbeiten sind auch die Werkzeuge und Bezeichnungen verlorengegangen. Schade!
Gemeinschaftsarbeit sind auch die Faßweinkosten, bei denen der Jungwein verkostet und kritisch beurteilt wird. Hierbei wird versucht, gemeinsam aus der Erfahrung vieler Weinbauern, das Produkt des Jahrganges durch schonungslose Beratung zu höchster Qualität zu führen.

Feste und Feiern

Am Anfang habe ich geschrieben, daß eine genaue Trennung der einzelnen Brauchtumsbereiche voneinander nicht möglich ist. So sind auch schon einige Bräuche genannt worden, die eigentlich hier aufgezählt werden sollten.
Die Weinlesefeste, die in der letzten Zeit an immer mehr Orten durchgeführt werden, sind hier wohl an erster Stelle zu nennen. Natürlich haben sie ihre Berechtigung. Doch ist wohl festzustellen, daß sie in einer Zeit stattfinden, wo die Weinbauern selber eigentlich keine Zeit haben, sich daran zu beteiligen. Die ersten Feste sind an den letzten Septemberwochenenden angesetzt, die letzten fallen in die Zeit bis Mitte Oktober. Gerade in diesen Wochen haben die Weinbauern mit der Lese, aber auch mit der Kellerarbeit alle Hände voll zu tun. So bleibt ihnen wenig Zeit, an diesen Festen teilzunehmen. Auch darf nicht übersehen werden, daß diese Wochenenden gerade im Steirischen Weinland die größten Besucherzahlen bringen.
Das ist die Zeit, wo im südsteirischen Hügelland die Kastanien reifen und mit dem halbvergorenen Traubensaft, dem „Sturm", an den Weinstraßen zum Kauf angeboten werden.
Viele Besucher kommen in dieser Zeit aber auch deshalb in das Weinland, weil es dann in seiner vollen Farbenpracht jedes andere Weinbaugebiet an Schönheit und landschaftlicher Vielfalt übertrifft.
Feste anderer Art sind die kleineren und größeren Lustbarkeiten, die beim Aufstellen des Klapotez organisiert werden.
Für die Weinbauern selber sind die Weinkosten auch eine Art von Fest. Wenn die eigenen Weine gut bewertet worden sind, ist es natürlich eine Freude, an einer solchen Veranstaltung beteiligt zu sein. Außerdem besteht die Möglichkeit, sich gegen ein kleines Entgelt ein umfassendes Bild von der Qualität des Weinjahrganges und von den Weinen der Konkurrenz machen zu können.
Bei Erntedankfesten dürfen in Weinbaugebieten in der künstlerisch gestalteten Erntedankkrone die schönsten Trauben nicht fehlen.
Abschließend soll noch auf einen Brauch verwiesen werden, der in den letzten Jahren immer größere Bedeutung erlangt hat: die Wahl der Weinkönigin. Fachliche Kompetenz, sicheres Auftreten in der Öffentlichkeit und berufliche Beziehung zum Weinbau sind die Anforderungen, die von einer Fachjury an die Kandidatinnen gestellt werden. Ihre Aufgabe ist es dann, in ihrer zwei Jahre dauernden Regentschaft, dem Ansehen des steirischen Weines im eigenen Bundesland, in Österreich und bei wichtigen Anlässen im Ausland zu dienen. Sicher eine schöne und verantwortungsvolle Aufgabe. Die Krönung erfolgt anläßlich der Weinwoche in Leibnitz.

Vom Kochen in

der Steiermark

Die Steirische Küche – einst und jetzt

Die Koch- und Eßgewohnheiten der Steirer sind von der Vielfalt der in der Steiermark geernteten Früchte geprägt. In dem scheinbar ausgereizten Bereich der traditionellen Küche läßt sich aber immer wieder Neues finden. Die Wurzeln der heimischen Kochkunst lassen sich viele Jahrhunderte zurückverfolgen. Die steirische Küche spiegelt die Einflüsse des ehemaligen österreichischen Vielvölkerstaates einerseits und die Koch- und Eßgewohnheiten durchziehender Völker andererseits in ihrem Variantenreichtum wider.
Im Detail verfeinert, um Nuancen verändert bringt man auch bei uns heute noch viele Speisen auf den Tisch, an denen schon unsere Vorfahren Gefallen fanden. Von der Küche läßt sich immer darauf schließen, was das Land an Vieh und Früchten hervorbringt. Im großen und ganzen spiegelt sich aber in der steirischen Küche die geographische Lage dieses Landes wider. So wurde schon immer in der Obersteiermark mit seinen tiefen Tälern, massiven Bergen und Almen vorwiegend Viehzucht und Milchwirtschaft betrieben. Im auslaufenden Gebirgs- und Hügelland der Süd-, West- und Oststeiermark mit seinem begünstigten Klima fand die regionale Entwicklung der heimischen Kost im Ackerbau, Obst- und Weinbau im Sinne des Wortes seine Grundlagen.
Schon im Altertum waren Verkehrswege vorhanden. In nord-südlicher Richtung waren es die Salz- und Eisenstraßen, die der wirtschaftliche Nährboden unseres Landes waren, der Ost-West-Verbindung hingegen kam nur zweitrangige Bedeutung zu und diese hielt sich vor allem an die natürlichen Talschaften. Ein reger Warenverkehr, wie auch der Transport von Nahrungsmitteln, fand allerdings meist zwischen den Ballungszentren statt. Die entlegenen Gebiete der Steiermark waren bis Anfang der sechziger Jahre fast ausschließlich auf sich selbst angewiesen. Erst als die letzten Gräben und Hochregionen dem Verkehr erschlossen wurden, gab es eine intensivere gesamtsteirische Wirtschaftsentwicklung, die sich auch auf die Nahrung der Bevölkerung auswirkte. Bis zu diesem Zeitpunkt war man über Jahrhunderte auf die Selbstversorgerwirtschaft angewiesen und die Grundnahrungsmittel kamen fast ausschließlich aus der eigenen Produktion. Das regionale Versorgungssystem galt für diese Regionen für alle Gesellschaftsschichten – Bauern, Adel und Bürger – gleichermaßen. In kleineren Städten und Märkten gab es viele alteingesessene „Ackerbürger", die ihren Nahrungsbedarf zum guten Teil aus der eigenen Landwirtschaft abdeckten. Aber selbst frühe Industriearbeiter und Bergleute waren nicht landlos und konnten sich im bescheidenen Rahmen mit den wichtigsten Grundnahrungsmitteln selbst versorgen. Dazu gehörten im Sommer vor allem grünes Gemüse, für den Winter wurden Erbsen, Bohnen und Linsen eingelagert. Für diese Bevölkerungsschicht war das Essen in jener Zeit sehr einfach. Mehr Abwechslung auf dem Speiseplan gab es nur für den verschwindend kleinen Teil wohlhabenderer Bevölkerungsschichten.
Ein Zukaufen von Nahrungsmitteln war lange Zeit die Ausnahme von der Regel. Nur für besondere Anlässe war man damals dazu in der Lage. Regelmäßig zugekauft wurden in beschränktem Ausmaß nur jene Grundnahrungsmittel, die man selbst nicht ausreichend produzieren konnte wie etwa Getreide in der Obersteiermark, eine Art Urkost in Form von Brei, Sterz und Brot.
Hirse, Gerste, Roggen und Weizen – damals in Form von Spelzweizen – standen in der Steiermark schon früh im Ertrag. Lediglich der Hafer wurde erst viel später als Einzelgetreide kultiviert und gedieh vorher meist als Unkraut auf Gersten- und Weizenfeldern. Erst im 15. Jahrhundert hatte man den Buchweizen, auch als Heiden bekannt, auf mageren, kargen Böden als Zweitfrucht angebaut. Durch die klimatisch günstige Lage der Steiermark gediehen schon früh wildes „Kraut" und Pflanzen, die als Gemüse, Salate und Würzen verwendet wurden. Im Hochmittelalter zogen vor allem die zahlreichen Klöster und Stifte spezielle Würz- und Heilkräuter, die dann auch in unseren Hausgärten angepflanzt wurden. Kraut und Rüben waren zu dieser Zeit aber die häufigsten Vertreter der selbst produzierten Nahrungsmittel. Doch darf das damalige Kraut nicht mit jenen Krautköpfen unserer Zeit verglichen werden. Man nimmt an, daß das „alte Kraut" blättrig und nicht in Köpfen wuchs. Es wurde meist gesäuert und als eigenes Gericht oder Zuspeis zu Getreidegerichten auf den Tisch gebracht, seltener hingegen zu Fleisch. Gab es von altersher auf jedem Hof schon immer Geflügel und damit auch Eier, war die Zucht von Schweinen, Rindern, Schafen und Ziegen sehr bescheiden. Durch die strengen Fastengebote im Mittelalter widmeten sich in dieser Zeit vor allem die kirchlichen Einrichtungen wie die Klöster besonders der Fischzucht und errichteten dazu unzählige künstliche Teiche. Pilze und Schwammerln wurden vor allem in Klosterküchen verwendet. Neben Kräutern und Wurzeln wurden einzelne Pilze auch zu Heilmitteln weiterverarbeitet.
Als Ende des 15. Jahrhunderts Christoph Kolumbus Amerika entdeckte, kamen im Laufe der Jahrzehnte und Jahrhunderte neue Feldfrüchte nach Europa. Die wohl bedeutendste Entdeckung dieser Zeit war der Mais. In der Steiermark wurde er in geringen Mengen und erst seit dem 17. Jahrhundert als „Türkischer Weizen" bekannt.
In allen Jahrhunderten der Entwicklung der steirischen Kochtradition sind die direkten Einflüsse des habsburgischen Kaiserreiches allgegenwärtig. Durch die intensiven Handelsbeziehungen kamen seltene „Zutaten" in unsere Küchen. Auch die mordend und brandschatzend durch unser Land ziehenden Kuruzzen und Türken hinterließen ihre Spuren nicht nur in kriegerischer Weise. Viele Gewürze und auch der Kaffee stammen von ihnen.

Ein wichtiger Bestandteil der täglichen Kost – unabhängig von der Standeszugehörigkeit – waren schon immer die Suppen, die je nach Region aus verschiedenen Nahrungsmitteln zubereitet wurden. Für die Bauern war die Suppe von frühmorgens bis spätabends dreimal täglich Kraftnahrung für das schwere Tagwerk. Vor der Entdeckung des Kaffees gab es für die Bürger die Morgensuppe, reisenden Kaufleuten und Handwerkern war die Suppe Vor- und Hauptspeise in einem, dem Adel wiederum war die Suppe ein willkommener Teil eines mehrgängigen Menüs. Verwendet wurden hauptsächlich in Milchgebieten abgerahmte Milch, Sauermilch, Buttermilch, saurer Rahm, Schotten oder Topfen. In Ackerbaugebieten mit Schweinezucht und Obstbau gab es Suppen mit Grammeln und Mostessig, dazu verschiedene Zutaten. Verwendet wurde auch der Sud von Rindfleisch oder Geselchtem, mit Hülsenfrüchten und Gemüse. Gebunden wurde alles mit dem dunkelsten Mehl. Sehr dick eingekochte Suppen waren oft Hauptmahlzeit allein.
Die Beschaffenheit der Feuer- bzw. Kochstellen war ausschlaggebend für die Art und Zubereitung der steirischen Kost. So gab es in Teilen der Oststeiermark häufig Gebackenes und Gedünstetes, Strudel und Tommerl, Ofensterze und dergleichen, die im Ofen zubereitet wurden. In Nordwestgebieten wie etwa dem oberen Ennstal kochte man am offenen Herdfeuer. In diesen Regionen gab es häufig gekochte Speisen und Pfannengerichte. Im größten Teil der Steiermark gab es vorwiegend Rauchstuben mit einer Doppelfeuerstätte. Diese Feuerstätte bestand aus einem Backofen und einem offenen Herd und wurde sowohl zum Backen als auch zum Kochen benützt. Rauchstuben waren der Mittelpunkt des Hauses, sie waren zugleich Koch-, Wohn- und Schlafstätte der Bauern. Erst ab dem 19. Jahrhundert verdrängte der geschlossene Sparherd nach und nach die traditionellen Kochstellen.
Zuerst in den Adels- und Bürgerhäusern, dann auch in den Bauernstuben. Gleichzeitig mit dieser Entwicklung setzte auch der Eroberungszug neuer Feldfrüchte ein. Erdäpfel, Paradeiser, Paprika und andere Neuzüchtungen kamen vermehrt in die steirischen Küchen.
Fette als wichtige Brat- und Backmittel waren schon von altersher in Verwendung. Regional gab es aber große Unterschiede in der Art der Fette und im groben wurde die Steiermark in eine Butterfett- und in eine Schweinefettgegend unterschieden. Schweinsfett oder Schmalz fand fast ausschließlich im Ackerbaugebiet des steirischen Hügellandes Verwendung, Butter in den Rinderzuchtgebieten der Obersteiermark. Speiseöl wurde bis zur Einführung des Ackerkürbis nur in geringen Mengen gepreßt. Die Basis für die verschiedenen Öle waren Mohn, Leinsamen und für besondere Anlässe Nüsse. Im Laufe des 19. Jahrhunderts kamen weitere Produkte hinzu. So verarbeitete man im Frühjahr Rips und im Herbst Raps zu Speiseöl. In dieser Zeit entdeckte man auch das schwarze Gold der Steiermark, das aus getrockneten und gerösteten Kürbiskernen gepreßte Kernöl.
Das Wort „Jause" hatte früher zweierlei Bedeutung: Jause als Proviant, den man Reisenden oder arbeitenden Menschen mitgab, und Jause als Zwischenmahlzeit vor und nach dem Mittagessen. Diese Jausen waren meist nur während des Sommerhalbjahres bei langen Tagen und schwerer Arbeit üblich und bestanden häufig aus trockenem, aber schmackhaftem Brot und einem Getränk wie Milch, saurer Milch, Buttermilch oder auch Most. Zur Jausen gehörte auch Obst und Dörrobst. Butter, Fleisch, Speck oder Wurst gab es nur bei schwerer körperlicher Arbeit.
Durch den steigenden Wohlstand quer durch alle Bevölkerungsschichten in den letzten Jahrzehnten änderten sich auch die Eßgewohnheiten der Steirer. Fleischgerichte sind heute alltäglich. In großen Mengen wird Schweinefleisch angeboten. Schweinsbraten, Schnitzel, Kotelette, geräucherter und geselchter Schinken und Speck, Sulz, Innereien, Verhackert und Schmalz sowie viele Arten von Würsten sind nur ein kleiner Auszug. Eine bodenständige Entwicklung machten dabei vor allem die unzähligen Buschenschenken in den Weingebieten mit, die ihren Gästen eine große Palette unterschiedlicher und selbstproduzierter Nahrungsmittel anbieten, aus denen die Brettljause hervorging, eine neuzeitliche Erfindung.
Der Herbst bringt vor allem in der Steiermark viel Abwechslung in den Kochtopf – und die Jäger decken mit ihrem Wildbret die Tische. Wildenten, Hasen, Kaninchen, Rebhühner, Fasane, Hirsche, Rehe und Wildschweine sind die Ernten der Weidmänner. Eine Vielzahl von Zutaten wie Räucherspeck, Karotten, klare Suppe, Petersilienwurzeln, Zwiebeln, Bratensaft, Schweineschmalz, Tomatenmark, ein Schuß Rotwein finden bei der Bereitung von Wild regelmäßige Verwendung.

Vom Schlachten und Wursten

Seit jeher spielte in Schloß-, Bürger- und Bauernhäusern in allen steirischen Regionen das Schlachten eine ganz besondere Rolle. In großen Teilen der Bevölkerung war das Hausschwein weit verbreitet. Auf den großen Höfen wurde hin und wieder ein Rind, auf solchen mit größeren Schafherden ein Teil der Schafe geschlachtet. Auf Grund der Hygiene und damit zusammenhängend der Haltbarkeit des Fleisches fand das Schlachten meist in den kalten Jahreszeiten statt. Traditionelle Termine waren die Zeit vor Weihnachten und im Fasching. Je nach Bedarf wurde das Schlachtgut weiterverarbeitet. Nur ein kleiner Teil wurde sofort zubereitet wie Innereien von Leber, Herz und Niere oder das Blut für Bluttommerl. Die Zubereitung von Bluttommerl war und ist denkbar einfach. Aus Mehl, Milch, Wasser, Blut, Zwiebel und Ei wurde ein Teig hergestellt, gewürzt mit Knoblauch, Salz, Pfeffer und Majoran und in einer hinreichend großen Pfanne im Backrohr dann gebacken.
Die Gedärme wurden gereinigt, gesalzen und so für das Wursten vorbereitet. Ausgelöste, zugeputzte

Fleischstücke wurden früher nur eingesalzen, später auch gepökelt und in einer Beize gelagert. Zur längeren Haltbarkeit wurde das Fleisch geselcht.
Anfallender Speck wurde ursprünglich zu Schweineschmalz und Grammeln ausgelassen, gemeinsam ergab das Grammelschmalz. Er wurde auch geselcht oder luftgetrocknet.
Verhackert hat besonders in der West- und Südsteiermark eine lange Tradition. Zur Zubereitung wird der Rohspeck gesalzen und den Winter über – oft auf dem Dachboden – luftgetrocknet, später zerkleinert und mit Salz luftdicht zur Fermentierung eingestampft. Es galt früher als sehr schmackhaftes Kochfett, das heißgemacht über Salat, Erdäpfel und über Ähnliches gegossen wurde. Ins Verhackert stampft man auch beste, leicht angebratene Fleischstückchen mit ein oder verwendet es zur Konservierung von Hauswürsten. Dies wird dann als Kübelfleisch angeboten.
Für die Wurstverarbeitung wurde ein Teil des Specks zurückbehalten. Aus Kopf- und Restfleisch, Innereien und Blut wurden Blut-, Leber-, Brein-, Brat- oder Preßwürste gemacht. Breinwürste wurden gekocht und nur über die Frostperiode aufbewahrt und auch gerne an Nachbarn und Freunde verschenkt. Haltbarwürste wurden geselcht oder luftgetrocknet.
Außerhalb der traditionellen winterlichen Schlachtzeiten wurden meist nur Kleintiere wie Ziegen, Lämmer, Kaninchen und Geflügel geschlachtet.

Getreide

Wie bei anderen seßhaften Völkern hoher Kultur war auch in der Steiermark Getreide eine Art Grundkost. Früh gab es Gerste, Hirse, Weizen, Roggen und Hafer. Der Buchweizen, auch Heiden genannt, kam ab dem 14. bis 15. Jahrhundert aus Kleinasien in unsere Regionen, erst ab dem 17. Jahrhundert aus Amerika langsam der Mais, im Volksmund auch Türken, Kukuruz oder heute Woaz genannt. Getreideprodukte wurden meist ohne Teig direkt in Wasser eingekocht. Aus enthülsten Körnern bereitete man „Breine", vergleichbar mit heutigen Reisgerichten.

Eine sehr ursprüngliche Haferspeise war „Talggn", einst im oberen Murtal, auf der Koralpe und unter dem Namen „Habaner Grieß" vereinzelt auch im steirischen Wechselgebiet gegen das Joglland hin bekannt. Dazu ließ man Hafer über Nacht in Heißwasser ganz aufquellen, am folgenden Morgen wurde das Wasser abgelassen. Dann mußte dieser Hafer im Backofen ein bis drei Tage lang dörren, bis er „knackte". Zwischen Mühlsteinen oder durch Stampfen, aber auch mit dem Nudelwalker am Brett wurde er zerkleinert, damit sich die Hüllen lösten und abgeblasen wurden. Diese Talggn wurden dann entweder mit heißem Wasser aufgegossen und kurz quellen gelassen oder in Butter bzw. Schweineschmalz mit Eiern abgeschmalzen. Diese Art Urspeise wurde auch mit anderen Getreiden zubereitet.
Aus Schroten und Mehlen machte man Koche, woraus sich viele verschiedene Sterzspeisen entwickelten. Zuerst die gekochten, dann die „abgebrannten" und später die „Pfannensterze".
Um das Jahr 1400 wurde der „Beutelkasten" erfunden, mit dem man in Wasser gesottene Teigspeisen zubereitete. So entstanden Knödel, Nocken, Nudeln, Spatzen und gekochte Strudeln sogenannte „Strukkel". In der Steiermark entwickelten sich weiters je nach Region Spezialitäten, oft nur gekocht oder dann weiter abgeschmalzen, mit Zutaten wie Kraut, Rüben, Kürbis, Schwämmen, Rahm, Topfen, Obst, Beeren oder Früchten. Man mischte sie aber auch in Teig oder füllte damit größere Formen wie Knödel oder „Strukkel". Es entwickelten sich weiters Schmalzgebäcke als Festtagsspeisen, die in butterreichen Gebieten wie der Obersteiermark auch im Alltag üblich waren.

Erdäpfel

Es war Erzherzog Johann vorbehalten, die „Kartoffel" in der Steiermark salonfähig zu machen. Dieses amerikanische Nachtschattengewächs hatte viele Namen wie Erdäpfel, Erdbirnen, Erdbohnen (Eschbon), Erdkastanien (Erdkästen) oder Krumbirnen (Krumbirn aus der Erdkrume). Gegessen wurden sie hauptsächlich als „Erdäpfel in der Montur", das heißt in der Schale gekocht, oder als „Größte", gekocht, in feine Scheiben geschnitten und mit Zwiebel in Schmalz geröstet.

Vom steirischen Federvieh

Hühner gehörten in der Steiermark früher zu jedem großen und kleinen Hof, zu jedem Keuschler und kleinsten Häuserl, wo immer Platz für Auslauf vorhanden war. Gehalten wurden auch Zwerghühner, wo es Wasser gab, Enten und Gänse. Die Entdeckung Amerikas brachte Truthühner zu uns. In Schlössern und Herrschaftshäusern hielt man die wegen ihres bunten Federkleides beliebten Pfaue.
Unter all dem Federvieh galt den Hühnern die größte Aufmerksamkeit, deren Aufzucht und Verantwortung in den Händen der Hausfrau lag. Das Eiergeld, eine willkommene Einnahme, war das sogenannte „Schürzengeld" der Bäuerin. Dieses konnte sie selbständig verwenden, ohne jemandem – weder ihrem Mann noch der Hofgemeinschaft – Rechenschaft darüber ablegen zu müssen.
In Regionen, wo reichlich Getreide vorhanden waren, hatte man mehr Geflügel. Da gehörte das Huhn in kurzen Abständen zur sonntäglichen Volkskost.
Seinen guten Ruf weit über die steirischen Landesgrenzen hinaus trug das Sulmtaler Huhn, das mit den Poularden (Hennen) aus der „Bresse" in Frankreich und den Brüsseler Poularden weltberühmt war. Dabei nahmen die steirischen bzw. Sulmtaler Poularden seit jeher eine besondere Stelle ein. Daneben waren die kastrierten Masthähne, Kapaune, international als Spezialität beliebt.

Stiwoller Suppenstrudel
Rezept von Erna Ogrisek
Zutaten für 10 bis 12 Stück

¼ kg Mehl, Salz
1 Ei, 2 EL Öl, ¼ l lauwarmes Wasser

Für die Fülle: 5 alte Semmeln, 2 EL Schweineschmalz

Die Zutaten vermengen und zu einem Teig kneten bis die Schüssel rein ist. Den Teig ca. ½ Stunde rasten lassen, nochmals gut durchkneten. Den Teig auf einem bemehlten Tuch mit dem Nudelwalker auf ⅓ der Endgröße auswalken und anschließend mit der Hand auf der Tischfläche ausziehen. Den Teig mit Schweineschmalz bestreichen. Auf ⅔ der Teigfläche werden die geschnittenen Semmelwürfel verteilt. Den restlichen Teig wegschneiden und auf die Semmelwürfel legen. Mit dem Tuch zu einer Rollade zusammenrollen. In handgroße (10 bis 12 cm große) Stücke teilen. Im vorgeheizten Backrohr bei 180°C 40 Minuten backen.
In einer großen Suppenschüssel mit geselchter Suppe oder Rindssuppe anrichten. Der Suppenstrudel wird auch als Beilage zu Geselchtem gegessen.

Salate
Die Zubereitung roher, kalter „Gemüseblätter" mit Öl, Essig, Salz und Würzen wurde in der Steiermark erst im Spätmittelalter bekannt und im 15. Jahrhundert gebräuchlich. Diese erste Art von Salat kam aus Italien, das Wort selbst stammt aus dem italienischen „insalata". Olivenöl konnten sich damals nur die Oberschichten leisten. Die steirischen Bauern bereiteten ihre Rohsalate wie gesammelte Wildkräuter, Gartensalate oder Kraut zu Salat durch Überbrühen mit zerlassenem, heißen Speck, heißer Butter oder Butterschmalz, Grammelfett oder heißem Verhackert zu. Abgeschmeckt wurde mit mildem, selbsterzeugtem Essig aus Molke, Obst (Holzäpfel, Most), Weintrauben (Wein) oder verschiedentlich aus Beeren (Essigbeeren und andere). Ebenfalls wurden saure Milch oder Rahm verwendet, insbesondere für Rettich und Gurken. Es gab damals hauptsächlich Leinöl. Dieses wurde ausschließlich in der Fastenzeit, da tierisches Fett verboten war, für Salate und zur Speisenbereitung verwendet. Man preßte aber auch Mohnöl, für Festtage auch Nuß- oder Haselnußöl. Erzeugt wurden viele Heil- und Kräuteröle wie Leindotter.
Kürbisse wurden erst spät zu Kernöl gepreßt. Dieses gewann ab dem beginnenden 19. Jahrhundert zunehmend an Bedeutung. Vor der Jahrhundertwende wurde es von Kürbiskernen mit Schalen, danach auch von solchen ohne Schalen sorgsam gepreßt.
In Gärten züchtete man immer mehr Salatpflanzen. Etwa Vogerlsalat – Rapinsel oder Rapunzel –, Häuptelsalat, Krauthäuptel, Endivie und viele mehr.

Der neuen steirischen Küche in allen ihreren Varianten hat sich der Haubenkoch Willi Haider verschrieben. In Kalsdorf bei Graz gibt er seine große Erfahrung als Meisterkoch mit vielen kleinen hilfreichen Tips in seiner Kochschule nicht nur an Hausfrauen und Hausmänner weiter, auch professionelle Kochkünstler lassen sich von ihm praxisgerecht beraten. „Denn es ist nicht jeder ein Koch, der einen Kochlöffel in der Hand hält." Die vorliegende Rezeptsammlung soll einen Streifzug durch die Koch- und Speisetradition der Steiermark in zum Teil „neuem Gewand" darstellen. Sie ist leicht nachkochbar und eine Bereicherung für den Mittags- oder Abendtisch.

Willi Haider

Meine einfache große Küche

So nenne ich gerne meinen Stil oder meine Art zu kochen. Es ist dies das Ergebnis von gut zwanzig Jahren Küchenerfahrung, die ich fast ausschließlich in der Steiermark und, abgesehen von der Lehre, ohne Küchenchef oder Lehrmeister machen mußte.
Bedingt durch diesen für Köche eher ungewöhnlichen und somit fast autodidaktischen Berufsweg, entstand bei mir eine Art zu kochen, die großteils von einer einfachen Zubereitung unserer heimischen Produkte geprägt wird. Seit über zehn Jahren bin ich auf der Suche nach dem Geheimnis der traditionellen Qualität unserer Speisen, und ich glaube, das Geheimnis gefunden zu haben.
Wenn man das Kochen näher betrachtet, so bemerkt man einen sehr logischen Aufbau und eine Vielzahl zusammenhängender Naturgesetze, die das Endprodukt bzw. die Speisen verändern können. Ich unterteile vier große Bereiche, die meiner Erfahrung nach die Zubereitung und den Geschmack einzelner Gerichte beeinflussen können. Diese Grundvoraussetzungen haben sich in den letzten Jahrzehnten stark verändert, wodurch wir einige Zeit nicht in der Lage waren, jene Qualität zu erreichen, die es in unserer Erinnerung, früher bei unseren Großeltern, gab.

1. **Kochtemperaturen.** Da steht am Beginn das Feuer, das früher von holzbeheizten Öfen kam und eine angenehme, sanfte Wärme erzeugte. Heute arbeiten wir vorwiegend mit E-Herden, die wohl einfach und sauber zu beheizen sind, aber auch Temperaturen erreichen, die man früher in der Küche nicht kannte. Diese hohen Temperaturen sparen wohl viel Zeit beim Braten und Kochen, vermindern aber auch die Qualität der Speisen.

2. Kochzeit. Die Zeit ist ein weiterer Punkt, der sich heute stark von früher unterscheidet. Die Zeit fehlt heute in fast jeder Küche. Dank der Technik schaffen wir alles schneller und in kürzerer Zeit, aber sicher nicht besser. Ich denke da an die saftigen Braten und Hühner oder das langsam siedende Gulasch. Dafür nahm man sich früher gut 3 bis 4 Stunden Zeit; heute müssen für dieselben Speisen 1 bis 2 Stunden genügen, dank unserer Hektik und auf Kosten der Qualität.

3. **Zubereitung.** Der dritte Punkt ergibt sich aus den ersten beiden Punkten. Bedingt durch die knappe Zeit und die technische Ausstattung, hat sich auch die Art der Zubereitung verändert. Gab es früher vorwiegend langsam Gebratenes und Gekochtes, oft im großen Stück, so wird heute vielfach aus Zeitgründen alles kurz gebraten und gegrillt. Dabei kann man wohl Zeit sparen, aber kaum jene Geschmacksfülle erzielen, die es bei traditionellen Braten gibt.

4. **Grundprodukte.** Die guten Transport-, Kühl- und Lagermöglichkeiten bescherten uns eine Vielzahl von Produkten, von denen man früher nur träumen konnte. Exotische Früchte, Gemüse und Fische sowie Saisonprodukte sind fast ganzjährig auf unseren Märkten vorhanden. Alles, was schön und teuer ist, wird angeboten. Es brauchte eine Zeit, bis ich dahinter kam, daß schöne und teure Produkte nicht immer gute Produkte sind, und war nun an jenem Punkt angelangt, wo für mich aus dem Geheimnis der traditionellen Qualität Realität wurde.

Ich begann die Technik etwas einzuschränken, die Temperaturen im Ofen zu senken und die Garungs- bzw. Kochzeiten zu verlängern. Ich suchte nicht mehr nach optisch schönen, sondern nach geschmackvollen und frischen Produkten meiner Heimat, um sie auf einfache und behutsame Weise zu verarbeiten. Dabei entdeckte ich die vielen Grundprodukte von sehr hoher Qualität, mit denen ich heute koche.

Die Almen liefern uns Milch und Milchprodukte von Kühen und Schafen, die Wälder sind reich an Wild, Pilzen und Beeren, unsere sauberen Flüsse und Teiche werden von Forellen, Saiblingen, Hechten, Karpfen und vielen anderen Fischen belebt. Auf den Äckern liegen im Herbst die Kürbisse für unser über die Grenzen bekanntes Kernöl, und nicht zu vergessen ist der Weinbau in der Steiermark, der viel dazu beiträgt, unsere südliche, unvergleichlich schöne Landschaft zu erhalten und nicht zuletzt mit den in den letzten Jahren ständig gestiegenen Qualitäten unserer fruchtig-frischen Weine für Überraschung bei Kennern und Genießern zu sorgen.

In den folgenden Kapiteln möchte ich Ihnen noch viele meiner Kochtricks und Erfahrungen aus der Praxis als Küchenchef sowie meine „Kochschul-Erfahrungen“ verraten. Nach dem Studieren der folgenden Tips werden Sie die Rezepte viel besser verstehen und mit größerem Erfolg nachkochen können.

10 Punkte für ein gelungenes Essen

Diese 10 Hauptpunkte sollten stets beachtet werden, da viele mißlungene Speisen oder gar Feste bei diesen Punkten ihren Ursprung haben. Aus meiner Erfahrung weiß ich, daß nur ein Viertel der Fehler wirklich beim Kochen passiert, daher sollten vor allem die Organisation, der Einkauf, die Produkte sowie deren Lagerung beachtet werden.

1. Zeit und Freude

Zeit ist das wichtigste und oft auch teuerste „Gewürz der Küche". Nur wer mit Freude kocht, kocht wirklich gut. Der Mut sollte beim Kochen die Angst besiegen, aber Vorsicht: auch beim Kochen gilt der Spruch „Übermut tut selten gut!"

2. Vorbereitung und Planung

Gelungene Feste sind ohne Planung kaum möglich, daher rechtzeitig planen und organisieren.

3. Ausstattung der Küche

Ein guter Handwerker braucht gutes Werkzeug. Denken Sie bei Bedarf auch an helfende Hände.

4. Einkauf

Rechtzeitiges Vorbestellen spart Zeit und Ärger beim Einkauf, speziell vor Festtagen.
Bei spontanem Einkauf Saisonprodukte und Alternativen für die Speisenplanung beachten.

5. Lagerung und Witterung

Falsche Lagerung kostet nicht nur Geld, sondern auch Vitamine und Geschmacksstoffe der Grundprodukte.
Haushaltskühlschränke sind für längere, optimale Lagerung nicht geeignet.
Tiefkühlwaren gut verpacken und langsam auftauen, Fleisch und Fisch bei raschem Gebrauch am besten ohne Verpackung in kaltem Wasser auftauen.
Vakuumverpackte Waren (Fleisch) nach dem Öffnen auslüften lassen.
Vorsicht bei Wetterumschwung! Suppen, Gulasch und Marmeladen können nach dem Zubereiten leicht sauer werden.

6. Vorbereiten der Speisen (Verwertung)

80 % der Speisen können 1 bis 2 Tage vorher vor- bzw. zubereitet werden, wodurch Sie Streß und Ärger sparen.
Produktreste können sinnvoll für Suppen und Saucen verwertet werden.

7. Zubereitung

Viele Speisen gewinnen durch spezielle Zubereitung oder Technik an Qualität.
Langsames Köcheln bzw. Garen bei niederer Temperatur läßt Speisen wie bei Großmutter schmecken.
Tip: Garmethoden

8. Würzen

Um den Eigengeschmack der Speisen nicht zu zerstören, Salz und Gewürze eher sparsam verwenden. Wenn möglich, sollen Frischkräuter sowie frischgemahlene Gewürze (wie Pfeffer, Muskat) den Vorzug haben.
Werden Fleischstücke vor dem Anbraten mit Senf gewürzt (Roastbeef, Rindschnitzel, Steaks), so verwende ich den etwas schärferen französischen Dijonsenf, da dieser beim Erhitzen keinen unangenehmen Geschmack bekommt, wie dies bei heimischen Senfsorten der Fall sein kann.

9. Anrichten

Optisch geschmackvolles Anrichten auf farbneutralem oder kontrastreichem, einfärbigem Teller erfreut das Auge und beeinflußt den Gaumen. Kalte Teller für kalte Speisen sowie heiße Teller für warme Speisen sind für den Genuß von Speisen mitverantwortlich.
Überprüfen Sie rechtzeitig die Geschirrmenge bei größeren Festen.
Serviertemperatur beachten!
Käse, Salate, Früchte sowie Eis und Spirituosen sollten nicht zu kalt serviert werden, durch Temperieren wird der Geschmack gesteigert.

10. Atmosphäre

Gleichgesinnte Genießer mit dem notwendigen Appetit in angenehmer Atmosphäre sind ein gutes Omen für ein gelungenes Mahl. Durch gute Vorbereitung vermeiden Sie Streß und gewinnen dadurch genügend Zeit für Ihre Gäste.

Garmethoden (Zubereitungsarten)

In diesem Bereich werden wohl die meisten Fehler bei der Zubereitung von Speisen begangen.

Kurzbraten, Grillen (Sautieren)

Dabei werden Steaks, Koteletts, Schnitzel oder Medaillons nach dem Würzen in heißem Fett *(keine kaltgepreßten Öle verwenden)* gut angebraten, so daß sich die Poren schließen können und die Farbe bzw. Bräunung entstehen kann. Nach dem Wenden (nicht anstechen) werden die Fleischstücke, je nach Größe, fertiggegart. Je größer bzw. dicker die Stücke sind, umso langsamer werden sie auf der zweiten Seite fertiggegart.

Beim „Sautieren" wird geschnetzeltes bzw. gewürfeltes Fleisch in heißem Fett in kleinen Mengen rasch schwingend angeröstet, damit sich die Poren sofort schließen können.

Wichtig! Eine zu große Menge Fleisch (womöglich noch sehr kalt) und eine nicht zu heiße Pfanne (oder eine Pfanne mit dünnem Boden) bewirken einen Temperaturabfall und somit großen Saftaustritt (Wasser in der Pfanne), das Fleisch wird weiß und schäumt in der Pfanne (Zubereitungsfehler).

Braten, Schmoren, Dünsten

Dabei werden große Fleischstücke nach dem Würzen kurz rundum angebraten, Fettseite zuerst, und je nach Fettgehalt bei niederer (mageres Fleisch) oder höherer (fettes Fleisch, mit Schwarte) Temperatur gebraten, im eigenen Saft geschmort oder mit Wein bzw. Suppe aufgegossen und zugedeckt langsam gedünstet.

Fleisch kochen bzw. sieden

heißt, Rindfleisch, Kalbfleisch, Schweinefleisch oder Lamm in mäßig heißer Suppe (80° bis 90°C) mit Gemüse, Kräutern und wenig Salz weichkochen (keine Streuwürze oder Suppenpulver verwenden - dadurch könnte sich das Fleisch rötlich färben!). Während des Kochens laufend abschäumen und abfetten. Will man eine gute Suppe, werden die Fleischstücke mit kaltem Wasser und Wurzelgemüse, Kräutern und Salz zugestellt. Dieses Kochfleisch wird für Salate, Sulzen oder Fleischstrudel weiterverwendet. Wenn die Suppe mit Knochen zubereitet wird, sollten diese vor dem Zustellen heiß überbrüht und kalt abgeschwemmt werden *(verhindert Trübung der Suppe und beseitigt unangenehme Geschmacksstoffe).*
Zum Aufgießen nur kaltes Wasser verwenden!
Wenn die Suppe mit heißem Wasser aufgegossen wird, kann sich das Fett mit der Suppe vermischen, wodurch sie trüb wird. Durch das Aufgießen mit kaltem Wasser steigen Fett und Trübstoffe sofort nach oben und können so gleich abgeschöpft werden.
Saftiges, gekochtes Rindfleisch entsteht durch Einlegen der nicht zu mageren Stücke (Tafelspitz, Meisel, Schulterscherzl) in die mäßig heiße Suppe.
Nach dem Kochen das Rindfleisch sofort in kaltem Wasser abschrecken und bei Bedarf kalt aufschneiden. Die geschnittenen Rindfleischscheiben in heißer Suppe erwärmen. Im kalten Zustand lassen sich vor allem sehr weich gekochte Fleischstücke gut - und ohne zu zerfallen - aufschneiden.
Tip: Durch das Abschrecken verhindert man ein Austrocknen des Fleisches und vermeidet auch die unansehliche, dunkle Verfärbung der Fleischoberfläche.
Der Trick mit dem Abschrecken in kaltem Wasser sofort nach dem Kochen kann bei allen gekochten Speisen und Beilagen, die nicht sofort angerichtet werden, verwendet werden: Selchfleisch, Zunge, Beuschel, Würste, Knödel, Leberknödel, Nockerln und Nudeln sowie Reis.

Fleisch backen

heißt, Fleisch- oder Geflügelstücke nach dem Panieren in Mehl, Ei (kurz verschlagenes Ei - wichtig für die lockere Panier - ohne Zugabe von Wasser oder Öl) und Bröseln (am besten frisch gerieben oder vom entrindeten Weißbrot) je nach Größe der Fleischstücke bei 130° bis 180°C schwimmend herausbacken. Zum Backen müssen Fettstoffe verwendet werden, die zum Erhitzen geeignet sind: Schweineschmalz, Kokosfett, Sonnenblumenöl oder im Handel erhältliche Öle zum Fritieren.
Achtung! Keine kaltgepreßten Öle verwenden.
Kleine Fleischstücke müssen heiß (ca. 180°C), große Stücke, z. B. ein Backhuhn, bei mäßiger Hitze (ca. 130°C) gebacken werden.
Beim Backen von größeren Stücken (z. B. Hühner- oder Kaninchenkeulen) sollte man die Anfangstemperatur eher niedrig wählen (130° bis 150°C), gegen Ende der Backzeit sollte die Temperatur erhöht werden (170° bis 180°C), um knuspriges bzw. trockenes Gebackenes zu erhalten.

Weitere Zubereitungsarten

Pariser Art: Fleischstücke bzw. Schnitzerl nach dem Würzen in Mehl und kurzverschlagenem Ei wenden, in heißem Fett backen.
Backteig: Ein Palatschinkenteig wird mit etwas Milch, Wein oder Bier zubereitet. Gewürzte Fleischstücke in Teig tauchen und fritieren.
Anstelle von Bröseln können kleine Fleischstücke auch mit Kokosflocken, Nüssen oder Käse paniert werden. Nach dem Backen auf Küchenpapier abtropfen lassen.

Zubereitung von Fleischgerichten

Die Wahl der richtigen Temperatur zählt zu den wichtigsten Bereichen bei der Fleischzubereitung. Bei großen Bratenstücken wäre die einfachste und sicherste Methode, mit der Kerntemperatur zu messen. Dafür geeignete Geräte sind im Handel relativ günstig erhältlich. Für Schwein-, Kalb- oder Rinderbraten wäre ein Kerntemperaturbereich von 75° bis 80°C ausreichend. Je langsamer diese Temperaturbereiche erreicht werden, umso saftiger und mürber sind die Braten.

Wichtig! Bratenthermometer bleiben während des Bratens im Fleisch.

Frühere Öfen hatten durchschnittliche Backrohrtemperaturen von ca. 130° bis 160°C, wodurch es eine sanfte, langsame Garung gab. Die heutigen Geräte erreichen 200° bis 250°C Backrohrtemperaturen, dadurch sind die Bratenstücke wohl schneller durch, bedingt durch die große Hitze verdunstet jedoch sehr viel Fleischsaft *(bis zu 35 % Saftverlust)*, wodurch das Endprodukt ein gelegentlich wohl brauner, jedoch trockener und stark geschrumpfter Braten ist, vor allem bei mageren Fleischstücken.

Allgemeine Tips zur Fleischzubereitung

* Pfanne mit dickem Boden erhitzen; erst kurz vor dem Braten Öl oder Fett mäßig in die Pfanne geben.

* Nur Fettstoffe verwenden, die zum Erhitzen geeignet sind (keine hochwertigen kaltgepreßten Öle erhitzen). Fette nicht überhitzen, rauchendes Fett ist gesundheitsschädlich!

* Temperiertes, gewürztes Fleisch immer zuerst auf der fettreichen Seite anbraten (Hautseite bei Geflügel oder Fett- bzw. Schwartenseite bei Fleisch). Fettränder erst nach dem Braten oder Kochen wegschneiden (schützt vor dem Austrocknen).

* Fleischstücke (Steaks, Schnitzel oder Braten) niemals beim Wenden mit der Gabel anstechen (ausgenommen Siede- bzw. Kochfleisch beim Prüfen, ob es weich ist); Saftaustritt bzw. Verlust durch das Anstechen.

* Steaks oder Rumpsteaks sollten nach dem Wenden, sobald sich Saft auf der Oberseite bildet, auf kleiner Flamme bei oftmaligem Wenden (ca. alle 2 Minuten) langsam zum gewünschten Garungspunkt fertiggebraten werden.

* Je trockener bzw. je magerer das Fleisch ist, umso weniger Hitze sollte beim Braten verwendet werden bzw. umso langsamer sollte man es garen.

* Kernige bzw. feste oder schlecht gelagerte große Fleischstücke (Roastbeef, Rostbraten) können bei einer Kerntemperatur von ca. 40°C mehrere Stunden im Rohr mürbgemacht werden, 6 bis 12 Stunden je nach Festigkeit. Backrohr auf ca. 40° einstellen.
Anschließend können die noch rohen, aber mürben Fleischstücke im ganzen oder aufgeschnitten wie üblich zubereitet werden.

* Leber kann unmittelbar vor dem Braten gesalzen werden, jedoch soll sie bei geringer Hitze langsam gebraten werden, da sie durch zu hohe Temperatur sowie zu langer Bratzeit hart wird und leicht verbrennt.

* Nach dem Braten sollen Fleischstücke vor dem Anschneiden, je nach Größe, kurz oder länger rasten, damit sich der Fleischsaft verteilen kann und beim Anschneiden nicht aus dem Braten rinnt.
Steaks und Koteletts ca. 5 Minuten, Braten je nach Größe 15 bis 20 Minuten rasten lassen (eventuell auf einem Gitter, wodurch weniger Saft austritt).

* Werden Filet- oder Karreestücke kurz gebraten, müssen sie von Sehnen befreit oder diese eingeschnitten werden, da das Fleisch schneller gar wird, die Sehnen aber hart bleiben und das Fleisch verformen (aufdrehen).

* Wenn Fleischstücke geklopft werden (Schnitzel, Rouladen), sollten sie zwischen einer starken Plastikfolie mit der glatten Seite eines Schnitzelklopfers oder einem schweren Pfannenboden geklopft (plattiert) werden. Werden Schnitzel beim Fleischer mit der Maschine geklopft (getendert), wird das Fleisch eher zerhackt als geklopft, wodurch beim Braten ein höherer Saftverlust entsteht.

* Fleischstücke (wie Steaks, Koteletts oder Schnitzel), die nicht zu dünn geschnitten, nicht geklopft und langsam zart rosa gebraten werden, sind merkbar saftiger und zarter als dünn geschnittene bzw. dünn geklopfte Fleischstücke, da diese beim Braten viel rascher den Fleischsaft verlieren bzw. der Saft verdunstet und das Fleisch daher schrumpft und trocken wird. (Ein großes, dünn geklopftes Schnitzel ist selten auch ein schweres Schnitzel - optische Täuschung.)

* Knusprige Schwartenbraten sollten gegen Ende nicht mehr übergossen werden. Dadurch würde die Kruste zäh werden.

* Gekochtes Fleisch (Rindfleisch, Schwein, Kalb, Lamm, Beuschel oder Selchfleisch) nach dem Kochen in eiskaltem Wasser abschrecken bzw. abkühlen lassen, damit es sich nicht verfärben kann. Läßt man die Fleischstücke nach dem Kochen offen auskühlen, verliert das Fleisch durch den aufsteigenden Dampf Flüssigkeit, wodurch die Oberfläche nach dem Abkühlen sehr dunkel und trocken wird. Beim Weiterverarbeiten (Beuschel) oder Wiedererwärmen (Rindfleisch) erhalten die gekochten und abgeschreckten Fleischgerichte ihre appetitliche Farbe.

Tip: Gekochte Fleischstücke am besten in ein feuchtes Tuch (im Sommer leicht einsalzen) einschlagen und im Kühlschrank lagern. Nicht in der Suppe lagern; wird die Suppe sauer, ist auch das Fleisch verdorben.

Garungstemperatur und Zeit

Grundsätzlich ist es sehr schwer, genaue Zeit- und Temperaturangaben bei der Fleischzubereitung zu machen. Einerseits besitzen viele Öfen, je nach Bauart und Alter, unterschiedliche Temperatur- bzw. Thermostatbereiche bei gleicher Schalterstellung, andererseits sorgt auch die Fleischqualität bzw. Lagerung für unterschiedliche Garungszeiten. Daher können diverse Angaben nur als Durchschnittswerte bzw. Anhaltspunkte gelten. Die Bezeichnung „blutig", z. B. bei Steaks, möchte ich nicht gebrauchen, da es sich nicht um „Blut", sondern um „Fleischsaft" handelt. Daher wäre ein Steak englisch nicht blutig, sondern saftig und stark rot. Halb durchgebraten bzw. „medium" wäre zart rot bzw. rosa und saftig. Gut durch wäre grau und daher trocken.
Es eignen sich natürlich nicht alle Fleischteile zum zart rosa Braten. Daher werden solche Stücke entsprechend länger und auf den „Punkt" gebraten. Auf den Punkt heißt, genau richtig durchgebraten. Ein Weiterbraten der Fleischstücke trocknet nur mehr aus (großer Saftverlust = großer Gewichtsverlust = trocken). Wichtig ist vor allem bei Steaks „englisch", diese vor dem Braten bereits gut zu temperieren (rechtzeitig aus dem Kühlschrank nehmen) und nach dem Würzen, scharfen Anbraten und öfteren Wenden ganz langsam fertig zu garen. Dann ist das Fleisch gegart, das Steak im Kern lauwarm, schnittfest und saftig. Bei schnellem Braten und Wenden sind die Steaks im Kern noch kalt, roh bzw. nicht gegart und schwer zu schneiden *(Gefahr durch Parasiten!)*.

Bratenthermometer

Bratenthermometer sind bei neueren Backöfen oft integriert, ansonsten sind ensprechende Fleisch- bzw. Bratenthermometer im Fachhandel erhältlich. Die Spitze des Thermometers muß im Mittelpunkt (Kern) des Fleischstückes stecken.
Wichtig! Fett bzw. Sehnen und Knochen können die Temperatur verändern bzw. die Angaben verfälschen.
Daher das Bratenthermometer bei Bratenstücken mit Knochen, Sehnen oder Fettadern zur sicheren Kontrolle bei Erreichen der gewünschten Temperatur nochmals 1 bis 2 cm weiter in das Fleisch drücken:

Fällt die Temperatur, so war die Spitze vorher in einer Fett- oder Gallertader; es wird nun die tatsächliche Fleischtemperatur angezeigt.

Steigt die Temperatur, so wurde eine Fett- oder Gallertader angestochen; es war vorher die tatsächliche Fleischtemperatur angezeigt.
Es können Temperaturschwankungen bis 5°C auftreten.

Die folgenden Garzeiten bzw. Kerntemperaturen sollen Ihnen behilflich sein, saftiges Fleisch zubereiten zu können.

Englisches Roastbeef

Nach dem Temperieren und kräftigen Würzen wird das Fleisch zuerst auf der Fettseite und dann rundum in heißem Fett gut angebraten.
Im Rohr bei 100° bis 120°C mindestens 2 bis 3 Stunden, je nach Durchmesser, garen.
Kerntemperatur:
58° - 60°C: stark rot - englisch/roh
60° - 63°C: hellrot - halb durch
63° - 65°C: zart rosa - ¾ durch - medium, zart und saftig
65° - 67°C: auf den Punkt - zartrosa bis grau, kaum saftig
67° - 70°C: gut durchgebraten, grau, trocken

Je langsamer die Kerntemperatur erreicht wird, umso besser, zarter und saftiger schmeckt das Roastbeef. Bei einer Kerntemperatur von 50° bis 55°C könnte das Roastbeef stundenlang (4 bis 6 Stunden) auf Wartestufe gehalten werden, ohne durchzugaren bzw. auszutrocknen oder anzubrennen (das Rohr auf ca. 70° bis 80°C einstellen).

Rinder- oder Schmorbraten

Vorbereiten wie Roastbeef, im Rohr bei ca. 130° bis 150°C mindestens 2½ bis 3½ Stunden, je nach Teilstück und Durchmesser, garen und öfters begießen.
Kerntemperatur:
73° - 75°C: hellrot, nur für gut gelagerte, mürbe, sehnenfreie Stücke
75° - 80°C: zart rosa, saftig, nur für gut gelagerte, sehnenfreie Stücke
80° - 85°C: auf den Punkt, saftig mürb
Ideal für alle gallert- und fettreichen Stücke (Schulter, Haxen, Brustspitz)
85° - 90°C: durchgebraten, grau, magere Stücke sehr trocken (Weißscherzel);
fette, durchzogene Stücke wohlschmeckend (Schulterscherzel, Rinderhaxe)

Filetsteak, ca. 3 cm hoch
Nach dem Würzen in heißem Fett ca. 1½ Minuten gut anbraten, wenden und auf der zweiten Seite bei niedriger Temperatur langsam zum gewünschten Punkt fertiggaren (öfters umdrehen), *nicht anstechen!*
Kerntemperatur:
55° - 58°C: 5 - 6 Minuten, englisch roh, lauwarm im Kern
58° - 60°C: 7 - 8 Minuten, stark rot
60° - 62°C: 10 Minuten, halb durch, rosa gebraten
63° - 65°C: 13 Minuten, ¾ durch, medium, zart-rosa und saftig
70°C: 18 - 20 Minuten, gut durch, grau, trocken

Schweine- oder Kalbsbraten

Karree ohne Knochen, eher mager mit leichtem Fettrand, nach dem Temperieren und Würzen mit Salz und frischem weißem Pfeffer in heißem Fett rundum gut anbraten. Im Rohr bei ca. 130 - 150°C mindestens 1½ Stunden braten.

Kerntemperatur:
70°C: zart rosa
73°C: auf den Punkt gebraten, sehr zart und saftig
ab 75°C: durchgebraten; je höher die Kerntemperatur, desto trockener der Braten (Karree)

Schweinsbrüstl oder Jungschweinbraten
(Karree mit Schwarte) sowie Schweinsstelzen vorher in Salzwasser mit Kümmel ca. 1/2 Stunde vorkochen. Mit scharfem Messer einschneiden (schröpfen), schneiden Sie die Schwarte bis knapp zum Fleisch gleich in dem Abstand ein, wie Sie portionieren wollen, und würzen mit Salz und weißem Pfeffer. In einer Bratenpfanne mit Kochwasser im Rohr bei ca. 220°C ungefähr eine Stunde knusprig braten. Die Schwarte muß Blasen werfen bzw. aufbrechen, da sie sonst hart und zäh wäre. Oder: das Brüstl mit der eingeschnittenen Schwarte gut abtrocknen und nach unten in eine Pfanne mit reichlich Schmalz legen, bei langsamer Hitze zirka 1/2 Stunde knusprig braten, umdrehen und bei etwas höherer Temperatur im Rohr (ca. 160°C) fertigbraten. Je fetter das Fleisch bzw. der Speckrand, umso knuspriger die Schwarte.
Nicht übergießen - knusprige Schwarte.
Kümmel und Knoblauch erst kurz vor Ende in den Natursaft geben, da sie sonst verbrennen und bitter schmecken.
Kerntemperatur bei Brüstl und Stelze ca. 80°C, Bratenverlust ca. 30%.

Schweinskoteletts (ohne Knochen)
Nach dem Würzen und scharfen Anbraten (ca. 2 Minuten) wenden und auf zweiter Seite langsam fertigbraten.
Ca. 1 cm dick geschnitten: 2 - 3 Minuten braten und 1 - 2 Minuten rasten lassen
Ca. 2 cm dick geschnitten: 4 - 5 Minuten braten und 1 - 2 Minuten rasten lassen
Kerntemperatur:
70° - 73°C: rosa Koteletts, besonders zart und saftig
75°C: zart rosa bis durch
75° - 80°C: durchgebraten, grau und trocken
Bei Koteletts mit Knochen ist eine um ca. 50 % längere Garzeit zu rechnen.

Schweinsfischerl - Medaillons
Ca. 3 cm dick schneiden und leicht flachdrücken.
Nach dem Würzen scharf anbraten (ca. 1½ Minuten), wenden und auf der zweiten Seite langsam fertiggaren.
Kerntemperatur:
63°C: 4 - 5 Minuten, rosa
65°C: 5 - 6 Minuten, zart rosa, saftig
67°C: 6 - 7 Minuten auf den Punkt, zart, saftig
70°C: 7 Minuten, durchgebraten, grau, trocken

Leberscheiben
(vom Kalb oder Schwein) ca. ½ cm dick geschnitten. Nach dem Würzen in schwach heißer Butter langsam braten, ca. 2 - 3 Minuten, wenden und nochmals 2 bis 3 Minuten braten.
Kerntemperaturen:
60 - 62°C: zartrosa bis durch (auf den Punkt)
65°C: durch
65 - 70°C: durch, grau, sehr trocken und hart

Gekochte Fleischstücke
werden bei ca. 80° - 90°C Temperatur mehrere Stunden langsam gegart, bis sie weich sind (Nadelprobe).

Tip: Da die Garungszeit bei gekochten Fleischstücken sehr unterschiedlich sein kann, empfehle ich, die Fleischstücke rechtzeitig oder schon am Vortag weichzukochen, um nicht aus Zeitmangel ein hartes Stück Fleisch servieren zu müssen. Nach dem Kochen sofort kalt abschrecken.

Filetspitzen
Filetspitzen mit Salz, Pfeffer und etwas Dijonsenf würzen, in heißem Fett kurz anbraten (kleine Fleischmengen), Fleisch aus der Pfanne nehmen und z. B. mit angerösteten Zwiebeln, Tomatenmark und Rotwein (gut durchrösten) eine Sauce bereiten, Fleisch kurz vor dem Anrichten mit Champignons und gekochten Paprikastreifen in der Sauce erwärmen, nicht mehr aufkochen, Fleisch wird dadurch hart und durchgebraten.

Wildzubereitung

Unter Wildbret versteht man das Fleisch vom Wild, das heißt von allen jagdbaren Tieren, deren Fleisch für die menschliche Ernährung geeignet ist.
Man unterscheidet dabei Haarwild und Federwild.

Bei der Zubereitung von Wild können alle gängigen Zubereitungsarten gewählt werden (Braten, Dünsten, Schmoren, Grillen).

Aufgrund der guten Kühl- bzw. Lagermöglichkeiten wird Wild heute fast ausschließlich frisch zubereitet und kaum noch gebeizt.
Anstelle der Beize kann Wildbret mit neutralem Öl und frischen Kräutern, jedoch ohne Salz, mehrere Tage mariniert werden.
Zum Würzen sollen nach Möglichkeit neben Salz und frisch gemahlenem Pfeffer eher Frischkräuter verwendet werden (Thymian, Rosmarin, Majoran, Lavendel, Salbei, Petersilie, Kerbel).
Anstelle von Fertiggewürzmischungen die Gewürze oder Würzstoffe nach eigenem Gusto auswählen: Wacholder, Koriander, Orangen- und Zitronenschalen, Nelken, Zimt, Ingwer, Lebkuchengewürz, Piment, Neugewürz sowie Rotwein, Weinbrand, Gin, Cassis, Portwein, Pilze (Pulver), Honig, Essig, Kräuteröl (zum Anbraten).
Bei Wildgewürzmischungen besteht die Gefahr des Einheitsgeschmackes bzw. ein Übertönen des Wildgeschmackes.

Tiefkühlwild:
Tiefkühlwild hat bei richtiger Lagerung (vakuumverpackt) kaum Qualitätsverluste; weniger gute Qualitäten werden durch das Frieren eher mürber.
Tiefkühlwild langsam im Kühlschrank oder in kaltem Wasser auftauen.
Wildgerichte (von Frisch-Wild) eignen sich auch gut zum Einfrieren (Wildbraten, -gulasch, -ragouts) - gut verpacken und beschriften.
Zubereitung:
Zarte Teilstücke (Rücken und Schlögel) können bei niedrigen Temperatur bei ca. 110° bis 120°C langsam zartrosa gebraten werden.

Wildbraten, Ragouts bzw. Gulasch sollten bei geringer Hitze ganz langsam und gut durchgegart werden.

Knochen, Sehnen und Verarbeitungs- bzw. Restfleisch sind die Basis für gute Suppen und Saucen.

Wildsauce (Grundrezept)
Tip: Da die Herstellung einer Sauce bzw. Wildsauce doch einen gewissen Zeitaufwand erfordert, ist es vorteilhaft, gleich eine etwas größere Menge herzustellen und den restlichen Teil der Sauce in Eiswürfelbehältern oder -Säckchen einzufrieren.

1½ bis 2 kg Knochen, Sehnen und Fleischabschnitte vom Wild, kleingehackt bzw. kleingeschnitten auf dem Herd in breiter Kasserolle oder im Rohr langsam rösten. Wenn die Knochen Farbe bekommen, 1-2 grobgeschnittene Zwiebeln (mit Schale) zugeben und mitrösten. Wenn die Zwiebeln wiederum Farbe angenommen haben, zirka 200 bis 300 g Wurzelwerk (Sellerie, Petersilwurzen und Karotten) gewürfelt dazugeben und wieder gut durchrösten. Achtung: zuviel Wurzelgemüse vermindert den Wildgeschmack!

Sollte sich auf dem Pfannenboden eine dunkle Kruste gebildet haben, so wird mit ca. *1/16 l* Rotwein abgelöscht. Man muß nun kurz warten und die Kruste vom Topfboden loslösen. Wieder weiterrösten, bis eine schöne gleichmäßige Farbe entsteht. 2 bis 3 EL Paradeismark (dreifach-konzentriert) dazugeben und wieder bei kleiner Hitze langsam durchrösten, bis eine schöne dunkelbraune Farbe entsteht. Notfalls zwischendurch entstehende Kruste am Topfboden wieder mit etwas Rotwein ablöschen. Das langsame Rösten von Knochen, Zwiebeln und Wurzelwerk ist wichtig für die Farbe. Gut durchgeröstetes Paradeismark ist braun und hat keinen Paradeisgeschmack mehr.
Dieser Vorgang bis zum Aufgießen dauert ca. eine ¾ bis 1 Stunde. Dann werden die Knochen mit ca. *¼ l* Rotwein abgelöscht, jetzt nochmals bis zum Rösten einkochen lassen; der Wein muß fast völlig verkocht sein. Dann mit *3 bis 4 l* warmer Suppe (am besten von Wildknochen) oder Wasser langsam nach und nach aufgießen und auf kleiner Flamme noch gut 3 bis 4 Stunden köcheln lassen. Anfangs Schaum und Fett von der Oberfläche abschöpfen. Nach ca. 1½ Stunden Gewürze und Kräuter nach Belieben beigeben.
Kein Salz dazugeben, da durch das Einkochen die Sauce zu salzig werden könnte.
Den fertigen Wildfond am besten durch ein feines Sieb oder durch ein Etamin (Passiertuch, das vorher gut in heißem Wasser durchgewaschen und ausgedrückt werden soll) abseihen und auf ca. *¾ l* einkochen lassen. Den nun sauberen, klaren Wild-Fond je nach Bedarf mit Rotwein und Mehl oder mit Rotwein und Stärke verrührt (für durchsichtige Saucen) binden. Je nach Wunsch kann diese Sauce mit Obers, Kräutern, Wurzelgemüsestreifen oder Pilzen verfeinert werden.

Tip: Auf dieselbe Art wird eine dunkle Sauce von Rind oder Kalb sowie Lamm zubereitet. Wird die Sauce mit Rotwein und Mehl gebunden, bleibt sie in der Farbe schön dunkel. Durch Wasser und Mehl wird sie heller.

Vielfältig und abwechslungsreich wie die Landschaft ist auch die steirische Küche.

Zubereitung von heimischen Teich- und Flußfischen

Heimischer Teichfisch sollte einmal wöchentlich ein fixer Bestandteil der gesunden Ernährung sein, er versorgt uns mit hochwertigem Eiweiß, Mineralstoffen und Spurenelementen.

Frische Merkmale bei ganzen Fischen
Augen
Klare, pralle und glasklare Augen (nicht trüb).
Kiemen
Leuchtend rot, einzelne Kiemenblättchen klar und deutlich erkennbar (nicht verklebt, verschleimt, hellgelb oder braun - eventuell Krankheiten).
Haut
Natürliche Farbe und Glanz, keine Druckstellen, klarer durchsichtiger Schleim (nicht unnatürlich grau oder gelb, trocken, mit Druckstellen).
Flossen
Gut erhalten, sauber glänzend (nicht fang- oder transportbeschädigt oder verklebte, trockene Flossen).
Bauchhöhle
Sauber ausgenommen und geruchlos, leuchtend rote Blutreste (nicht fleckig, angetrocknet, dunkle Blutreste, Geruch).
Geruch
Frischer Fisch hat einen angenehmen und nicht sehr ausgeprägten Geruch. Bei kalten Temperaturen läßt sich der Geruch nicht so leicht feststellen, z. B. Fische oder Filets, die auf gestoßenem Eis gelagert werden.

Vorbereitung
Die ganzen Fische werden bei Bedarf sorgfältig geschuppt (mit stumpfem Messer von Schwanz in Richtung Kopf die Schuppen abschaben bzw. entfernen), ausgenommen und in klarem Wasser gereinigt. Für die Zubereitung im ganzen wird der Fisch mit tiefen Einschnitten versehen (= Schröpfen).

Generell sollte der fangfrische Fisch vor dem Zubereiten je nach Größe mindestens 8 bis 10 Stunden abliegen. In dieser Zeit kann sich der feste bzw. steife Fisch entspannen.

Schröpfen
Um die lästigen Gräten beim Essen nicht zu spüren, empfehle ich, den Karpfen vorher zu schröpfen. Dazu werden auf beiden Seiten vom Kopf in Richtung Schwanz tiefe Einschnitte im Abstand von 3 bis 4 mm in das Filet gemacht. Durch die Zitrone werden die kurzen Gräten weich und daher beim Essen nicht mehr spürbar.

Verarbeiten
Ganze Fische werden geschröpft und im ganzen zubereitet oder in Koteletts bzw. Hufeisen geteilt oder filetiert. Nach dem Braten können die Karkassen (Kopf, Gräten) für Suppe und Fonds ausgekocht werden. Fonds und Saucen kalt zustellen und nach dem Aufkochen ca. 30 Minuten köcheln lassen, abseihen und zur gewünschten Stärke einkochen.

Lagern - kühlen
Am besten mit feuchtem Tuch zudecken. Frischfisch kann im Kühlraum bei + 1° bis + 4°C zwei bis drei Tage gelagert werden! Nicht in Kunststoffsäcken lagern, rascher Verderb!
Auf einem Gitter mit gestoßenem Eis (Tauwasser muß abrinnen können) könnte Fisch maximal 4 bis 5 Tage gelagert werden.

Tiefkühlen
Grundsätzlich sollte nur fangfrischer, abgelegener (8 bis 10 Stunden) und ausgenommener Fisch tiefgekühlt werden; Filets sollten einzeln angefroren und erst dann, gut verpackt, tiefgekühlt werden.
Achtung! Fisch zum Tiefkühlen stets gut verpacken, am besten wäre eine Vakuumverpackung, oder Filets bzw. ganze Fische nach dem Anfrieren öfters in kaltes Wasser tauchen und wieder frieren (glacieren) - eine etwas aufwendige Variante, die sich jedoch lohnt, da der Fisch vor dem Austrocknen bewahrt wird.

Auftauen
Zum Auftauen gibt es zwei Möglichkeiten:
1. Die schnellere, auch bessere Art aufzutauen wäre in kaltem, leicht fließendem Wasser.
2. Im Kühlschrank langsam auftauen, am besten auf einem Gitter, damit das Auftauwasser abtropfen kann.

Verwerten
Fisch kann fast zu 100 % verwertet werden. Kopf, Gräten, Flossen für Fond oder Suppe. Innereien als spezielles Fischgericht wie Fischröster oder bei Strudeln dazuverwenden, weiters auch für Suppen und Fonds. Bei rohen Fischen sollte die Haut nicht für Suppe oder Sauce verwendet werden. Die Haut von Räucherfischen kann jedoch gut für Suppen und Saucen ausgekocht werden.

Grundzubereitungsarten von Fischen

Da die Fische verschieden festes Fleisch besitzen, empfiehlt es sich, vorher eine Probe-Garung vorzunehmen.
Saucen und Beilagen rechtzeitig vorbereiten.

Pochieren und Dämpfen

Wenn es um die sanften Garmethoden für Fisch geht, dann kann nur vom Pochieren oder Dämpfen die Rede sein.

Pochieren
Vor allem für ganze Fische mit Haut geeignet. In nichtkochendem, gutgewürztem Fischfond (klare Fischsuppe von Gräten mit Gemüse und Kräutern) ziehen lassen.

Dämpfen
Vor allem für Fischfilets (ohne Haut) geeignet. Auf Gitter (Bambus, Edelstahl) über gut gewürztem Kräuter-Fischfond) oder in einer ausgebutterter Pfanne mit 3 - 4 EL Fischfond oder Weißwein, mit Folie zugedeckt im Rohr bei 180° - 200°C zirka 4 - 6 Minuten dämpfen.

Dünsten und Schmoren

Dünsten
Mit wenig Fischsud, zugedeckt im eigenen Saft und Dampf gegart (Forelle, Saibling).

Schmoren
Feste und deftige Fische werden erst angebraten und dann unter Zugabe von vorgekochten Gemüse oder Zwiebeln mit etwas Fischfond und Wein zugedeckt geschmort. Aal, Hecht, Zander im ganzen oder in dicken Tranchen.

Aus dem Backofen
Ganze Fische oder große Filets kann man in Pergament, Alufolie, Bratenfolie, Blätter- oder Strudelteig wickeln bzw. mit einer Salzkruste versehen und so im Rohr backen.

Aus der Pfanne
Größere, festfleischige Filets oder ganze Fische mit Haut in griffigem Mehl wälzen und in einer Pfanne mit reichlich heißem Öl oder Fett kurz anbraten. Für zarte, flache Fischfilets verwendet man am besten frische Weißbrotbröseln. Die Hitze nach dem Anbraten reduzieren und fertiggaren. Durch das Wenden in griffigem Mehl wird die Haut besonders knusprig.

Fritieren
Zum Fritieren nur Öle oder Fette verwenden, die

dazu geeignet sind. Temperatur je nach Größe der Fische 150° bis 180°C (nicht zu viele Fische auf einmal fritieren).
Zum Fritieren eignen sich vor allem feste, weißfleischige Fische. Kleine Fische werden im ganzen gelassen, größere Fische werden in Koteletts oder Filets geteilt.
Größere Fische, die im ganzen fritiert werden, sollte man vorher an den dicken Stellen etwas einschneiden (schröpfen), damit sie gleichmäßig durchgaren.

In Mehl wenden
Kleine Fische eventuell zuerst in gesalzene Milch einlegen und anschließend in griffigem Mehl gleichmäßig wenden. Überschüssiges Mehl abschütteln und in heißem Öl goldbraun backen.

Panieren
Kleinere Fischstücke (Filets) mit Salz und Zitrone gut würzen, in Mehl und kurzverschlagenem, unverdünntem Ei wenden, anschließend mit frischen Bröseln panieren. Sofort nach dem Panieren fritieren. Zu den Bröseln können Nüsse, Mandeln oder Kokosraspeln gemengt werden.

Im Backteig
Die mit Salz und Zitrone gewürzten Fischstücke (Karpfen, Aal, Zander) in nicht zu dünnen Wein- oder Bierteig tauchen und anschließend in heißem Fett fritieren.

Tip: Alle fritierten Fische auf Küchenpapier oder Tuch abtropfen lassen.

Grillen
Das Grillen ist die älteste Garmethode überhaupt. Anfangs wurden große Fleischstücke oder ganze Fische auf dem Spieß gebraten. Erst später kam der Rost dazu, auf dem kleinere Fische gegrillt wurden. Beim Grillen ganzer Fische auf Holzkohle ist darauf zu achten, daß größere Fische höher über der Glut sein müssen als kleinere. Bei großen Fischen Einschnitte in die Haut machen, damit sie an den dicken Stellen durchgaren können.
Als Schutz vor zu großer Hitze kann der Fisch mit Kräutern in Alufolie auf dem Rost gegart werden, wodurch die Haut nicht verbrennt und das Aroma verstärkt wird. Für zartfleischige Fische bewähren sich spezielle Grilkörbe zum Wenden und Garen.

Grillen auf Stein
Beim Grillen auf Stein (Schiefer, Granit) können Fische mit Kräutern und etwas Butter gefüllt werden. Beim Grillen auf Stein ist die Anfangshitze etwa so hoch wie in der Pfanne; dennoch ist die Hitzeeinwirkung insgesamt sanfter, was vor allem für kleinere Fische von Vorteil ist.

Räuchern
Als Räuchermittel für Fisch eignet sich nur harzfreies Holz wie Buche, Eiche, Ahorn, Erle, aber auch Holz von Obstbäumen und Wacholder oder Rebenholz. Im Handel gibt es bereits fertiges Räuchermehl aus einer oder mehreren Holzarten.
Nun kann man heiß oder kalt räuchern. Der Unterschied liegt in der Höhe der Temperatur und Dauer des Räucherns.
Heißgeräuchertes über 60°C, Kaltgeräuchertes unter 30°C.

Zum Räuchern eignet sich neben den speziellen elektrischen Räuchergeräten auch ein hoher Topf mit passendem Deckel.
Nachdem man das Räuchermehl auf dem Boden verteilt hat, stellt man einen passenden Gitterrost mit Abstand von ca. 10 bis 15 cm darüber. Darauf werden die Fische oder Filets gelegt.
Mit Deckel verschließen und entweder im Rohr mit Unterhitze oder auf Gas oder E-Herd erhitzen, bis es zur Rauchbildung kommt.
Dabei sollte vor allem bei kleineren Fischen die Hitze nicht zu hoch werden. Notfalls ohne Fisch bis zur Rauchbildung erhitzen und anschließend ohne Hitze fertigräuchern.

Gewürze für Fisch
Salz, Pfeffer, Paprika, Lorbeer, Safran, Wacholder, Kümmel, Senf, Zitrone, Senfkörner, Muskat.

Kräuter
Dille, Basilikum, Estragon, Schnittlauch, Petersilie, Fenchelgrün, Salbei, Thymian, Oregano, Rosmarin, Koriander, Majoran, Kerbel, Kresse, Bärlauch.

Gemüse
Zwiebel, Knoblauch, Porree, Paradeiser, Zucchini, Fenchel, Stangensellerie, Sellerie, Karotten, Kohlrabi, Blattspinat, Petersilwurzen, Paprika, Champignons.

Zum Würzen
Weißwein (trocken), Sekt, Vermouth, Schilcher (Rosé), Olivenöl, Weinessig, Worcestershiresauce, Sojasauce.

Beilagen zu Fisch
Erdäpfel, Reis und Getreide, Nudeln und sämtliche Gemüsearten (siehe Gemüse für Fisch), Weißbrot.

Spargelzubereitung

Wir unterscheiden drei Sorten bzw. Reifegrade beim Spargel:

1. Blütenweiß: wenn er noch keinen Sonnenstrahl sah.
2. Violette Köpfe: wenn der Spargelkopf durch die Erde bzw. den Sand ans Sonnenlicht kam.
3. Grün: wenn der Spargel über dem Boden wächst (es gibt jedoch auch speziellen grünen Spargel).

Spargel-Sauerrahmterrine, Spargel und Paradeiser im Kerbelgelee und Spargelsalat, *Rezepte Seite 103*

Spargel mit Sauce Hollandaise, Spargel gebacken mit Rahmtartar und geeiste Spargelsuppe, *Rezepte Seite 113*

* Grundsätzlich sollte der Spargel vor dem Kochen großzügig von Kopf in Richtung Stielansatz geschält werden. Dabei legt man die Spargelstange auf einen umgedrehten Kochtopf oder längs über die Handfläche, wodurch der Spargel beim Schälen nicht abbrechen kann.
Ganz dünner grüner Spargel braucht nicht geschält zu werden. Spargelschalen eher nicht weiterverwenden, da sie bitter und geschmacksarm sind!

* Man rechnet durchschnittlich mit 25 bis 35 % Abfall durch Schälen und Zurechtschneiden.

* Spargel sollte in feuchtem Tuch im Kühlschrank gelagert werden.

* Spargel besitzt je nach Bodenbeschaffenheit und Klima mehr oder weniger Bitterstoffe. Ich persönlich verwende den Spargel erst 2 bis 3 Tage nach dem Stechen, denn dadurch verliert er bereits Bitterstoffe.

* Durch Einlegen in lauwarmes Wasser verliert der geschälte Spargel wiederum Bitterstoffe.

* Wenn der Spargel einen ganz feinen, fast bitterfreien Geschmack erreichen soll, empfehle ich, den Spargel in reichlich leicht gesalzenem, nicht zu stark kochendem Salzwasser bißfest zu kochen. Mit einer Rouladennadel probieren oder den Spargel mit einer Gabel kurz aus dem Topf heben; er müßte sich rechts und links um ca. 1 cm nach unten biegen.

Die Kochzeit richtet sich nach:

Sorte, Bodenbeschaffenheit, Klima, Durchmesser und Alter des Spargels; ca. 15 bis 25 Minuten kochen.

Grüner Spargel hat eine wesentlich kürzere Kochzeit, ca. 3 bis 5 Minuten. Anschließend den Spargel rasch in eiskaltem Wasser (mit Eiswürfel) abschrecken und abkühlen lassen. Durch das Abschrecken und Wiedererwärmen nach einigen Stunden oder am nächsten Tag verliert der Spargel einen Großteil der Bitterstoffe und wird dadurch sehr fein im Geschmack.

* Wenn Sie den Spargel stehend kochen möchten, sollte er nicht mit Spagat, sondern mit einem breiten Stoffband gebunden werden. Semmeln beziehungsweise Weißbrot, Milch oder Zucker vermindern kaum die Bitterstoffe. Hingegen wird der Spargel durch Beigabe von Butter, vor allem beim Wiedererwärmen, im Geschmack viel feiner.

* Den kalten Spargel auf eine Platte legen und bei Bedarf (nach einigen Stunden oder am nächsten Tag) mit dem Abtropfwasser und einigen Butterflocken langsam in einer Pfanne zugedeckt, im Mikrowellengerät, oder bei größerer Menge auf einem tiefen Backblech, mit Folie zugedeckt, im Rohr bei ca. 150°C langsam erwärmen.

Achtung! Wird der Spargel mit Sauce serviert, soll er auf einer Stoffserviette gut abgetropft werden, da sonst die Sauce verwässert wird bzw. auf dem Teller verrinnt (besonders bei Sauce Hollandaise).

* Je dicker der Spargel, umso besser bzw. kostbarer ist er (Solo-Spargel).

* Wird Spargel „kalt" serviert, sollte er vor dem Anrichten ca. eine halbe Stunde früher aus dem Kühlschrank genommen werden; bei Raumtemperatur serviert, kann der Geschmack sich richtig entfalten.

* Spargelcremesuppe wird mit einer Einmach viel feiner und sämiger als pürierte Spargelsuppe (Spargelpüreesuppe).

* Wenn Sie Spargel tiefkühlen möchten, sollte er nach dem Schälen in kochendem Salzwasser ca. 3 bis 4 Minuten blanchiert, abgeschreckt und abgetrocknet und auf ein Blech mit Klarsichtfolie gelegt werden. Knapp nebeneinander (nicht zusammenstoßen) einzeln anfrieren und dann gefroren in Säcken je nach Portion verpacken und gut verschließen.
Bei Bedarf tiefgekühlt in leicht kochendes Salzwasser geben und bißfest kochen sowie abschrecken.

Backtips

Seit Jahrzehnten wird unsere Küche von traditionellen Mehlspeisen geprägt. Somit ist für uns Österreicher ein Leben ohne Mehlspeisen wohl schwer vorstellbar. Es dürfte auch kaum einen Haushalt geben, in dem nicht nach teilweise überlieferten und gut behüteten Rezepten gebacken wird.

Kochen und Backen zählen aber sicher auch zu den Tätigkeiten, die neben großem Genuß und Freude immer wieder auch für böse Überraschungen sorgen. Damit Sie künftig beim Backen mehr Erfolgserlebnisse haben, möchte ich Ihnen gerne einige Tricks und Erfahrungen aus meiner langjährigen Praxis verraten, wobei ich vor allem in den letzten Jahren durch die Kurse in meiner Kochschule und dem ständigen Erfahrungsaustausch mit Hobbyköchen und Profis mein Wissen gewaltig erweitern konnte.
Dabei ist mir speziell im Mehlspeisenbereich aufgefallen, daß folgende Punkte immer wieder für unvorhersehbaren Ärger sorgen können.

* **Temperatur**
* **Rezepte**
* **Grundprodukte**
* **Backwerkzeug**
* **Freude und Zeit**

⋆ Temperatur

Die Temperaturangaben in Rezepten können immer nur ein Richtwert sein.
Sie sollten von Ihnen überprüft und auf Ihren Ofen abgestimmt werden. Dabei sollten Sie beachten, daß es je nach Baujahr und Herstellermarke bei den einzelnen Modellen Unterschiede geben kann.
Weiters gibt es auch immer wieder Temperaturschwankungen an einzelnen Wochentagen bzw. mittags oder abends.
Außerdem sollten Sie fast ausschließlich mit einem auf die richtige Temperatur vorgeheizten Backrohr arbeiten.
Bei Heißluft ebenso das Rohr immer vorheizen, jedoch die angegebene Temperatur um ca. 10 % verringern.
Bei schweren Massen (Sandmassen, Sachermassen) rasch anbacken, ca. 10 Minuten bei 200°C und dann bei ca. 160°C eher langsam fertigbacken.
Bei leichten Massen (Biskuitroulade) höhere Temperatur wählen (ca. 220°C). Nach dem Backen ca. eine Minute ausdampfen lassen und auf ein bemehltes Brett oder Papier stürzen, auskühlen lassen, jedoch das Backtrennpapier nicht abziehen, da der Biskuitteig dadurch austrocknen würde. Erst dann einrollen.
Auch Gugelhupf oder Rehrücken nach dem Backen stürzen bzw. umdrehen und mit der Form auf dem Kuchen stehenlassen. Dadurch verhindert man ein Austrocknen der Mehlspeisen sowie ein Ankleben des Kuchens in der Form.

⋆ Rezepte

Die meisten Probleme ergeben sich im Umgang mit Rezepten. Es können vor allem beim Wiegen Fehler passieren. Daher sollte für kleine Massen eine genaue Waage vorhanden sein. Vorsicht beim Verdoppeln bzw. Vergrößern oder Halbieren bzw. Verkleinern von Grundrezepten. Dadurch könnte unbemerkt eine Rezeptverschiebung entstehen, die zu einer mißlungenen Mehlspeise führen kann.
Zum Beispiel ist bei kleinsten Mengen ein Butterabtrieb fast unmöglich. Bei kleineren Mengen eventuell etwas Mehl mitrühren. Butter für Abtrieb bzw. zum Aufschlagen rechtzeitig aus dem Kühlschrank geben.
Beim Glasieren von Torten sollte fast die 1½ fache Menge Glasurmasse verwendet werden, damit großzügig und somit gleichmäßig glasiert werden kann.

⋆ Grundprodukte

Mehl

Bei der Auswahl des Mehltyps gilt als kleine Regel:
Für gekochte Mehlspeisen (Nudeln, Nockerln) eher griffiges Mehl verwenden.
Für Germteige und Sandmassen kann ein Mischmehl (Farina) verwendet werden. Für Feingebäck, Biskuit und Strudelteig glattes Mehl.
Je nach Luftfeuchtigkeit bzw. Lagerung kann das Mehl durch Eigenfeuchtigkeit ein Rezept bei der Flüssigkeitsmenge bis zu 30 % beeinflussen, daher bei der Teigzubereitung mit weniger Flüssigkeit beginnen und je nach Bedarf gefühlsmäßig Flüssigkeit zusetzen.
Gerührte Mehlteige, wie Palatschinken-, Schmarren- oder Nockerlteig nach dem Anrühren ca. eine halbe Stunde stehen bzw. quellen lassen.
Strudel- oder Nudelteig länger bzw. über Nacht kühl rasten lassen.
Mehl stets gesiebt in Massen einrühren, denn dadurch wird eine Klumpenbildung verhindert. Das Mehl wird bei Teigen (Germ-, Strudel- und Nudelteig) am Beginn angerührt und bei Massen (gerührte und Biskuitmassen) zum Schluß vorsichtig und gesiebt untergehoben.
Bei Biskuitmassen könnte zum Verfeinern der Masse bis zu einem Drittel der Mehlmenge durch Stärkemehl ersetzt werden, Stärkemehl (Maizena) kann mehr Flüssigkeit binden.

Eier

Eier stets legefrisch verwenden und kühl lagern, jedoch vor der Zubereitung etwas temperieren. Eier sollten nicht nach Stück, sondern nach Gramm oder Liter gemessen werden, da es Größenunterschiede gibt, wodurch die Flüssigkeitsmenge beträchtlich verändert bzw. gesenkt oder erhöht werden kann.

Durchschnittliche Eiergröße: ca. 60 g.
Davon sind ca. 30 g Eiweiß und 20 g Dotter.
5 Eier sind zirka 250 g = *0,25 l* (*¼ l* oder ¼ kg)
Eiweiß sollte für sämtliche Massen nicht zu fest aufgeschlagen werden. Halbsteifer bzw. schmieriger Schnee kann leichter in die Massen eingerührt werden und hat auch eine bessere Trieb- bzw. Soufflewirkung, wodurch sehr lockere Mehlspeisen erzielt werden.
Eiweiß kann gut tiefgekühlt werden. Die Eidotter beim Aufbewahren gut verschließen oder mit Klarsichtfolie bzw. Wasser oder Öl je nach Verwendung abdecken.
Frische Eier erkennt man beim Aufschlagen. Der Dotter ist prall gefüllt bzw. schön nach oben gewölbt und läßt sich auch leicht vom Eiklar trennen.
Wenn der Dotter bereits verrinnt, ist Vorsicht geboten, Geruchprobe machen und im Zweifelsfall nicht verwenden.

Zucker

Zucker ist nicht gleich Zucker!
Kristallzucker hat je nach Lagerung Feuchtigkeit, wodurch vor allem Biskuit- und Soufflémassen lockerer werden.
Staubzucker ist trocken und eignet sich bestens für Schneemassen bzw. Schneehauben und Windmassen.

Tip: Aus Kristallzucker kann in der Moulinette feinster Staubzucker gemahlen werden.

Rohr- oder Braunzucker bringt eine Geschmacksverbesserung bei diversen Süßspeisen.
Vollzucker eignet sich nicht gut für Teige und Massen, jedoch zum Süßen von Vollwertgerichten.

Tip: Vanillezucker läßt sich gut herstellen, indem feiner Kristallzucker mit etwas aufgeschlitzen Vanilleschoten für mindestens 2 bis 3 Wochen in ein gut verschließbares Glas gegeben wird. Die Vanilleschote kann für Saucen oder Pudding weiterverwendet werden.
Vergessen Sie bitte nicht, bei Teigen eine kleine Prise Salz zuzufügen.

Schokolade
Tunkmasse (Kuvertüre) ist ein reines Naturprodukt und besteht im großen und ganzen aus Kakaobutter, Kakaomasse, Zucker, Vanille und Milchpulver.
Tunkmasse sollte auf maximal 50°C erwärmt werden, da sonst die Homogenität der Inhaltsstoffe zerstört wird - Zucker kristallisiert aus.

Sollte Tunkmasse für Pralinen oder diverse Überzüge verwendet werden, dürfen auf keinen Fall Wasser oder andere Flüssigkeiten dazukommen, da dadurch die Schokolade sofort stockt, d. h. auch keine Butter, Sahne usw. Kochschokolade verhält sich dabei anders, sie hat weniger gehärtete Fette.

Tunkmasse muß bei einer bestimmten Temperatur verarbeitet werden, d. h. bei 29° bis 31°C, und zwar deswegen, weil die Kakaobutter im Gegensatz zu anderen Fetten ein anderes spezifisches Gewicht aufweist, in diesem Fall leichter ist. Bei falscher Temperatur stockt diese zu langsam, und die Kakaobutter steigt nach oben und erzeugt beim Abstocken einen grauen Schimmer. Die getunkte Ware wirkt alt, hat aber keine mindere Qualität dadurch, nur das Aussehen leidet darunter. Um es fachlich ganz richtig zu machen, sollte Tunkmasse auf ca. 45° bis 50°C, am besten im Backrohr oder Mikrowellenherd, erwärmt werden, über Wasserdampf dann auf ca. 26°C abgekühlt und jetzt auf die endgültige Verarbeitungstemperatur von 29° bis 31°C gebracht werden.
Kochschokolade besteht in den meisten Fällen aus einem geringen Anteil an Kakaobutter, sie weist einen wesentlich höheren Zuckeranteil, Fremdfette, Milchpulver, Vanille und Kakaomasse auf. Durch den Zusatz von anderen Fetten als Kakaobutter ist die Verarbeitung von Kochschokolade wesentlich einfacher und unkomplizierter, jedoch auch die Qualität ist wesentlich geringer als die der Tunkmasse. Kochschokolade kann bis zu einer Temperatur von 45°C verarbeitet werden, der Geschmack und der Glanz lassen aber zu jenem der Tunkmasse keinen Vergleich zu.

Tunkmasse wird für Massen aus Schokolade (z. B. Sachermasse), Schokolademousse, diverse Cremen, zum Tunken von feinem Gebäck, Teegebäck und vor allem für die Pralinenerzeugung verwendet. Sie ist besonders fein im Geschmack und zart im Schmelz. Tunkmasse braucht nur zum Überziehen und Glasieren temperiert zu werden. Für Kuchen, Massen und Mousse sollte die Tunkmasse etwas über der Körpertemperatur liegen. Sie läßt sich dann leichter verarbeiten.

Glasurmassen sind spezielle Überzugsschokoladen zum Glasieren von Torten oder anderem Gebäck.

Einfache Schokoladeglasur
250 g Tunkmasse, dunkel
220 g Obers, flüssig, 50 g Honig

Alle Zutaten auf ca. 45°C erwärmen und glattrühren, weiterverarbeiten.

⋆ Backwerkzeug

Backbleche
Sie sollten beim ersten Backversuch zum Beispiel mit neuem Ofen auf die Größe von Backform oder Backblech achten, da es immer wieder, vor allem bei Backblechen, Größenunterschiede gibt, wodurch zum Beispiel bei Biskuitteigen oder Blechkuchen die Menge im Verhältnis zum Backblech nicht paßt.
Probieren Sie auch bei Fremdblechen (ausgeborgt oder von einem Vorgängerofen), ob Sie in Ihren Ofen passen. Die richtige Größe ist bei den Rezepten angegeben, ansonsten verwenden wir Bleche mit einer Backfläche von ca. 30 × 40 cm.

Schneebesen
Um einen kompakten Eischnee oder festes Schlagobers zu erhalten, sollten Sie mit einem dichten Handschneebesen aufschlagen. Für Butterabtrieb oder Biskuitmassen sowie zum Einrühren von Schnee oder Obers in schwere Massen wäre ein Handmixer oder Rührbesen (mit weniger dichtem Drahtgeflecht) vorteilhafter.

⋆ Freude und Zeit

Nach all den backtechnischen Tips möchte ich es nicht versäumen, einen sehr wichtigen Bereich beim Backen zu erwähnen; Freude und Zeit zum Backen sind wohl ganz wesentliche Voraussetzungen für ein gelungenes und schmackhaftes Endprodukt.
Eine Mehlspeise, ohne Freude zubereitet, wird nur halb so gut schmecken. Ärger und Streß sind wohl die schlechtesten Zutaten beim Backen!

Abkürzungen bei den Rezepten:
1 l = 4/4 , 8/8 , 1000 g
1/4 *l* = 2/8 *l* , 4/16 *l*, 250 g
10 cl = 100 g oder *0,1 l*
1 kg = 1000 g = 100 dag
EL = Eßlöffel
TL = Teelöffel

Schilcher-Weingärten in Hochgrail bei St. Stefan ob Stainz

Willi Haider

Steirische Schmankerl fein zubereitet

Ente im Apfelmostgelee mit Zwiebeln und Wacholder

Kaltes, zur Vorspeis' oder als Jause

Grundrezept für Sulz (Sülze)

Zutaten für 10 - 12 Portionen

1,5 kg Schweinsschwarten und Kalbsknochen (Gallerte) gut auswässern und mit Wurzelgemüse und 5 Liter Wasser cirka 2 - 3 Stunden auskochen, abseihen und auf ½ l Flüssigkeit einkochen, erst bei entsprechender Weiterverarbeitung würzen. Für Sulzen anstelle von Suppe zum Aufgießen verwenden. Diese Natursulz ist jedoch milchig-trüb, wenn man sie klärt verliert sie sehr viel an Gelierkraft . Zur Probe kaltstellen, kalte Natursulz muß Schnittfest sein.

Oder: ½ l Suppe und ca. 12 - 14 Blatt Gelatine.

Als Grundprodukt für Sulz eignen sich eine Vielzahl von Produkten wie z. B. Geflügel, Fleisch (Rind-Schweine-, Lamm-, Wild-, Kaninchenfleisch, Ochsenschlepp), Fisch, Pilze und Gemüse.

Wichtig! Achten Sie bei der Herstellung von Sulzen darauf, daß die entsprechenden Grundprodukte (Fleisch, Gemüse usw.) wirklich schön weich sind, dann ergibt sich eine optimale Bindung. Kernig gekochtes Gemüse oder Fleisch fällt beim Aufschneiden aus der Sulz.

Karpfensulz mit Kernöl und Apfelmostessig

Zutaten für 12 - 15 Personen
1 Kastenform mit ca. *1,2 l* Inhalt

1 Karpfen (Spiegelkarpfen) mit ca. 1,80 kg geschuppt und ausgenommen
Salz, Zitrone
1,50 kg Schweinsschwarten
5 l Wasser,
½ *l* trockenen Weißwein
1 kleine Sellerie
2 Petersilwurzen
2 Karotten, 2 gelbe Rüben
2 Bund Dille (oder Stengel)
5 bis 6 Safranfäden
3 Knoblauchzehen
weiße Pfefferkörner,
Wacholderbeeren
Gemüse, Dille und Schnittlauch für Einlage

Zubereitung:
Die Schwarten gut auswässern und mit Wasser und Weißwein kalt zustellen. Den Karpfen filetieren, die Karkassen (Kopf und Gräten) gut auswässern und zu den Schwarten geben. Die Karpfenfilets mit Salz und Zitrone gut würzen, im Rohr bei 200°C ca. 12 - 15 Minuten pochieren (in einer ausgebutterten Pfanne mit etwas Fischfond oder Weißwein) und auskühlen lassen. Das Wurzelwerk waschen und schälen, die Schalen und Abschnitte vom Wurzelwerk mit den Gewürzen zu den Schwarten geben. Alles auf cirka ½ l Flüssigkeit einkochen, gut würzen, durch ein feines nasses Tuch abseihen, abkühlen lassen..
Anstelle der Schwarten könnten zum Binden auch ca. 12 Blatt Gelatine mit ½ *l* Karpfensud vermengt, verwendet werden.
Das geschälte Wurzelgemüse in kleine Würfel oder Streifen schneiden und in Salzwasser weichkochen, abseihen und am besten in kaltem Wasser mit Eiswürfeln abschrecken, abseihen bzw. abtropfen lassen.
Die Karpfenfilets am besten mit einem Elektromesser in Würfel schneiden, Gräten vorsichtig mit einer Pinzette entfernen, mit Gemüse, Schnittlauch und Dille vorsichtig vermischen und in eine geölte und mit Klarsichtfolie ausgelegte Kastenform füllen.

Mit dem abgekühlten, gut gewürzten Schwartenfond begießen und mindestens 12 Stunden kaltstellen.

Mit einem scharfen Messer oder Elektromesser in Scheiben schneiden und mit Salat servieren.

Tip: Am besten schmeckt die Sulz mit einer Marinade aus Mostessig und Kernöl mit etwas Schnittlauch und feingeschnittener Zwiebel, die vorher kurz mit heißem Wasser überbrüht und kalt abgeschreckt wurde.

Kaninchensulz

Zutaten für 12 - 15 Personen
1 Kastenform mit ca. *1,2 l* Inhalt

1 Kaninchen ca. 1,5 - 1,7 kg
½ *l* Schwartenfond (siehe Sulz Grundrezept)
Salz, Pfeffer, Majoran, Thymian, Rosmarinzweig
2 Lorbeerblätter
ca. 250 g Gemüsewürfel für Einlage

Das Kaninchen zerteilen, würzen und anbraten, mit etwas Weißwein ablöschen und im Rohr bei mittlerer Hitze mit Kräuter ca. eine ¾ Stunde weichdünsten.

Fleisch von den Knochen lösen und klein schneiden. Knochen mit Schwartenfond und Bratensaft vom Kaninchen auskochen. Abgeseihten Schwartenfond (½ *l*) abschmecken, Kaninchenfleisch und Gemüse darin gut weichkochen. Abkühlen lassen und mit Kräutern würzen. Eventuell Leber als Einlage dazugeben.

In eine geölte und mit Klarsichtfolie ausgelegte Form füllen und über Nacht kaltstellen. Mit einem Elektromesser in Scheiben schneiden und mit Vinaigrette und Salaten anrichten.

Lamm-Sulz

Zutaten für 12 - 15 Personen
1 Kastenform mit ca. *1,2 l* Inhalt

ca. ¾ kg Lammfleisch (Schulter oder Hals)
1/2 kg Wurzelgemüse (Karotten, Sellerie, Porree, Zwiebel)
2 Lorbeerblätter
3 Knoblauchzehen
Petersilienstengel, Thymian, Majoran (möglichst frisch)
1½ kg Schweinsschwarten oder
10 - 12 Blatt Gelatine

Für die Einlage:
300 g gekochte Gemüsewürfel (Karotten, Sellerie)
eventuell gekochte Lammzungenwürfel und Pilze,
Salz, Pfeffer (aus der Mühle)
Salat für Beilage
Essig, Öl (Kernöl), Kürbiskerne

Das Fleisch (Schwarten), Wurzelgemüse, Lorbeerblätter und Knoblauchzehen mit ca. *4-5 l* Wasser zustellen und Fleisch weichkochen (wenig Salz). Fleisch aus dem Sud geben, Sud abseihen und auf ca. *½ l* Flüssigkeit einkochen. (Wenn keine Schwarten verwendet werden, löst man die Gelatine in *½ l* Suppe auf). Mit Salz, Pfeffer und Kräutern würzen.
Fleisch in kleine Würfel schneiden und mit Gemüsewürfeln in den Schwartenfond bzw. die Suppe geben und nochmals abschmecken. In eine geölte und mit Klarsichtfolie ausgelegte Kastenform füllen und über Nacht kaltstellen. Aufschneiden und mit Salat und Essig-Öl-Marinade anrichten.

Tip: Besonders schmackhaft wird die Sulz, wenn das Fleisch und eventuell die Schwarten mit vorhandenen Knochen und Sehnen (vorher überbrühen und waschen) vom Lamm gekocht werden. Dadurch entsteht eine noch kräftigere Lammsuppe, oder Reste von einem Lamm-Suppentopf verwendet werden.

Kuttelsulz

Zutaten für 10 - 12 Portionen
1 Kasten- oder Terrinenform mit ca. 1,2 l Inhalt

½ kg gekochte Kutteln, fein geschnitten
½ l Kochsud
6 Blatt Gelatine
250 g gekochte Gemüsewürfel, Kräuter, Salz, weißer Pfeffer aus der Mühle, Majoran, Piment, Knoblauch.
Alle Zutaten vermischen und in eine geölte und mit Klarsichtfolie ausgelegte Form geben. Einige Stunden kaltstellen; aufschneiden und mit Salat und Vinaigrette anrichten.

Ente im Apfelmostgelee mit Zwiebeln und Wacholder

Zutaten für 8 - 10 Portionen
1 Kasten- oder Terrinenform mit ca. *1 l* Inhalt

1 Ente geputzt, ca. 750 g
Salz, weißer Pfeffer aus der Mühle, Öl
250 g Zwiebelringe
250 g Wurzelgemüsewürfeln (Karotten, gelbe Rüben, Sellerie und Petersilwurzen)
¾ l Apfelmost
¾ l Suppe (eventuell Wildbrühe oder Geflügelbrühe)
2 EL Apfelessig oder Apfelbalsamessig
1 - 2 EL Zucker oder Honig
10 Wacholderbeeren, 3 Lorbeerblätter
12 - 14 Blatt Gelatine *

Die Ente grob zerteilen, mit Salz und Pfeffer aus der Mühle würzen und in heißem Öl rundum kurz anbraten.
Entenstücke aus dem Topf nehmen und Zwiebelringe sowie Wurzelgemüse kurz im Entenfett (welches sich beim Anbraten der Ente absetzt) anrösten. Mit Apfelmost und Suppe ablöschen bzw. aufgießen.
Entenstücke einlegen, Wacholderbeeren etwas andrücken und mit Lorbeerblättern in Leinensäckchen oder Tee-Ei beigeben. Kurz aufkochen lassen und auf kleiner Flamme langsam weichkochen.
Zwischendurch immer abschäumen und abfetten, nicht zudecken.

Wenn das Fleisch sehr weich ist, aus dem Sud heben und kleinschneiden. Suppe erst durch ein grobes Sieb abseihen, so daß Zwiebeln und Karotten zurückbleiben, anschließend durch ein feines Sieb oder Tuch abseihen und auf ca. *½ l* Flüssigkeit einkochen lassen.

Mit Apfelessig und Honig oder Zucker süß-sauer abschmecken, gut salzen und mit 12 - 14 Blatt eingeweichter und ausgedrückter Gelatine vermischen. Mit Salz und Pfeffer eher kräftig abschmecken und in eine Form füllen.
Sollte die Sülze anschließend aus einer Form gestürzt werden, empfehle ich, die Form mit Öl auszustreichen und mit einer Klarsichtfolie auszulegen; erst dann die Masse einfüllen und über Nacht kaltstellen.
Aufschneiden und mit kleinem Salat, am besten mit Sonnenblumenöl und Apfelbalsamessig mariniert anrichten.

* Anstelle von Gelatine kann eine Natursulz verwendet werden (Seite 101).

Tip: Anstelle der Hausente kann auch eine Wildente oder Gänsestücke verwendet werden.
Die Geflügelteile könnten auch mit Pökelsalz einige Tage mariniert werden, wodurch eine rötliche Färbung beim Fleisch entsteht.

Spargelsalat mit Paradeisern
Zutaten für 4 Portionen

600 g Spargel, gekocht (weiß und grün)
2 mittelgroße Paradeiser
Kerbel, Essig, Öl (Olivenöl)
Salz, weißer Pfeffer aus der Mühle

Spargel schräg in feine Scheiben schneiden, Spitzen zur Dekoration aufheben.

Paradeiser an der Oberseite kreuzförmig einschneiden und für ca. 10 - 20 Sekunden je nach Festigkeit ins kochende Salzwasser geben; sofort im kalten Wasser, am besten mit Eiswürfel, abschrecken.

Die Haut mit Hilfe eines kleinen Messers abziehen, Paradeiser vierteln, Kerne und Fruchtfleisch ausschneiden, so daß nur die fleischige Außenschicht der Paradeiser übrigbleibt. Diese Paradeisviertel in kleine Würfel schneiden (Concassè). Mit dem Spargel und Kerbel vermischen, mit Vinaigrette (2 Teile Öl, 1Teil Essig, Salz, Pfeffer gut verrühren) abmachen und auf kalten Tellern anrichten.

Spargel und Paradeiser in Kerbelgelee
Zutaten für 5 - 6 Portionen

400 g weißer Spargel, gekocht
2 Paradeiser
0,2 l Geflügelsuppe
oder Spargelkochsud mit etwas Streuwürze
oder Geflügelsuppenwürze abrunden
6 Blatt Gelatine
Salz, Pfeffer, Kerbel

Paradeiser kreuzweise an der Oberseite einschneiden und für ca. 10 - 20 Sekunden in kochendes Salzwasser legen, anschließend sofort im Eiswasser abschrecken. Mit einem kleinen Messer die Haut abziehen, Paradeiser vierteln und entkernen, die entkernten Spalten in Längsstreifen schneiden.

Die Geflügelsuppe oder den Spargelkochsud mit Paradeisabfällen kurz aufkochen, abseihen und kräftig abschmecken; ca. *0,1 l* Flüssigkeit.
Gelatine einige Minuten in kaltes Wasser einlegen, gut ausdrücken und in der lauwarmen Suppe auflösen.

Eine längliche Form mit Öl ausstreichen und mit Klarsichtfolie auslegen. Den Spargel längs halbieren oder dickere Stangen vierteln, einen Teil des Spargels einlegen, Paradeisspalten und Kerbel sowie restlichen Spargel abwechselnd einschlichten. Mit dem fast abgekühlten Kochsud begießen und einige Stunden oder über Nacht kaltstellen. Die kalte, feste Terrine stürzen und mit einem scharfen Messer oder Elektromesser in Scheiben schneiden, mit mariniertem Blattsalat anrichten.

Spargel - Sauerrahmterrine
Zutaten für 5 - 6 Portionen

300 g weißer Spargel, gekocht
100 g grüner Spargel, gekocht
250 g Sauerrahm *(¼ l)*
100 g Paradeiswürfel (siehe Herstellung von Spargelsalat)
8 - 9 Blatt Gelatine
2 EL frische Kerbelblätter, Salz, Pfeffer

Den weißen Spargel pürieren und wenn möglich durch ein Sieb streichen, um restliche Schalen oder Fäden zu beseitigen. Den grünen Spargel in feine Scheiben schneiden.
Die Blattgelatine für einige Minuten in kaltes Wasser einlegen. Das weiße Spargelpüree mit dem Sauerrahm kurz verrühren, grüne Spargelstücke, Paradeiser und Kerbel zugeben. Mit Salz und Pfeffer gut abschmecken.
Die Blattgelatine gut ausdrücken und im Mikrowellengerät oder auf dem Herd in kleinem Gefäß kurz lauwarm erwärmen. Die flüssige Gelatine rasch in die Spargel-Sauerrahm-Masse einrühren.
Eine kleine Schüssel oder Kastenform mit Öl ausstreichen und mit Klarsichtfolie auslegen. Die Spargelmasse einfüllen, glattstreichen und einige Stunden oder über Nacht kaltstellen. Die kalte, feste Terrine stürzen und mit einem scharfen Messer oder Elektromesser in Scheiben schneiden, mit mariniertem Blattsalat anrichten.

Hausgemachter Lamm-Schinken

Beize für 1 kg Fleisch vom Schlögel (eher größere Stücke) ohne Knochen
25 g Pökelsalz
1 Lorbeerblatt
25 - 30 schwarze Pfefferkörner
20 Wacholderbeeren
2 EL Thymian, frisch
2 EL Rosmarin, frisch
2 - 3 Knoblauchzehen

Alle Zutaten im Moulinex oder Mörser zerkleinern, Fleischstücke gut damit einreiben und in einen hohen Topf pressen, beschweren. Ca. 2 - 3 Wochen kühl lagern, zweimal wöchentlich umschlichten.
Ohne das Fleisch anzubraten, in den auf ca. 85° - 90°C eingeschaltenen Ofen geben, frische Kräuterzweige (Lorbeer, Thymian, Rosmarin) extra auf ein Backblech legen, unter das Fleisch stellen und ca. 2 Stunden langsam garen, bis 58° - 62°C Kerntemperatur erreicht werden.
Abkühlen lassen, kühl lagern und nach 1 - 2 Tagen dünn aufschneiden.
Beigabe: eingelegte Zwiebeln (siehe Rezept Eingelegtes), lauwarmer Zucchini - Paradeisersalat oder lauwarme Rotweinzwiebel (siehe Rezept Wild).

Hausgemachter Hirsch-Rohschinken mit frischen Waldkräutern und Preiselbeer-Oberskren

Wildterrine mit Sauce Cumberland, Rezept Seite 106

Hausgemachter Hirsch-Rohschinken

Beize für 1 kg Fleisch (eher größere Stücke) ohne Knochen und Sehnen

25 g Pökelsalz
1 Lorbeerblatt
25 - 30 schwarze Pfefferkörner
40 - 50 Wacholderbeeren
1 EL Thymian, frisch
1 EL Rosmarin, frisch
1 Knoblauchzehe
1 - 2 Gewürznelken, etwas Zimt

Alle Zutaten im Moulinex oder Mörser zerkleinern, Fleischstücke gut damit einreiben und in hohen Topf pressen. Beschweren. Ca. 2 - 3 Wochen kühl lagern, zweimal wöchentlich umschlichten.

Ohne anzubraten, in den auf ca. 80°C eingeschalteten Ofen geben, frische Kräuterzweige (Wacholder, Lorbeer, Thymian, Rosmarin, Koriander, Tannenzweige) separat auf ein Backblech legen, und unter das Fleisch stellen und ca. 2 Stunden langsam garen, bis 52° - 53°C Kerntemperatur erreicht werden.
Abkühlen lassen, kühl lagern und nach 1 - 2 Tagen dünn aufschneiden.
Mit Preiselbeer-Oberskren oder eingelegten Pilzen anrichten.

Sauer eingelegter Karpfen

Geschröpfte Karpfenstücke oder Streifen gut mit Salz und Zitrone würzen, in griffigem Mehl wenden und in reichlich heißem Fett kurz braten oder fritieren, abkühlen und mit abgekühlter Marinade abwechselnd in eine tiefe Schüssel einschichten.

Marinade
Für ca. 1 kg Fisch
¼ *l* Weißweinessig (6%), ca. 1 *l* Wasser, 1 Zwiebel, blättrig geschnitten, 5 - 6 Lorbeerblätter, Pfefferkörner, Dillstengel, Wacholderbeeren, Salz und etwas Zucker aufkochen und abkühlen lassen.

Tip: Anstelle von Karpfen können auch andere Fische, wie Silberamur, Zander, Forelle oder Saibling eingelegt werden.

Pasteten und Pastetenteig

Als Pastete werden verschiedene Fleischmusfüllen in einem Teigmantel bezeichnet, die auch in diesem Mantel gegart werden. Die Hülle für eine Pastete ist meist ein Mürbteig, der natürlich keinen Zucker enthält und ein wenig gesalzen ist. Es kann aber auch Germ- oder Blätterteig als Hülle für eine Pastete verwendet werden.
Beim Teig soll darauf geachtet werden, daß der Fett- und Wasseranteil der Masse ausgewogen sind. Zuviel

Karpfensulz mit Kernöl und Apfelmostessig, Rezept Seite 101 und Fischterrine, Rezept Seite 106

Fett und wenig Flüssigkeit lassen den Teig zu mürb und damit brüchig werden. Wenn der Wasseranteil erhöht wird, wird der Teig geschmeidiger und leichter zu verarbeiten.

Bei der Zubereitung sind einige grundsätzliche Dinge zu beachten: Die Farce, welche die Fülle der Pastete bildet, kann aus Fleisch oder Fisch bestehen. Das Fleisch (der Fisch) wird zuerst gut gekühlt und anschließend sehr fein faschiert. Damit die Farce nicht trocken wird, gibt man Fett in Form von Butter, Obers oder Speck dazu.

Der beim Garen entstehende Dampf im Inneren der Pastete wird durch kleine „Kamine" (ca. 10 cm hohe Papier- oder Alufolienrollen) am Deckel der Pastete abgeleitet. Damit verhindert man auch, daß die Teighülle einreißt.
Nach dem Garen wird durch diese „Kamine" auch Gelee in die Pastete gegossen; dadurch werden alle Hohlräume gefüllt, die durch entwichenen Dampf entstanden sind, und die Pastete bleibt auch länger frisch.

Den genauen Garzustand der Pastete kann man mittels eines Bratthermometers messen; es soll eine Temperatur zwischen 68°C und 70°C erreicht werden.
Die fertig ausgekühlte Pastete soll mit einem scharfen Sägemesser oder einem Elektromesser aufgeschnitten werden.

Pastetenteig

Zutaten für 2 Pasteten

1 kg glattes Mehl (Type 700)
350 g Butter
¼ l Wasser oder Milch
1 Ei, 1 Eidotter
20 g Salz

Für eine Pastete wird zwar nur die Hälfte des Teiges benötigt, er läßt sich aber aus der doppelten Menge der Zutaten besser herstellen.
Den Rest des Teiges friert man in ein Tiefkühlsackerl gewickelt ein und kann ihn zu einem späteren Zeitpunkt verarbeiten (hält ca. 3 Monate).

Für den Teig Mehl auf eine Arbeitsfläche sieben, Butter in kleine Stücke teilen und mit dem Mehl verbröseln. Eier, Wasser oder Milch und Salz einarbeiten und rasch zu einem glatten Teig verkneten. Teig in Folie wickeln und mindestens 1 Stunde, besser über Nacht, an einem kühlen Ort rasten lassen.

Terrinen

Terrinen sind Pasteten ohne Teigmantel. Bei Terrinen wird die vorbereitete Farce in eine feuerfeste Terrinenform gefüllt, die vorher mit Scheiben von grünem Speck ausgelegt wurde. Der Speck soll möglichst glatt

Fett und wenig Flüssigkeit lassen den Teig zu mürb und damit brüchig werden. Wenn der Wasseranteil erhöht wird, wird der Teig geschmeidiger und leichter zu verarbeiten.

Bei der Zubereitung sind einige grundsätzliche Dinge zu beachten: Die Farce, welche die Fülle der Pastete bildet, kann aus Fleisch oder Fisch bestehen. Das Fleisch (der Fisch) wird zuerst gut gekühlt und anschließend sehr fein faschiert. Damit die Farce nicht trocken wird, gibt man Fett in Form von Butter, Obers oder Speck dazu.

Der beim Garen entstehende Dampf im Inneren der Pastete wird durch kleine „Kamine" (ca. 10 cm hohe Papier- oder Alufolienrollen) am Deckel der Pastete abgeleitet. Damit verhindert man auch, daß die Teighülle einreißt.
Nach dem Garen wird durch diese „Kamine" auch Gelee in die Pastete gegossen; dadurch werden alle Hohlräume gefüllt, die durch entwichenen Dampf entstanden sind, und die Pastete bleibt auch länger frisch.

Den genauen Garzustand der Pastete kann man mittels eines Bratthermometers messen; es soll eine Temperatur zwischen 68°C und 70°C erreicht werden.
Die fertig ausgekühlte Pastete soll mit einem scharfen Sägemesser oder einem Elektromesser aufgeschnitten werden.

Karpfensulz mit Kernöl und Apfelmostessig, Rezept Seite 101 und Fischterrine, Rezept Seite 106

Pastetenteig

Zutaten für 2 Pasteten

1 kg glattes Mehl (Type 700)
350 g Butter
¼ l Wasser oder Milch
1 Ei, 1 Eidotter
20 g Salz

Für eine Pastete wird zwar nur die Hälfte des Teiges benötigt, er läßt sich aber aus der doppelten Menge der Zutaten besser herstellen.
Den Rest des Teiges friert man in ein Tiefkühlsackerl gewickelt ein und kann ihn zu einem späteren Zeitpunkt verarbeiten (hält ca. 3 Monate).

Für den Teig Mehl auf eine Arbeitsfläche sieben, Butter in kleine Stücke teilen und mit dem Mehl verbröseln. Eier, Wasser oder Milch und Salz einarbeiten und rasch zu einem glatten Teig verkneten. Teig in Folie wickeln und mindestens 1 Stunde, besser über Nacht, an einem kühlen Ort rasten lassen.

Terrinen

Terrinen sind Pasteten ohne Teigmantel. Bei Terrinen wird die vorbereitete Farce in eine feuerfeste Terrinenform gefüllt, die vorher mit Scheiben von grünem Speck ausgelegt wurde. Der Speck soll möglichst glatt

glatt und fugenlos an der Terrinenwand anliegen. Gemüseterrinen, die kalt zubereitet werden, sollen anstelle von Speck mit einer Klarsichtsfolie ausgelegt werden. Dadurch kann man die fertige Terrine leichter aus der Form stürzen.

Im Wasserbad läßt man dieTerrine unter dem Siedepunkt garziehen. Dabei stellt man die Terrinenform in ein großes Gefäß (Bratpfanne), das mit siedenden Wasser gefüllt ist. Beide Gefäße kommen in ein auf 130°C vorgeheiztes Backrohr. Die richtige Temperatur kann wieder mittels eines Bratthermometers abgelesen werden.
Vor dem Stürzen soll die Terrine unbedingt vollkommen abgekühlt sein (es empfiehlt sich, diese eine Nacht in den Kühlschrank zu stellen).

Zum Schneiden der Terrine verwendet man ein scharfes Messer, das vor jedem Schnitt in heißes Wasser getaucht wird (oder ein Elektromesser).

Als Beigabe zu Pasteten oder Terrinen eignet sich die Sauce Cumberland sehr gut.

Für kalte Gemüseterrine (Mousse) wird das entsprechende Gemüse weichgekocht, fein püriert und bei Bedarf durch ein feines Haarsieb gestrichen. Das noch lauwarme Gemüsepüree gut abschmecken und mit aufgelöster, flüssiger Gelatine verrühren. Kurz vor dem Stocken geschlagenes Obers einrühren. In eine mit Klarsichtfolie ausgelegte Form füllen und kalt stellen.
Gemüse: Kohlrabi,Karfiol, Spargel, Paprika, Karotten, Petersilwurzen, Sellerie, Kürbis, Brokkoli usw.

Grundrezept für Gemüseterrine:
Ca. 800 g Gemüsepüree
8 - 10 Blatt Gelatine und ca. 0,6 l Obers

Sauce Cumberland

Zutaten für *1 l* Sauce

½ kg Preiselbeerkompott
½ kg Ribiselmarmelade
⅛ *l* Rotwein
8 cl Portwein
Saft und Schale von 2 Orangen und ½ Zitrone
1 TL Senf (Englischer Senf)
10 g frischer Ingwer
eine Prise Cayennepfeffer, Salz

Den Ingwer schälen, fein hacken oder auf einer Küchenreibe fein raspeln. Sämtliche Zutaten für die Sauce in einem Topf gut verrühren und aufkochen. Sauce anschließend durch ein Haarsieb streichen. Passierrückstände hacken und wieder in die Sauce einrühren. Sauce in sterile Einkochgläser füllen, gut verschließen und noch ca. 3 Tage ziehen lassen. Die Sauce hält, kühl und dunkel gelagert, mindestens ein halbes Jahr.

Wildterrine

Zutaten für 10 - 12 Portionen
1 Kastenform mit ca. *1,2 l* Inhalt

ca. 360 g Wildfleisch (Reh, Hirsch, Fasan, Wildente)
2 Scheiben Toastbrot entrindet, in Obers eingeweicht
3 - 4 helle Hühnerlebern
ca. ¼ *l* Obers oder *0,2 l* Obers und
80 - 100 g grüner Speck (weißer, roher Schweinsrückenspeck)
2 Eier oder 4 Eiweiß, Salz, Pfeffer, Wacholder, Weinbrand, eventuell Preiselbeeren
grüner Speck zum Auslegen für die Form

Wildfleisch fein hacken oder faschieren und daraus zwei gleichgroße Laibchen formen, ca. 1½ Stunden tiefkühlen.
Erstes Laibchen klein schneiden und in der Moulinette mit der Hälfte Toastbrot, Hühnerleber, Ei und Gewürzen pürieren, nach und nach Obers sowie bei Bedarf Speck zugeben und feinst pürieren (dauert maximal 1 Minute).
Zweites Laibchen mit den restlichen Zutaten ebenso zubereiten.
Beide Massen gut durchrühren und kalt stellen.
Mit gewünschter Einlage vermischen und nochmals gut abschmecken.

Einlagen: grob Faschiertes oder grob gewürfeltes, rohes oder gebratenes Wildfleisch, klein gewürfelter grüner Speck, Pilze grob geschnitten, gekochte Rindspöckelzunge, Pistazien

Kastenform mit Speck so auslegen, daß die Speckscheiben ca. 5 cm lang über den Rand hängen. Die Hälfte der gekühlten Masse einfüllen, in grünen Speck eingewickelte rohe, gewürzte Wildfilets einlegen, mit restlicher Masse auffüllen, glatt streichen und mit den überhängenden Speckstreifen zudecken.
Die Kastenform in eine mit Papier oder Geschirrtuch ausgelegte tiefe Bratenpfanne stellen, mit heißem Wasser zweifingerhoch auffüllen und im vorgeheizten Rohr bei ca. 130 °C ungefähr 1¼ Stunden pochieren, dabei soll eine Wassertemperatur von 75°C und eine Kerntemperatur von 65° - 70°C erreicht werden.

Die fertige Terrine am besten etwas beschweren bzw. leicht pressen und über Nacht kalt stellen.

Fisch-Terrine - Grundrezept

400 g faschiertes Fischfilet (Hecht, Forelle, Saibling, Karpfen)
¼ *l* Obers
4 Eiweiß oder 2 Eier (für Fisch wegen der Farbe besser mit Eiweiß)
weichgekochtes Gemüse für Einlage

Faschierten oder feingehackten Fisch zu zwei Laibchen formen und ca. 1½ Stunden tiefkühlen, klein schneiden und im Moulinex mit Eiweiß und nach und nach Obers zu einer glatten Masse cuttern. Mit Salz und Pfeffer sowie etwas Zitrone würzen.
Fischfarce wegen eventuell vorhandener Gräten durch ein Haarsieb streichen.
(Achtung: Kalt vorreinigen!)
Das Haarsieb nach dem Durchpassieren der Fischfarce umdrehen und vorher erst mit einem kräftigen, kalten Wasserstrahl vorreinigen und erst dann heiß abwaschen, da durch heißes Wasser das Eiweiß im Haarsieb stocken bzw. verkleben würde.
Passierte Fischfarce kaltstellen und mit Kräutern und Einlage verrühren.
In eine geölte, mit Klarsichtfolie ausgelegte Form füllen und zugedeckt im Rohr, im Wasserbad bei 120°C (70°C Wassertemperatur) ca. 1 Stunde pochieren, abkühlen lassen.

Für die Einlage:
Grob faschiertes, gewürfeltes oder ganzes Fischfilet sowie gekochtes Gemüse und Kräuter.
Zum Würzen können folgende Kräuter einzeln verwendet werden: Dille, Basilikum, Estragon oder Kerbel.

Wichtig! Bei der Zubereitung von Terrinen ist darauf zu achten, daß die Zutaten für die Farce gut gekühlt verarbeitet werden und beim Pochieren das Wasser nicht aufkochen soll.

Feine Schmankerl von Feld und Acker

Kürbisgemüse mit Rindschulterscherzl und geröstete Erdäpfel

Zutaten für 4 Personen

750 - 800 g Rindfleisch (Schulterscherzl)
5 - 6 Rindsknochen (1 - 2 Markknochen)
2 Suppenbund (Wurzelgemüse)
3 Lorbeerblätter
Petersilstengel, eventuell Liebstöckelblätter, Salz

Überbrühte Rindsknochen mit kaltem Wasser zustellen, Wurzelgemüse, Lorbeer, Petersilstengel und etwas Salz zugeben, ca. eine dreiviertel Stunde ziehen lassen, abschöpfen (Fett und Schaum), Fleisch einlegen und bei sanfter Hitze ca. 85°C 3 - 4 Stunden ziehen lassen. Zwischendurch mit kaltem Wasser aufgießen, abfetten bzw. abschäumen.
Nicht aufkochen lassen, denn dadurch wird die Suppe trüb. Kein Suppenpulver verwenden, davon wird das Fleisch rot.
Nach dem Kochen das Rindfleisch sofort in kaltem Wasser abschrecken und bei Bedarf kalt aufschneiden. Die geschnittenen Rindfleischscheiben in heißer Suppe erwärmen. Im kalten Zustand lassen sich vor allem sehr weich gekochte Fleischstücke gut - und ohne zu zerfallen - aufschneiden.

Tip: Durch das Abschrecken verhindert man ein Austrocknen des Rindfleisches und vermeidet auch die unansehliche, dunkle Verfärbung der Fleischoberfläche.
Der Trick mit dem Abschrecken in kaltem Wasser sofort nach dem Kochen kann bei allen gekochten Speisen und Beilagen, die nicht sofort angerichtet werden, verwendet werden: Selchfleisch, Zunge, Beuschel, Würste, Knödel, Leberknödel, Nockerln und Nudeln sowie Reis.

Mit Kürbisgemüse und geröstete Erdäpfeln anrichten.

Kürbisgemüse

½ kg Kürbis
Salz
3 EL Butter
1-2 Zwiebel
1 EL Paradeismark, Kümmel, Dille
¼ *l* Sauerrahm
½ EL Mehl

Kürbis schälen und nudelig schneiden. Einsalzen und stehen lassen. Zwiebeln fein schneiden und in Butter anschwitzen. Kürbis gut ausdrücken und zum Zwiebel geben. Einen Eßlöffel Paradeismark zugeben, mit Salz, Kümmel und Dille würzen. Sauerrahm mit etwas Wasser und Mehl glattrühren und zum Kürbis geben. Auf kleiner Flamme weichdünsten. Nochmals kurz abschmecken.
Kürbis mit Rindfleisch und gerösteten Erdäpfeln servieren.

Geröstete Erdäpfel

Etwa 1/2 kg speckige Erdäpfel, die am Vortag in der Schale halbroh gekocht wurden, schälen und grob raspeln. In heißem Schweineschmalz gut anrösten, mit feingeschnittenen Zwiebeln bestreuen, mit Salz, Pfeffer und Majoran (am Besten frisch) würzen, wenden und auf kleiner Flamme weiterrösten.
Rindfleisch mit gerösteten Erdäpfel und Kürbisgemüse anrichten. Mit etwas Suppe begießen und mit Schnittlauch bestreuen.

Gebackene Kürbisblüten

Zutaten für 4 Portionen

16 - 20 Kürbisblüten
¼ kg glattes Mehl
2 Eier
¼ *l* Wein oder Bier
Salz, Öl, Staubzucker
Eier in Dotter und Klar trennen. Dotter, Mehl, Prise Salz und Wein oder Bier zu einem festen Backteig

rühren. Eiklar zu halbfestem Schnee schlagen und unterheben. Teig rasten lassen.
Blüten waschen und durch den Teig ziehen. In heißem Öl kurz herausbacken und mit Staubzucker bestreut servieren. Als Beilage eignen sich Kompott oder Preiselbeeren.
Kürbisblüten gibt es von Juni bis Ende September.

Kürbisblüten mit Schwammerlfülle auf Kürbiscreme

Zutaten für 4 - 6 Portionen
ca. 12 - 15 Kürbisblüten

Kürbisblüten
Ca. 12 - 15 Kürbisblüten reinigen, eventuell die Blüten waschen, den Stempel mit einer Schere vorsichtig entfernen und mit Hilfe eines Spritzbeutels mit der Farce 3/4 vollfüllen, etwas zudrehen und in einem feuerfesten Geschirr mit etwas Flüssigkeit und mit einer Alu-Folie zugedeckt im Rohr bei ca. 180°C ca. 15 - 20 Minuten garen. Mit Kürbiscreme (Rezept Seite 113) anrichten.

Tip: Wenn Sie die Kürbisblüten in der Früh nach dem Pflücken nicht sofort füllen, dann sollten die Blüten mit einer kleinen Tüte aus Alufolie vor dem Zusammenklappen- bzw. Zugehen geschützt werden.
Anstelle von Kürbisblüten können auch Zucchiniblüten verwendet werden.

Grundmasse Farce
180 - 200 g rohes Faschiertes von Geflügel oder Kalbfleisch, angefroren
2 Eiweiß oder 1 Ei (Eidotter macht die Masse gelblich)
ca. ⅛ l Obers
Salz und Gewürze bzw. Kräuter nach Geschmack
Alle Zutaten in der Moulinette rasch zu einer glatten Masse verarbeiten, eventuell durch ein Haarsieb streichen und abschmecken. Je nach Bedarf mit kleiner Einlage und Kräutern vollenden (Zucchini- oder Kürbiswürfel, Herbsttrompeten, Pilze usw.).
Achtung! Haarsieb umdrehen und mit kaltem Wasserstrahl abbrausen und vorreinigen, erst dann heiß reinigen. Das Eiweiß wird durch Hitze fest und würde das Sieb verkleben.

Grundmasse kaltstellen und kurz vor dem Füllen gut durchrühren. Nach dem Füllen bald pochieren (1 - 2 Stunden kühlstellen wäre möglich).

Erdäpfel-Krautauflauf

Zutaten für 4 - 5 Portionen

Erdäpfelmasse
⅛ l Milch, ⅛ l Obers
800 g mehlige Erdäpfel
Salz , Pfeffer aus der Mühle, Muskat, Kümmel
Erdäpfel schälen und sofort in die Milch-Obersmischung schneiden (nicht zu dünn), mit Salz, Pfeffer,

Muskat und Kümmel würzen. Etwa eine viertel Stunde köcheln lassen. Die Erdäpfel sollten noch kernig sein. Abkühlen lassen.

¾ kg Weißkraut
80 g Grammeln
⅛ *l* Obers
2 Eier
Paprika, Salz, Muskat
Ca. ¾ kg Weißkraut in Blätter zerteilen, weichkochen und in kaltem Wasser abschrecken. Auf feuchtem Tuch flachklopfen.
Eine tiefe Bratenpfanne gut ausfetten und mit Krautblättern (ein Drittel) belegen. Die Hälfte der Erdäpfelmasse verteilen, mit der Hälfte der Grammeln bestreuen. Wieder Krautblätter (ein Drittel), restliche Erdäpfelmasse, Grammeln und mit Krautblättern abdecken.
3 - 4 EL Obers erhitzen und mit 1 KL Paprika kurz verkochen, abkühlen und restliches Obers dazurühren. 2 Eier einrühren und mit Salz und Muskat würzen. Eventuell geriebenen Käse einstreuen, über den Krautauflauf gießen und gut andrücken. Die Masse sollte saftig sein. Im Rohr bei 180°C ca. 30 Minuten auf mittlerer Schiene backen.
Am besten schmeckt der Auflauf aufgewärmt. Mit Salat anrichten.

Krautstrudel mit Blutwurst

Zutaten für 4 - 5 Portionen

500 g Weißkraut
200 g Erdäpfel (mit der Schale am Vortag halbroh gekocht)
1 Zwiebel, geschnitten
80 g Schmalz
100 g Grammeln (oder Speckwürfeln)
Salz, Pfeffer aus der Mühle, Kümmel,
Ei zum Bestreichen
2 Blutwürste zum Füllen
Strudelteig, hausgemacht oder 1 Paket Strudelblätter
Fett zum Bestreichen des Strudelteiges
Weißkraut nicht zu fein schneiden, mit Kümmel und Salz würzen, durchmischen und gut andrücken. Ca.

Vielfältig wird der Kürbis in der Steiermark genützt. So kommt er einerseits als Suppe, als Blüten gebacken oder als g'schmackige Sauce auf den Tisch. Andererseits werden die Kerne getrocknet, geröstet und zum delikaten Kürbiskernöl gepreßt.

1 Stunde marinieren lassen. Schmalz erhitzen und Zwiebel anrösten, Kraut zugeben und leicht andünsten. Erdäpfel schälen, klein würfeln oder grob raspeln und dazurühren. Mit etwas Pfeffer abschmecken und abkühlen lassen. Eventuell das Eiweiß einrühren (Dotter zum Bestreichen des Strudels verwenden).
Fertige Strudelteigblätter auf leicht feuchtem Tuch ausbreiten, mit Butter oder Schmalz bestreichen. Die abgekühlte Kraut-Erdäpfelfülle auf ⅔ der Teigfläche verteilen.
Blutwurst enthäuten und in Würfel schneiden, über die Krautfülle geben. Strudel mittels Tuch einrollen.

Mit Eigelb bestreichen und auf gefettetem Blech im Rohr bei 200°C ca. 20 Minuten backen.
Eventuell mit Salat servieren.

Krautroulade

Zutaten für 4 Portionen

1 mittelgroßer Krautkopf, ca. ¾ kg
500 g Faschiertes (von Rind, Kalb, Schwein, Lamm, je nach Gusto)
50 g Wurzelgemüse (Karotten, Sellerie, Petersilwurzen, nach Geschmack)
100 g gekochter Rundkornreis oder Rollgerste
ca. 400 g gekochte Krautblätter zum Füllen
sowie einige Krautblätter zum Abdecken
1 Ei, Salz, Pfeffer aus der Mühle, Majoran, Thymian, Fett zum Anrösten, Speckscheiben zum Belegen.

Die Hälfte des Faschierten anrösten, geraspeltes Wurzelgemüse mitrösten. Mit Salz, Pfeffer und Kräutern würzen. Abkühlen und mit Ei, dem restlichen rohen Faschierten und Reis vermengen. Nochmals gut abschmecken.
Die gekochten Krautblätter auf feuchtem Tuch flachklopfen, Strunk dabeilassen, mit Faschiertem bestreichen und gut einrollen.
In gefettete Form schlichten, mit Speckscheiben belegen und mit gekochten Krautblättern abdecken. Nach Belieben mit etwas Suppe angießen.
Im Rohr bei 160° - 170°C ca. 1½ Stunde dünsten lassen.
Mit Salzerdäpfeln und eventuell Paradeissauce anrichten.

Zwiebelspeckkuchen

Zutaten für 16 Portionen

500 g Zwiebelringe
500 g Porreestreifen
300 g gekochten Jausen-Speck
Schinkenwürfel

Ein kleines Backblech ca.30 x 40 cm.
Das gefettete hohe Backblech mit Blätter-oder Topfenteig auslegen, einölen und etwas einstechen.
500 g Zwiebelringe überkocht (blanchiert) abgeschreckt und 500 g Porreestreifen überkocht in kaltem Wasser abgeschreckt und sehr gut ausgedrückt über den Teig verteilen, 300 g gekochter Jausen-Speck und Schinkenwürfel angeröstet über Zwiebel und Porree gleichmäßig verteilen.
Mit Eierguß bedecken, mit Petersilie bestreuen und im Rohr bei 200 °C ca. 30 - 40 Minuten backen.

Tip: Am besten schmeckt der Zwiebel-Speckkuchen lauwarm!

Eierguß
30 g Butter erwärmen
30 g Mehl glatt einrühren und
300 g kalte Milch (0.3 l) aufgießen und aufkochen lassen, etwas abkühlen und mit 4 ganzen Eiern,
100 g Topfen, Salz, Pfeffer, Muskat aufmixen.

Topfenteig
200 g Topfen 40 % trocken
200 g Butter oder Margarine
250 - 300 g griffiges Mehl
Salz, eventuell Kräuter

Alle Zutaten rasch zu einem Teig kneten (Rührmaschiene), zu flachem Ziegel formen und gut verpackt kalt stellen, mindestens 1 Stunde rasten lassen.
Auf gut bemehltem Tisch ausrollen und wie Blätterteig weiterverarbeiten.

Variationsmöglichkeiten

Nur Zwiebel und Speck, für Zwiebelkuchen.
Gekochtes Gemüse nach Saison (einzelne Sorte oder gemischt), Pilze und Schwammerln, Fisch oder Geflügel.
Für süße Varianten den Guß mit Vanillezucker, Zimt, Orangen- und Zitronenschale je nach Obstart abschmecken (Apfel, Birne, Marille).

Schinkenfleckerl überbacken

Zutaten für 6-8 Portionen

500 g Fleckerl (hausgemacht)
4 EL Butter oder Öl
1 - 2 Zwiebel (200 g) feingeschnitten
500 g Schinken oder Hals gekocht
¼ l Obers
2 EL Sauerrahm, 2 EL Obers
2 Dotter, 2 Eiweiß (Schnee)
70 - 80 g Käse gerieben
Salz, Pfeffer, Paprika, Schnittlauch

Fleckerl in reichlich Salzwasser weichkochen und kalt abschrecken. Zwiebeln in Butter andünsten, Schinken kleingeschnitten zugeben, kurz mitrösten und mit Obers aufgießen. Fleckerl zugeben und einkochen lassen.
Mit Salz, Pfeffer und Schnittlauch kräftig abschmecken, vom Feuer nehmen, Sauerrahm-Obers und Dotter verrühren, unter die Schinkenfleckerl mischen. Zum Schluß den halbsteif geschlagenen Schnee unter die etwas abgekühlte Masse rühren. In eine gebutterte Form geben, eventuell mit Käse bestreuen, mit Paprikapulver zart bestauben und im Rohr bei Grillschlange ca. 4-5 Minuten goldgelb überbacken.
Mit Blattsalat servieren.

Krautfleckerln

Zutaten für 6 Portionen

300 g Fleckerln (hausgemacht)
900 g Weißkraut
200 g Zwiebeln
1 - 2 EL Kristallzucker
2 EL Öl oder Schmalz
Salz, schwarzer Pfeffer aus der Mühle
etwas Suppe oder Wasser

Fleckerln in reichlich Salzwasser kernig kochen, abseihen, mit kaltem Wasser abschrecken, abtropfen.
Öl oder Schmalz erhitzen, Zucker darin karamelisieren, feingeschnittene Zwiebeln beigeben, durchrösten. Kraut in größere Stücke schneiden, ebenfalls mitrösten. Mit etwas Suppe oder Wasser aufgießen, mit Salz, Pfeffer und Kümmel würzen.
Kernig dünsten (ca. eine halbe Stunde), dabei eher trocken anrösten. Fleckerln nochmals erhitzen, mit dem Kraut vermengen und nochmals abschmecken.
Nicht zu heiß anrichten; am besten schmecken die Krautfleckerln lauwarm.

Tip: Ich verwende eher größer geschnittene, hausgemachte Fleckerln, man kann auch Lasagne-Nudelblätter kochen und in große, quadratische Fleckerln von ca. 2 - 3 cm schneiden. Das Kraut schneide ich in ebenso große Fleckerl, wodurch nicht nur optisch, sondern auch geschmacklich eine Steigerung erzielt wird.
Vor dem Anrichten werden die Krautfleckerln mit frischem schwarzen Pfeffer, eher grob gemahlen aus der Mühle, großzügig bestreut.

Nudelteig

280 g glattes Mehl (Type 700) oder
280 g griffiges Weizenmehl (Type 480)
2 ganze Eier, ca. 120 g
1EL Öl, Salz

Sämtliche Zutaten am besten von Hand gut vermischen und ca. 10 -15 Minuten kneten. Sollte die Masse zu trocken sein, einige Tropfen lauwarmes Wasser zufügen. Anschließend gut verpackt mindestens 1 - 2 Stunde rasten lassen.
Auf gut bemehltem Tisch, bzw. Nudelbrett oder mit einer Maschine ausrollen und in entsprechende Form schneiden.
Für Nudeltascherl (Ravioli) sollte der Teig etwas weicher sein (zusätzlich etwas Wasser oder Eidotter), und gleich verarbeitet werden. Nudeln sollten vor dem Kochen etwas antrocknen, damit sie beim Kochen einen „Biß" bekommen.
Nudeln immer in einem möglichst großen Topf und reichlich kochendem Salzwasser einkochen, öfters umrühren und mittels Probe den richtigen Zeitpunkt feststellen. Nach dem Kochen, Nudeln, die nicht gleich angerichtet werden, sofort im kalten Wasser abschrecken und abtropfen, da sie ansonsten zusammenkleben.
Für bunte Nudeln ersetzt man ein Ei gewichtsmäßig (ca. 60 g) mit dem entsprechenden Püree (Spinat, Paradeismark, rote Rüben, Kräuter).

Wichtig! Nudeln, die mit Frischei zubereitet werden, immer gut gekühlt aufbewahren, oder im Rohzustand portionsweise einfrieren und bei Bedarf tiefgekühlt in das kochende Salzwasser geben.

Spargel weiß und grün mit Sauce Hollandaise

Zutaten für 4 Portionen

Etwa 1 kg vorbereiteten, heißen, gut abgetropften Spargel auf einer heißen Platte anrichten. Die Sauce Hollandaise am besten extra in einer Sauciere anrichten und bei Tisch über den Spargel gießen.

Siehe Spargeltips Seite 97

Sauce Hollandaise

2 Eidotter, Salz
1 KL Zitronensaft oder Weißweinessig
2 EL Spargelkochsud, 200 g Butter

Eidotter mit Gewürzen und Flüssigkeit über Dunst cremig aufschlagen, Butter erwärmen und köcheln lassen, bis sie klar wird, abschäumen (klären) und langsam unter ständigem Rühren in die Dottermasse einmengen.
Soll die Sauce dicklich sein, muß mehr Butter eingeschlagen werden.

Spargel weiß und grün gebacken mit Rahm tartar

Zutaten für 4 Portionen

1 kg gekochter Spargel, weiß und grün, mit Salz und weißem Pfeffer würzen.

In Mehl, kurz verschlagenem Ei und Bröseln panieren. In heißem Öl goldgelb fritieren, auf Küchenkrepp abtropfen und mit Rahmtartarsauce anrichten.

Rahm tartar

1 Becher Sauerrahm
2 hartgekochte Eier, feingehackt
2 Essiggurkerln
1 EL Kapern feingehackt
1 EL Zwiebeln, feingeschnitten, kurz blanchiert und abgeschreckt, gut ausdrücken.
Senf, Schnittlauch und Kerbel

Alle Zutaten nur kurz verrühren und gut abschmecken, durch zu langes Rühren wird die Sauce bzw. der Sauerrahm flüssig

Geeiste Spargelsuppe

Zutaten für 4 Portionen
200 g gekochter weißer Spargel
¼ *l* Spargelkochsud
¼ *l* Sauermilch oder Acidophilusmilch
Salz, weißer Pfeffer aus der Mühle, Kerbel

Den gekochten Spargel klein schneiden, die Spitzen für Dekoration beim Anrichten aufheben.
Den zerkleinerten Spargel mit dem kalten Spargelkochsud und der Sauermilch im Turmmixer fein pürieren.
Wenn mit Sauermilch püriert wird, sollte etwas Crème fraîche oder Sauerrahm dazugegeben werden, damit die Suppe schön glatt wird.
Anstelle der Sauermilch kann auch Sauerrahm oder Joghurt mit etwas Obers aufgemixt werden.
Wenn notwendig, die Suppe durch ein Spitzsieb abseihen, damit noch vorhandene Schalen zurückbleiben.
Kräftig abschmecken und kühlstellen. Vor dem Anrichten nochmals kräftig aufmixen und auf kalten Tellern anrichten. Mit grünen Spargelspitzen, Paradeiswürfeln und Kerbel garnieren.

Kürbiscreme

Zutaten für 4 Portionen

400 g Kürbis *
3 EL Butter
0,1 l klare Rind- oder Hühnersuppe
ca. ⅛ l Schlagobers
Salz, Kümmel (gemahlen), Dille, Kürbiskerne

* Am besten eignen sich festfleischige Sorten wie Speisekürbis, Brotkürbis oder Hokkaidokürbis.
Hokkaidokürbis kann mit der Schale verarbeitet werden.

Kürbis schälen und entkernen. Kürbisfleisch würfelig schneiden und in Butter andünsten. Mit Suppe aufgießen und auf kleiner Flamme weichdünsten.
Mit Salz, Kümmel und Dille würzen. Im Mixer unter Zugabe von Schlagobers pürieren. Abschmecken.
Mit Kürbiskernen bestreut servieren.

Tip: Kürbiskerne in eine nicht zu heiße, trockene Pfanne geben, mit ganz wenig Wasser beträufeln und leicht salzen. Bei geringer Hitze und oftmaligem Durchschwenken langsam rösten, bis die Kerne zu knallen beginnen. Dabei bilden sie eine Wölbung und bleiben für längere Zeit knusprig.

Kürbiscremesuppe mit Wachteleiern

Bärlauch

Der Bärlauch oder wilde Knoblauch besitzt eine längliche, bis zu sieben Zentimeter große Zwiebel, die von durchsichtigen Häuten umgeben ist. Aus ihr wachsen, sobald die Schneeglöckchen verblüht sind, 20 bis 25 Zentimeter hohe grundständige Blätter von lanzettlicher Form. Zumeist sind es nur zwei Blätter pro Pflanze. Zwischen ihnen entspringt ein aufrechter und etwas kantiger Stiel mit weißen sternförmigen und in einer Scheindolde angeordneten Blüten. Im späteren Frühling zieht der Bärlauch ein und verschwindet, um im nächsten Jahr wieder an der selben Stelle zu erscheinen.
Gesammelt werden die jungen Blätter zwischen März und Mai, noch vor der Blüte.

Bärlauch-Butter für Forelle oder Saibling

Zutaten für 4 Portionen

4 Forellen (ausgenommen je ca. 250 g)
5 - 10 Blätter Bärlauch, je nach Gusto
2 Zitronen, 200 g Butter, griffiges Mehl, Öl, Salz

Bärlauch waschen. Ein paar Blätter zum Dekorieren beiseitelegen. Die übrigen Blätter feinnudelig schneiden. 1 Zitrone in Scheiben schneiden. 1 Zitrone auspressen.
Forellen salzen, mit Zitronensaft beträufeln und in griffigem Mehl wenden. Öl erhitzen, und Forellen auf jeder Seite ca. 7 Minuten braten. Forellen aus der Pfanne heben und warmstellen.
Bratfett aus der Pfanne abgießen und die Butter bis zum Aufschäumen erhitzen. Geschnittenen Bärlauch zufügen und salzen. Bärlauchbutter über die Forellen gießen.
Forellen mit Bärlauchblättern und Zitronenscheiben sowie Erdäpfeln anrichten.

Bärlauch-Topfen

Zutaten für ½ kg

100 g Butter
400 g Topfen, 40% Fett passiert
10 - 15 Bärlauchblätter, je nach Geschmack
Kümmel, Salz

Bärlauch waschen. Ein Blatt feinnudelig schneiden (zum Bestreuen des Bärlauch-Topfens), die übrigen Blätter so fein wie möglich schneiden.
Butter schaumig rühren. Topfen und Bärlauch zufügen. Mit dem Mixer kräftig durchrühren, mit Salz und Kümmel würzen. Mit Bärlauchstreifen bestreut servieren.
Eignet sich als Brotaufstrich oder zum Füllen von Schinken-, Roastbeef- oder Käseröllchen.

Bärlauchsuppe

Zutaten für 4 Portionen

10 bis 15 Bärlauchblätter
1 kleiner Erdapfel, mehlige Sorte
½ *l* Rindsuppe oder Geflügelsuppe
¼ *l* Schlagobers
Salz

Den Erdapfel kochen und schälen. Bärlauch waschen und feinnudelig schneiden.
Rindsuppe mit Schlagobers aufkochen. Bärlauch und gekochten Erdapfel zufügen. Mit dem Pürierstab oder am besten mit einem Turmmixer durchmixen. Suppe mit Salz abschmecken.
Als Einlage passen fritierte Erdäpfelwürfel, geröstetes Weißbrot, pochierte Eier (5 Minuten) oder Wachteleier (3 Minuten gekocht).

Kürbissuppe

Zutaten für 4 Portionen

400 g Kürbis *
3 EL Butter
½ *l* klare Rind- oder Hühnersuppe
⅛ *l* Schlagobers
Salz, Kümmel (gemahlen), Dille
Kürbiskerne

* Am besten eignen sich festfleischige Sorten wie Speisekürbis, Brotkürbis oder Hokkaidokürbis, der mit der Schale verarbeitet werden.

Kürbis schälen, vierteln und entkernen. Kürbisfleisch würfelig schneiden und in Butter andünsten. Mit Suppe aufgießen und auf kleiner Flamme weichdünsten.
Mit Salz, Kümmel und Dille würzen. Im Mixer unter Zugabe von Schlagobers pürieren. Abschmecken.
Mit Kürbiskernen bestreuen und einigen Tropfen Kernöl servieren.

Tip: Kürbiskerne in eine nicht zu heiße, trockene Pfanne geben, mit ganz wenig Wasser beträufeln und leicht salzen. Bei geringer Hitze und oftmaligem Durchschwenken langsam rösten, bis die Kerne zu knallen beginnen. Dabei bilden sie eine Wölbung und die Kürbiskerne bleiben somit für längere Zeit knusprig.

Saure Rahmsuppe

Zutaten für 4 Portionen

¼ l Wasser mit Salz und Kümmel aufkochen, ½ l Sauerrahm oder Sauermilch mit etwas Mehl glatt-rühren und in das Salz-Kümmelwasser einrühren. Kurz durchkochen und mit gerösteten Schwarzbrotscheiben bestreuen.

Klare Fischsuppe (Fischsud)

Zutaten für *2 l*

Grundrezept für Fischsud bzw. -fond, zum Herstellen von Suppen, Saucen oder eingemachte Fischgerichte.
30 g Butter erwärmen, 1,5 kg kleingehackte Fischkarkassen (Köpfe, Gräten) darin andünsten.
250 g Zwiebeln grob geschnitten, 100 g Wurzelgemüse, grob geschnitten, sowie einige Petersil- oder Dillstengel dazugeben.
Mit ⅛ l trockenen Weißwein ablöschen, kurz einkochen und mit 3 l kaltem Wasser aufgießen.
Mit 1 bis 2 Lorbeerblättern, Salz, Pfefferkörner und wenig Knoblauch würzen.
Kurz aufkochen lassen und auf kleiner Flamme höchstens 30 Minuten köcheln lassen, zwischendurch abschäumen. Durch ein feuchtes Etamin oder feines Sieb abseihen, bis zur gewünschten Menge oder bis zum entsprechend starken Eigengeschmack einkochen lassen.

Tip: Fertiger Fischsud bzw. Fischfond läßt sich gut in Eiswürfelsackerl auf Vorrat einfrieren.

Fischsuppe mit Paprika, eingemachte Fischsuppe

Zutaten für 6 Portionen, ca. *1½ l*

120 g feingeschnittene Zwiebeln in 80 g Öl oder Schmalz goldgelb anrösten. 20 g Paradeismark einrühren und kurz mitrösten, Hitze verringern und 20 g Paprika edelsüß zugeben, einige Minuten verrühren, 10 g Mehl dazugeben und mit *1,5 l* Fischsud aufgießen. Mit Salz, Pfeffer, Majoran, Lorbeerblätter, Kümmel gemahlen und Knoblauch gut würzen, eventuell mit wenig Pfefferoni schärfen.
120 g Zwiebelringe und 100 g bunte Paprikawürfel dazugeben und ca. 20 Minuten köcheln. 150 g mehlige Erdäpfelwürfel zugeben und ca. ¼ Stunde köcheln.
250 g Karpfenwürfel, geschröpft, gut mit Zitrone und Salz würzen, einige Minuten marinieren und zur Suppe geben. Noch ca. 10 Minuten ziehen lassen, eventuell mit etwas Suppenwürze abschmecken.
Diese Suppe könnte zusätzlich mit Nockerl, Reis, Rollgerste oder kleinen Teigwaren angerichtet werden.

Eingemachte Fischsuppe mit Gemüse

Zutaten für 6 Portionen ca. *1,5 l*

50 g Butter oder Margarine erwärmen und
50 g glattes Mehl einrühren, mit ⅛ *l* trockenem Weißwein ablöschen, mit ½ *l* Fischsuppe und ½ *l* Milch aufgießen, mit 1 Knoblauchzehe, 1 bis 2 Lorbeerblättern und Salz würzen.
200 g Mischgemüse (eventuell tiefgekühltes Mischgemüse) dazugeben und ca. ½ Stunde köcheln lassen,

200 g Karpfenwürfel, geschröpft, zugeben und noch ca. 10 Minuten ziehen lassen.
Mit Dille, Schnittlauch oder Petersilie und etwas Obers kurz vor dem Anrichten verfeinern.

Räucherforellensuppe
Zutaten für 5 Portionen

1 Räucherforelle
ca. ¾ *l* Suppe (Fisch-, Rind- oder Geflügelsuppe)
ca. ¼ *l* Obers, Butter, Salz, Pfeffer

Räucherfisch (Forelle oder Rheinanke) enthäuten und filetieren. Kopf, Gräten und Haut in etwas Butter andünsten, mit Suppe (eventuell Fischsuppe) oder Wasser aufgießen und ca. 20 bis 30 Minuten durchkochen lassen. Abseihen und mit etwas Obers verfeinern.
Mit den Filets aufmixen, bei Bedarf mit gekochten Erdäpfeln binden, abseihen und abschmecken.
Mit Räucherfischstücken und Knoblauchbrotwürfeln anrichten.

Klare Wildsuppe mit Einlagen
Zutaten für 5 bis 6 Portionen

Ca. 1½ kg Wildknochen
150 g Wurzelgemüse
1 Zwiebel, 1 EL Paradeismark
etwas Weinbrand und Gin
3 l Wildsuppe oder Geflügelsuppe
Wildknochen und Parüren (Abfälle, Sehnen, Fleisch) von Hirsch, Reh, Wildgeflügel, Gams oder Wildschwein.

Knochen und Parüren klein hacken, langsam anrösten, etwas Wurzelgemüse zugeben (Karotten, Sellerie, Petersilwurzen und Zwiebeln), weiterrösten.

Etwas Tomatenmark hinzufügen, weiterrösten bis eine dunkelbraune Farbe entsteht. Mit Weinbrand und etwas Gin (Wacholder) ablöschen. Mit kalter Wildsuppe oder Wasser aufgießen. Bis zum Aufkochen erhitzen, dann sofort Hitze reduzieren und auf kleiner Flamme köcheln lassen. Zwischendurch abschäumen bzw. abfetten und je nach Gusto Gewürze beigeben.

Gewürze
Lorbeer, Wacholder, Majoran, Thymian, Rosmarin, Pilze, Orangenschale, Nelken, Piment, Koriander
Kein Salz !
Tip: Werden Suppen und Saucen bereits beim Ansetzen gesalzen, wird durch das Einkochen die Suppe oder Sauce zu salzig; das Wasser verdunstet bzw. wird reduziert, und dadurch wird der Grundgeschmack stärker, aber auch das Salz. Daher Suppen und Saucen erst kurz vor dem Anrichten salzen!

Die Suppe ca. 2 bis 3 Stunden köcheln lassen. Je mehr Fleisch und Knochen bzw. je weniger Flüssigkeit man in den Topf gibt, umso besser und kräftiger (jedoch nicht salzig) wird die Suppe. Die fertige Suppe durch ein feuchtes Tuch (Etamin) vorsichtig abseihen.
Zum Schluß mit Salz, Pfeffer, Sherry oder Weinbrand die Suppe verfeinern.

Einlage
Rehnockerln, Streifen von Wildfleisch, gebraten oder gekocht, Kräuterfrittaten, Pilze, feine gekochte Gemüsestreifen oder gekochte Gemüsestücke, Kräuter (Kerbel, Petersilie, Schnittlauch, Salbei), Orangenreste (feine Orangenstreifen).

Krautsuppe mit Debrezinern
Zutaten für 4 Portionen

400 g Weißkraut (nicht zu fein geschnitten)
100 g Schmalz
150 g Zwiebel (fein geschnitten)
ca. 2 l Suppe
Salz, Pfeffer aus der Mühle, Kümmel
1 EL Paprika, Sauerrahm
2 Paar Debreziner als Einlage
Schnittlauch

Das nicht zu fein geschnittene Kraut einsalzen, mit ganzem Kümmel würzen, durchmischen und andrücken.
Ungefähr 1 Stunde marinieren. Schmalz erhitzen und Zwiebeln anrösten, Kraut zugeben und leicht andünsten. Paprika hinzufügen und gut durchrühren. Mit Suppe aufgießen und auf kleiner Flamme ca. 1 Stunde köcheln lassen. Debreziner klein schneiden und kurz mitköcheln. Mit Salz und Pfeffer abschmecken.
Die Suppe in tiefen Tellern anrichten, mit etwas Sauerrahm und Schnittlauch garnieren.

Petersiliensuppe
Zutaten für 5 Portionen

1 bis 2 Petersilienwurzen mit Grün
1 kleiner Bund Petersiliengrün
30 g Butter
¾ *l* Suppe
¼ *l* Obers
Salz, Pfeffer, weiß aus der Mühle
eventuell ein gekochter Erdapfel zum Binden

Petersilienwurze und Stengel klein schneiden, in Butter andünsten, mit Suppe aufgießen und weichkochen, mit Obers aufgießen, im Turmmixer pürieren, abseihen. Mit Salz und Pfeffer abschmecken. Kurz vor dem Servieren nochmals mit frischer grüner Petersilie mixen, eventuell mit Erdäpfeln binden.
Mit fritierten Petersilienwurzenstreifen und fritierter Blattpetersilie anrichten.

Kuttelfleck

Kutteln - Fleck - Kaldaunen-Tripes

Kuttelfleck findet man seit jeher sowohl in der „Arme-Leute-Küche" wie auch an fürstlichen Festtafeln. Unter Kutteln versteht man den Vormagen der Wiederkäuer, in dem die Pflanzennahrung bakteriell zersetzt wird. Hauptsächlich werden Rinderkutteln und Kalbskutteln verwendet.

Zubereitungsarten:
Als Eintopfgericht, Suppe, gebacken, Sulz, für Salate.

Vorbereitung:
1 kg Kutteln putzen (wird meist schon vom Schlachtbetrieb durchgeführt) und gut in kaltem Wasser durchwaschen. In reichlich Wasser aufkochen, abseihen, eventuell wiederholen, gut durchwaschen und erneut mit ca. 300 g Wurzelgemüse, Salz, Pfefferkörnern und Lorbeer langsam weichkochen (ca. 3 bis 4 Stunden). Gekochte Kutteln kalt abschrecken und durchkühlen lassen, anschließend je nach Verwendung in Stücke oder feine Streifen schneiden. Kochsud zum Aufgießen für diverse Zubereitungen aufheben, das mitgekochte Gemüse fein hacken und für die Flecksuppe weiterverwenden.

Beuschl- und Flecksuppe

Flecksuppe

Zutaten für 10 Portionen

700 bis 800 g gekochte, fein geschnittene Kuttelfleck
80 g Schmalz
100 g Zwiebel, fein geschnitten
eventuell 70 bis 80 g Speckwürfel (gekochter Jausenspeck)
4 EL Mehl
2 KL Paprika
gekochtes , feingehacktes Gemüse
einen Schuß Essig
2 l Kochsud
Salz, weißer Pfeffer aus der Mühle, Majoran, Piment, Knoblauch und Lorbeer.

Zwiebel und Speck in Schmalz anrösten, mit Mehl stauben und gut durchrösten, Hitze verringern, Paprika und Gemüse zugeben, mit kaltem Kochsud langsam nach und nach aufgießen. Gut durchkochen und mit den Gewürzen kräftig abschmecken.
Geschnittene Kutteln dazugeben und auf kleiner Flamme mindestens 30 Minuten köcheln lassen.
Früher wurde bei Tisch ein Schuß Wein zum Säuern in die Flecksuppe gegeben.

Lamm-Suppentopf

Zutaten für 4 Personen

1 Lammkopf oder Knochen
600 g Lammschulter
2 Lammzungen
1 Lammstelze
1 kleine Sellerie
2 Karotten
1 Petersilienwurzel
1 kleiner Porree
1 kleiner Bund Petersilie
2 Zwiebeln
2 bis 3 Lorbeerblätter
2 Knoblauchzehen
3 bis 4 l Wasser, Salz
Schnittlauch
Kohlblätter

Lammkopf oder Lammknochen mit kochendem Wasser überbrühen, abseihen und mit kaltem Wasser zustellen.
Einen Teil vom Wurzelgemüse und von den Zwiebeln in dekorative Stücke schneiden (Stäbchen, Ringe, Scheiben) und getrennt vorkochen.
Das restliche Wurzelgemüse mit Kräutern und Gewürzen zum Lammkopf geben und wie die Suppe ca. 2 Stunden kochen lassen, anschließend abseihen. Wegen der langen Garzeit empfiehlt es sich, die Lamm-Suppe am Vortag zu kochen und am nächsten Tag fertigzustellen, indem Sie die Fleischstücke, Zunge und Haxe in die heiße Suppe geben und auf kleiner Flamme ca. 1½ bis 2 Stunden weichkochen. Gegen Ende der Kochzeit das vorgekochte Gemüse dazugeben. Mit Schnittlauch bestreut servieren.

Tip: Sollte beim Suppentopf etwas übrigbleiben, könnte daraus eine Sulz bereitet werden (siehe Sulzrezept).

Klachelsuppe - Haxelsuppe

Zutaten für 10 bis 12 Portionen

1½ kg Klacheln (Schweinsfüße, vom Fleischhauer in dicke Scheiben sägen lassen)
3 l Wasser
eine halbe Sellerieknolle
eine halbe Stange Lauch
4 Karotten, 3-4 Lorbeerblätter, Pfefferkörner
1/16 l Weißwein- oder Mostessig
Salz, weißer Pfeffer aus der Mühle, 3 EL Mehl, 1 EL Sauerrahm, Knoblauch, frischer Majoran und Liebstöckel.

Die in Scheiben geschnittenen Schweinshaxeln (Klacheln) in kaltem Wasser mit den Pfefferkörnern, Lorbeerblätter und der halben Menge Essig zustellen, aufkochen lassen und dann 3 bis 4 Stunden auf kleiner Flamme langsam köcheln lassen; die Suppe während dieser Zeit mehrmals abschäumen. Nach ca. 1 Stunde das Wurzelgemüse dazugeben.
Wenn die Haxeln weich sind, können sie von den Knochen gelöst und klein geschnitten werden (vorher in kaltem Wasser abschrecken). Suppe abseihen, Gemüse abschrecken und klein schneiden, mit den kleingeschnittenen Haxeln verrühren. Restlichen Essig mit Mehl und Sauerrahm gut versprudeln und unter ständigem Rühren wieder in die Suppe einlaufen lassen. Aufkochen, mit frischem Knoblauch nach Geschmack, Majoran und Liebstöckel abschmecken.

Klachelfleisch

Fürs Klachelfleisch werden die Haxeln in ganzen Scheiben mit Suppe und Gemüse angerichtet. Frischgeriebenen Kren und Schnittlauch darüberstreuen.

Schwammerlsuppe

Zutaten für 4 Personen

1 Zwiebel
¼ kg Schwammerln (je nach Jahreszeit und Marktlage kann man Eierschwammerln, Steinpilze, Champignons oder Austernpilze verwenden)
Saft von einer ½ Zitrone
1 Zehe Knoblauch
¾ l Rindsuppe
¼ l Schlagobers
1 EL Mehl und ein halber Bund Petersilie

Für die Suppe Zwiebel schälen und fein schneiden. Schwammerln putzen und in kleine Stücke schneiden. Zwiebel in wenig Öl glasig anschwitzen, Schwammerln zugeben und durchschwenken. Mit Mehl stauben, mit der Rindsuppe aufgießen, gut durchrühren und bei kleiner Hitze ein paar Minuten kochen. Mit Salz, Pfeffer, feingeschnittenem Knoblauch sowie Thymian abschmecken. Das Schlagobers zugießen und die Suppe zu cremiger Konsistenz einkochen. Petersilie fein hacken und über die angerichtete Suppe streuen.

Sterz

Mit den Lebensbedingungen heutiger Industriegesellschaften und den daraus resultierenden Ernährungsgewohnheiten verloren viele traditionelle Speisen ihre ursprüngliche Bedeutung, so auch die steirische Variante der Polenta, genannt „der Sterz".
War der in Fett abgeschmalzte Sterz früher das „tägliche Brot" der schwer arbeitenden Holz- und Landarbeiter, werden heute trotz Wiederentdeckung deftiger Hausmannskost und regionaler Küche leichtere Varianten bevorzugt.
Der Sterz war aber nicht bloß wichtiges Grundnahrungsmittel der Landbevölkerung, sondern hatte auch gewichtigen sozialen Charakter: War der Sterz einmal zu dünn geraten oder strengte die Arbeit mehr als üblich an, so begannen die Knechte mit dem sogenannten „Sterzfordern", einer bäuerlichen Form des Bummelstreikes. Sie stellten „ein Vaterunser lang" die Arbeit ein und trommelten im Takt mit ihren Hacken gegen hölzerne Gegenstände, wobei sie laut jauchzten und die Bäuerin dazu zwangen, den Frieden am Hof mit einem kräftigen Heiden- oder Türkensterz wiederherzustellen.

Heidensterz

Zutaten für 4 bis 5 Portionen

1 l Wasser
2 TL Salz
¼ kg Heidenmehl (Buchweizenmehl)
100 g Speckwürfel oder Grammeln

Salzwasser in einem schmalen, hohen Topf aufkochen, Heidenmehl in einem Schwung dazugeben, mit einem Holzkochlöffel formen, bis ein großer Klumpen entsteht. Die Masse bei kleiner Hitze zugedeckt 20 Minuten quellen lassen. Restliches Kochwasser abgießen und auffangen.
Den Sterzklumpen (am besten mit einer zweizinkigen Sterzgabel) zerteilen. Eventuell ein wenig Kochwasser zugießen und die Masse mit der Gabel auflockern, so daß gleichmäßige Klümpchen entstehen. Schmalz erhitzen, Speck oder Grammeln darin knusprig braten und den Sterz damit „abschmalzen".

Heidensterz, „gelunden"

Zutaten für 4 bis 5 Portionen

½ l Wasser, ¼ kg Heidenmehl

Das Heidenmehl in trockener Pfanne leicht erwärmen (linden), bis ein angenehm nussiger Duft entsteht. Langsam bzw. nach und nach mit dem gut gesalzenem heißem Wasser aufgießen und rühren, bis kleine Klumpen entstehen. Vom Feuer nehmen und zugedeckt etwas ausdünsten lassen. Vor dem Servieren mit Schmalz oder Grammelschmalz abschmalzen.

Brennsterz mit saurer Rahmsuppe

Zutaten für 4 Portionen

¼ kg Mehl (am besten eine Mischung aus griffigem Weizen- und Roggenmehl)
¼ l Wasser, 100 g Schweineschmalz

Für den Sterz das Mehl in einer trockenen Pfanne (am besten eine aus Eisenguß oder eine mit Antihaftbeschichtung) erhitzen, bis sich ein angenehm nußartiger Duft entwickelt. Wasser mit Salz aufkochen, über das Mehl gießen und die Masse mit einer Gabel zu Klümpchen verrühren.
In einer Pfanne Schmalz erhitzen, die Mehlklümpchen zugeben und bis zu leichter Braunfärbung anrösten. Sterz mit einer Backschaufel wenden und zerkleinern.
Saure Rahmsuppe, Rezept Seite 114

Bohnensterz

Für Bohnensterz den Brennsterz mit ca. 1/4 kg gekochte Bohnen mit Schmalz kurz durchrösten bzw. abschmalzen.

Erdäpfelsterz mit Schwammerlsuppe

Zutaten für 4 Personen

¾ kg mehlige Erdäpfel, 300 g Mehl, 150 g Schmalz
Salz, Pfeffer, Thymian

Erdäpfel bereits am Vortag waschen und mit der Schale bißfest kochen. Erdäpfel abkühlen lassen und über Nacht kühl stellen.
Erdäpfel schälen und grob reißen, würzen und mit Mehl verkrümeln. In einer schweren Eisenpfanne Schmalz erhitzen, Erdäpfelmasse anbraten. Sterz mit einer Schmarrenschaufel wenden und zerteilen.
Schwammerlsuppe, Rezept Seite 117

Schwammerlsterz

Zutaten für 4 Portionen

300 g Schwammerln oder Pilze
100 g Maisgrieß (Polenta)
¼ l Rindsuppe, 50 g Butter, 1 Zwiebel
1 kleiner Bund Petersilie, Thymian, Salz

Die Schwammerln putzen und in Stücke schneiden. Zwiebel schälen und fein schneiden. Butter schmelzen, Zwiebel darin anschwitzen, Schwammerln zugeben und durchschwenken, salzen, mit wenig Suppe aufgießen und den Grieß einrühren. Restliche Suppe zugießen und unter ständigem Rühren einkochen, bis eine dickflüssige Masse entsteht. Sterz bei kleiner Hitze noch etwa 20 Minuten dünsten und währenddessen mehrmals mit einer Gabel auflockern.
Petersilie und Thymian fein schneiden. Sterz mit Petersilie und Thymian bestreuen und am besten mit Blattsalaten als Beilage servieren.

Bohnensterz mit saurer Rahmsuppe

Heidensterz mit Suppe und Heidenknödel auf Speckkraut

Türkensterz - Polenta

Zutaten für 4 Portionen

350 g Maisgrieß (Polenta), 100 g Schweineschmalz
100 g geriebene Grammeln, ½ *l* Wasser, Salz
Wasser mit Salz in einem flachen Topf aufkochen. Den Maisgrieß langsam einrühren und bei kleiner Hitze unter ständigem Rühren kochen, bis eine dickflüssige Masse entsteht. Topf vom Herd nehmen und den Sterz ausdampfen lassen. Mit einer Gabel auflockern. Schmalz erhitzen und die Grammeln darin knusprig braten, Sterz zugeben und „abschmalzen". Traditionell wird dieser Sterz mit Milchkaffee zum Frühstück oder abends serviert.

Sterzwurst - Polentarolle

Zutaten für 10 Portionen
100 g Speckwürfel (klein geschnitten), ½ Zwiebel,
½ *l* Suppe oder Wasser, ¼ *l* Milch, 200 g Polenta,
Salz, Pfeffer, Petersilie
Die feinen Speckwürfel vom gekochten Jausenspeck mit etwas feingeschnittenen Zwiebeln anrösten. Mit Suppe und Milch aufgießen und kurz einkochen.
Den Polenta nach und nach einrühren, mit Salz, Pfeffer und Petersilie würzen und auf kleiner Flamme durchkochen, bis sich die Masse vom Topf löst, etwas abkühlen bzw. rasten lassen. In geölte Alufolie einrollen und am besten über Nacht kaltstellen. Aufschneiden und in Öl oder Schmalz anbraten.
Tip: Die Masse könnte auch auf ein geöltes Blech ungefähr 2 bis 3 cm hoch gestrichen werden und nach dem Erkalten in beliebige Stücke portioniert werden.
Die gebratenen Scheiben der Sterzwurst können gut als Vorspeise variiert werden. Dazu kann man angedünstete Pilze oder Zwiebeln, sowie Paradeiswürfel auf die Scheiben geben, mit Käse belegen (Trautenfelser oder Reibkäse) und im Rohr überbacken.

Heidenknödel mit Chinakohl

Zutaten für 5 Portionen
100 g Heidenmehl erwärmen (linden), 70 g Heidenbrein/Buchweizen (einweichen und kochen ergibt 250 g), ⅛ *l* Milch, ⅛ *l* Suppe, 40 g Schweineschmalz, 40 g Speckwürfel, 2 kleine Eier, 50 g Bröseln
Salz, Petersilie
Speck in Schmalz anrösten, mit Milch und Suppe aufgießen, gekochten Heidenbrein einrühren und einige Minuten durchkochen, anschließend Abkühlen.
Heidenmehl, Eier und Bröseln einrühren, mit Salz und Petersilie würzen, wenn die Masse zu weich sein sollte, etwas Brösel zugeben.
Rasten lassen, mit naßen Händen zu kleinen Knödeln formen, in Salzwasser ca. 15 Minuten leicht köcheln.

Chinakohl
Ca. ½ kg Chinakohl oder junges Weißkraut fein geschnitten, mit Salz und Kümmel würzen, etwas anziehen lassen. In Butter andünsten, mit etwas Essig oder Suppe aufgießen und weichdünsten. Oder mit gehackten Paradeisern, geschält und entkernt, vermischen und kurz dünsten lassen.

Die Heidenknödel können als Suppeneinlage (Rind-, Schwammerl- oder Klachelsuppe) sowie als Beilage zu Wild oder Bratengerichten serviert werden.

SALZ

Karpfen, König der steirischen Teiche

Karpfen, im ganzen gebraten mit Zwiebeln, Paprika und Erdäpfeln

Zutaten für 4 bis 6 Portionen

1 Spiegelkarpfen (ca. 1,8 kg), geschuppt und ausgenommen, ⅛ l trockener Weißwein, 2 rote und 2 weiße Zwiebeln, 1 roter und 1 grüner Paprika, 4 Zehen Knoblauch, Thymian (am besten frisch)1 EL gehackte Petersilie, ½ kg speckige Erdäpfel
1 Zitrone, Salz, Butter, griffiges Mehl
Lorbeerblätter, Suppe

Den vorbereiteten Karpfen schröpfen*, innen und außen gut salzen und mit Zitronensaft beträufeln (Zitronensaft würzt den Fisch nicht nur, sondern weicht auch die Gräten auf). Ein paar Thymianzweige und zwei Lorbeerblätter in die Bauchhöhle des Karpfens legen und den Fisch ca. ½ Stunde marinieren lassen.
Backrohr auf ca. 200°C vorheizen. Karpfen beidseitig mit griffigem Mehl bestauben und in eine passende Pfanne setzen; wenn man den Fisch auf eine umgestülpte Kaffeetasse setzt, verhindert man, daß er während des Bratens umfällt. Er wird auch durch das stehende Braten beidseitig schön gleichmäßig knusprig und kann bei Tisch auch gut portioniert werden, in dem man am Rückgrat entlang schneidet und die Filets in Stücken von der Gräte heben kann.
Weißwein, Zwiebelringe und Knoblauch rund um den Fisch verteilen. Fisch ins vorgeheizte Rohr schieben und auf der unteren Schiene in ca. 40 bis 50 Minuten stehend knusprig braten. Nach Belieben mit ein wenig Suppe aufgießen.
Paprikas in gleichmäßige Streifen schneiden. Restliche Zwiebeln in Spalten schneiden, Paprikas und Zwiebeln nacheinander in leicht gesalzenem Wasser bißfest kochen, abseihen, kalt abschrecken und gut abtropfen lassen. Erdäpfel kochen, schälen und in gleich große Stücke schneiden. Den Bratensaft des Fisches abseihen und mit Paprikastreifen und Erdäpfeln auf kleiner Flamme erwärmen, mit Petersilie vermischen und mit einem nußgroßen Stück Butter binden. Karpfen eventuell im ganzen stehend auf einer Platte anrichten. Gemüse zum Karpfen geben und servieren.

* *Schröpfen:*
Um die lästigen Gräten beim Essen nicht zu spüren, empfehle ich, den Karpfen vorher zu schröpfen. Dazu werden beim ganzen Karpfen auf beiden Seiten vom Kopf in Richtung Schwanz tiefe Einschnitte im Abstand von 3 bis 4 mm in das Filet gemacht. Durch die Zitrone werden die kurzen Gräten weich und daher beim Essen nicht mehr spürbar.

Tip: Sollte trotzdem beim Essen eine größere Gräte in die Speiseröhre gelangen und stecken bleiben, empfielt es sich stark saure Zitronenlimonade oder verdünnten Essig nachzuspülen oder damit zu gurgeln.

Karpfen im Wurzel Dillsud

Zutaten für 4 Portionen

600 g Karpfenfilet
Salz, Zitrone
¼ l Fischfond (Karpfensud)
100 g Butter, eisgekühlt
250 g Wurzelgemüsestreifen, Dille

Karpfenfilets tief einschneiden (schröpfen) und gut mit Salz und Zitrone würzen. Die Portionsstücke in gewünschter Größe in eine gebutterte Pfanne mit Fischfond oder Weißwein legen und im Rohr bei ca. 180° bis 200°C ca. 5 bis 6 Minuten garen.
Den kräftigen Karpfensud mit eisgekühlten Butterwürfeln im Turmmixer oder mit dem Stabmixer binden. Mit Dille abschmecken, die gekochten Gemüsestreifen als Einlage dazugeben und damit den pochierten Karpfen begießen. Den Sud nach dem Binden nicht mehr aufkochen.

Mit Erdäpfel servieren.

Tip: Anstelle von Butter könnte der Sud auch mit einem gekochten, mehligen Erdapfel püriert werden.

Karpfen mit frischer Paprikasauce und Rollgerstln

Zutaten für 4 Portionen

600 g Karpfenfilet
Salz, Zitrone, Butter oder Öl
Fischfond oder Weißwein

Die Karpfenfilets tief einschneiden (schröpfen) und gut mit Salz und Zitrone würzen. Die Portionsstücke in gewünschter Größe in eine gebutterte Pfanne mit Fischfond oder Weißwein legen und im Rohr bei ca. 180° bis 200° C ca. 5 bis 6 Minuten garen.
Oder die Karpfenstücke nach dem Würzen in griffigem Mehl kurz wenden und in nicht zu heißer Pfanne mit Öl beidseitig knusprig braun braten, auf Paprikasauce mit Rollgerstln anrichten.

Paprikasauce
Weiße Grundsauce mit einen kleinen, roten Paprika, der geviertelt, entkernt, gekocht und in Streifen geschnitten wurde, etwas Knoblauch sowie eventuell Pfefferoni und Paradeismark kurz aufkochen, aufmixen und abseihen, damit die Schale zurückbleibt. Abschmecken und vor dem Servieren mit Stabmixer aufschäumen.

Weiße Grundsauce
Zutaten für ca. 4 bis 5 Portionen (¼ *l* Sauce)
⅛ *l* trockenen Weißwein mit einigen Zwiebelringen, 1 Lorbeerblatt und 4 bis 5 Pfefferkörner auf 2 bis 3 EL Flüssigkeit einkochen, mit ⅛ *l* Fond (Suppe, Fischfond, Gemüsefond) aufgießen und abseihen, mit ⅛ *l* Obers auffüllen, aufkochen und mit Mehlbutter (30 g flüssige Butter, 20 g glattes Mehl verrühren) binden. Kurz durchkochen lassen, mit Salz und Pfeffer abschmecken, wenn möglich aufmixen.

Ableitungen:
Bachkressesauce, Dillsauce, Kräutersauce, Weißwein- oder Vermouthsauce.

Rollgerstln
Für 4 Portionen

Ca. 100 g Rollgerste über Nacht einweichen, abspülen und mit Fischsuppe oder Suppe weichkochen, mit gekochten Paprikawürfeln und etwas Butter verfeinern (Risotto-Art) oder nach dem Kochen kalt abspülen und wie Reis wiedererwärmen, mit den Paprikawürfeln verfeinern und gut abschmecken. Das Rollgerstl könnte auch mit einem Teil Paprikasauce cremig abgeschmeckt werden.

Karpfenstrudel mit Semmel-Gemüsefülle auf Rahmporee
Zutaten für 4 bis 5 Portionen

350 g Karpfenstücke
Salz, Zitrone, griffiges Mehl, Öl
Knoblauch, Petersilie

Semmelfülle
½ Zwiebel, fein geschnitten, in 1⁄16 *l* Öl anrösten, mit *0,3 l* Milch aufgießen, aufkochen und über 250 g getrocknetes Knödelbrot gießen. Mit Salz, Pfeffer und Majoran würzen, durchmischen und etwas abkühlen lassen.
250 g Mischgemüse, gekocht, und 1 ganzes Ei zugeben, gut durchkneten.

Die Karpfenstücke, geschröpft, gut mit Salz und Zitrone gewürzt, in griffigem Mehl wenden und in heißem Fett kurz beidseitig braten. Mit etwas Knoblauch und Petersilie würzen, abkühlen lassen und in kleine Stücke schneiden. 1 Eiweiß halbsteif schlagen (Dotter für Einstreichen des Strudels) und mit den

Sauer eingelegter Karpfen, Rezept Seite 104 und Karpfenstrudel mit Semmel-Gemüsefülle auf Rahmporee, Rezept Seite123

Karpfenstücken zur Semmelfülle geben, gut durchmischen.
Strudelteig mit flüssiger Butter einstreichen, Fülle auf erstem Drittel verteilen, einrollen, zwischendurch gut andrücken bzw. formen. Strudel mit Eigelb bestreichen, auf geöltes Blech geben und im vorgeheizten Rohr bei 180° C ca. 25 Minuten backen.
Mit Rahmporree anrichten.

Anstelle von Strudelteig kann auch Blätterteig verwendet werden; statt der Semmelfülle könnte auch gekochter Reis oder Rollgerste zum Fisch gemischt werden.

Tip: Einen besonders feinen Geschmack bekommt die Fülle durch die Beigabe von Räucherfisch.

Rahmporree

Zutaten für 4 Portionen

60 g Butter
ca. 450 bis 500 g Porree (eher den weißen Teil)
0,2 l Obers, Salz, weißer Pfeffer aus der Mühle
Porree fein schneiden, waschen und in Butter andünsten, mit Obers aufgießen und langsam weichkochen. Mit Salz und weißem Pfeffer aus der Mühle würzen.

Karpfen auf Bachkressesauce und Rollgerstln, Rezept - Seite 122

Karpfennockerl auf Blattspinat

Zutaten für 4 bis 5 Portionen

400 g faschiertes Karpfenfilet
¼ *l* Obers
4 Eiweiß
Kräuter für Einlage (Dille, Kerbel)
Den faschierten oder feingehackten Fisch zu zwei Laibchen formen und ca. 1½ Stunden tiefkühlen, klein schneiden und im Moulinex mit dem Eiweiß und nach und nach Obers zu einer glatten Masse cuttern. Mit Salz und Pfeffer und etwas Zitrone würzen.

Forelle mit Bärlauchbutter, Rezept Seite 113

Karpfennockerl auf Blattspinat mit Dill-Rahmsauce

Fischfarce wegen eventuell vorhandener Gräten durch ein Haarsieb streichen.
(Achtung: Kalt vorreinigen!)
Das Haarsieb nach dem Durchpassieren der Fischfarce umdrehen und vorher erst mit einem kräftigen, kalten Wasserstrahl vorreinigen und erst dann heiß abwaschen, da durch heißes Wasser das Eiweiß im Haarsieb stocken bzw. verkleben würde.
Passierte Fischfarce kaltstellen und mit Kräutern verrühren.
In heißen Fischfond oder Salzwasser Fischnockerl einlegen und ca. 10 bis 15 Minuten ziehen lassen. Auf Blattspinat mit Dillrahmsauce anrichten.

Hecht im Gurken-Dillsud

Zutaten für 4 Portionen

600 g Hechtfilet
Salz, Zitrone
¼ l Fischfond (Hechtsud)
100 g Butter, eisgekühlt
Eine Gartengurke mit ca. 400 g, Dille

Die Gurke schälen, halbieren und entkernen. In 1 cm dicke Stücke schneiden. Im kochenden Salzwasser kernweich kochen und sofort in kaltem Wasser mit Eiswürfel abschrecken und abtropfen lassen.
Hechtfilet einschneiden (schröpfen) und gut mit Salz und Zitrone würzen. Die Portionsstücke in gewünschter Größe in eine gebutterte Pfanne mit Fischfond oder Weißwein legen und im Rohr bei ca. 180° bis 200°C ca. 5 bis 6 Minuten garen.
Den kräftigen Hechtsud mit eisgekühlten Butterwürfeln im Turmmixer oder mit dem Stabmixer binden. Mit Dille abschmecken, die gekochten Gurkenstücke als Einlage dazugeben, kurz wärmen und damit den pochierten Hecht begießen.
Den Sud nach dem Binden nicht mehr aufkochen, da sich ansonsten die Butter vom Sud absetzen würde.
Mit Erdäpfeln servieren.

Tip: Anstelle von Butter könnte der Sud auch mit einem gekochten, mehligen Erdapfel püriert werden.

Steirische Hausmannskost

Grammeln

Schritt für Schritt zu guten Grammeln!

Das Ausgangsprodukt für Schweineschmalz und Grammeln ist vorzugsweise Rücken- oder Karreespeck, nicht ganz so ideal ist Bauchspeck. Jedenfalls muß man den Speck vor der Verarbeitung von der Schwarte und den Fleischresten befreien. Besonders gut läßt sich der Speck schneiden, wenn man ihn davor für ca. eine Stunde ins Tiefkühlfach legt. Man kann den Speck vor dem Auslassen grob faschieren (die aus dieser Verarbeitungsmethode resultierenden Grammeln sind naturgemäß sehr klein) oder in kleine oder größere Würfel schneiden.

Und so kommt man zum perfekten Schmalz und zu den köstlichen Grammeln:

In einem ausreichend großen flachen Topf 1 kg grob faschierten (oder in gleiche, kleine Würfel geschnittenen) Speck mit ca. *2 dl* Wasser* so lange kochen, bis das Wasser verdampft ist. Hitze reduzieren und Speck ca. eine dreiviertel Stunde ausbraten, dabei häufig umrühren. Wenn die Speckwürfel zu schmelzen beginnen, ständig rühren, damit sie gleichmäßig erhitzt werden. Sobald die Grammeln zu bräunen beginnen und das Schmalz klar wird, gießt man es durch ein Metallsieb und läßt die Grammeln gut abtropfen (Schmalz am besten in einem Keramiktopf offen auskühlen und festwerden lassen, erst dann abdecken und kühl und luftig aufbewahren).
Dieses Rezept ergibt etwa 800 g Schmalz und cirka 200 g Grammeln.

* Man kann zum Aufgießen auch Wasser und Milch im Verhältnis 1:1 verwenden. Die Grammeln werden dann schön goldbraun.

Tip: Richtiges Schweineschmalz erkennt man an einer welligen Oberfläche nach dem Erkalten. Bei tiefgekühltem Speck wird das Schmalz nach dem Auslassen und Abkühlen nicht so fest.

Grammelschmalzbrot

Zutaten für 6 Brote

6 Scheiben Schwarzbrot
¼ kg Schweineschmalz
100 g Grammeln
1 kleine Zwiebel
2 Zehen Knoblauch
1 EL gehackte Petersilie
Salz, Pfeffer, Kümmel

Grammeln grob hacken. Zwiebel und Knoblauch schälen und kleinwürfelig schneiden. Schweineschmalz mit einem Schneebesen oder mit einem Handmixer cremig rühren. Grammeln, Zwiebel und Petersilie zugeben und gut vermischen. Mit Salz, Pfeffer und gemahlenem (oder grob gehacktem) Kümmel würzen und nochmals verrühren.

Brotscheiben mit Grammelschmalz bestreichen. Besonders appetitlich sehen die Brote aus, wenn man sie mit einer feingeschnittenen Jungzwiebel belegt.
Man kann das Schmalz natürlich auch ohne Zusatz von gehackten Grammeln auf die Brote streichen.

Grammeltascherln mit warmem Krautsalat

Zutaten für 4 Portionen (ca. 16 Stück)

Für den Teig:*
350 g glattes Mehl
⅛ *l* lauwarmes Wasser
30 g Öl
½ TL Salz, 1 Ei

Für die Fülle: **
200 g Grammeln
eine halbe Zwiebel
2 Eier
2 bis 3 EL Semmelbrösel
½ Bund Petersilie

Salz, Pfeffer, Knoblauch, Butter, Öl, Dotter zum Bestreichen

* Bei diesem Teig handelt es sich um einen recht festen Strudelteig, darum wird er auch nicht ausgezogen, sondern am besten mit einem Nudelwalker ausgerollt. Diesen Teig kann man, um Zeit zu sparen, bereits am Vortag zubereiten und mit Klarsichtfolie zugedeckt im Kühlschrank aufbewahren. Es empfiehlt sich nicht, für dieses Rezept, fertigen Strudelteig zu verwenden, denn er ist zu dünn.

** Sie können aus der Fülle auch kleine Bällchen formen, in leicht gesalzenem Wasser schwach wallend kochen und als Einlage für eine Rind-, Klachel- oder auch für eine Sauerrahmsuppe verwenden.

Für den Strudelteig Mehl in eine große Schüssel oder auf eine Arbeitsfläche schütten. In die Mitte des Mehlhäufchens eine Vertiefung drücken, Öl, Salz, Ei und Wasser hineingeben und mit dem Mehl zu einem glatten, festen Teig kneten. Teig zu einer Kugel formen. Oberfläche mit Öl bestreichen, in Klarsichtfolie eindrehen, Teigkugel auf einen Teller legen und bei Zimmertemperatur mindestens 1 bis 2 Stunden rasten lassen.

Für die Fülle Grammeln am besten mit einem großen Messer hacken. Zwiebel schälen und kleinwürfelig schneiden. Petersilie fein schneiden. Ein wenig Butter oder Schmalz erhitzen, Zwiebel und Petersilie zugeben, kurz anschwitzen, abkühlen lassen.

Grammeltascherl mit Krautsalat, Rezept Seite 127

Grammelpogatschen

Grammeln, Zwiebelmischung, Semmelbrösel und Eier gut vermischen und mit Salz, Pfeffer und Knoblauch würzen. Masse kurze Zeit ziehen lassen.
Den Teig auf einer bemehlten Arbeitsfläche ungefähr messerrückendick ausrollen und in gleich große Quadrate schneiden. Fülle in gleich große Häufchen, am besten mit einem Teelöffel auf den Teig setzen, Teigränder mit verquirlten Dottern bestreichen und die Quadrate zu Dreiecken zusammenklappen. Ränder am besten mit einer Gabel festdrücken.
Grammeltascherln in heißes Öl (ca. 170°C) legen und schwimmend goldgelb backen. Aus dem Fett heben und auf Küchenkrepp gut abtropfen lassen.

Warmer Krautsalat
Von ca. ½ kg Weißkraut die Strünke ausschneiden, die Blätter in leicht gesalzenem Wasser kurz überkochen, abseihen, abschrecken und in feine Streifen schneiden. 2 kleine Zwiebeln schälen und fein hacken. Etwa 150 g Frühstücksspeck kleinwürfelig schneiden. Zwiebel und Speck in ein wenig Öl anschwitzen, Kraut zugeben, kurz mitdünsten und mit ein wenig gewässertem Essig ablöschen. Kraut gut vermischen und mit Salz, Pfeffer und Kümmel würzen. Lauwarm servieren.

Grammelkrapferln (Pogatschen)
Zutaten für 10 Stück

150 g kleine Grammeln
150 g glattes Mehl, 2 bis 3 EL lauwarme Milch
20 g Germ, 2 EL Sauerrahm, 2 EL Wein, 1 Ei
Mehl, Petersilie, Dotter zum Bestreichen
Milch ein wenig erwärmen. Germ zerbröseln, in der Milch auflösen und mit ein wenig vom abgewogenen Mehl zu einem Dampfl (Gärprobe) rühren. Dampfl mit wenig Mehl bestreuen, bei höchstens 40°C warmstellen und so lange aufgehen lassen, bis an der Oberfläche Risse entstehen.
Sauerrahm mit Ei, Wein und 1 EL gehackter Petersilie gründlich verrühren. Dampfl mit der Sauerrahmmischung, den Grammeln und dem restlichen Mehl in einer Schüssel verrühren und zu einem glatten Teig abschlagen. Den Teig zudecken und an einem warmen Ort ca. 20 Minuten aufgehen lassen. Teig zusammenschlagen und nochmals ca. 20 Minuten gehen lassen.
Backrohr auf ca. 200°C vorheizen. Den Teig auf einer bemehlten Arbeitsfläche fingerdick ausrollen und Scheiben mit ca. 5 cm Durchmesser ausstechen. Restlichen Teig verkneten, ausrollen und nochmals Scheiben ausstechen. Teigscheiben auf ein mit Öl bestrichenes (oder mit Backtrennpapier belegtes) Backblech legen, mit verquirlten Dottern bestreichen und nochmals eine viertel Stunde gehen lassen.

Backblech ins Rohr schieben und die Krapferln in ca. 20 Minuten goldgelb backen. Diese Krapferln passen ausgezeichnet zu Wein oder Bier.

Grammelknödel mit Paradeiserkraut
Zutaten für 15 Knödel

Grammelmasse:
In 3 EL Schmalz (100 g) 80 g Zwiebel anrösten und zu 200 g feingehackten Grammeln geben, und mit 2 bis 3 EL Brösel binden. Mit Salz, Pfeffer, Majoran und Knoblauch abschmecken und kalt stellen. Kleine Kugeln formen und etwas anfrieren lassen.

Grammelknödel mit Paradeiserkraut

Erdäpfelteig:
600 g mehlige Erdäpfel in der Schale kochen, abseihen, noch heiß schälen und passieren (= ca. ½ kg)
ca. 200 g griffiges Mehl
50 g Grieß
2 Eier
Salz, Pfeffer, Muskat

Alle Zutaten rasch verkneten, zu einer Rolle formen und ca. eine halbe Stunde rasten lassen. In 15 Teile aufteilen, flachdrücken, mit Grammelmasse füllen, gut verschließen und in Salzwasser ca. 10 bis 15 Minuten köcheln lassen. Mit Grammelschmalz begießen und anrichten.

Steirisches Ritschert

Zutaten für 4 Portionen

1 EL Schmalz oder Öl
1 kleine Zwiebel, feingeschnitten
2 bis 3 EL Sellerie, kleinwürfelig geschnitten
1 l Selchsuppe (oder Rindsuppe)
200 g weiße Bohnen (¼ *l*), eingeweicht
200 g Rollgerste, eingeweicht (¼ *l*)
2 Lorbeerblätter, Liebstöckel, Salz, Pfeffer, Salbei
1 Knoblauchzehe, geschnitten
200 g Geselchtes (vom Hals, Stelze oder Ripperl), klein gewürfelt, gekocht
100 g Erdäpfel, gewürfelt, roh

Zwiebel in Schmalz anrösten, Sellerie mitrösten und mit Suppe aufgießen.
Die Bohnen und Rollgerste sowie Gewürze dazugeben und auf kleiner Flamme langsam ca. 1½ bis 2 Stunden köcheln lassen. Achtung, brennt leicht an! Öfters umrühren und notfalls mit Suppe aufgießen.
Nach ca. 1 Stunde Erdäpfel dazugeben und ca. 1 Stunde köcheln lassen. Selchfleisch dazugeben, mit Salbei abschmecken und servieren.

Tip: Um die Kochzeit zu verkürzen, können Bohnen und Rollgerste vorgekocht werden.

Gröstel

An sich werden Gröstel in einer Pfanne bzw. in einem Arbeitsgang hergestellt. Es ist jedoch sowohl geschmacklich wie auch optisch besser, wenn das Gröstel in zwei Pfannen bzw. getrennt zubereitet wird.
Als Basis werden speckige Erdäpfel, die in der Schale mit Salzwasser kalt zugestellt und nicht zugedeckt kernig (fest) gekocht werden, verwendet. Nach dem Kochen kalt abschrecken und einige Stunden bzw. über Nacht stehen lassen.
Als Fettstoff sollte naturgemäß Schweineschmalz verwendet werden, nicht zu sparsam, wenn es eine schöne goldgelbe Kruste geben soll.
Als Pfanne eignet sich am besten eine Gußpfanne mit dickem Boden oder eine leichtere versiegelte Aluminium-Gußpfanne.
Gröstel können sowohl als Beilage wie auch als Zwischenspeise oder mit Salat als Hauptspeise serviert werden.

Blunzengröstel

Zutaten für 4 Portionen

Ca. 800 g speckige Erdäpfel
4 Blutwürste ohne Haut, in ca. 1cm dicke Scheiben geschnitten
2 bis 3 Zwiebeln, in Ringe geschnitten
Salz, Pfeffer aus der Mühle und frischer Majoran

Erdäpfel in Salzwasser halb-roh kochen, schälen und blättrig schneiden, in heißem Schmalz gut anrösten, wenden und auf der zweiten Seite langsam fertigbraten.
In der zweiten Pfanne die Blutwurst kurz beidseitig anbraten und gleich aus der Pfanne nehmen. Etwas Schmalz in die Pfanne geben und die Zwiebeln gut anrösten. Erdäpfel und Blutwurst beigeben, kurz durchschwenken und mit Salz, Pfeffer und frischem Majoran abschmecken und anrichten.

Gekochtes Beinfleisch mit Kohlrabi und gerösteten Erdäpfel

Zutaten für 6 Portionen

ca. 1½ kg Beinfleisch, ¼ kg Rindsknochen
Suppengemüse, Salz, Lorbeer

Rindsknochen in heißem Wasser überbrühen und mit kaltem Wasser abspülen. Die Knochen mit Suppengemüse in einem großen Topf mit kaltem Wasser zustellen. Mit Salz und Lorbeer würzen. Wenn die Suppe heiß ist, das Beinfleisch einlegen und auf kleiner Flamme bei ca. 85°C ca. 4 bis 5 Stunden langsam köcheln lassen. Nicht aufkochen (Suppe wird trüb), keine Streuwürze verwenden (Fleisch könnte rot werden).

Kohlrabi
600 g Kohlrabi schälen, würfeln und kochen
50 g Butter erhitzen
50 g Mehl einrühren
mit ¼ *l* Suppe oder Kohlrabikochwasser und ¼ *l* Milch aufgießen, gut durchkochen lassen. Kohlrabi zugeben und mit Salz, Pfeffer, Muskat und gehackten Kohlrabiblättern würzen. Nach Belieben mit etwas Obers verfeinern.

Geröstete Erdäpfel
Etwa ½ kg speckige Erdäpfel, die am Vortag in der Schale halbroh gekocht wurden, schälen und grob raspeln. In heißem Fett gut anrösten, mit gehackten Zwiebeln bestreuen, mit Salz, Pfeffer und Majoran würzen, wenden und auf kleiner Flamme weiterrösten.
Beinfleisch mit gerösteten Erdäpfelen und Kohlrabigemüse anrichten. Mit etwas Suppe begießen und mit Schnittlauch bestreuen.

Semmelkrenhaube
zum Überbacken für gekochtes Rindfleisch
Zutaten für 4 Portionen

Ungefähr *0,3 l* Rindsuppe aufkochen, 3 Semmeln kleinwürfelig schneiden und ¼ Stunde in der Suppe kochen.
Kren reiben (3 EL) und Petersilie hacken (1 EL) Rindsuppe und zerkochte Semmeln mit einer Schneerute kräftig durchschlagen. Mit Salz und Zucker würzen, etwas abkühlen lassen. Kren und Petersilie einrühren.
Ein Ei unter die Masse rühren und abschmecken. Diese Masse fingerdick auf gekochtem Rindfleisch verteilen und im Rohr bei Oberhitze (Grillschlange) überbacken.

Anstelle von Rindfleisch kann auch gekochtes Schweinefleisch, Lamm oder Geselchtes überbacken werden.

Schweinsbrüstl
mit Sauerkraut und Grammelknödel
Zutaten für 8 bis 10 Portionen

ca. 1½ kg Schweinsbrüstl, ohne Knochen
Salz, Kümmel

Knoblauch

Das Schweinsbrüstl oder den Jungschweinbraten (Karree mit Schwarte) sowie Schweinsstelzen vorher in Salzwasser ca. eine halbe Stunde vorkochen. Mit scharfem Messer die Schwarte einschneiden (schröpfen) und mit Salz und Kümmel würzen. In einer Bra-

tenpfanne mit etwas Flüssigkeit vom Kochwasser im Rohr bei ca. 220°C ungefähr 1 Stunde knusprig braten - gegen Ende der Bratzeit nicht mehr übergießen! Hitze auf 120° bis 130°C zurückschalten und je nach Größe fertigbraten. Knoblauch, fein geschnitten, zum Schluß in den Natursaft geben.
Die Kerntemperatur bei Brüstl und Stelze soll 80°C erreichen.

Gewichtsverlust beim Braten: ca. 30%!

Sauerkraut
50 bis 100 g Schweineschmalz
150 g Zwiebel, geschnitten
1 kg Sauerkraut (eventuell mit Karotten-, Sellerie- und Apfelstreifen)
1 bis 1½ l Wasser oder
Suppe (Selchsuppe oder Suppe vom Fleischkochen)
Lorbeer, Wacholder, Kümmel, Knoblauch
eventuell 1 mehliger Erdapfel, roh geschabt, zum Binden
Salz, Pfeffer

Zwiebeln in Schmalz hell anrösten, Kraut zugeben und mit Suppe aufgießen. Gewürze zugeben und Erdapfel dazuschaben. Anschließend mit Salz und Pfeffer abschmecken und zugedeckt langsam ca. 1½ Stunden weichdünsten.
Anstelle von Sauerkraut können auch saure Rüben auf dieselbe Art zubereitet werden.

Grammelknödel, Rezept Seite 128

Krenfleisch
Zutaten für 4 Portionen

300 g Wurzelgemüse (Karotten, Sellerie und gelbe Rüben)
100 g Zwiebelringe, grob geschnitten
800 bis 900 g Schweinefleisch ohne Knochen (Schulter, Hals oder Brüstl)
2 Knoblauchzehen
2 Lorbeerblätter
Salz, ein Schuß Weinessig
Kren, Schnittlauch, gekochte Erdäpfel

Wurzelgemüse waschen, schälen und in zündholzstarke Stäbchen schneiden (Julienne), in leicht gesalzenem Wasser nicht zu weich kochen und sofort kalt abschrecken.
Zwiebelringe ebenfalls kurz überkochen und abschrecken. Abschnitte und Schalen von Wurzelgemüse in das Gemüsekochwasser geben, Fleisch einlegen und Gewürze zugeben.
Wenn das Fleisch weich ist, aus der Suppe heben (bei späterem Gebrauch sofort kalt abschrecken), Suppe abseihen und mit Wurzelwerk, Zwiebelringen und gekochten Erdäpfeln vermischen.
Fleisch in Scheiben schneiden und mit Suppe, Wurzelgemüse und Erdäpfeln in tiefen Tellern anrichten.
Mit Schnittlauch und geriebenem Kren bestreuen.

Wurzelfleisch

Für das Wurzelfleisch gilt dieselbe Herstellung, nur wird dafür das Fleisch in größere Würfel geschnitten und in der abgeseihten Gemüsebrühe langsam weichgekocht. Vorgekochtes Wurzelgemüse und Zwiebelringe sowie gekochte Erdäpfel dazugeben. Ebenfalls in tiefen Tellern mit Suppe, Kren und Schnittlauch anrichten.

Krenfleisch, Rezept Seite 130

Zwiebelrostbraten

Zutaten für 4 Portionen

4 Stück Rostbraten vom Ochsen, à 230 g, 1-2 cm dick geschnitten
30 g Paradeismark
400 g Zwiebeln, fein-nudelig geschnitten
⅛ *l* Rotwein
½ *l* Suppe
ca. 600 bis 700 g Erdäpfel, gekocht
Salz, Pfeffer aus der Mühle, Senf,
Öl zum Braten
Butter für die Erdäpfel

Die Rostbraten zart klopfen, Ränder bzw. Sehnen einschneiden, würzen und in heißer Pfanne mit Öl kurz anbraten, wenden und nach ca. 1 Minute aus der Pfanne nehmen, in eine kalte Kasserolle legen.
In der Pfanne die Zwiebeln mit Öl goldgelb anrösten, Paradeismark einrühren und auf kleiner Flamme gut durchrösten. Nach und nach mit dem Rotwein ablöschen, wieder etwas weiterrösten, bis eine schöne dunkle Farbe entsteht, und mit Suppe langsam aufgießen. Kurz durchkochen lassen und über den Rostbraten gießen. Mit Alufolie abdecken und im Rohr bei 80° - 100°C ca. 2 bis 3 Stunden ganz langsam weichdünsten lassen. Das Fleisch kann noch ganz zart rosa sein, damit es saftig ist, und die Flachsen- bzw. Fettränder sollten weich sein. Mit Erdäpfeln in Butter oder Braterdäpfeln anrichten.

Tip: Besonders resche bzw. knusprige trockene Zwiebeln zum Garnieren von Rostbraten (oder auch für das Erdäpfelpüree) entstehen durch Fritieren der Zwiebelringe (vorher mit griffigem Mehl stauben) in reichlich heißem Öl, anschließend auf Küchenpapier abtropfen und leicht salzen.

Für den Schwammerlrostbraten

200 g Zwiebeln, fein-nudelig geschnitten und gegen Ende 250 bis 300 g geschnittene Pilze oder andere Schwammerln dazugeben und kurz in der Sauce mitdünsten, mit Thymian und Petersilie verfeinern.

Wichtig! Diese langsame Zubereitung bei niederer Temperatur ist nur für mürbes und gut abgehangenes Fleisch zu empfehlen; wird mürber Rostbraten kurz gebraten (5 bis 10 Minuten, je nach Stärke), müßten die Fett und Sehnenränder bei Tisch weggeschnitten werden, da sie in dieser kurzen Zeit nicht weich werden können.

Wenn die Temperatur zu hoch wird, ist der Rostbraten durch und relativ fest. In diesem Fall muß er zugedeckt weichgedünstet werden (dauert je nach Fleischqualität 1 bis 2 Stunden).

Sollte die Fleischqualität nicht optimal sein, so empfehle ich, den Rostbraten rechtzeitig oder bereits am Vortag zugedeckt bei nicht zu starker Hitze weichzudünsten.

Der Rostbraten braucht dann nur mehr bei Bedarf gewärmt zu werden, wodurch man viel Zeit und Ärger sparen kann.

Zwiebelfleisch
Zutaten für 6 bis 8 Portionen

1 kg Rindsschulter (eventuell Styria-Beef)
¾ kg Zwiebel, grob geschnitten
ca. ⅛ *l* Schmalz oder Öl
2 EL Paradeismark
⅛ *l* Rotwein
ca. ¾ *l* Suppe
Salz, schwarzer Pfeffer, Majoran, Lorbeer

Rindsschulter in Würfel oder Streifen schneiden, mit Salz und Pfeffer würzen und in etwas Fett rasch rundum anbraten. Aus der Pfanne nehmen, Zwiebeln in restlichem Fett anrösten. Paradeismark einrühren, gut durchrösten und mit Rotwein ablöschen, einkochen und mit Suppe aufgießen. Mit Salz, Pfeffer, Lorbeer und Majoran würzen.
Fleisch zugeben und zugedeckt langsam ca. 1½ bis 2 Stunden weichdünsten, bei Bedarf mit Mehlbutter oder Rotwein und Mehl binden.
Mit Teigwaren (Hörnchen, Makkaroni oder Spiralnudeln) extra oder vermischt als Nudelfleisch anrichten.

Variationsmöglichkeiten:
Kümmelfleisch (mit gemahlenem Kümmel)
Majoranfleisch (mit frischem Majoran)
Bierfleisch (mit Bier aufgießen)
(Mit Fleisch vom Schwein, Kalb oder Lamm gleiche Zubereitung)

Rindfleisch-Biereintopf mit Paprika
Zutaten für 5-6 Portionen

1 kg Rindfleisch (Wadel oder Schulter)
½ kg Zwiebeln, grob geschnitten
⅛ *l* Öl oder Schmalz
2 EL Tomatenmark, 1 EL Paprika
½ *l* Bier und ½ *l* Suppe
Salz, schwarzen Pfeffer, Lorbeer, Kümmel
1 kleine Pfefferoni oder Chili
1 roter und ein grüner Paprika

Zwiebeln in Öl langsam anrösten, bis Farbe entsteht, Tomatenmark einrühren und weiterrösten, Hitze verringern und Paprika zugeben. Nach 1 bis 2 Minuten Rühren, mit Bier ablöschen und ca. ¼ Stunde gut durchkochen lassen, mit Suppe aufgießen und auf kleine Flamme schalten.
Fleisch mit Salz und Pfeffer würzen, eventuell in der Pfanne kurz anrösten und zum Zwiebelsaft geben, mit Salz, Pfeffer, Lorbeer, Kümmel und Pfefferoni abschmecken und auf ganz kleiner Flamme ca. 2½ bis 3 Stunden langsam köcheln lassen.
Nach ca. 2 Stunden die grob geschnittenen Paprikastücke zugeben.
Am Schluß eventuell mit 1 EL Mehl und etwas Bier verrührt binden.
Beilage: Erdäpfel, Knödel oder Sterzwurst

Rindfleisch – Biereintopf mit Paprika

Rinderfilet im Kräutertopfenteig mit Gemüse
Zutaten für 12 Portionen

1 Lungenbraten, ca. 1,30 kg
1 Schweinsnetz, gewässert
200 g Blattspinat, Salz, Pfeffer, Öl zum Anbraten

Topfenteig:
200 g Topfen, 40 % trocken
200 g Butter oder Margarine
250 bis 300 g Mehl, griffig, Salz, Kräuter

Alle Zutaten rasch zu einem Teig kneten, zu flachem Ziegel formen und 2 bis 3 Stunden kaltstellen.
Den Lungenbraten von Sehnen befreien und in gleichmäßige Stücke schneiden. Mit Salz und Pfeffer gut würzen.
Gewässertes Schweinsnetz ausbreiten, mit blanchiertem Spinat belegen, gut abtrocknen und mit Geflügelfarce dünn bestreichen. Den gewürzten rohen Lungenbraten auflegen, Zwischenräume mit Farce bestreichen und gut mit dem Schweinsnetz einrollen. Rundum kräftig anbraten, mit zwei breiten Spachteln oder Schmarren-Schaufeln vorsichtig wenden, gut abkühlen lassen.
Auf bemehltem Tisch den Topfenteig dünn ausrollen, angebratenen Lungenbraten daraufsetzen und einrollen. Etwas einstechen und auf gefettetes Blech setzen. Mit Eigelb bestreichen und im Rohr bei 220°C zirka 25 bis 30 Minuten backen, Hitze auf ca. 100°C reduzieren und mit Bratenthermometer zu gewünschtem Garungspunkt braten.

60°C = englisch
63°C = halbdurch
65°C = zart rosa
ab 67°C = durchgebraten

Mit Gemüse nach Wahl anrichten.

Farce:
200 g Geflügelfleisch, gehackt oder faschiert, angefroren
2 Eiweiß oder 1 Ei
ca. ⅛ l Obers
Salz, Pfeffer, Kräuter
Alle Zutaten in der Moulinette rasch zu einer kompakten Masse verarbeiten.

Ochsenhaxe, geschmort, mit Nudeln

Zutaten für 4 Portionen

Ca. 1½ kg Ochsenhaxe, geschnitten (Ossobuco)
(vom Fleischer nicht zu dünn schneiden lassen)
250 g Zwiebeln, geschnitten
50 g Paradeismark
¼ l Rotwein
½ l Suppe
Salz, Pfeffer aus der Mühle, Lorbeer
100g Wurzelgemüse (Karotten, Sellerie, gelbe Rüben), feinwürfelig geschnitten und gekocht
Öl zum Braten
Nudeln als Beilage

Haxenscheiben gut mit Salz und Pfeffer würzen, in heißer Pfanne mit Öl beidseitig gut anbraten, aus der Pfanne nehmen und in eine Kasserolle geben.
Zwiebeln in Öl anrösten, Paradeismark zugeben und auf kleiner Flamme langsam weiterrösten. Nach und nach mit dem Rotwein ablöschen und wieder weiterrösten, bis eine schöne dunkle Farbe entsteht. Mit Suppe langsam aufgießen und kurz durchkochen lassen. Über die Haxen gießen und im Rohr zugedeckt bei ca. 100°C ca. 4 bis 5 Stunden ganz langsam schmoren lassen. Das Fleisch und die Gallertstellen bzw. Flachsen müssen schön weich sein. Zum Schluß eventuell mit etwas Rotwein und Mehl (verrührt) binden.
Mit Gemüsewürfeln und Butternudeln anrichten, mit Kräutern bestreuen (Petersilie oder Schnittlauch).

Kalbsgulasch

Zutaten für 4 Portionen

ca. 1 kg Kalbsvogerl (ausgelöste Wade oder Haxe) oder Kalbsschulter)
250 g Zwiebeln
Öl oder Kalbsnierenfett
1 EL Paradeismark
1 EL Paprika, edelsüß (ca. 20 g)
½ l Kalbssuppe oder Wasser
Salz, 2 bis 3 Lorbeerblätter, Zitronenschale
⅛ l Süß- oder Sauerrahm
1 EL Mehl, glatt (ca. 20 g)

Kalbfleisch in nicht zu kleine Würfel schneiden. Zwiebeln fein schneiden und in reichlich Öl oder

flüssigem Kalbsnierenfett goldgelb anrösten, Paradeismark zugeben, kurz mitrösten, Hitze reduzieren bzw. Topf vom Feuer nehmen und etwas abkühlen.
Paprika einrühren, 1-2 Minuten im Fett anrühren. Mit kalter Suppe langsam nach und nach aufgießen. Mit wenig Salz, Lorbeerblättern und Zitronenschale würzen.
Ca. ¼ Stunde kräftig durchkochen und auf kleiner Flamme noch eine ¾ Stunde nicht zugedeckt köcheln lassen. In dieser Zeit können sich Zwiebeln und Paprika richtig auskochen und blähende Stoffe werden beseitigt.
Gulaschsaft abschmecken, eventuell abseihen (nicht passieren oder pürieren, da der Zwiebel süßlich wird) und die rohen Fleischstücke einlegen und im Gulasch saft ca. 1½ bis 2 Stunden ganz langsam und nicht zugedeckt köcheln lassen.
Je langsamer das Gulasch kocht, umso besser wird der Geschmack, und das Fleisch wird gleichmäßig weich.
Süß- oder Sauerrahm mit Mehl verrühren, in das Gulasch einrühren und kurz durchkochen.
Mit Nockerl vom Brett anrichten (Rezept Seite 150).

Tip: Wenn Sauerrahm ohne Mehl eingerührt wird, darf dieser nicht mehr aufkochen, da er ausflocken würde. Mit etwas Mehl verrührt, kann der Sauerrahm richtig mitgekocht werden.

Ente mit Rotkraut

Zutaten für 4 Portionen

1 Ente
Salz, weißer Pfeffer aus der Mühle, frischer Majoran
2 Orangen oder Äpfel
Öl, etwas Honig, Apfelbalsamessig

Die ausgenommene Ente kurz waschen, innen und außen mit Salz und Pfeffer aus der Mühle würzen, in den Hohlraum einen Majoranzweig legen und ganze Orangen oder Äpfel eindrücken. Mit einem Rouladenspieß die Öffnung zusammenstecken. Besonders fette Enten sollten mit einem scharfen Messer kreuzweise auf der Brust eingeschnitten werden (ge-

schröpft), jedoch nur ins Fett und nicht bis zum Fleisch schneiden.
In einem reichlich großen Bräter oder in einer Pfanne die Ente in heißem Öl zuerst auf den beiden Brustseiten und dann auf Schenkeln und Rücken gut anbraten.
Auf einem Rost oder Fettgitter ins Rohr legen (tiefes Backblech mit etwas Wasser unterstellen) und bei ca. 150°C 1½ bis 2 Stunden braten.
Wenn die Ente weich wird, kurz vor dem Anrichten eventuell mit etwas Honig und ganz wenig gutem Balsamessig oder Apfelbalsamessig bepinseln und bei höherer Temperatur knusprig braten. Mit Rotkraut und Semmelknödeln anrichten.

Tip: Besonders große Enten können ca. 1¼ Stunden langsam im Salzwasser gekocht werden und anschließend bei größerer Hitze, 200°C ca. eine ¾ Stunde grillen oder braten.

Lamm von steirischen Almen

Unaufhaltsam erobert das Lammfleisch die heimische Küche - sehr zum Wohlgefallen derer, die Lammspezialitäten schon länger als Delikatesse und kulinarische Bereicherung zu schätzen gelernt haben. Lammfleisch ist außergewöhnlich zart und aromatisch und läßt sich auf vielerlei Arten zubereiten.
Styria-Lamm - eine Spezialität aus dem steirischen Bergland - ist Fleisch von höchstens 6 Monate alten Lämmern, die in kleinbäuerlichen steirischen Betrieben im Sommer auf der Alm und im Winter im Laufstall gehalten werden. Natürliche Aufzucht bedeutet unter anderem, daß die Lämmer mit würzigen Gräsern, frischem Heu und heimischem Getreide ernährt werden.

Je nach Teilstück kann Lammfleisch zum Braten, Schmoren, Grillen, Backen oder Sieden verwendet werden.

Vom Milchlamm zum Hammel
Man unterscheidet Fleisch-, Woll- und Fellschafe.

Milchlämmer
sind ganz junge Lämmer (2 bis 4 Monate), die sich ausschließlich von der Muttermilch ernähren. Milchlämmer sind nicht besonders empfehlenswert, der Fleischanteil ist noch sehr gering, und es ist auch noch keine Fettabdeckung vorhanden. Dadurch ist auch kaum ein Eigengeschmack vorhanden.
Für den Feinschmecker sind etwas größere Lämmer zu empfehlen (ca. 8 bis 10 Monate), die ein viel saftigeres, marmorierteres Fleisch besitzen.

Lämmer
sind die jungen Schafe bis zu einem Jahr.

Hammelfleisch
Unter Hammelfleisch versteht man allgemein das Fleisch junger Schafe und Hammel, im engeren Sinne jedoch das Fleisch nicht zu alter Hammel (kastrierte männliche Schafe = Schöpsen).

Schaffleisch
Als Schaffleisch im engeren Sinn bezeichnet man das Fleisch alter Schafe und Böcke.

Zubereiten und Würzen von Lamm

Zum Kochen sollte nur gut abgehangenes bzw. abgelegenes Fleisch verwendet werden.
Am geschmackvollsten ist Lamm, wenn es in großen Stücken langsam im Ofen gebraten wird (Brattemperatur knapp über 100°C, E-Herd 120° bis 130° C).
Überschüssiges Fett erst nach dem Braten wegschneiden, da es Geschmack und Saftigkeit erhält und das Fleisch beim Braten schützt.
Vor dem Braten kann Lammfleisch mit Öl und Kräutern mariniert werden.
Als Gewürze eignen sich neben Salz und Pfeffer, Knoblauch, Thymian, Salbei, Rosmarin, Lorbeer, Majoran, Oregano, Estragon, Wacholder, Petersilie, aber auch exotische Gewürze wie Minze, Ingwer, Zimt oder Curry.

Die Kräuter und Gewürze sollen nur den feinen Eigengeschmack vom Lamm unterstreichen - daher maßvolle Anwendung. Die Kräuter sollten nicht direkt auf das Fleisch gestreut werden, da sie meist beim Anbraten verbrennen und unangenehm schmecken. Durch Beilegen der ganzen Kräuterzweige zum Braten im Rohr erreicht man, daß das Aroma am besten zur Geltung kommt.
Nach dem Braten läßt man die Stücke einige Minuten rasten, damit sich der Fleischsaft verteilen kann und beim Anschneiden nicht verloren geht.
Zum Mitbraten bzw. als Beilage eignen sich unter anderem folgende Gemüse: Zwiebel, Kartoffel, Paprika, Zucchini, Melanzane, Tomaten, Kohl, Sellerie, Bohnen oder Bohnschoten, Spinat, Karotten und Petersilienwurzen.

Lamm-Sugo mit Nudeln

Zutaten für 4 Personen

ca. 400 g Lammfaschiertes (Schulter oder Hals)
50 g Paradeismark
1 kleine Dose geschälte Paradeiser
0,2 l Suppe, am besten vom Lamm
1 kleine feingeschnittene Zwiebel, 1 mittlere Karotte, 1 kleine Zucchini, ½ kleinere Sellerie - alles kleinwürfelig geschnitten, 2 EL Olivenöl
250 g Nudeln oder Spaghetti
Salz, Pfeffer, frischer Majoran, Blauschimmelschafkäse (Trautenfelser), Knoblauch

Zwiebel in heißem Olivenöl kurz andünsten, kleingewürfelte Karotten, Sellerie und Zucchini dazugeben und mitdünsten, Paradeismark und die gehackten, geschälten Paradeiser einmengen, kurz durchrühren und mit Suppe aufgießen. Einige Minuten durchkochen lassen. Das rohe Faschierte einrühren und auf kleiner Flamme zirka 1½ bis 2 Stunden köcheln lassen. Mit Salz, Pfeffer, Majoran und Knoblauch würzen.
Nudeln in reichlich kochendem Salzwasser kernig weichkochen, abseihen und in Butter oder Olivenöl mit etwas Knoblauch kurz durchschwenken. Auf tiefen Tellern anrichten, mit Sugo übergießen und mit grob geriebenem Blauschimmelschafkäse bestreuen.

Tip: Um die Soße zu verfeinern, können abgezogene Tomatenwürfel beigemengt werden.

Lammripperln gebraten

Zutaten für 4 bis 5 Personen, ca. 2 kg

Marinade zum Beizen:
150 g Ketchup, 30 g Soja-Sauce, 4 größere Knoblauchzehen, 1 EL Worcestersauce, 1 Chilischote oder etwas Chilisauce, 10 g Salz, Zucker oder 2 EL Honig etwas Ingwer (frisch oder in Pulverform)
Lammripperl oder Lammbrust (eventuell in Lammsuppe oder Salzwasser ca. 1/4 Stunde vorkochen und

abkühlen lassen) im ganzen oder in Ripperln geschnitten gut mit Marinade einreiben und ein bis zwei Tage marinieren lassen.
Auf Backblech oder Gitterrost (Blech mit Wasser unterstellen) im Rohr bei ca.160° bis 170°C ca. 1½ Stunden langsam braten.

Wichtig! Vorgekochte Ripperln sind bereits weich und durchgegart, wodurch die Hitze nur mehr für eine knusprige Oberfläche oder Schwarte benötigt wird, daher können sie bei höherer Hitze in kürzerer Zeit gegrillt oder gebraten werden. Ca. 200°C etwa ½ bis ¾ Stunde oder beim Grillen in noch kürzerer Zeit. Die Ripperln sollen weich sein bzw. sich leicht vom Knochen lösen. Durch die dunkle Beize werden die Ripperln rasch braun.
Mit Erdäpfeln oder Salaten servieren.

Tip: Diese Marinade bzw. Zubereitungsart kann natürlich auch für Schweinsripperln (ca. ¾ bis 1 Stunde vorkochen) verwendet werden.

Lammbrust, gerollt, mit Gemüse und Rollgerstln

Zutaten für 4 Personen

900 g ausgelöste Lammbrust
100 g Kohl- oder Spinatblätter (vorgekocht)
Salz, Pfeffer, Dijon-Senf, Knoblauch, Rosmarin
200 g Rollgerste, 200 g Gemüse (Erbsen, Mais)
ca. 0,6 l Rind- oder Lammsuppe

Die ausgelöste Lammbrust mit Salz, Pfeffer, Dijon-Senf, Knoblauch und Rosmarin würzen. Mit Kohl- oder Spinatblättern belegen, einrollen und binden. Im heißen Öl rundum kurz anbraten und im vorgeheizten Rohr bei ca. 160°C ca. 2½ Stunden unter öfterem Begießen braten. Rollgerste über Nacht einweichen, abseihen und mit Suppe weichkochen. Erbsen und Mais einrühren und mit Salz und Pfeffer abschmecken.

Lammbrust in Scheiben schneiden und mit Rollgerste und Natursaft anrichten.

Lammschulter gebraten

Zutaten für 4 bis 5 Personen

1 Lammschulter mit Knochen (ca. 1,4 kg)
1 Zwiebel
Salz, Pfeffer, Knoblauch, Thymian, Öl

Lammschulter mit Salz und Pfeffer würzen, im heißen Öl rundherum kurz anbraten und dann ins vorgeheizte Rohr schieben (ca. 180°C). Nach 1 Stunde Bratdauer die grob geschnittene Zwiebel, den Knoblauch und den Thymian zum Fleisch legen, die Hitze auf ca. 140°C reduzieren und noch ca. 1 bis 1½ Stunden fertigbraten. Während des Bratens mit dem eigenen Saft öfter übergießen.
Die Lammschulter können Sie mit Gemüse der Saison und Erdäpfeln servieren.

Lammragout mit Gemüse

Zutaten für 4 Personen

800 g Lammfleisch ohne Knochen (Schulter, Schlögel oder vom Hals)
½ l Rotwein
2 Zwiebeln (ca. 250 g)
2 Zucchini (ca. 250 g)
2 Paprika (rot und grün)
Knoblauch, Salz, Pfeffer, Majoran, Thymian, Schnittlauch

Lammfleisch in nicht zu kleine Würfel schneiden, mit Salz und Pfeffer würzen, im heißen Öl kurz anbraten, mit Rotwein ablöschen und auf kleiner Flamme zugedeckt zirka ½ Stunde kochen lassen. Dann die grobgeschnittenen Zwiebeln beimengen und noch eine ¾ Stunde weiterköcheln lassen. Anschließend die grobgewürfelten Paprikas zugeben und eine weitere Viertelstunde köcheln lassen.
Zuletzt die grobgeschnittenen Zucchini, den Majoran und den Thymian dazugeben, kurz mitdünsten lassen und mit Salz, Pfeffer und Knoblauch würzen. Wenn nötig, zwischendurch mit etwas Suppe oder Rotwein aufgießen. Mit Erdäpfeln servieren.

Lammstelze, geschmort

Zutaten für 4 Personen

4 hintere oder
6 bis 8 vordere Lammstelzen, à ca. 400 g
350 g gekochte, geschälte Erdäpfel
300 g gekochte Bohnschoten
100 g Speckwürfel
2 Knoblauchzehen, Salz, Pfeffer

Lammstelzen mit Salz und Pfeffer würzen, in heißem Öl kurz anbraten und im vorgeheizten Rohr bei ca. 160°C 2 1/2 bis 3 Stunden schmoren. Die Stelze sollte man öfter wenden, jedoch ohne sie anzustechen. Zwischendurch einige Male begießen, um ein Austrocknen zu verhindern.
Ca. 20 Minuten vor dem Servieren die Erdäpfel und den grobgeschnittenen Knoblauch in die Bratpfanne geben; mit den Speckbohnschoten anrichten.

Tip: Die Stelze kann im Rohr auch auf dem Grillrost gebraten werden, wenn Sie eine Bratpfanne mit etwas Wasser unterstellen. Durch Vorkochen (ca. ½ Stunde) der Stelze kann die Bratenzeit um ca. 1 Stunde verkürzt werden.

Lammhaxenscheiben, geschmort

Ossobuco-Art
Zutaten für 4 Portionen

ca. 1½ bis 2 kg Lammstelzen mit Knochen
2 Zwiebeln
200 g Wurzelgemüse
(Karotten, Sellerie, Petersilwurzen)
1 EL Paradeismark
¼ l Rotwein
½ l Suppe
Salz, Öl, Thymian, Rosmarin, Lorbeer, Knoblauch
Rotwein, Mehl, Obers

Die Lammstelzen vom Fleischhauer in ca. 2 cm dicke Scheiben schneiden lassen.
Mit Salz und Pfeffer würzen, in Öl beidseitig gut anbraten, Zwiebeln nicht zu fein schneiden und Wurzelgemüse (kleingewürfelt) mitrösten, mit Paradeismark langsam gut durchrösten.
Mit Rotwein ablöschen und einkochen. Mit Suppe oder Wasser aufgießen, Gewürze zugeben und im Rohr bei ca. 130°C oder auf dem Herd etwas zugedeckt 2½ bis 3 Stunden langsam schmoren lassen.
Wenn die Haxenscheiben weich sind, Sauce abseihen, nicht passieren oder pürieren, Sauce wird dadurch zu sehr vom Gemüsegeschmack betont, sehr hell und dick - mit Rotwein und etwas Mehl binden und wenig Obers verfeinern.
Abschmecken und über die angerichteten Haxenscheiben geben.
Beim Anrichten können frischgekochte Wurzelgemüsewürfel oder Gemüsestreifen über die Stelzenscheiben gegeben werden.

Mit Erdäpfeln, Teigwaren oder Rollgersten-Risotto servieren.

Lammschnitzeln gebacken

Zutaten für 4 Personen

600 g Lammschnitzel vom Schlögel
Salz, Pfeffer, Senf (Dijon-Senf)
Mehl, 2 Eier, Semmelbrösel
Öl zum Backen
Petersilie
Salat als Beilage

Lammschnitzel nicht zu dünn ausklopfen, mit Salz, Pfeffer würzen und mit etwas Senf bestreichen. Mit Mehl, Ei und Bröseln panieren.
In heißem Öl backen und auf Küchenpapier abtropfen lassen. Frische Petersilie kurz in heißem Öl fritieren, abtropfen lassen und leicht salzen.
Gebackene Lammschnitzel mit fritierter Petersilie und Salat servieren.

Tip: Anstelle von Semmelbröseln können feine Brösel von entrindetem Weißbrot (Toast) mit Kräutern vermischt zum Panieren verwendet werden.

Lammrückenfilet im Strudelteig

Zutaten für 4 Personen

500 g ausgelöster Lammrücken
50 g blanchierte Spinat- oder Kohlblätter
1 Paket Strudelteig (tiefgekühlt), aufgetaut
400 g Gemüse der Saison
Salz, Pfeffer, Dijon-Senf
Kräuter (Petersilie, Majoran, Thymian)
Butter, 1 Eidotter

Die Strudelblätter nach Vorschrift auftauen, auf leicht befeuchtetem Tuch auslegen, mit flüssiger Butter bestreichen, mit blanchierten und abgetrockneten Kohl- oder Spinatblättern belegen.
Lammfilet mit Salz, Pfeffer, Dijon-Senf, Kräutern würzen, auf die Strudelblätter legen und einrollen. Zwischendurch mit Eigelb bestreichen, fertigen Strudel nochmals mit Eigelb bestreichen und auf ein befettetes Backblech legen. Im vorgeheizten Rohr bei zirka 180°C 18 Minuten backen. Bei geöffnetem Rohr etwas rasten lassen und am besten mit einem Elektromesser aufschneiden. Mit Gemüse anrichten und servieren.

Tip: Aus den Knochen könnte mit Wurzelwerk eine Lammsauce zum Strudel bereitet werden.

Lammkarree, im ganzen gebraten, mit Kräuterkruste

Zutaten für 4 bis 5 Personen

1 Lammkarree mit Knochen
(ca. 1,40 bis 1,50 kg) *
1 Zwiebel
⅛ l Rotwein oder Wasser
Rosmarin, Thymian, Lorbeer, Knoblauch
Salz, Pfeffer, Dijon-Senf
3 bis 4 Scheiben frisches Toastbrot **

* Das Lammkarree am besten vom Fleischer vorbereiten lassen, dazu den Lammrücken mit etwas längeren Rippenknochen längs mit einer Bandsäge halbieren lassen, weiters den Rückgratknochen abschneiden lassen, so daß nur das Rückenfilet mit den Rippenknochen bleibt.
Dadurch lassen sich nach dem Braten schöne kotelettähnliche Tranchen schneiden.

** Entrinden und am besten in der Moulinette mit Thymian zu feinen Bröseln hacken.

Lammkarree mit Salz und Pfeffer würzen, auf der Fettseite mit einem scharfen Messer einschneiden, in einer großen länglichen Pfanne (oder evtl. halbieren) mit heißem Öl zuerst auf der Fettseite und anschließend auf der zweiten Seite scharf anbraten, aus der Pfanne geben und auf eine Platte oder in eine Bratenpfanne legen. Zwiebeln grob geschnitten, kurz im Lammfett anrösten, mit Rotwein oder Wasser ablöschen, Gewürze dazugeben, zum Rücken gießen und im Rohr bei ca. 130°C ca. 2 bis 2½ Stunden braten.
Anschließend in Koteletts aufschneiden und in die ursprüngliche Karreeform bringen.
Mit scharfem Dijon-Senf bestreichen und mit reichlich frischen Weißbrotbröseln, die mit frischem gerebeltem Thymian vermischt wurden, bestreuen.
Bei starker Oberhitze (Grillschlange) auf mittlerer Schiene goldgelb überbacken.
Wichtig!
Das Überbacken mit Grillschlange dauert nur zirka 20 bis 30 Sekunden.

Mit Gemüse und Natursaft servieren.

Wild – Feinstes aus dem Wald

Der Grund, warum der Mensch seit seiner Existenz Jäger ist, ist die Jagdbeute. Beute, die der Mensch zum Leben bzw. für das Weiterexistieren benötigte. Und von diesem Grundwort „Leben" leitet sich das Wort ab, mit dem wir die Jagdbeute heute bezeichnen, sie ist ein „Lebensmittel".

Unter „Wildbret" versteht man das Fleisch von allen jagdbaren Tieren, deren Fleisch für die menschliche Ernährung geeignet ist. Bei der Jagd müssen die jeweils vorgeschriebenen Jagdzeiten eingehalten werden.

Wir unterscheiden Haarwild und Federwild

Unterteilung Haarwild:
Schalenwild: Reh, Hirsch, Gams, Elch
Ballenwild: Hase, Wildkaninchen
Schwarzwild: Wildschwein, Bär

Unterteilung Federwild:
Wildhühner: Fasan, Rebhuhn, Wachtel
Entenvögel: Stockente, Knäckente
Wildtauben
Schnepfen

Das Wildbret zählt auf Grund seiner Haltung (Freiland) und seiner natürlichen Nahrung zum wertvollsten Fleischprodukt in der Küche. Das Fleisch des Wildes ist feinfasrig, zart und leicht verdaulich. Es hat einen hohen Gehalt an Eiweiß, jedoch einen sehr geringen Fettanteil (2 bis 3 %) und daher auch einen geringen Cholesterinwert.
Es gibt wohl kaum ein Fleischprodukt, das so vielseitig und schmackhaft zubereitet werden kann wie das Wild.

Wildsauce (Grundrezept)

Tip: Da die Herstellung einer Sauce bzw. Wildsauce doch einen gewissen Zeitaufwand erfordert, ist es vorteilhaft, gleich eine etwas größere Menge herzustellen und den restlichen Teil der Sauce in Eiswürfelbehältern oder -Säckchen einzufrieren.

1½ bis 2 kg Knochen, Sehnen und Fleischabschnitte vom Wild, kleingehackt bzw. kleingeschnitten auf dem Herd in breiter Kasserolle oder im Rohr langsam rösten. Wenn die Knochen Farbe bekommen, 1-2 grobgeschnittene Zwiebeln (mit Schale) zugeben und mitrösten. Wenn die Zwiebeln wiederum Farbe angenommen haben, zirka 200 bis 300 g Wurzelwerk (Sellerie, Petersilwurzen und Karotten) gewürfelt dazugeben und wieder gut durchrösten.
Achtung: zuviel Wurzelgemüse vermindert den Wildgeschmack !

Rehrücken, im ganzen gebraten, mit Kastanienerdäpfeln, roten Rüben und Kohlsprossen,
Rezept Seite 146

Sollte sich auf dem Pfannenboden eine dunkle Kruste gebildet haben, so wird mit ca. ⅙ l Rotwein abgelöscht. Man muß nun kurz warten und die Kruste vom Topfboden loslösen. Wieder weiterrösten, bis eine schöne gleichmäßige Farbe entsteht. 2 bis 3 EL Paradeismark (dreifach-konzentriert) dazugeben und wieder bei kleiner Hitze langsam durchrösten, bis eine schöne dunkelbraune Farbe entsteht. Notfalls zwischendurch entstehende Kruste am Topfboden wieder mit etwas Rotwein ablöschen. Das langsame Rösten von Knochen, Zwiebeln und Wurzelwerk ist wichtig für die Farbe. Gut durchgeröstetes Paradeismark ist braun und hat keinen Paradeisgeschmack mehr.
Dieser Vorgang bis zum Aufgießen dauert ca. eine 3/4 bis 1 Stunde. Dann werden die Knochen mit ca. 1/4 l Rotwein abgelöscht, jetzt nochmals bis zum Rösten einkochen lassen; der Wein muß fast völlig verkocht sein. Dann mit 3 bis 4 l warmer Suppe (am besten von Wildknochen) oder Wasser langsam nach und nach aufgießen und auf kleiner Flamme noch gut 3 bis 4 Stunden köcheln lassen. Anfangs Schaum und Fett von der Oberfläche abschöpfen.
Nach ca. 1½ Stunden Gewürze und Kräuter nach Belieben beigeben.
Kein Salz dazugeben, da durch das Einkochen die Sauce zu salzig werden könnte.

Den fertigen Wildfond am besten durch ein feines Sieb oder durch ein Etamin (Passiertuch, das vorher gut in heißem Wasser durchgewaschen und ausgedrückt werden soll) abseihen und auf ca. ¾ l einkochen lassen. Den nun sauberen, klaren Wild-Fond je nach Bedarf mit Rotwein und Mehl oder mit Rotwein und Stärke verrührt (für durchsichtige Saucen) binden. Je nach Wunsch kann diese Sauce mit Obers, Kräutern, Wurzelgemüsestreifen oder Pilzen verfeinert werden.

Tip: Auf dieselbe Art wird eine dunkle Sauce von Rind oder Kalb sowie Lamm zubereitet. Wird die Sauce mit Rotwein und Mehl gebunden, bleibt sie in der Farbe schön dunkel. Durch Wasser und Mehl wird sie heller.

Rehnockerln

Zutaten für 4 Personen

ca. 180 g Rehfleisch (faschiert) angefroren,
1 Toastbrot entrindet, in Obers eingeweicht,
2 bis 3 helle Hühnerlebern
ca. ⅛ l Obers, 1 Ei oder 2 Eiweiß
Salz, Pfeffer, Wacholder, nach Belieben Preiselbeeren

Alle Zutaten im Moulinex zu einer glatten Farce cuttern. Kaltstellen. Vor dem Weiterverarbeiten gut durchrühren.
Mit einem bzw. zwei Löffeln Nockerln formen und in gut gewürzter Suppe (Wildsuppe) je nach Größe etwa 10 Minuten ziehen lassen.
Mit Butternudeln anrichten. Mit Ribiseln (frisch oder tiefgekühlt), in Cassis 2 bis 3 Tage eingelegt, bestreuen.
Diese Masse eignet sich für:

kleine Nockerln als Suppeneinlage, Pudding, zum Füllen von Palatschinken, Nudel- oder Kohlblättern und zum Ummanteln von Rückenfilets (Reh, Hirsch). Anstelle von Reh kann rohes Fleisch von Hirsch, Gams, Ente, Fasan oder Hase verwendet werden.
Achtung! Das Fleisch soll ohne Sehnen oder Knorpeln sein.

Die Wildfarce-Grundmasse kann mit grobfaschiertem oder gewürfeltem Wildfleisch vermischt werden; weiters können gewürfelter roher Speck (grüner Speck), Pilze und Kräuter untergemischt werden.
Diese Masse kann zum Füllen von Palatschinken, Nudelrouladen oder Kohl- bzw. Mangoldblättern sowie für Pasteten und Terrinen verwendet werden.

Rehpalatschinken

Zutaten für 6 bis 7 Stück Palatschinken

Palatschinken:

¼ l Milch, 3 kleine Eier
3 bis 4 EL glattes Mehl und Salz kurz verrühren, ca. ½ bis 1 Stunde stehenlassen.
Mit gehackten Kräutern vermischen.

In einer mittelheißen Pfanne mit etwas Fett goldgelbe Palatschinken backen, abkühlen lassen.
Mit der Wild-Farce füllen (Rezept Rehnockerln), einrollen und in eine ausgefettete und mit etwas Suppe begossene Pfanne legen. Mit Alufolie abdecken und im 180°C heißen Rohr ca. 25 Minuten pochieren. Schräg aufschneiden und mit Nudeln anrichten. Wenn vorhanden, mit Wildsauce oder Wacholder-Kräuterrahmsauce begießen.
Mit Ribiseln (frisch oder tiefgekühlt), in Cassis 2 bis 3 Tage eingelegt, bestreuen.

Rotweinzwiebeln zu Rehpalatschinken

½ l Rotwein mit 2 EL Zucker, 1 Lorbeerblatt, Salz, Pfeffer und 2 EL Balsamico-Essig aufkochen, ½ kg nicht zu feine Zwiebelringe dazugeben und auf kleiner Flamme zugedeckt ca. eine ¾ Stunde köcheln, bis der Rotwein verdunstet ist. Nochmals abschmecken.

Wildhasen-Kohlwickler mit Pilzen

Zutaten für 4 bis 5 Portionen

ca. 400 g Faschiertes vom Wildhasen (oder vom Reh, Hirsch, Fasan, Ente, Gams)
100 g Karotten
50 g Petersilienwurze
100 g roher Rückenspeck (grüner Speck)
100 g Weißbrot, in Obers oder Milch eingeweicht
Salz, Pfeffer, Wacholder
frische Kräuter wie Petersilie, Majoran
Alle Zutaten nicht zu fein faschieren, einen Teil (ein Drittel) zweimal faschieren (für eine bessere Bindung) und gut abschmecken.

Blanchierte Kohl- oder Chinakohlblätter füllen (Faschiertes aufstreichen oder in Wurstformen einrollen). Die gefüllten Kohlblätter mit etwas Suppe begießen, mit Alufolie abdecken und im Rohr bei 180°C noch 30 bis 40 Minuten dünsten.
Eventuell mit Wildsauce oder Rahmsauce (Schwammerln, Kräuter) und Kroketten anrichten.

Wildschweinlaibchen mit Rahmlinsen

Zutaten für 4 Portionen

500 g Wildschweinfleisch (nicht zu mager)
100 g Semmeln oder Toastbrot, in Milch eingeweicht
Salz, Pfeffer
Wacholder, Petersilie, Rosmarin, Thymian

Wildschweinfleisch mit eingeweichten Semmeln nicht zu fein faschieren, gut abschmecken und zu Laibchen formen, eventuell in gewässertes Schweinsnetz eindrehen. Im Öl langsam beidseitig braten.

Rahmlinsen

100 g Zwiebeln, fein geschnitten
100 g gekochter Speck, gewürfelt
200 g Linsen, über Nacht einweichen oder ankeimen lassen*
¼ l Obers
Salz, Pfeffer, Majoran, Lorbeer
1 bis 2 Gewürznelken
1 EL Essig

Die eingeweichten Linsen abseihen, abspülen und mit kaltem Wasser zustellen. Mit Salz, Lorbeerblatt, Gewürznelken und 1 EL Essig ganz langsam und nicht zugedeckt weichkochen.

* *Die Linsen einige Stunden oder über Nacht in Wasser einweichen. Am nächsten Tag abseihen und mit frischem Wasser abspülen, abtropfen und in einer Glasschüssel flach verteilen. Mit Klarsichtfolie oder Glasteller etwas abdecken und an einem hellen, jedoch nicht sonnigen Standort ca. 4 bis 5 Tage stehen lassen. Einmal täglich mit frischem, kaltem Wasser abspülen und abtropfen lassen. Die gekeimten Linsen haben ein Vielfaches an wichtigen Vitaminen und Spurenelementen sowie eine ganz kurze Kochzeit und daher auch einen viel besseren Geschmack.*

Für die Rahmlinsen Zwiebel und Speck anrösten, eingeweichte und vorgekochte oder gekeimte Linsen zugeben, mit Obers aufgießen, vielleicht mit etwas Mehl stauben, kurz einkochen, abschmecken und mit Laibchen sowie gebackenen Erdäpfeln servieren.

Klare Gamssuppe mit Einlagen

Zutaten für 5 bis 6 Portionen

ca. 1½ kg Gamsknochen und Parüren
(Abfälle, Sehnen, Fleisch)
150 g Wurzelgemüse
1 Zwiebel, 1 EL Paradeismark
etwas Weinbrand und Gin
3 l Rind- oder Geflügelsuppe zum Aufgießen

Knochen und Parüren klein hacken, langsam anrösten, etwas Wurzelgemüse zugeben (Karotten, Sellerie, Petersilwurzen und Zwiebeln), weiterrösten. Etwas Tomatenmark hinzufügen, weiterrösten bis eine dunkelbraune Farbe entsteht. Mit Weinbrand und etwas Gin (Wacholder) ablöschen. Mit kalter Suppe oder Wasser aufgießen. Bis zum Aufkochen erhitzen, dann sofort Hitze reduzieren und auf kleiner Flamme köcheln lassen. Zwischendurch abschäumen bzw. abfetten und je nach Gusto Gewürze beigeben.

Gewürze

Lorbeer, Wacholder, Majoran, Thymian
Kein Salz !

Tip: Werden Suppen und Saucen bereits beim Ansetzen gesalzen, wird durch das Einkochen die Suppe oder Sauce zu salzig; das Wasser verdunstet bzw. wird reduziert, und dadurch wird der Grundgeschmack stärker, aber auch das Salz. Daher Suppen und Saucen erst kurz vor dem Anrichten salzen!

Die Suppe ca. 2 bis 3 Stunden köcheln lassen. Je mehr Fleisch und Knochen bzw. je weniger Flüssigkeit man in den Topf gibt, umso besser und kräftiger (jedoch nicht salzig) wird die Suppe. Die fertige Suppe durch ein feuchtes Tuch (Etamin) vorsichtig abseihen.
Zum Schluß mit Salz, Pfeffer, Sherry oder Weinbrand die Suppe verfeinern.

Einlage

Gamsnockerln (siehe Rezept Rehnockerl), Streifen von Gamsfleisch, gebraten oder gekocht, Kräuterfrittaten, Pilze, feine gekochte Gemüsestreifen oder gekochte Gemüsestücke, Kräuter (Kerbel, Petersilie, Schnittlauch, Salbei).

Gamsschnitte, mit Schwammerlbutter überbacken

Zutaten für 4 Portionen

4 Gamsschnitten aus dem Schlögel, je 150 bis 170 g
Die Gamsschnitten mit Salz und Pfeffer würzen, in heißem Öl gut anbraten, Hitze reduzieren, wenden und auf der zweiten Seite eher langsam halbdurch braten.
Gamsschnitten auf Teller etwas abkühlen lassen und mit Schwammerlbutter belegen (in Scheiben) oder bestreichen. Im Rohr bei starker Oberhitze (Grill) auf mittlerer Schiene ca. 2 bis 3 Minuten überbacken.
Mit Gemüse und Beilagen nach Geschmack anrichten.

Schwammerlbutter

Zutaten für 4 bis 5 Portionen

1 EL feingeschnittene Zwiebel in etwas Butter andünsten, 100 g kleingehackte Schwammerln (Pilze, Champignons) kurz mitdünsten, mit Salz, Pfeffer, Petersilie, Thymian und Majoran würzen. Auf einem Sieb abtropfen und abkühlen lassen.
Etwa 100 g Butter schaumig rühren, 1 Ei und 1 Dotter einrühren, Pilze zugeben und vermischen. Mit 2 bis 3 EL Semmelbröseln binden und kaltstellen. Eventuell in Fettpapier rollen und tiefkühlen.

Tip: Die Schwammerlbutter läßt sich gut einfrieren und kann zum Überbacken für sämtliche Fleischstücke verwendet werden (Wild, Geflügelbrust, Rind, Kalb- und Schweinesteaks bzw. Filets oder Medaillons).

Wildschweinragout mit Speck und Schwammerln

Zutaten für ca. 5 Portionen

1 kg Wildschweinschulter oder Schlögel
1 l Wildfond
1 feingeschnittene Zwiebel
1 EL Paradeismark
1 EL Mehl
¼ l Rotwein
eventuell feines Wurzelgemüse
Salz und Pfeffer, Wacholder, Majoran.
100 g Jausenspeck, gewürfelt
100 g Schwammerln, Pilze oder Champignons
⅛ l Rotwein
2 EL Mehl
1 EL Obers oder Sauerrahm

Die feingeschnittene Zwiebel in Fett anrösten, eventuell feines Wurzelgemüse mitrösten. 1 EL Paradeismark einrühren und langsam dunkelbraun rösten. Mit 1 EL Mehl stauben, kurz durchrösten und nach und nach mit ¼ l Rotwein aufgießen, einkochen lassen und mit ca. 1 l Wildfond (oder Suppe oder Wasser) aufgießen und aufkochen lassen.

Die Wildschweinschulter oder den Schlögel, in Gulaschwürfel schneiden, mit Salz und Pfeffer würzen, scharf anbraten und in die Sauce geben. Auf kleiner Flamme ca. 1½ bis 2 Stunden köcheln lassen. Mild würzen: Salz, Pfeffer, Wacholder, Majoran.

Wenn das Fleisch weich wird, 100 g gekochten Jausenspeck, gewürfelt, und 100 g Schwammerln, Pilze

oder Champignons, geschnitten, anrösten und zum Ragout geben. Kurz mitdünsten lassen.

⅛ l Rotwein, 2 EL Mehl und 1 EL Obers oder Sauerrahm verrühren. Ragout damit binden und noch kurz durchkochen lassen. Nach Belieben mit Preiselbeeren verfeinern.
Anstelle von Wildschwein kann auch Hirsch, Reh, Gams, oder Hase verwendet werden.
Als Beilage: Semmelauflauf oder Semmelpudding

Semmelpudding

Zutaten für 4 bis 5 Portionen

1 bis 2 EL feingeschnittene Zwiebeln in 2 EL Butter oder Öl anrösten, ¼ l Milch zugießen, aufkochen und zu kleinwürfelig geschnittenem Toastbrot, 9 bis 10 Scheiben (entrindet), geben. Dann 1 EL Grieß, Salz, Pfeffer, Muskat, Kräuter zugeben, abkühlen lassen, 1 Dotter und 2 Eiweiß (Schnee - halbsteif) unterrühren, gut abschmecken und in gebutterte und mit Bröseln ausgestreute Formen oder Kaffeetassen füllen. In eine Wanne mit heißem Wasser stellen und im 200°C heißen Rohr ca. 25 bis 30 Minuten im Wasserbad offen (mit Kruste) oder zugedeckt (ohne Farbe) backen.
Tip: Wenn Sie den Pudding nach dem Backen auf ein Brett stürzen und die Form für einige Minuten daraufIassen, kann der Pudding nicht so leicht ankleben bzw. läßt sich der Pudding leichter aus der Form stürzen.

Gamssuppe mit Einlage und Wildschweinragout mit Speck und Schwammerln, Rezepte Seite 143.
Hirschrückensteak, mit Schwammerlbutter überbacken

Hirschrückensteak, mit Schwammerlbutter überbacken, Sterzwurst und Rotkraut

Zutaten für 4 Portionen

4 Hirschrückensteaks, je ca. 150 bis 170 g
Salz, schwarzer Pfeffer aus der Mühle
Öl zum Braten

Die Hirschrückensteak mit Salz und Pfeffer würzen, in heißem Öl gut anbraten, Hitze reduzieren, wenden und auf der zweiten Seite eher langsam halbdurch braten.

Steaks auf Teller etwas abkühlen und mit Schwammerlbutter belegen (in Scheiben) oder bestreichen. Im Rohr bei starker Oberhitze (Grill) auf mittlerer Schiene ca. 2 bis 3 Minuten überbacken.

Mit Sterzwurst (Rezept Seite 120) und Rotkraut anrichten. Schwammerlbutter, Rezept Seite 143

Rehschlögel, im ganzen gebraten

Zutaten für 4 Portionen

1 Rehschlögel mit Knochen, eventuell ohne Haxe, etwa 1 kg schwer
Öl zum Braten
Salz, schwarzer Pfeffer aus der Mühle
300 g Zwiebeln, grob geschnitten
1 EL Paradeismark, ⅛ *l* Rotwein
2 Lorbeerblätter, Rosmarin- und Thymianzweige

Rehschlögel an den Gelenken mit dem Messer etwas ablösen, mit Salz und Pfeffer würzen, in heißem Öl rundum gut anbraten. Rehschlögel aus der Pfanne nehmen, etwas Öl nachgießen und die Zwiebeln in der Pfanne langsam goldgelb rösten.
Paradeismark dazugeben und so lange rösten, bis eine schöne dunkelbraune Farbe entsteht, notfalls (wenn der Bodensatz anbrennen würde) mit etwas Rotwein zwischendurch ablöschen. Mit restlichem Rotwein aufgießen, kurz einkochen und mit ca. ½ *l* Suppe (auch Wildsuppe) oder Wasser aufgießen.
Kurz durchkochen, Rehschlögel, Kräuter und Gewürze dazugeben und im Rohr bei 120°C ca. 2½ Stunden langsam braten. Für ein zartrosa Fleisch sollte eine Kerntemperatur von ca. 65°C erreicht werden, für eine durchgebratene Keule (eher trocken) beträgt die Kerntemperatur 68° bis 70°C.
Sauce abseihen und nach Wunsch mit Kräutern oder Obers verfeinern. Mit Beilagen nach Gusto anrichten.

Gedünsteter Rehbraten mit Serviettenknödel und Preiselbeeren

Zutaten für 4 Portionen

¾ kg ausgelöster Rehschlögel oder gerollte Schulter
Salz, Pfeffer, Öl zum Braten
150 g Zwiebeln geschnitten
100 g Wurzelgemüse, klein geschnitten
1 EL Paradeismark
⅛ *l* Rotwein
½ *l* Suppe
Salz, Pfeffer, Wacholder, Lorbeer

Rehschlögel oder Schulter mit Salz und Pfeffer würzen und wie Rehschlögel im ganzen zubereiten. Jedoch nach dem Anbraten aufgießen und bei kleiner Flamme auf dem Herd zugedeckt langsam weichdünsten (ca. 2 bis 2½ Stunden), aus der Sauce nehmen und aufschneiden. Sauce abseihen und abschmecken, eventuell mit gekochtem Wurzelgemüse und Obers verfeinern.
Mit Serviettenknödel und Preiselbeeren servieren.

Rehrücken, im ganzen gebraten, mit Kastanienerdäpfeln, roten Rüben und Kohlsprossen

Zutaten für 4 Personen

Ein Rehrücken mit Knochen, ca. 1 kg
Salz, frischer Pfeffer aus der Mühle, Öl zum Anbraten

Tip : Kräuter oder Zweige zum Beigeben im Rohr als Aromaträger (Rosmarin, Thymian, Wacholder, Tannenzweige) auf einem Backblech unter den Rehrücken legen.

Rehrücken von Sehnen befreien und mit Salz und Pfeffer würzen. Wenn vorhanden, einen Eisenstab durch das Rückenmark stecken, damit sich der Rücken beim Braten nicht aufbiegen kann.
In einer länglichen Pfanne (Fischpfanne) auf den beiden Rücken-Filets kurz anbraten und mit Kräuterzweigen im Rohr bei ca. 120° bis 130°C ca. 1½ Stunden langsam braten. Dabei sollte eine Kerntemperatur von ca. 63° bis 64°C erreicht werden, wenn er rosa sein sollte. Für durchgebratenen Rehrücken auf ca. 67°C Kerntemperatur steigern.
Das Filet mit einem Messer beidseitig längs vom Rückenknochen loslösen und vorsichtig vom Knochen schneiden, quer zum Filet in entsprechende Scheiben schneiden und auf heißem Teller mit Beilagen und Sauce anrichten.

Kastanienerdäpfel
¼ kg mehlige Erdäpfel in der Schale kochen, schälen und noch heiß passieren. Mit 70 bis 80 g griffigem Mehl, 1 Eidotter, Salz, Pfeffer und Muskat rasch zu einem kompakten Teig verkneten.
Die Knödel mit einer Kastanienpüreekugel oder einem Stück Kastanie (ca 10 g) füllen und anschließend in Mehl, Ei und Bröseln (mit feinen, rohen Suppennudeln vermischt) panieren, in heißem Öl goldgelb backen.

Rote Rüben
2 bis 3 rote Rüben waschen und mit kaltem Wasser zustellen, aufkochen und das erste Wasser wegschütten. Nochmals mit kaltem Wasser zustellen, mit Salz, Zucker, Essig, ganzem Kümmel und Lorbeerlaub kräftig würzen. Je nach Größe und Alter weichkochen (nicht zugedeckt). Schälen, in Streifen, Stäbchen, Spalten oder Würfel schneiden, mit etwas Obers, Kren, Essig und Salz kurz erwärmen.

Kohlsprossen
½ kg Kohlsprossen putzen und am Strunk kreuzweise einschneiden. In Salzwasser nicht zu weich kochen und sofort in eiskaltem Wasser (mit Eiswürfeln) ab-

schrecken. Vor dem Anrichten in Butter (eventuell mit Schinken oder Speckwürfel) kurz anrösten, Kohlsprossen beigeben und mit Salz, Pfeffer und Muskat würzen. Auf kleiner Flamme kurz durchwärmen und anrichten.

Ausgelöster Rehrücken im Netz mit Rotkraut, Semmelknödeln und glasierten Kastanien

Zutaten für 4 Personen

½ Rehrücken bzw.
1 ausgelöstes Rehrückenfilet mit ca. 400 bis 450 g (Knochen, Sehnen und Abschnitte für Sauce verwenden, siehe Rezept Wild-Sauce)
Schweinsnetz
ca. 100 g blanchierter Blattspinat
Salz, Pfeffer

Wild oder Geflügelfarce

200 g Wild- oder Geflügelfleisch ohne Sehnen und Haut, in der Moulinette kurz fein hacken oder im Fleischwolf fein faschieren, zu einem flachen Laibchen formen und im Tiefkühlschrank ca. 1 bis 2 Stunden auf Teller anfrieren lassen. In kleine Würfel schneiden und in der Moulinette kurz mit einem Eiweiß pürieren. Nach und nach ca. ⅛ *l* Obers beigeben, zwischendurch wieder kurz pürieren. Mit Salz, Pfeffer und eventuell Kräutern oder Pilzpulver abschmecken. Für ca. 1 bis 2 Stunden kühl stellen.

Gewässertes Schweinsnetz ausbreiten und mit gut abgetrocknetem Spinat eine ca. 25 x 20 cm Fläche auslegen, mit der Hälfte der Farce bestreichen, rohe Filets mit Salz und Pfeffer gut würzen, auf die Farce geben, Zwischenräume der Filets zur Bindung mit Farce bestreichen. Gut einrollen und in heißem Fett rundum vorsichtig anbraten. Im Rohr bei 180° C ca. ¾ bis 1 Stunde braten, kurz rasten lassen und mit einem Elektromesser in schöne Scheiben schneiden. Mit kräftiger Wildsauce und Beilagen servieren.

Semmelknödel

¼ kg Knödelbrot, getrocknet
1/16 *l* Öl, eine halbe, feingeschnittene Zwiebel
Petersilie, Majoran, Salz
¼ *l* Milch, 3 Eier

Die Zwiebeln in Öl goldgelb anrösten, Milch zugießen und aufkochen lassen, zum Knödelbrot geben und durchmischen. Mit Salz und Kräutern würzen. Zur abgekühlten Masse Eier geben und gut durchkneten, andrücken und rastenlassen.
Mit nassen Händen glatte Knödel formen und in kochendes Salzwasser einlegen, zugedeckt ca. 15 Minuten kochen lassen.
Für Serviettenknödel etwas weniger Eier, für Briocheknödel oder frisches Knödelbrot bzw. Semmeln nur die Hälfte der Milch verwenden. Werden die Knödel später verwendet bzw. auf Vorrat gekocht, diese sofort nach dem Kochen in kaltem Wasser abschrecken bzw. ca. 10 bis 15 Minuten in kaltem Wasser abkühlen lassen.

Rotkraut (Weinrotkraut)

½ kg Rotkraut, fein geschnitten, 30 g Zucker, Salz, ¼ Zimtrinde, 5 Gewürznelken, 30 g Rosinen in 1/16 *l* Rotwein einweichen. 1 Apfel, geschält und klein gewürfelt oder geschabt, ½ *l* Rotwein.
Alle Zutaten einen Tag marinieren lassen und zugedeckt langsam, aber nicht zu weich dünsten.

Tip: Wird das Rotkraut mit Rotwein oder etwas Essig aufgegossen, so erhält es dadurch eine schöne dunkle Farbe. Wenn mit Wasser aufgegossen wird, verfärbt sich das Rotkraut bläßlich-bläulich.

Glasierte Kastanien

Ca. 50 g Zucker in trockener Pfanne langsam goldgelb schmelzen, mit 1/16 *l* Wasser aufgießen *(nicht umrühren!)* und einkochen lassen. *Durch das Umrühren würde sich der Zucker auf dem Löffel zu einem steinharten Klumpen formen.* 200 g halbfertige, geschälte Kastanien kurz erwärmen, ein Stück kalte Butter zugeben und etwas glasieren.

Marinierte Preiselbeeren

1 kg frische Preiselbeeren oder tiefgekühlte (roh) mit etwa 600 g Kristallzucker in der Küchenmaschine (Knethaken) oder mit dem Handmixer (niedere Stufe) langsam rühren, bis sich der Zucker aufgelöst hat. Nach Belieben 1 bis 2 EL Rotwein dazugeben.
Kleine Gläser randvoll füllen und gut verschließen. Bis zu einem Jahr haltbar, kühl und dunkel lagern.

Rehrückenfilet im Strudelteig auf Petersilcreme mit Schwammerl-Gerstel-Risotto

Herstellung wie bei Rehrücken im Netz

Strudelteig bzw. 2 Strudelteigblätter mit flüssiger Butter einstreichen, 100 g abgetropften blanchierten Blattspinat auflegen. Mit Farce bestreichen und die gewürzten Filets ca. 400 bis 450 g auflegen, Zwischenräume mit Farce bestreichen. Strudel einrollen und mit Eigelb bestreichen. Auf geöltem Blech im Rohr bei 180°C ca. 35 bis 40 Minuten backen.

Rehpalatschinken auf Rotweinzwiebel und Wild-Kohlwickler mit Pilzen, Rezepte Seite 142
Fasanenbrust mit Rotkraut, Kastanien und Erdäpfellaibchen, Rezept Seite 150

Etwas rasten lassen und am besten mit einem Elektromesser aufschneiden. Auf Petersilcreme mit Schwammerl-Gerstel-Risotto anrichten.

Petersilcreme
⅛ *l* Weißwein mit Zwiebelringen und 1 Lorbeerblatt auf 2 bis 3 EL Flüssigkeit einkochen. Mit ⅛ *l* Suppe (eventuell Petersilstengel vorher mitkochen lassen) aufgießen, abseihen und mit ⅛ *l* Obers kurz aufkochen lassen sowie mit Mehlbutter binden, (ca. 20 g flüssige Butter und 10 g glattes Mehl verrühren), kurz aufkochen und mit viel frischer gehackter Petersilie im Turmmixer 1 bis 2 Minuten pürieren. Nochmals kurz wärmen und auf Teller servieren.

Gerstelrisotto
100 g Rollgerste gut waschen und 1 bis 2 Stunden in frischem Wasser einweichen, abseihen und in leichtem Salzwasser langsam weichköcheln lassen, mit heißem Wasser abspülen und abtropfen. 200 g Pilze und Schwammerln mit Zwiebeln etwas andünsten, Rollgerste zugeben und gut durchmischen. Mit Salz, Pfeffer und Petersilie würzen, eventuell vor dem Anrichten noch 1 EL kalte Butter zur Bindung einrühren.

Rehrückenmedaillons mit Rahmkohl und Nockerl vom Brett

Zutaten für 4 Personen

16 Medaillons, je ca. 40 g, mit Salz und Pfeffer würzen, in heißem Öl gut anbraten, wenden und auf der zweiten Seite bei wenig Hitze langsam 3 bis 4 Minuten braten. Etwas rasten lassen und mit Wildsauce und Beilagen servieren.
Die Medaillons könnten zartrosa gebraten sein.

Kohlgemüse
250 g Kohlblätter in kochendem Salzwasser blanchieren (kurz überkochen) und in Eiswasser abschrecken. Strunk ausschneiden und klein schneiden, mit ⅛ *l* Obers, Salz, Pfeffer und Muskat würzen, weichkochen und aufmixen (als Bindemittel). Blanchierte Kohlblätter in gewünschte Größe schneiden und mit Kohlpüree (Strunk und Obers) erwärmen. Eventuell mit gerösteten Jausenspeckwürfeln und Kümmel verfeinern.

Nockerl vom Brett
Zutaten für 4 Portionen

⅛ l Milch, 3 Eier, 2 cl Öl
350 g Mehl
Salz

Alle Zutaten zu einem festen Teig schlagen bis sich Blasen bilden. Rasten lassen, auf ein naßes Brett schöpfen, fingerdicke Nudeln abstechen und mit Hilfe einer Palette oder Messerrücken kleine Nockerl in kochendes Salzwasser einkochen. Kurze Zeit kochen lassen und in kaltem Wasser abschrecken.

Federwild

Unter Federwild versteht man Fasan, Wildente, Rebhuhn und Wachtel, diese sollten (ausgenommen Wildenten) im „Kleid" abhängen. Während des Abhängens macht das Fleisch eine Reife durch. Es wird mürbe und erhält das von Feinschmeckern geschätzte Hautgout, welches auf keinen Fall überschritten werden darf, da das Fleisch sonst einen Zersetzungsgrad erreichen würde. Diesen Grad bezeichnet man als „Stich"
Wildenten werden möglichst frisch verwendet. Beim Einkauf sollte man sich an einen Wildbrethändler wenden, möglichst junge Wildenten einkaufen und dabei auf Altersmerkmale achten. Junge Tiere haben leicht einreißbare Schwimmhäute und ein biegsames Brustbein. Am beliebtesten sind junge Tiere im Herbst.

Zubereitung

Wildente oder Fasan kann man bereits geputzt kaufen. Wenn sie noch im Federkleid sind, kann man dem Fasan die Federn mit der Haut abziehen; Wildenten müssen gerupft werden, da sie eine Fettschicht unter der Haut besitzen, die wichtig für den Eigengeschmack ist.
Nach dem Rupfen bzw. Putzen werden die Tiere kurz gewaschen. Meist wird Federwild im ganzen gebraten; dabei soll man anstelle von Spicken nur mit Speck umwickeln bzw. die Brust mit einem dicken Stück rohen Speck nach dem Würzen und Anbraten umwickeln und bei nicht zu hoher Temperatur im Rohr (ca. 130° C) langsam ca. 1½ Stunden braten. Schneller und besser ist es, wenn man die Brust auslöst und getrennt von den Keulen zubereitet.
Aus dem Keulenfleisch könnte man eine klare oder gebundene Wildsuppe zubereiten oder das Fleisch faschieren und für Wildlaibchen, Wildpalatschinken, Pasteten oder Nockerln weiterverarbeiten*.
Die Knochen und Reste werden für Suppen eingekocht oder für Saucen weiterverarbeitet.

* *Siehe Rezept Wildfarce oder Rehnockerl, Seite 141*

Fasanenbrust mit Rotkraut und Kastanien

Zutaten für 4 Portionen

4 Fasanenbrüstchen
Salz, weißer Pfeffer aus der Mühle, frischer Majoran
Öl zum Braten, kalte Butterstücke zum Binden
Suppe aus den Knochen

Die Brüstchen von zwei Fasanen auslösen, mit Salz, Pfeffer und frischem Majoran würzen, kurz anbraten und im Rohr bei 180°C ca. 8 Minuten braten, aus dem Rohr nehmen und mindestens 5 bis 6 Minuten an einem warmen Ort (in Folie) rasten lassen.
Den Fasanen-Bratensaft mit etwas Fond (aus den Knochen eine kräftige Suppe herstellen) ablöschen, einkochen und mit kalten Butterflocken binden.
Die Brüstchen aufschneiden, mit Rotkraut, Kastanien und Preiselbeeren anrichten.

Eventuell mit Trauben (ohne Kern), in Weißwein und Zucker erwärmt, anrichten.

Rotkraut (Weinrotkraut)
½ kg Rotkraut, fein geschnitten, 30 g Zucker, Salz, ¼ Zimtrinde, 5 Gewürznelken, 30 g Rosinen in ¹⁄₁₆ *l* Rotwein einweichen. 1 Apfel, geschält und klein gewürfelt oder geschabt, ½ *l* Rotwein.
Alle Zutaten einen Tag marinieren lassen und zugedeckt langsam, aber nicht zu weich dünsten.

Tip: Wird das Rotkraut mit Rotwein oder etwas Essig aufgegossen, so erhält es dadurch eine schöne dunkle Farbe. Wenn mit Wasser aufgegossen wird, verfärbt sich das Rotkraut bläßlich-bläulich.

Glasierte Kastanien
Ca. 50 g Zucker in trockener Pfanne langsam goldgelb schmelzen, mit ¹⁄₁₆ *l* Wasser aufgießen *(nicht umrühren!)* und einkochen lassen. *Durch das Umrühren würde sich der Zucker auf dem Löffel zu einem steinharten Klumpen formen.* 200 g halbfertige, geschälte Kastanien kurz erwärmen, ein Stück kalte Butter zugeben und etwas glasieren.

Wildentenbrust auf Karotten und Trauben

Zutaten für 4 Portionen

4 Wildentenbrüstchen
Salz, Pfeffer, Öl, Thymian und einen Majoranzweig
300 g Karotten und gelbe Rüben
200 g Trauben, blau oder weiß, Butter, Zucker

Ausgelöste Wildentenbrust mit Salz, Pfeffer und Majoran würzen, in heißem Öl auf der Hautseite knusprig anbraten, wenden und kurz nachbraten. Auf eine kalte Platte legen, Kräuter dazulegen und in den 180°C heißen Ofen schieben.
Je nach Größe ca. 10 Minuten zartrosa braten.
Einige Minuten rasten lassen und leicht schräg aufschneiden, Fleischsaft auffangen.
Karotten und gelbe Rüben schälen und in leichtem Salzwasser weichkochen, abschrecken und in Scheiben schneiden. Mit Butter und etwas Zucker erwärmen, halbierte, entkernte Trauben (grün und blau) dazugeben, kurz durchmischen und mit kleinen kalten Butterflocken binden.
Die aufgeschnittene Entenbrust auf Karotten und Trauben anrichten, mit Natursaft begießen, mit Erdäpfellaibchen servieren.

Erdäpfellaibchen
3 bis 4 mehlige Erdäpfel in der Schale kochen, schälen, passieren und etwas abkühlen lassen. Mit 2 Eiern und Salz, Pfeffer, Muskat sowie Kräutern oder Ingwer nach Geschmack würzen.

In einer nicht zu heißen Pfanne die Masse löffelweise zu flachen Häufchen verteilen, langsam goldgelb backen, wenden und etwas flachdrücken. Auf der zweiten Seite bei geringer Hitze fertigbacken.

Wildente im Apfelmostgelee mit Zwiebeln und Wacholder

Zutaten für 8 bis 10 Portionen

1 Wildente, geputzt, ca. 750 g
Salz, weißer Pfeffer aus der Mühle, Öl
250 g Zwiebelringe
250 g Wurzelgemüsewürfel (Karotten, Sellerie und Petersilwurzen)
¼ l Apfelmost
¼ l Suppe (eventuell Wildbrühe oder Geflügelbrühe)
2 EL Apfelessig oder Apfelbalsamessig
1 bis 2 EL Zucker oder Honig
10 Wacholderbeeren
3 Lorbeerblätter
12 bis 14 Blatt Gelatine *

Wildente grob zerteilen, mit Salz und Pfeffer aus der Mühle würzen und in heißem Öl rundum kurz anbraten.
Die Entenstücke aus dem Topf nehmen und Zwiebelringe sowie Wurzelgemüse kurz im Entenfett (welches sich beim Anbraten der Wildente absetzt) andünsten. Mit Apfelmost und Suppe ablöschen bzw. aufgießen.
Die Wildentenstücke in die Suppe einlegen, Wacholderbeeren etwas andrücken und mit Lorbeerblättern in Leinensäckchen oder Tee-Ei beigeben. Kurz aufkochen lassen und auf kleiner Flamme langsam weichkochen. Zwischendurch immer abschäumen und abfetten, nicht zudecken.
Wenn das Fleisch sehr weich ist, aus dem Sud heben und kleinschneiden. Suppe erst durch ein grobes Sieb abseihen, so daß Zwiebeln und Wurzelgemüse zurückbleiben, anschließend durch ein feines Sieb oder Tuch abseihen und auf ca. ½ l Flüssigkeit einkochen lassen.
Das abgelöste Fleisch und Wurzelgemüse dazugeben. Mit Apfelessig und Honig oder Zucker süß-sauer abschmecken, gut salzen und mit 12 bis 14 Blatt eingeweichter und ausgedrückter Gelatine vermischen. Mit Salz und Pfeffer eher kräftig abschmecken und in eine Form füllen.
Sollte die Sülze anschließend aus einer Form gestürzt werden, empfehle ich, die Form mit Öl auszustreichen und mit einer Klarsichtfolie auszulegen; erst dann die Masse einfüllen und über Nacht kaltstellen.
Aufschneiden und mit kleinem Salat, am besten mit Sonnenblumenöl und Apfelbalsamessig mariniert anrichten.

* Anstelle von Gelatine könnten für eine Natursulz ca. 1½ kg Schweineschwarten und Kalbsknochen (Gallerte) mit 4 bis 5 l Wasser und Wurzelgemüse 2 bis 3 Stunden ausgekocht werden. Abseihen und auf ca. ½ l Flüssigkeit einkochen. Anstelle von Suppe zum Aufgießen verwenden. Diese Natursulz ist jedoch milchig-trüb; wenn man sie klärt, verliert sie sehr viel an Gelierkraft. Zur Probe kaltstellen, kalte Natursulz muß schnittfest sein.

Tip: Anstelle von Wildente könnten auch Hausente oder Gänsestücke verwendet werden.
Die Geflügelteile können auch mit Pökelsalz einige Tage mariniert werden, wodurch eine rötliche Färbung beim Fleisch entsteht.

Kitzeck, höchstgelegener Weinort Europas

Dietmar Kappel

Köstlichkeiten aus dem Sulmtal

Eine eigene, uralte steirische Hendelrasse ist das Sulmtaler Huhn, das über Jahrhunderte gezüchtet wurde. Das Hendel hat auf dem Speiseplan der Steirer seinen fixen Platz. Dietmar Kappel vom Weinhof Kappel in Kitzeck hat die folgenden Rezepte zusammengestellt.

Gefüllte Hendlkeule auf Rieslingkräutersauce mit Polentadukaten

Zutaten für 4 bis 6 Portionen

4 Hendlkeulen à 200 g
Kräuter, feingehackt (Petersilie, Majoran, Thymian, Basilikum)
1 EL zerlassene Butter, 1 Ei
80 g Weißbrotwürfel ohne Rinde
2 Stück Schweinsnetze
⅛ l Geflügelfond
1/16 l Riesling
3/16 l Obers, flüssig
1 EL geschlagenes Obers
Salz, Pfeffer, Muskat
Öl zum Braten

Die Keulen auslösen, den Hüftknochen herausschneiden und die Keule dann leicht klopfen. Für die Fülle die Weißbrotwürfel mit der Butter, dem Ei, den Kräutern und den Gewürzen gut verrühren.
Die Fülle auf das Fleisch setzen, die Keule dann einrollen und mit dem Schweinsnetz umwickeln.
Die Keulen salzen, beidseitig anbraten und im Rohr bei 200°C ca. 25 bis 30 Minuten braten. Für die Sauce den Geflügelfond und das Obers auf die Hälfte einkochen und mit Riesling verfeinern. In die Sauce noch eventuell Kräuter mischen. Zuletzt noch abschmecken und vor dem Anrichten eventuell noch einen Eßlöffel geschlagenes Obers bei kleiner Hitze unterheben.
Die Keulen in Scheiben schneiden, mit der Sauce und den Polentadukaten anrichten.

Polentadukaten

Zutaten für 4 bis 6 Portionen

200 g Polentagrieß
¼ l Rindsuppe
¼ l Milch
Salz, Muskat
1 Ei
1 EL Butter
2 – 3 Semmelknödel oder ein Stück Serviettenknödel

Die Suppe mit Milch, Butter, Salz und Muskat aufkochen. Den Polentagrieß einrühren und solange kochen, bis das Ganze eine dick-cremige Konsistenz erreicht. Vom Herd nehmen und abkühlen lassen.
Mit den Eiern rasch verrühren, abkühlen und mit Hilfe einer geölten Alufolie oder mit Backtrennpapier zu einer Rolle formen und einige Stunden kaltstellen. Von der Polentarolle ca. 2 cm dicke Scheiben abschneiden und in Butter beidseitig kurz anbraten. Die Knödel in dünne Scheiben schneiden und ebenfalls in Butter beidseitig kurz anbraten. Nun schichtenweise Polentascheiben und Knödelblätter aufeinander legen. Bei Bedarf kurz im Rohr warmhalten.

Tip: Für dieses Rezept könnten die Knödel schon vorbereitet oder tiefgekühlt und aufgetaut werden.

Klare Hendlsuppe mit Schwammerlstrudel

Zutaten für 6 bis 8 Portionen

1 kg Knochen und Fleischabschnitte vom Huhn oder ½ Suppenhuhn,
Salz, 1 Zwiebel, 2 Knoblauchzehen, 1 Bund Suppengrün,
3 l Wasser (oder Hühnersuppe)

Das Hühnerklein in kochendes Wasser geben, einmal aufkochen, abseihen und kalt abwaschen.
Das Wasser zustellen und die blanchierten Knochen, das Hühnerfleisch, etwas Salz, 1 ganze Zwiebel (mit Schale), halbiert, Knoblauchzehen und Suppengrün hineingeben. Bis auf die Hälfte der Flüssigkeit einkochen, dabei immer wieder den Schaum abschöpfen. Durch ein Sieb oder Tuch abseihen und abschmecken.

Schwammerlstrudel:
300 g Schwammerln (Steinpilze, Eierschwammerln)
50 g Semmelwürfel
1 EL feingeschnittene Zwiebel
1 Ei, 1 EL Butter
Knoblauch, Salz, Basilikum, Petersilie
Blätterteig oder Strudelteig

Die Schwammerln putzen und klein schneiden. Zwiebel und etwas Knoblauch in Butter anschwitzen, die Schwammerl und Kräuter dazugeben und weichdünsten. Salzen und unter die Semmelwürfel mischen. Mit der Butter und dem Ei vermischen. Die Fülle in den Blätterteig oder den Strudelteig einrollen, vor dem Backen mit einem Eidotter-Wassergemisch bestreichen und bei 180°C ca. 20 bis 25 Minuten backen.

Hühnerhaxlsulz

Zutaten für 10 bis 12 Personen
Eine Terrinenform oder Kastenform mit 1½ l Inhalt

4 Hühnerhaxln mittlerer Größe
2 Karotten (ca. 80 g), geschält
Sellerie (ca. 50 g), geschält, 1 kleiner Porree
10 Pfefferkörner, schwarz, 1 Lorbeerblatt, 1 Gewürznelke, Salz, ⅛ l trockener Weißwein
8 Blatt Gelatine, Kernöl, Rotweinessig
Die geputzten Hühnerhaxln mit kaltem Wasser am

Herd zustellen. Gewürze und Wein beigeben. Langsam kochen lassen und immer wieder Schaum und Fett abschöpfen. Nach 10 Minuten das in größere Würfel geschnittene Wurzelgemüse beigeben und alles gar kochen. Gemüsewürfel und Haxln herausnehmen und auskühlen lassen. Inzwischen den Hühnerfond auf einen halben Liter einkochen, mit Salz und Pfeffer sehr würzig abschmecken und vom Herd nehmen. Die eingeweichte Gelatine im Fond auflösen. Den lauwarmen Fond zur Hälfte in eine geölte und mit einer Frischhaltefolie ausgelegte Terrinenform gießen und die in kleine Würfel geschnittene Haxl-Gemüsemischung hineingeben, mit dem restlichen Fond begießen. Auskühlen lassen und ca. 8 Stunden in den Kühlschrank zum Stocken geben. Herausstürzen und in ca. ½ cm dicke Scheiben schneiden. Mit Kernöl und Rotweinessig marinieren.

Hendlleberwandl

Zutaten für 12 bis 15 Portionen
Eine Terrinenform mit ca. 1½ l Inhalt

700 g Hühnerleber, sauber geputzt
½ Knoblauchzehe, etwas Muskat
Majoran, Thymian (am besten frisch)
4 cl Sherry, 4 cl Portwein, 4 Eier, Salz, Pfeffer
700 g Butter
300 g grüner Speck = roher, weißer Schweinerückenspeck zum Auslegen der Terrinenform

Die Hühnerleber mit dem Küchencutter cuttern. Die Gewürze dazugeben. Die Butter solange kochen, bis sie sich klärt. Die Leber durch ein Sieb streichen, in eine Schüssel geben und die Eier nach und nach rasch einrühren. Nochmals Abschmecken. Nun die lauwarme, geklärte Butter sehr schnell einrühren. Die Masse in die mit Speck ausgelegte Terrinenform geben und bei 160°C im Rohr in einem Wasserbad ca. 1¼ Stunden pochieren; die Hühnerlebermasse muß gestockt sein.
Die Terrine über Nacht im Kühlschrank auskühlen lassen. Zur Terrine serviert man Preiselbeeren.

Hendlbruststreifen, gebacken auf Blattsalat mit Kernöl

Zutaten für 4 Personen

4 Stück. Hühnerbrust à 100 g, 1 Ei, Mehl, Brösel
Blattsalate (Eichblatt, Häuptel, Chicorée, Radicchio)
Öl, Salz, Weinessig, Kürbiskernöl

Bei den Hühnerbrüstln die Haut entfernen, Brüstln salzen und panieren. Die Blattsalate putzen und waschen. Die Hühnerbrüstln in heißem Öl backen, bis die Panier goldbraun ist.
Inzwischen den Blattsalat mit Salz, Weinessig und Kürbiskernöl marinieren. Die Salate auf Tellern anrichten. Die Hühnerbrüstln zum Abtropfen auf ein Küchenpapier legen. Die Brüstln noch heiß in breite Streifen schneiden und auf den Blattsalat legen.

Hühnereinmachsuppe mit Bröselknödeln

Zutaten für 6 Personen

½ kg Hühnerklein (Herz, Magen, Kragen, Flügel und Hühnerleber)
50 g feingeschnittene Zwiebeln, 30 g feinwürfelige Karotten, 30 g feinwürfelige Sellerieknolle
30 g glattes Mehl
40 g Schweineschmalz oder Hendlfett
Zitronensaft einer halben Zitrone (anstelle der Zitrone kann man auch Essig verwenden), Salz, Pfeffer

Die feingeschnittene Zwiebel zusammen mit dem Hühnerklein (außer der Leber), das vorher in kleine Stücke geschnitten wurde, in Fett anrösten.
Karotten und Sellerie dazugeben und unter ständigem Rühren weiterrösten. Mit Mehl stauben und kurz weiterrösten. Mit 1½ l Hühnersuppe oder Wasser und dem Zitronensaft aufgießen. Die Leber dazugeben und auf kleiner Flamme weiterkochen, bis Fleisch und Gemüse gar sind. Mit Salz und Pfeffer abschmecken.

Bröselknödel:
30 g Butter, 10 g Schweineschmalz
1 Ei, 2 Semmeln vom Vortag, 60 g Semmelbrösel
10 g Petersilie gehackt, Muskatnuß, Salz
Semmeln in Wasser einweichen, die Butter schaumig rühren, das Ei dazugeben und weiterrühren. Feingeschnittene Petersilie in Schmalz kurz anrösten. Butter, Petersilie, etwas geriebene Muskatnuß, 2 eingeweichte und ausgedrückte Semmeln sowie die Brösel zu einem Teig verrühren und ca. 30 Minuten rasten lassen. Knödel formen und in die Suppe oder in Salzwasser einkochen. Ist die Knödelmasse zu weich, noch etwas Semmelbrösel dazugeben.

Sulmtaler Back- und Brathendl

Zutaten für 2 bis 4 Portionen

1 Backhendl, ca. 1,2 kg, Salz, Mehl, Ei, Brösel, Öl
Das Backhendel gut waschen und in 8 Stücke zerteilen. Salzen und panieren. Beim Panieren zum Ei etwas flüssiges Schlagobers geben. In heißem Öl bei 120°C 18 bis 20 Minuten backen.

Zubereitung Brathendl
1 Brathuhn, ca. 1,5 kg, Salz, Öl

Fülle:
3 Semmeln vom Vortag, 50 g Hühnerleber
gehackte Petersilie, Muskat, Salz
1 Ei, ca. 1/16 l Milch, 20 g Butter
etwas Majoran, 600 g Erdäpfel, geschält und geviertelt

Das Huhn gut waschen, die Brust wird untergriffen, das heißt, die Haut vorsichtig vom Brustfilet lösen. Dabei wird mit den Fingern und mit Hilfe eines Mes

sers die Haut von der Brust losgelöst, bis eine Tasche für die Fülle entsteht.
Die Semmeln in Würfel schneiden, mit Butter, Milch, Ei, Petersilie, etwas Majoran, Muskat und Salz vermischen. Mit dieser Fülle die Brust und den Bauch füllen und das Huhn mit Hilfe eines Fadens zunähen oder mit einer Rouladennadel zustecken bzw. verschließen. Das Huhn salzen und mit zerlassener Butter bestreichen. Im Rohr bei 180°C ca. 1 Stunde braten. Bei halber Bratzeit die Erdäpfel dazugeben. Mit dem austretenden Bratensaft mehrmals übergießen.

Als Beilage: Erdäpfel-, Kraut- oder Käferbohnensalat.

Erdäpfelsalat
Zutaten für 4 bis 5 Portionen

500 g rohe speckige Erdäpfel mit Schale, Salz, Pfeffer, Senf, feingeschnittener Zwiebel, Weinessig, Sonnenblumen- oder Kernöl und *1/8 l* Rindssuppe.

Für den Erdäpfelsalat werden die Erdäpfel mit der Schale in Salzwasser gekocht und geschält. Etwas feingeschnittene Zwiebel mit der Rindssuppe aufkochen. Inzwischen die geschälten Erdäpfel noch heiß schneiden. Aus Senf, Essig, Öl, Salz, Pfeffer eine Marinade herstellen. Die geschnittenen Erdäpfel mit dem aufgekochten Zwiebel übergießen und mit der Marinade marinieren, nochmals abschmecken und am besten lauwarm servieren.

Krautsalat
Zutaten für 4 bis 5 Portionen

500 g Weißkraut
Salz, Pfeffer, Kümmel, Knoblauch, Weinessig
Sonnenblumen- oder Kernöl.

Den Krautkopf halbieren und den Strang herausschneiden. In feine Streifen schneiden, waschen und gut abtropfen. Mit Salz, Pfeffer, etwas Knoblauch, Kümmel, Essig und Öl marinieren und ca. 2 Stunden ziehen lassen.

Käferbohnensalat
Zutaten für 4 bis 5 Portionen

250 g Käferbohnen
Salz, Pfeffer, 1 bis 2 Lorbeerblätter
Knoblauch, feingeschnittener Zwiebel
Weinessig, Sonnenblumen- oder Kernöl

Die Käferbohnen über Nacht in kaltem Wasser einweichen. Mit frischem Wasser und Lorbeerblättern zustellen, salzen und weichkochen. Abseihen (nicht abschrecken) und auskühlen lassen.
Mit feingeschnittenem Zwiebel, Knoblauch, Salz, Pfeffer, Essig und Öl, bzw. Kernöl marinieren.

Steirischer Türkentommerl

Zutaten für 8 Portionen

1 l Milch, 300 g Polentagrieß
Salz, Zimt, 1 EL Butter, 100 g Kristallzucker
3 Eier, Butter, Staubzucker, 4 große Äpfel
Die Milch mit Butter und einer Prise Salz aufkochen. Den Polentagrieß einkochen und solange am Herd rühren, bis eine dick-cremige Konsistenz entsteht. Etwas abkühlen lassen und die Eidotter einrühren. Das Eiklar mit dem Kristallzucker halbsteif aufschlagen und unter die Polentamasse heben. In eine gebutterte Form geben. Die Äpfel schälen und in Spalten schneiden. Die Apfelspalten kurz in Zitronenwasser legen. Kurz vor dem Backen die Polentamasse mit den Apfelspalten dicht belegen. Mit Staubzucker und Zimt bestreuen und bei 180°C ca. 1 Stunde backen.

Sulmtaler Rahmstrauben

Zutaten für 15 Stück

160 g griffiges Mehl (Farina), 3 Dotter, 3 El Wein, ca. 3 EL süßer Rahm, Schmalz oder Öl zum Backen
Sämtliche Zutaten zu einem Teig verarbeiten und rasten lassen. Diesen 5 mm dick ausrollen, in 8 x 16 cm große Rechtecke schneiden. In jedes Rechteck noch 2 Längseinschnitte machen. Danach den äußeren Streifen nach innen legen (übereinander schlagen), so in heißes Fett einlegen und schwimmend backen.
Sobald die Strauben goldgelb sind, herausnehmen und auf einem Küchenpapier abtropfen lassen. Mit Staubzucker bestreuen.

Wasserkrapfen

Zutaten für 20 bis 25 Stück

½ kg Mehl, Salz, 250 g Butter, 30 g Germ
¼ l Milch, 4 EL StaubzuckerEin Dampfl aus lauwarmer Milch, etwas Zucker und der Germ bereiten. Mehl mit Butter verbröseln, Salz und Zucker dazugeben. Den Teig eine Stunde im kalten Wasser rasten lassen (dazu wird der Teig in ein Tuch eingedreht und mit einem quer über die Schüssel mit kaltem Wasser gelegten Kochlöffel aufgehängt). Nach dem Rasten den Teig dünn ausrollen, in kleine Rechtecke schneiden und mit Marillenmarmelade füllen. Auf einem befettetem Blech bei 180°C goldbraun backen.

Spagatkrapfen

Zutaten für ca. 20 bis 25 Stück

500 g Mehl, 100 g Zucker, 250 g Margarine, 2 Dotter, ⅛ l Weißwein, Salz, Zimt
Die Margarine mit Zucker und Mehl verbröseln, mit Gewürzen, Weißwein und Dotter zu einem glatten Teig verarbeiten. 2 Stunden rasten lassen. Den Teig dünn austreiben und in 3 x 10 cm große Rechtecke schneiden. Die Teigstücke in den Spagatkrapfenmodel legen und in heißem Fett herausbacken. Nach dem Backen in Zimt und Zucker drehen.

Alpzirler
ST. PATRON
Aus Österreich
Käse mit Charakter.
MOOSBACHER
KAPPEL
BLAUER ZWEIGELT
SCHLOSSDAMER
Weinkäse
handgekäst
Gaishorner Auslese
DACHSTEINER
Ein Steirer Original
DORET
Butterkäse
Typisch Österreich
Käse mit Charakter.
SEGGAUER
handgekäst

Steirischer Käse

Wie der Weinbau erlebte auch die heimische Käsekultur in den achtziger und neunziger Jahren einen enormen Aufschwung. Sind es beim Wein die Trauben, die letztendlich für die Qualität zeichnen, so ist es beim Käse die Milch. Einen großen Anteil an Österreichs Käsekultur bringt die Steiermark ein, deren Erfolg in der Käseherstellung sich auf die eigenständige Entwicklung der einzelnen Molkereien in den verschiedenen Regionen zurückführen läßt. Die bunte Mischung verschiedener Käsearten ordnet sich gerade in diesem Land zu einem Bild aktiver Käsekultur mit der Freude am Vollbrachten. Die Grundstimmung, die diese Kultur trägt, sind der Mut zu technische Erneuerungen und die Spezialisierung auf bestimmte Käsesorten. Der gedankliche Überbau der Käseproduktion wiederum wird durch die noch intakte Natur und den daraus resultierenden Qualitätsmerkmalen geprägt. Das beginnt bei der steirischen Kochkäsestraße im Ennstal und reicht bis ins Weinland.

Die Tradition der Käseherstellung in Gröbming wird vom Ennstaler Steirerkas getragen, einem Sauermilchkäse, der in seiner Form fast ausschließlich in den Tälern der Ennstaler Alpen verbreitet ist. Die Art der Zubereitung aus vorgereiftem Topfen zählt zu der ältesten der Welt. Die Molkerei in Gröbming braucht mit ihren Produkten auch international keinen Vergleich scheuen.

Das jüngste „Kind" der Ennstaler Käsemeister ist der Schärdinger Rahm-Blu. Es ist dies ein besonderer Weichkäse mit Doppelschimmelreifung und cremigem Teig. Je nach Reifestadium schmeckt der Rahm-Blu von mild-rahmig bis leicht pikant.

Weitere Erfolgsrezepturen dieser Käserei sind der Österkron, ein Grünschimmelkäse, der ringförmige Dolce Bianca und der vielfach ausgezeichnete Trautenfelser Edelschimmelkäse aus reiner Schafmilch.

Auch in Gaishorn wird die Käsetradition hochgehalten, ein Beispiel dafür ist die schon häufig ausgezeichnete Gaishorner Auslese, ein 6 Monate gereifter Emmentaler aus ausgesuchter silofreier Rohmilch von Bauern der Region um Gaishorn.

Ein schönes Beispiel für eine eigenständige regionale Entwicklung bietet der steirische Selchkas aus der Oststeiermark. Während die Molkerei Weiz den „Rohling" aus Schafsmilch erzeugt, wird dieser von privater Hand eine gute Woche lang geräuchert. Die Selch wird dabei mit einer Mischung aus Buchenholz im wahrsten Sinne des Wortes angeheizt. Der hohe Anteil an Schafskäse der Molkerei Weiz hat eine große Vergangenheit und ist durch unzählige Schafmilchproduzenten abgesichert.

Das Aushängeschild der Berglandmilch Käserei in Voitsberg ist der Schärdinger Moosbacher. Dieser auch geschmacklich einzigartige Schnittkäse wird als einziger mit Hilfe zweier Reifeverfahren - Großloch- und Rotkulturreifung - hergestellt.

Äußeres Zeichen dieser Käsekunst ist das Leinentuch, in das der mild-würzige Moosbacher gehüllt ist.

Weitere, in ganz Österreich bekannte Produkte der Voitsberger Käserei sind der Schärdinger Schloßdamer, ein süßlich-milder Großlochkäse und der zünftige Schärdinger Dachsteiner.

Ein besonderes Schmankerl ist der sechs Monate gereifte Alpzirler, ein enger Verwandter des Dachsteiners, der jedoch aufgrund kleiner Rezepturunterschiede und der längeren Reifezeit noch wesentlich kräftiger schmeckt und das Herz jedes Käseliebhabers höher schlagen läßt.

Wein- und Käsekultur ergänzen sich vor allem im südsteirischen Weinland. Die beiden Käsespezialitäten Seggauer und St.Patron haben in der Molkerei Mureck (Südwest Milch) ihre Heimat.

Der oberflächengereifte, halbweiche Schnittkäse mit Rotkultur besitzt eine eßbare Naturrinde, der zarte Milchschimmel auf der Rinde ist eine Besonderheit, die nur im Murecker Reifekeller beheimatet ist.

Mit regionalen Schmankerln, wie dem südsteirischen Weinkäse, der im Zweigeltgeläger gereift ist, wird eine alte Tradition wiederbelebt. Käsegourmets wissen das zu schätzen.

Mit Butterkäse, dem Doret und dem Trachtenpärchen Butterkäse, der auch im Ausland Käsegenießer gefunden hat, wird das Sortiment abgerundet.

Die Betonung der individuellen Einzelleistungen aller steirischen Molkereibetriebe mündet somit letztendlich im komplexen und stabilen Qualitätsstandard der angebotenen heimischen Käsesorten.

Käsewürfel, in Salbei-Weinteig gebacken

Salbeiblätter fein schneiden und in den Weinteig geben. Festen Schnittkäse wie Moosbacher, Bergbaron, Dachsteiner in nicht zu große Würfel schneiden, durch den Teig ziehen und in heißem Öl fritieren. Auf Küchenpapier abtropfen lassen.

Den restlichen Teig eventuell zusätzlich mit Salbeistreifen verrühren und löffelweise in Öl backen (Weinteigkrapferln).

Weinteig: 100 g glattes Mehl, ⅙ *l* trockener Weißwein Salz, eventuell Zimt, 2 Eier. Alle Zutaten kurz verrühren und mindestens eine Stunde stehen lassen.

Topfen-Käseknödel

Zutaten für 15 Stück á 45 g

280 g Topfen (trocken) oder Frischkäse (Rollino, Concerto), 25 g Butter , 1 Ei, 70 g Käse, gerieben (Pizzano, Pizzakäse), 30 g Grieß, 100 g Brösel, Salz, Pfeffer und Petersilie.

Alle Zutaten gut verrühren und ca. 2 Stunden ziehen lassen. Knödel formen und in leichtem Salzwasser ca. 10 bis 12 Minuten ziehen lassen oder dämpfen.

Frische Paradeiser geschält, entkernt und gewürfelt, in etwas Butter oder Olivenöl andünsten, mit Salz und etwas Basilikum abschmecken.

Für gebackene Knödel die Grundmasse in Mehl, Ei und Bröseln panieren und in heißem Öl backen.

Als Suppeneinlage oder als Beilage mit brauner Butter und eventuell Spinat servieren.

Käsekugeln mit Kürbiskernen

Zutaten für ca. 10 Kugeln

1 - 2 EL Butter, 1 EL Frischkäse (Gervais oder Bojar), 50 g Moosbacher,
100 g Blauschimmelkäse (Trautenfelser Edelschimmelkäse), oder Österkron (Grünschimmelkäse), oder Schärdinger Rahm-Blu (Doppelschimmelkäse),
2 - 3 EL Kürbiskerne, 1/2 Bund Petersilie
Salz, Pfeffer, Knoblauch
Blattsalat, Nußöl mit Balsamessig zum Marinieren.

Butter und Frischkäse schaumig rühren. Moosbacher fein reiben. Blauschimmelkäse passieren und gemeinsam mit dem geriebenen Käse in die Buttermasse rühren. Mit Salz, Pfeffer und feingeschnittenem Knoblauch würzen. Kalt stellen.
Kürbiskerne mit einem Messer nicht zu fein hacken. Petersilie fein schneiden. Aus der Käsemasse gleichmäßige Kugeln formen und in Kürbiskernen und Petersilie wälzen. Käsekugeln auf Teller anrichten und mit Blattsalat dekoriert anrichten.

Frischkäse-Terrine mit Salat

Zutaten für ca. 4 bis 5 Portionen
¼ kg Frischkäse (Rollino Kräuter, Bojar oder Gervais), ⅛ *l* Suppe, 3 Blatt Gelatine oder ⅛ *l* Schwartenfond, 1 Paradeiser für Einlage (geschält, entkernt, gewürfelt), Basilikum, Salz, Balsamico-Essig und Nußöl
Kleiner Salat als Beilage
Käse in lauwarme Suppe einrühren, eingeweichte und ausgedrückte Gelatine zugeben. Paradeiswürfel und Basilikumstreifen als Einlage dazurühren.
Mit Salz und Balsamico-Essig abschmecken.
In eine geölte und mit Klarsichtfolie ausgelegte Form füllen und kaltstellen.
Mit einem Elektromesser in Scheiben schneiden, mit Nußöl und Balsamessig (Balsamico) beträufeln und mit ein wenig Salat anrichten.

Schweinsfischerl, mit Paradeiser und Blauschimmelkäse überbacken

Zutaten für 4 Portionen

600 g Schweinsfilet, Salz, Pfeffer, Öl zum Braten
½ Dose geschälte Paradeiser, 250 g Blattspinat, Blauschimmelkäse
ca. 600 g Erdäpfel für die Beilage

Schweinsfilet in Medaillons, mit je ca. 50 g, schneiden (pro Person 2 bis 3 Stück), mit Salz und Pfeffer würzen, in heißem Fett auf der ersten Seite gut anbraten, wenden und auf der zweiten Seite kurz garen, bis sich die Poren geschlossen haben (halb durchgebraten).

Auf einen kalten Teller oder eine Platte geben, mit geschälten, gehackten Paradeisern und Käse (Schärdinger Rahm-Blu, Trautenfelser Edelschimmelkäse, Österkron) belegen. Im Rohr bei starker Oberhitze goldgelb überbacken und mit Gemüse und Erdäpfeln anrichten.
Anstelle von Fleisch können auch Erdäpfel, Nudeln oder gekochtes Gemüse mit Käse überbacken werden.

Käsecremesuppe

Zutaten für 4 Portionen
40 g Butter, 20 g glattes Mehl, 40 g feingeschnittene Zwiebeln, 1/16 *l* Weißwein, trocken
1 l Rind- oder Kalbsknochensuppe, *0,2 l* Schlagobers
70 g Schärdinger Rahm-Blu Doppelschimmelkäse
60 g geriebenen Schnittkäse (Dachsteiner, Alpzirler), Salz, geriebene Muskatnuß, Suppenwürze, Weißbrotcroutons

Butter erwärmen, Zwiebeln andünsten, Mehl beifügen, farblos anschwitzen, mit Weißwein ablöschen, mit Suppe und Obers aufgießen, gut verrühren und 10 Minuten köcheln lassen. Gewürfelten Doppelschimmelkäse und geriebenen Schnittkäse beigeben. Einige Minuten köcheln lassen, würzen. Suppe mixen und mit gerösteten Weißbrotcroutons servieren.

Für die Österkroncremesuppe ersetzt man den angegebenen Käse durch dieselbe Menge Grünschimmelkäse (Österkron, Trautenfelser oder Gorgonova). Als Einlage können Kürbiskerne verwendet werden.

Käsesoufflé

Zutaten für 8 Portionen
25 g Butter, 25 g Mehl, 60 g Moosbacher gerieben,
4 Eidotter, 4 Eiklar, 1/8 *l* Milch, *4 cl* Weißwein, Salz, Muskatnuß, gerieben
Butter zum Ausfetten der Förmchen
Semmelbrösel zum Ausstreuen

Butter erwärmen, Mehl einrühren, ohne Farbe anschwitzen, mit Weißwein ablöschen, mit heißer Milch aufgießen gut verrühren und 2 Minuten köcheln lassen, würzen. Abkühlen lassen. Käse und Dotter einrühren. Eiklar mit Salz nicht zu fest aufschlagen, nach und nach unter die Masse heben.
8 kleine feuerfeste Förmchen mit Butter ausfetten, mit Bröseln ausstreuen. Masse 3/4 hoch einfüllen. Formen in eine flache Kasserolle stellen, 80°C heißes Wasser zugeben (zwei fingerhoch) und im vorgeheizten Backrohr bei 220°C ca. 15 Minuten backen.
Nach dem Backen stürzen, sofort anrichten und mit Blattsalaten servieren.

Topfennockerl mit Zwetschkenröster

Das Süße zum Schluß

Joghurtbeeren, Hollergelee und Holunderblütengelee mit Beeren

Holunder („Holler“)

Achtung!
Hollerbeeren dürfen nur in gekochtem Zustand gegessen werden, da sie zum Rohgenuß nicht geeignet sind!

Gebackene Hollerblüten

Zutaten für 4 Portionen

12 Holunderblüten mit Stielansatz

Backteig:
100 g Mehl, glatt, 3 EL Milch, 4 EL trockener Weißwein, 1 KL Kristallzucker, 1 Ei, Schale von einer halben Zitrone

Holunderblütensauce:
ca. ¼ l Schlagobers, ⅛ l Holunderblütensaft
Salz, Staubzucker, Backfett, Minzeblätter

Das Ei in Dotter und Klar trennen. Mehl, Milch, Wein, Eidotter, Salz und geriebene Zitronenschale verrühren. Eiklar mit Zucker zu schmierigem Schnee schlagen. Den Schnee unter den Teig heben (um den Geschmack zu intensivieren, kann man einige Tropfen Holunderblütensaft zugießen). Den Backteig ½ bis 1 Stunde quellen lassen.
Für die Sauce Holunderblütensaft und Schlagobers dickflüssig einkochen. Mit Zitronensaft abschmecken.
Holunderblüten putzen, durch den Teig ziehen und in heißem Fett backen. Herausheben, auf Küchenkrepp abtropfen lassen, mit Staubzucker bestreuen und mit Holundersauce auf Tellern anrichten. Mit Fruchtmark, Beeren und Minzeblättern garnieren.

Hollerblütensaft

40 bis 50 Blüten reinigen und in sauberem Kübel mit Wasser (ca. 10 l) begießen. 6 Orangen und 6 Zitronen halbieren, ausdrücken und zu den Blüten geben. Mit einem Teller beschweren und mit einem Küchentuch abdecken.
Nach 2 Tagen abseihen.
3½ kg Zucker mit etwas Hollersaft erwärmen und auflösen. 130 g Zitronensäure dazugeben, etwas abkühlen und zu abgeseihtem Blütenwasser geben.
In Flaschen randvoll abfüllen, kühl und dunkel lagern. Nach dem Öffnen sollen die Flaschen im Kühlschrank aufbewahrt und bald verbraucht werden.

Für Gelee, Limonaden, Aperitif mit Sekt.
Tip: Wenn Sie keine dunkle und kühle Lagermöglichkeit besitzen, ist es ratsam, die Zuckermenge sowie die Zitronensäure um ca. 30 bis 40 % zu erhöhen, dadurch ergibt sich eine bessere Lagerfähigkeit.

Hollergelee

¼ l Hollerblütensaft erwärmen,
8 Blatt eingeweichte Gelatine und Zucker einrühren, abkühlen und in eine geölte und mit Klarsichtfolie ausgelegte Form füllen, nach dem Stocken in gewünschte Stücke schneiden.

Holunderblüten-Gelee mit Beeren

Zutaten für 4 Portionen
Eine kleine Kastenform mit 0,6 l Inhalt

400 g Beeren (Himbeeren, Brombeeren, Erdbeeren, Heidelbeeren, Ribiseln), ¼ l Holunderblütensaft, Fruchtsaft oder Läuterzucker*, 6 Blatt Gelatine
4 cl Orangenlikör (Cointreau), Minzeblätter

Die Beeren putzen. Eine Terrinen- oder Rehrückenform mit Öl bestreichen und mit Klarsichtfolie auslegen. Beeren in die Form füllen und gleichmäßig verteilen.
Gelatineblätter in kaltem Wasser einweichen, ausdrücken und mit ein wenig Holunderblütensaft erwärmen. Cointreau zugeben, eventuell auch einige gehackte Minzeblätter einrühren. Saft abkühlen lassen und mit den Beeren in die Form gießen. Über Nacht im Kühlschrank stocken lassen.
Vor dem Anrichten stürzen, Folie abziehen, „Sulz“ in Scheiben aufschneiden (am besten mit einem Elektromesser) und auf gekühlten Tellern anrichten. Mit Beeren und Minzeblättern garnieren.
Gelatine kann man sehr gut im Mikrowellengerät schmelzen. Gelatine in kaltem Wasser einweichen, ausdrücken und unter Zugabe von Cointreau im Mikrowellenherd auflösen (100 % Leistung), ca. 10 Sekunden.

Joghurt-Beeren-Terrine

Für eine kleine Kastenform, 0,6 l Inhalt

¼ l Joghurt oder Sauerrahm
3 bis 4 Blatt eingeweichte Gelatine in 4 cl lauwarmen Alkohol oder Fruchtsaft (von Kompott) auflösen.
Ca. 100 g Beeren in Joghurt einrühren, Gelatine-Alkohol dazurühren und mit Zucker, Zitrone und evtl. frischer Minze abschmecken. In eine geölte und mit Klarsichtfolie ausgelegte Form gießen und einige Stunden kaltstellen.
Tip: Besonders dekorativ sieht die Beerenterrine aus, wenn man eine der Massen in einer kleinen Form festwerden läßt, danach einen Teil der zweiten Masse in eine große Form gibt, die gestockte Terrine einlegt und mit der restlichen flüssigen Masse begießt. Über Nacht kaltstellen. Abgekühlt können diese Massen auch für Torten, auf Biskuitböden gestrichen, verwendet werden.

* Läuterzucker:
100 g Zucker mit 100 g Wasser (0,1 l) aufkochen und abkühlen lassen.
Tip: Bei einigen frischen Früchten (vor allem exotischen Früchten) ist ein Enzym vorhanden, welches die Gelatine nicht festwerden läßt, daher müssen solche Früchte je nach Festigkeit in Zuckerwasser kurz gekocht werden; Früchte wie Kiwi, Ananas, Feige, Mango oder Rhabarber kurz in die heiße Zuckerlösung legen.

Topfenknödel mit Hollerröster

Zutaten für ca. 15 Knödel, je 35 g

350 g Topfen, trocken (40 % Fett), 25 g Butter, 30 g Staubzucker, Salz, Zitrone, 1 Ei, 20 bis 30 g Grieß
100 g Weißbrotbrösel
Alle Zutaten gut verrühren und im Kühlschrank mindestens 2 Stunden rasten lassen. Kleine Knödel formen und in leicht gesalzenem Wasser mit etwas Zucker ca. 15 Minuten köcheln lassen.

Tip: Achten Sie beim Topfen darauf, daß er trocken ist; wenn der Topfen zu feucht ist, wird die Masse zu weich. Magertopfen enthält viel Flüssigkeit, daher in einem Geschirrtuch gut auspressen. Das Gewicht wird vom trockenen Topfen bestimmt.
Für die Weißbrotbrösel wird am besten geschnittenes Toastbrot entrindet und mit Hilfe der Moulinette zu feinen, lockeren Bröseln verarbeitet. Durch das entrindete Brot bzw. die weißen Brösel bleiben die Topfenknödel schön weiß.

Hollerröster

Ca. 400 g frische oder tiefgekühlte, rohe Hollerbeeren
⅛ l Rotwein, 100 g Zucker, Zimt
1 kleine geschälte und geschabte Birne
Alle Zutaten ca. 60 Minuten köcheln lassen. Mit etwas Rotwein und 1 EL Maizena binden. Die abgetropften Topfenknödel auf Hollerröster anrichten. Mit Brösel- oder Nußbutter begießen.

Topfenpudding auf Erdbeerragout, Schwarzbrotpudding, Mohr im Hemd

Topfenpudding auf Erdbeerragout

Zutaten für 8 Portionen

500 g trockener Topfen, 40 %, 4 Eier
2 EL Sauerrahm (=90 bis 100 g)
2 bis 3 EL glattes Mehl (=40 g)
Salz, Zitronenschale, Orangenschale, Vanillezucker
50 g Zucker, Butter

Topfen mit Dotter, Sauerrahm und Mehl schaumig rühren. Mit Salz, Zitronenschale, Orangenschale, Vanillezucker und etwas Zucker abschmecken.
Schnee von 4 Eiweiß mit etwas Salz und etwas Zucker nicht zu steif aufschlagen und nach und nach unter die Topfenmasse rühren.
Die Soufflèformen mit Butter gut befetten und mit Zucker bestreuen. Die Topfenmasse dreiviertel voll in die Förmchen einfüllen und im Wasserbad im vorgeheizten Rohr bei 180° bis 200°C ca. 30 Minuten pochieren. Nach dem Pochieren stürzen und die Form noch einige Minuten auf dem Pudding lassen.

Für das Erdbeerragout frische Erdbeerstücke mit Erdbeerpüree verrühren, mit Zucker und etwas frischer Minze abschmecken.

Schwarzbrotpudding

Zutaten für 12 Portionen

150 g Schwarzbrotbrösel (oder Lebkuchenbrösel, Nüsse, Biskuitbrösel) mit ⅛ l Rotwein quellen lassen, 150 g Butter mit 150 g Zucker und 4 Dottern schaumig rühren.
50 g geriebene Nüsse, Vanillezucker, Orangenschale und Zimt dazugeben.

Die mit Rotwein angefeuchteten Brotbrösel dazurühren, den Schnee von 4 Eiklar mit etwas Zucker und einer Prise Salz halbsteif aufschlagen und in die Masse einrühren. Puddingformen fetten und melieren oder mit Zucker bestreuen. Im Wasserbad ca. 30 Minuten im Rohr zugedeckt bei 180° bis 200°C pochieren. Nach dem Pochieren stürzen und einige Minuten die Form daraufstellen.
Dazu Rotweinschaum, Preiselbeeren und Eis.

Tip: Die Masse kann gut schon am Vortag zubereitet und in Förmchen portioniert werden. In den Kühlschrank stellen und am nächsten Tag im Wasserbad zugedeckt in den vorgeheizten Ofen stellen und backen.

Rotweinschaum

⅛ l Rotwein (für eine schöne Farbe ca. ¼ l auf ⅛ l einkochen), 2 Dotter, 1 Ei und 2 EL Zucker über Dunst schaumig schlagen.

Mohr im Hemd

Zutaten für 12 Portionen

100 g Butter und
100 g Zucker schaumig rühren
6 Dotter langsam einrühren
100 g Nüsse oder Mandeln, gerieben
2 EL Brösel (= 30 g)
100 g zerlassene Kochschokolade einrühren

6 Eiweiß, eine Prise Salz und etwas Zucker halbsteif aufschlagen, einen Teil vom Schnee unter die Masse rühren, dann die Masse wieder zum restlichen Schnee mengen.
Form befetten und mit Zucker ausstreuen. Masse gleichmäßig einfüllen, im Wasserbad ca. 30 Minuten pochieren (180° bis 200°C Rohr). Nach dem Pochieren stürzen und die Form noch einige Minuten auf dem Mohr lassen.

Mit Schokoladesauce (Obers-Kochschokolade 1:1 und etwas Rum) sowie halbgeschlagenem Obers servieren.

Tip: Die Masse kann auch schon am Vortag zubereitet und in Förmchen gefüllt werden. In den Kühlschrank stellen und am nächsten Tag im Wasserbad zugedeckt in den vorgeheizten Ofen stellen und backen.

Orangen-Nußpudding

Zutaten für 10 Portionen

90 g Butter und 90 g Zucker schaumig rühren,
6 Dotter nach und nach einrühren, 40 g Semmelbrösel und 100 g geriebene Nüsse dazugeben,
Saft von einer halben Orange und die geriebene Schale untermischen, mit 2 EL Grand Marnier verfeinern.

6 Eiklar mit etwas Zucker und einer Prise Salz zu halbfestem Schnee schlagen und unter die Grundmasse rühren. Formen ausbuttern und mit Zucker bestreuen. Im Dunst ca. 30 Minuten kochen. Diese Masse könnte auch in einem ausgehöhlten Apfel im Rohr gebacken werden, bei 200°C ungefähr 45 Minuten auf geöltem Backblech.

Tip: Die Masse kann gut am Vortag zubereitet und in Förmchen portioniert werden. In den Kühlschrank stellen und am nächsten Tag im Wasserbad zugedeckt in den vorgeheizten Ofen stellen und backen.

Scheiterhaufen

Zutaten für 10 Portionen

10 Semmeln (vom Vortag) oder Milchstriezel
oder ca. ½ kg Briochekipferl
ca. ¾ l Milch
8 Eier (4 Eiweiß für Schneehaube zurückbehalten)
160 g Zucker
eine Prise Salz
5 bis 6 Äpfel, ca. 1kg
6 EL Rosinen, Rum, Zimt
Eiklar von 4 Eiern für die Schneehaube
100 g Staubzucker
Butter zum Befetten der Backform

Semmeln blättrig schneiden. Milch mit Eiern, Zucker und einer Prise Salz verrühren. Ein wenig Wasser mit Rum vermengen und die Rosinen darin einweichen. Äpfel schälen, vierteln und das Kerngehäuse entfernen. Apfelviertel feinblättrig schneiden oder grob raspeln. Eine feuerfeste Backform mit Butter ausstreichen.
Äpfel mit Rosinen vermengen, mit Zimt würzen. Semmeln kurz in der Eiermilch anfeuchten. Abwechselnd Semmel- und Apfelmasse (sowie eventuell Eischnee) in die Backform schichten und mit der restlichen Eiermilch begießen. Den Scheiterhaufen gut zusammenpressen; falls die Masse zu wenig saftig ist, etwas Milch nachgießen. Backrohr auf 200°C vorheizen. Scheiterhaufen etwa 30 Minuten lang backen.

Inzwischen Eiklar mit Staubzucker und einer Prise Salz zu festem Schnee schlagen. Den Scheiterhaufen mit dem Eischnee bestreichen oder mit einem Spritzbeutel aufdressieren und im Rohr kurz goldgelb überbacken (Grillschlange flämmen). Dazu paßt Kompott oder Apfelmus, eventuell auch Preiselbeeren.

Sterz- oder Grießflammerie mit Rotwein-Honigkirschen, Heidentorte

Kastanienmousse in der Strudeltulpe

Zutaten für 12 Portionen

3 Eier mit 3 EL Wasser über Dunst schaumig rühren, 3 Blatt eingeweichte Gelatine zugeben, kaltrühren, 400 g Kastanienpüree einrühren, 2 cl Rum, 20 g geriebene Schokolade, Vanillezucker zugeben, ½ l Obers halbsteif schlagen und unter die Masse heben. Kaltstellen.
Mit Dressiersack in gebackene Strudeltulpen füllen oder mit einem Löffel, der vorher in heißes Wasser getaucht wurde, schöne Nockerln ausstechen und auf Tellern mit Preiselbeeren oder Hollerröster anrichten.

Strudeltulpen:

Fertige Strudelteigblätter in gleichmäßige Quadrate schneiden und in heißem Öl mit Stößel ausbacken, abtropfen lassen.

Tip: Das Kastanienmousse läßt sich auch gut einfrieren (Parfait) oder durch Zugabe von zusätzlich 2 Blatt Gelatine als Rouladen- oder Tortenfülle verwenden.

Sterz- oder Grießflammerie mit Rotwein-Honigkirschen

Zutaten für 8 bis 10 Portionen

¼ l Milch aufkochen, 2 EL (50 g) Zucker und 40 g Polenta oder Grieß einrühren, auf kleiner Flamme kurz köcheln lassen, mit einer Prise Salz, Orangen- und Zitronenschale sowie Orangenlikör abschmecken. 2 Blatt eingeweichte und gut ausgedrückte Gelatine auflösen (im Mikrowellenherd) bzw. in die warme Polentamasse einrühren. Die Masse abkühlen lassen.
200 g Obers halbsteif schlagen, mit etwas Staubzucker vermischen und locker nach und nach unter die Sterzmasse rühren. In gut gebutterte und mit Zucker ausgestreute Förmchen füllen, kaltstellen.
Die Förmchen vor dem Stürzen kurz in heißes Wasser tauchen. Mit Rotwein-Honigkirschen und eventuell Eis anrichten.

Rotwein-Honigkirschen, gedünstet

Zutaten für ca. 8 Portionen

1 kg Kirschen, ohne Kerne (oder Zwetschken, Birnen), 6 EL Zucker (180 g), 3/4 bis 1 l Rotwein, 2 EL Honig, 1 EL Maizena, 2 Zimtstangen, Gewürznelken
Den Zucker leicht karamelisieren und mit Rotwein ablöschen (Nicht rühren!).
Zimtstangen und Nelken zugeben und einkochen. Etwas Rotwein und Maizena verrühren, damit die Sauce binden, aufkochen und abseihen. Honig zum Schluß dazugeben.

Mürbteigbecherl gefüllt, Apfelkonfekt, Hasenohren, Rahmkaramellen, Karottenkonfekt, Marzipan-Krokantkugeln, Kürbiskernkonfekt in weißer Schokolade, Rumkugeln, Fischerbrot

Das Obst in der heißen Rotweinmischung, je nach Reifegrad, ziehen und auskühlen lassen. Am besten lauwarm servieren.

Heidenkuchen - Heidentorte

Zutaten für 1 Torte oder 1 Kuchen

280 g Heidenmehl, 4 Eier, à 60 g, 200 g Butter,
200 g Zucker, Vanillezucker, Salz, Staubzucker und
4 Dotter schaumig rühren (Abtrieb)
Die 280 g Heidenmehl linden (= in einer trockenen Pfanne erwärmen), abkühlen lassen und in den Abtrieb rühren. 4 Eiweiß halbsteif aufgeschlagen unterrühren, mit Vanillezucker und einer Prise Salz abschmecken.
Eine Kasten- oder Rehrückenform mit Butter befetten, mit Mehl (Heidenmehl) bestreuen. Heidenmasse einfüllen und glattstreichen.
Im Rohr bei 170°C ca. eine halbe Stunde backen, auf ein Brett stürzen und mit der Form bedeckt abkühlen lassen, in gewünschte Stücke schneiden und mit etwas Staubzucker bestreuen.

Sterztorte

Aus den beiden Massen - Heidentorte und Sterzflamerie - läßt sich gut eine Sterztorte zubereiten. Auf einen gebackenen Heidentorten-Boden (halbe Masse) wird heiße, dunkle Marmelade gestrichen, ein hoher passender Tortenreifen daraufgestellt und mit Sterzflameriemasse aufgefüllt (1 bis 2 Blatt Gelatine zusätzlich), kaltgestellt und in Tortenstücke geschnitten. Eventuell mit Obst garnieren.

Kletzenstrudel

Zutaten für ca. 10 bis 12 Portionen

Strudelteig
¼ kg glattes Mehl, ⅛ l lauwarmes Wasser
1 kleines Ei, 25 g Öl, Prise Salz.
Alle Zutaten zu einem glatten Teig verkneten, mit Öl einpinseln und in Klarsichtfolie am besten über Nacht rasten lassen (Kühlschrank) Teig rechtzeitig aus dem Kühlschrank nehmen. Nicht mehr kneten! Denn dadurch ließe sich der Tag nicht ausrollen, bzw. ausziehen. Er müßte nach dem Kneten wiederum mindestens 1 Stunde zum Entspannen rasten.
Auf einem freistehendem Tisch (mit bemehltem Tuch) ausrollen und mit dem Handrücken über den Tischrand ausziehen (Achtung! Ringe und Uhr vorher ablegen), mit flüssiger Butter bestreichen und die Kletzenfülle in Rollenform auflegen, einrollen und zwischendurch mit flüssiger Butter bestreichen.
Auf gefettetem Blech im Rohr bei 180° bis 200°C ca. 20 bis 25 Minuten backen.

Fülle
300 g Kletzen ohne Stiel (getrocknete Birnen)
300 g Dörrzwetschken ohne Kern, 180 g Apfelringe
170 g Feigen
½ l Rotwein, 2 cl Rum und 4 cl Cointreau
Orangenschale, Zimt, Vanillezucker
50 g grob gehackte Haselnüsse

Alle Früchte kleinwürfelig schneiden und mit Rotwein, Rum, Cointreau, Orangenschale, Zimt und etwas Vanillezucker auf kleiner Flamme (zugedeckt) weichdünsten. Mit Stabmixer etwas pürieren oder klein hacken. Haselnüsse einrühren und abkühlen lassen.

Kletzen-Strudelsackerl

Fertige Strudelblätter (aufgetauter Tiefkühlteig) auf leicht feuchtem Tuch ca. 10 x 10 cm schneiden, mit einer Mischung flüssiger Butter und einem Dotter (ca. 50 g Butter und 1 Dotter mit Stabmixer aufmixen) da bestreichen, wo die Fülle daraufkommt. Kletzenfülle in die Mitte geben und Strudelteig locker über Fülle zusammendrücken bzw. so zusammenfalten, daß es wie ein Sackerl oder Pinkerl aussieht.
Im 200°C heißem Rohr ca. 15 Minuten backen.

Apfelstrudel

Zutaten für 4 Portionen

Strudelteig oder 1 Paket fertige Studelblätter
700 g säuerliche Äpfel (Strudler), geschält und grob geschnitten, 70 g bis 100 g Zucker
30 g Rosinen (eventuell in Rum einweichen)
Zimt und etwas grob gehackte Walnüsse
70 g Brösel mit Butter kurz anrösten
flüssige Butter zum Bestreichen des Strudels
Äpfel mit Zucker und Rosinen vermischen, ca. ½ Stunde marinieren und andünsten, etwas abkühlen lassen. Strudelbätter auf leicht feuchtem Tuch ausbreiten oder hausgemachten Teig auf bemehltem Tuch ausziehen, Teig mit Butter bestreichen, mit gerösteten Bröseln auf ⅓ der Teigfläche bestreuen und darauf die Apfelfülle verteilen, mit Hilfe des Tuches einrollen.
Auf gefettetes Blech geben und mit etwas Butter einpinseln.
Im Rohr bei 220°C ca. 20 Minuten goldgelb backen, etwas abkühlen lassen und mit Staubzucker bestreuen. Am besten lauwarm, eventuell mit Apfelmus, anrichten.

Tip: Für Weintrauben- oder Beerenstrudel den Strudelteig mit 1 bis 2 halbsteif geschlagenen Eiweißen (mit Zucker und Nüssen oder Bröseln vermischt) zur Hälfte bestreichen, und die Beeren oder entkernte Weintrauben darauf verteilen. Das Eiweiß verhindert den Saftaustritt, dadurch bleiben die Beeren ganz und saftig und der Strudelteig knusprig.

Konfekt - Kleine Süßigkeiten

Kleine Süßigkeiten sollen Augen und Gaumen gleichermaßen erfreuen!
Es ist daher auf eine sorgfältige Ausfertigung zu achten. Das Konfekt sollte klein und zierlich portioniert werden. Besonders attraktiv wirkt das Konfekt in Pralinenkapseln angerichtet.
Konfekt kann nach einem festlichen Menü zu Kaffee oder Tee sowie als Ergänzung zum Weihnachtsgebäck serviert werden.

Tip: Apfelkonfekt, Karottenkonfekt und Vanillecreme lassen sich am besten in versiegelten bzw. beschichteten Töpfen zubereiten.

Apfelkonfekt

800 g Masse ergibt ca. 80 Stück, à 10 g

700 g säuerliche Äpfel, geschält und geschabt, mit 1/16 l Apfelsaft und 200 g Zucker, Zitronenschale und Zimt auf ⅔ der Masse einkochen (= ca. 500 g Masse).
100 g Biskuitbrösel (oder geriebene Biskotten), 150 g geriebene Mandeln oder Nüsse, 2 cl Rum und 2 cl Apfelkorn einrühren, abkühlen und zu Walzen oder Kugeln formen, in Biskuitbröseln oder einem Zimt-Zucker-Gemisch wälzen.

Mürbteigbecherln, gefüllt mit Vanille-Creme

Zutaten für ca. 100 Stück

Mürbteig

100 g Staubzucker
200 g Butter bzw. Margarine (grob gerieben, kalt)
300 g glattes Mehl, Salz, Vanillezucker
1 Eiweiß, nur bei Mürbteigbecherl

Für Mürbteigbecherln anstelle von Butter Margarine und ein Eiweiß zugeben!

Alle Zutaten rasch verkneten und mindestens 1 bis 2 Stunden im Kühlschrank rasten lassen. Messerrückendick ausrollen, rund ausstechen (4 bis 5 cm Durchmesser) kaltstellen und auf bemehlten Stoppeln bei starker Hitze (220 bis 230°C) backen, abkühlen lassen. Mit etwas Schokolade ausstreichen, abstocken lassen, mit Vanillecreme füllen und Früchten garnieren.

Vanille-Creme

Zutaten für ca. 330 g

¼ l Milch mit 50 g Zucker und einer Vanilleschote aufkochen. 20 g Puddingpulver mit etwas kalter Milch und 1 Dotter glattrühren. In die Milch einrühren und unter ständigem Rühren 2 bis 3 Minuten kochen lassen. Abkühlen und mit ca. 150 g flüssiger weißer Schokolade und 100 g flüssiger Butter oder etwas Öl verrühren, kühlstellen und mit dem Mixer schaumig aufschlagen. Nach Belieben mit Alkohol abschmecken: Cointreau, Amaretto, Weinbrand, Baileys, Cafélikör.

Fischerbrot

900 g Masse, ca. 60 Portionen, à ca. 150 g

2 ganze Eier mit 100 g Zucker, Vanillezucker und Schale von 1 Orange über Dunst schaumig aufschlagen. Kaltrühren. 100 g Rosinen, 100 g getrocknete Feigen, 100 g gehackte Walnüsse.
Mit 2 cl Rum und 2 cl Cointreau (Orangenlikör) marinieren. 125 g Kokosfett und 125 g Vollmilchschokolade im Wasserbad langsam schmelzen, Dörrobst und Schokolade verrühren, unter abgekühlte Eimasse geben und mit 80 g zerkleinerten Keksen („Fredi") verrühren.
In eine geölte und mit Klarsichtfolie ausgelegte Form gießen, 24 Stunden kaltstellen.
Mit einem scharfen Messer in beliebige Stücke schneiden.
Dieses Konfekt kann auch in Scheiben geschnitten als Nachspeise angerichtet werden, z. B. mit Rumobers, Rumtopf oder Zwetschken-, Marillen- oder Weichselröster.
Tip: Schmeckt nach 3 bis 4 Tagen am besten.

Rumkugeln

Zutaten für ca. 50 Stück

200 g flüssige Kochschokolade
200 g geriebene Walnüsse
100 g Staubzucker
4 cl Rum, eventuell etwas Obers
Rum, Wasser, Kokosflocken

Alle Zutaten gut durchrühren bzw. -kneten und rasten lassen. Kleine Kugeln formen, kurz in Rumwasser tauchen und anschließend in geriebenen Kokosflocken wälzen, bei Bedarf nochmals in Kokosflocken wälzen.

Kürbiskernkonfekt

Zutaten für ca. 70 bis 80 Stück

500 g weiße Schokolade schmelzen, 300 g geröstete Kürbiskerne, grob gehackt, untermischen. Eventuell mit zerkleinertem Popcorn vermischen (weicher in der Konsistenz).
Auf geöltem Backblech oder Backtrennpapier Häufchen formen.
Anstelle von Kürbiskernen können auch Mandelstifte oder grob gehackte Nüsse (300 g) verwendet werden.

Marzipan-Krokantkugeln

Zutaten für ca. 30 Stück

250 g Rohmarzipan
80 g Staubzucker
2 cl Alkohol (Rum oder Cointreau),
Dörrzwetschken, Orangenmarmelade oder Marillenmarmelade

Alle Zutaten gut verkneten und zu einer Rolle formen. Etwa 10 g schwere Taler abschneiden, jeweils mit einem kleinen Stück Dörrzwetschke oder -feige füllen, Kugeln formen, in heißer Orangenmarmelade wenden und anschließend in Krokantbröseln wälzen.

Krokant

100 g Zucker in trockener Pfanne langsam bräunen, mit 100 g grob gehackten Hasel- oder Walnüssen, Mandeln oder Kürbiskernen verrühren. Auf geöltes Blech geben und flach verteilen, abkühlen bzw. hart werden lassen. Fein schneiden oder hacken (eventuell mit der Moulinette).
Achtung! Diese Masse ist sehr heiß!

Karottenkonfekt

600 g Masse ergibt ca. 60 Portionen, à 10 g

250 g Karotten feingeraspelt, mit 0,4 l Milch (400 g) einkochen (15 bis 20 Minuten), 160 g Zucker einrühren und einkochen lassen.

200 g geklärte Butter* einrühren und dickflüssig einkochen (10 bis 15 Minuten), nach dem Einkochen den Topf mit dem Karottenkonfekt in kaltes Wasser stellen und kaltrühren, eventuell etwas kalte Butter hinzufügen (montieren), auf Platte gießen und glatt streichen, im Kühlschrank über Nacht erkalten lassen. In Würfel schneiden oder zu Kugeln formen. Man kann die Kugeln auch in Kokosflocken wälzen.

** Geklärte Butter - Butterschmalz*
Butter bei mittlerer Hitze köcheln lassen, bis sie klar und durchsichtig wird. Das gestockte Milcheiweiß (Schaum) von der Oberfläche abschöpfen oder abseihen; geklärte Butter ist Butterschmalz. Geklärte Butter läßt sich höher erhitzen und ist länger lagerfähig.

Mandel-Rahmkaramellen

500 g Masse ergibt ca. 50 Stück

300 g Zucker karamelisieren (goldgelb bräunen), mit ⅛ l heißem Wasser aufgießen - nicht rühren und dickflüssig einkochen. 150 bis 180 g Butter, ⅛ l Obers, eventuell 1 EL Vanillezucker zugeben und wiederum dickflüssig einkochen.

40 g Mandeln (fein geschnitten) einrühren und unter ständigem Rühren abkühlen lassen. In eine geölte und mit Klarsichtfolie ausgelegte Form gießen und kaltstellen, gekühlt servieren.
In gewünschte Form schneiden.

Dörrobst mit Schokolade

300 g Dörrobst, fein gehackt, mit 2 cl Rum oder Cointreau (Orangenlikör) und 4 cl Orangensaft abschmecken.
40 g Vollmilchschokolade, 40 g Kochschokolade (oder 80 g weiße Schokolade) auflösen und mit Dörrobst mischen.

Mit einem Löffel kleine Häufchen bilden oder zu Kugeln formen. In Kokosflocken, Corn-flakes-Bröseln oder Krokant wälzen.

Blätterteig-Hasenohren

Blätterteig dünn ausrollen (oder fertige Haushaltspackung) und in ca. 18 cm breite Streifen schneiden. Mit kurz verschlagenem Eiweiß bestreichen. Mit Kristallzucker und Zimt (Zimtzucker) bestreuen.

Einschlagen und in ca. ½ cm breite Streifen schneiden. Auf geöltes Backblech oder Trennpapier legen und goldgelb backen.

Tip: Anstelle von Zimtzucker können auch geriebene Nüsse, Kürbiskerne oder Mohn aufgestreut werden.

Topfennudeln auf Erdbeersauce mit Erdbeeren

Für 4 - 5 Portionen

500 g Topfen, 10 % FiT, 4 EL Joghurt
Saft von einer Zitrone, Schale von einer unbehandelten Orange (ca. ein Viertel davon)
2 - 3 EL Staubzucker - je nach Geschmack, etwas Salz

Topfen passieren, mit Joghurt, Zitronensaft, Orangenschale, Salz und Staubzucker glattrühren und abschmecken. Diese Masse durch eine Erdäpfelpresse oder durch eine Kastanienpresse auf einen Suppenteller pressen, so daß schöne Nudeln entstehen.

Erdbeersauce:
100 g Erdbeeren
etwas Staubzucker, je nach Geschmack
Saft einer halben Zitrone
Ungefähr 150 bis 180 g Erdbeeren zum Garnieren
Erdbeeren passieren, mit Staubzucker und Zitronensaft abschmecken.

Anrichten:
In eiskalte Suppenteller Erdbeersauce gießen, Topfennudeln daraufdressieren, mit Erdbeeren garnieren.

Karamelisierte Haselnüsse mit Schokolade

Zutaten für ca. 40 bis 45 Stück

200 g Haselnüsse im Rohr bei 150°C ca. 20 Minuten erhitzen, bis sich die braune Haut zu lösen beginnt. Im Geschirrtuch reiben, bis die Nüsse geschält sind. Anschließend in 50 bis 70 g Zuckerkaramel (Zucker in einer trockenen Pfanne goldgelb schmelzen) wenden und jeweils 4 bis 5 Nüsse auf geöltem Blech oder Backtrennpapier zu einer Gruppe ordnen.
Mit Schokolade glasieren (2 Teile flüssige Kochschokolade, 1 Teil Butter) und kühlstellen.
Achtung! Die Nüsse mit dem gebräunten Zucker bzw. Karamel werden sehr heiß.

Sepp Zotter

Leichtes zum Naschen

Gewürzpudding mit Honigschokoladensauce

Für 6 Portionen

50 g Kochschokolade oder Tunkmasse, 50 g Butter, 20 g Honig, Prise Salz
1 TL Vanillezucker, 60 g Dotter (3 Stück)
2 EL Milch, 2 EL Rum, 40 g geriebene Haselnüsse
90 g Schokobiskuitwürfel, klein geschnitten
1 gestrichener TL Lebkuchengewürz
90 g Eiweiß (= 3 Stück), 30 g Honig
zerlassene Butter zum Ausstreichen der Form
Kristallzucker zum Bestreuen der Form

Butter mit Honig, Vanillezucker, Salz und Lebkuchengewürz schaumig rühren, nach und nach Dotter und die zerlassene Kochschokolade einrühren. Eiweiß mit Honig zu schmierigem Schnee schlagen. Kleingeschnitttene Schokobiskuitwürfel mit geriebenen Haselnüssen mischen, mit Milch und Rum beträufeln, 10 Minuten ziehen lassen. Eischnee mit Buttermasse vermengen. Die marinierten Schokobiskuitwürfel mit einem Kochlöffel vorsichtig einrühren. Mokkatassen gut mit halbflüssiger Butter ausstreichen und mit Kristallzucker ausstreuen. Auflaufmasse einfüllen, im Wasserbad bei 180°C im Rohr ca. 40 Minuten pochieren.

Schokoladesauce:

250 g Obers, 180 g Tunkmasse oder Kochschokolade, 50 g Honig
Obers mit Honig auf ca. 50°C erwärmen, Schokolade in kleine Stücke schneiden, mit einem Schneebesen in die warme Obers-Honig-Mischung einrühren. Sollte die Sauce zu dünn sein, Schokolade zugeben; sollte sie zu fest sein, Obers zugeben.

Mohnnudeln mit Weichselröster

Zutaten für 6 Portionen

Erdäpfelteig

1 kg mehlige Erdäpfel in der Schale
300 g Mehl, griffig
30 g flüssige Butter
1 Ei
Salz

Zum Wälzen:
100 g Butter
100 g gemahlenen Mohn
Staubzucker zum Bestreuen

Weichselröster:

500 g entkernte Weichseln (auch tiefgekühlt)
3 bis 4 EL Kristallzucker
1 Zimtstange

Für den Weichselröster die Weichseln mit dem Kristallzucker und der Zimtrinde etwa 2 Stunden kalt marinieren. In der Zwischenzeit den Erdäpfelteig bereiten: Die Erdäpfel mit der Schale weichkochen, noch heiß schälen und durch eine Erdäpfelpresse drücken, mit Mehl, der flüssigen Butter, dem Ei und Salz rasch zu einem Teig verkneten. Einen dicken Strang auf einer bemehlten Fläche formen, in kleinere Stücke schneiden und mit bemehlten Händen Nudeln wuzeln. Diese in leicht gesalzenem, nur schwach wallendem Wasser ca. 10 Minuten langsam kochen. Mit einem Gitterschöpfer herausnehmen und kalt abspülen.
In einer Pfanne Butter zergehen lassen und leicht bräunen; die abgetropften Nudeln einlegen, den Mohn darüberstreuen, gut durchschwenken, anrichten, mit Zucker bestreuen und mit dem Weichselröster servieren.
Die marinierten Weichseln ca. eine halbe Stunde kochen, bis gut zwei Drittel der Flüssigkeit verdampft sind und der Röster eine etwas dickliche Konsistenz hat; anschließend die Zimtstange herausnehmen.

Tip: Röster kann auch in größerern Mengen hergestellt werden. Dazu den heißen Röster in sterile Marmeladegläser abfüllen und sofort verschließen.

Briochescheiterhaufen mit glasierten Äpfeln

Zutaten für 4 Portionen

Auflaufform mit ca. ½ l Inhalt

200 g Brioche (oder Milchbrot) - am besten vom Vortag, in Scheiben geschnitten
200 g Butter
1 TL Vanillezucker
3 Eier
¼ l Milch
1 EL Zucker
4 bis 5 mittlere, säuerliche Äpfel
eine Messerspitze Zimt
1 EL Zucker zum Karamelisieren
Schale und Saft einer unbehandelten Orange

Briochescheiterhaufen

Äpfel schälen, entkernen und in ca. 1 cm dicke Spalten schneiden. Einen Teil der Butter in einer Pfanne erhitzen, Apfelspalten einlegen, mit Kristallzucker bestreuen und karamelisieren lassen. Vom Feuer nehmen und mit Zimt abschmecken.
Den in Scheiben geschnittenen Brioche ebenfalls in der restlichen Butter rasch hellbraun anbraten (oder im Rohr bei Oberhitze ein wenig bräunen). Ein hitzebeständiges Geschirr oder eine Pfanne mit Butter ausstreichen und nun lagenweise Äpfel und Briochescheiben einlegen. Die Milch mit Vanillezucker, Orangensaft, Orangenschale, Eiern und Zucker verrühren und über die Masse gießen. Die Form mit Alufolie abdecken und bei 180°C im vorgeheizten Rohr ca. eine halbe Stunde backen. Danach eine viertel Stunde ruhen lassen, portionsweise mit Staub-

zucker bestreuen. Man kann den Scheiterhaufen mit verschiedenen Fruchtsaucen oder mit Vanillesauce servieren.

Vanillesauce
¼ l Milch
30 g Zucker
10 g Vanillepuddingpulver
20 g (= 1 Dotter)

⅔ der Milch mit dem Zucker aufkochen, restliches Drittel mit Vanillepuddingpulver und Eidotter verrühren und in die kochende Milch-Zucker-Mischung einrühren. Unter ständigem Rühren 2 Minuten durchkochen und auch unter Rühren abkühlen lassen; eventuell vor dem Servieren 2 bis 3 EL geschlagenes Obers unterziehen.

Topfennockerln mit Zwetschkenröster

Zutaten für 6 Portionen

Topfennockerln
60 g Butter
2 Eiklar, 2 Dotter
60 g Kristallzucker
geriebene Schale einer halben Zitrone
1 TL Vanillezucker
Eine Prise Salz
170 g entrindetes Weißbrot, feingerieben
520 g passierten Topfen, 20 % F.i.T.
Butter mit Vanillezucker, Zitronenschale und der Prise Salz schaumig rühren, Dotter nach und nach einrühren, zuletzt passierten Topfen unterheben.
Eiklar mit Kristallzucker zu schmierigem Schnee schlagen und unter die Butter-Topfen-Masse heben. Zuletzt die geriebenen Brösel mit einem Kochlöffel einrühren und diese Masse ca. eine Stunde im Kühlschrank rasten lassen. Leicht gesalzenes Wasser zum Kochen bringen. Aus der Masse Nockerln ausstechen und im nur leicht wallenden Wasser ca. 10 Minuten ziehen lassen. Aus dem Wasser nehmen und in den Butterbröseln wälzen. Mit Zwetschkenröster anrichten.

Butterbrösel:
ca. 100 g Brösel
80 g Butter
1 EL Kristallzucker
etwas gemahlenen Zimt

Butter zerlaufen lassen, Zucker zugeben und leicht karamelisieren. Brösel beigeben und gut durchrösten, bis diese eine hellbraune Farbe haben und knusprig sind. Vom Ofen nehmen und mit Zimt abschmecken.

Zwetschkenröster
500 g entkernte Zwetschken, eventuell auch tiefgekühlt
3 bis 4 EL Kristallzucker, 1 Zimtstange

Für den Röster die Zwetschken mit dem Kristallzucker und der Zimtrinde etwa 2 Stunden kalt marinieren. Die marinierten Zwetschken ca. eine halbe Stunde kochen, bis gut zwei Drittel der Flüssigkeit verdampft sind und der Röster eine etwas dickliche Konsistenz hat; anschließend die Zimtstange herausnehmen.

Tip: Röster kann auch in größeren Mengen hergestellt werden. Dazu den heißen Röster in sterile Marmeladegläser abfüllen und sofort verschließen.

Bratapfelmarmelade mit Zimt und Nüssen

Eine beliebige Menge Äpfel mit Öl bepinseln und in Kristallzucker wälzen, im Rohr bei 220°C braten, bis die Äpfel schön weich sind.
Die Äpfel passieren, mit der halben Menge Gelierzucker bis z. B. 1 kg passiertes Apfelmus und 1/2 kg Gelierzucker - und etwas Zitronensaft kurz einkochen lassen. Nüsse im Rohr etwas bräunen, reiben und je nach Geschmack zum Apfelmus rühren, mit etwas Zimt abschmecken und noch heiß in sterile Gläser füllen.
Bratapfelmarmelade eignet sich gut für Palatschinken, Torten und Rouladenfülle.

Schilcherroulade

Zutaten für eine Roulade, ca. 10 Portionen

Schokobiskuit
90 g Zucker
4 Eier, à 60 g
80 g Mehl
10 g Kakao
Salz, Vanillezucker
geriebene Zitronenschale

Zucker mit Eiern und Geschmackszutaten schaumig rühren, Mehl mit Kakao versieben und locker unter die Eiermasse heben. Auf ein mit Backtrennpapier ausgelegtes Backblech streichen und im vorgeheizten Rohr bei 200°C rasch backen. Nach dem Herausnehmen sofort mit wenig Mehl bestreuen. Ein zweites Trennpapier auflegen und sofort, d.h. noch heiß stürzen, das erste Papier aber nicht abziehen und auskühlen lassen.

Schilchercreme
4 Dotter
140 g Schilcher
5 Blatt Gelatine, 30 g Zitronensaft
Vanillezucker, Salz
90 g Zucker
400 g Schlagobers
Beeren zum Einstreuen (z. B. Waldbeeren oder Ribisel)

Briocheschelterhaufen mit glasierten Äpfeln, Rezept Seite 172

Gewürzpudding mit Honigschokoladensauce, Rezept Seite 172

Für die Schilchercreme Eidotter mit Salz, Vanillezucker, Zucker und Schilcher über Dampf aufschlagen, dann vom Wasserdampf nehmen und solange weiterschlagen, am besten über kaltem Wasserbad, bis die Masse erkaltet ist. Blattgelatine in kaltem Wasser einweichen und ausdrücken, auflösen und rasch mit dem Zitronensaft unter die Schilcher-Eier-Masse rühren. Zuletzt das geschlagene Obers unterziehen.

Vom ausgekühlten Biskuitfleck Backtrennpapier abziehen, auf dem zweiten Papier zum Einrollen liegenlassen. Biskuitfleck auflegen und Schilchercreme gleichmäßig darauf verteilen, diverse Beeren gleichmäßig daraufstreuen und so zum Abstocken kühlstellen, am besten in den Kühlschrank oder kurz in die Tiefkühltruhe geben. Die Creme muß gut abgestockt sein, sonst läßt sich die Roulade nicht gut rollen, dann die Roulade fest einrollen,wenn notwendig mit Hilfe von Backtrennpapier und Lineal nachformen und wieder kaltstellen. Aufschneiden und eventuell bezuckern.

Apfelstreuselkuchen

Ein tiefes Backblech (30 x 40 cm), 16 bis 20 Portionen

Mürbteig
50 g Zucker
100 g Butter
150 g glattes Mehl
Salz, Vanillezucker, geriebene Zitronenschale

Alle Zutaten rasch verkneten und mindestens eine Stunde kühl rasten lassen. Mürbteig auf einem mit Backtrennpaier ausgelegten Blech ausrollen und bei 180°C ungefähr 10 Minuten goldbraun backen.

Biskuit
4 Eier
70 g Kristallzucker
Salz,
geriebene Zitronenschale
70 g glattes Mehl
Marmelade zum Bestreichen

Eier in Dotter und Klar trennen, Dotter mit einer Prise Salz, geriebener Zitronenschale und einem Drittel des Kristallzuckers schaumig rühren. Eiklar mit den restlichen zwei Dritteln des Zuckers gut aufschlagen. Beide Massen mischen, zuletzt das Mehl einheben. Backblech mit Backtrennpapier auslegen, Biskuitmasse aufstreichen und im vorgeheizten Rohr bei 200°C rasch backen, nach dem Herausnehmen sofort mit etwas Mehl bestreuen und auf ein Backtrennpapier stürzen. Das Backtrennpapier nicht sofort abziehen, denn das Biskuit würde durchtrocknen.

Gedünstete Äpfel:
Ca. 2 kg Äpfel schälen und entkernen, in 0,5 cm große Stücke schneiden, mit gemahlenem Zimt, dem Saft von zwei Zitronen, eventuell 100 g Rosinen und Zucker nach Bedarf in einem Topf unter ständigem Umrühren dünsten, bis die Apfelstücke schön weich sind, danach abtropfen lassen.

Butterstreusel:
200 g Mehl
150 g Butter
150 g Kristallzucker
Salz, etwas gemahlenen Zimt

Alle Zutaten zwischen den Handflächen verreiben und durch einen Nockerlhobel auf ein mit Backtrennpapier ausgelegtes Backblech drücken und locker aufstreuen. Bei 170°C goldbraun backen, noch warm mit einem Messer zerschneiden.
Fertigstellung des Apfelstreuselkuchens:
Mürbteig auf Backblech belassen, mit beliebiger heißer Marmelade bestreichen, Biskuit auflegen, darauf die gedünsteten, abgetropften Äpfel verteilen und im Kühlschrank 2 bis 3 Stunden gut abkühlen lassen, mit vorgebackenem Streusel bestreuen und aufschneiden, eventuell mit Staubzucker besieben.

Nußtorte und Mohnkuchen

Mohnkuchen

Zutaten für 2 Formen: 8 x 20 cm, 6 cm hoch

150 g Butter
120 g Dotter
50 g Staubzucker, Vanillezucker, Salz
geriebene Zitronenschale
180 g Eiweiß
110 g Kristallzucker
200 g geriebenen Mohn
100 g geriebene Nüsse
20 g Brösel
eine Messerspitze gemahlenen Zimt

Butter mit Staubzucker, Salz, Vanillezucker, geriebener Zitronenschale schaumig rühren, Dotter nach und nach unterziehen, solange rühren, bis die Masse nicht mehr an Volumen zunimmt. Eiweiß mit Kristallzucker zu schmierigem Schnee schlagen und vorsichtig unter die Buttermasse rühren. Gemahlenen Mohn mit geriebenen Nüssen, Zimt und Bröseln vermischen und langsam in die Masse einrühren. In zwei mit Butter befetteten und mit Mehl bestaubten Kastenformen die Masse ¾ hoch einfüllen, an den Rändern etwas hochstreichen und bei 160°C im vorgeheizten Backrohr ca. eine dreiviertel bis eine Stunde backen, stürzen, die Form kurz abheben und wieder auf den Kuchen geben, um ein Austrocknen beim Abkühlen zu verhindern. Mit Zucker besieben und aufschneiden.

Nußtorte

Zutaten für eine Torte mit 24 cm Durchmesser
= 12 Tortenstücke

160 g Butter
100 g Staubzucker
9 Dotter, à 20 g
9 Eiklar, à 30 g
100 g Kristallzucker
200 g Haselnüsse, gerieben
60 g süße Brösel (Biskuit oder Biskottenbrösel)
Vanillezucker, Salz
1 Messerspitze Zimt
Butter zum ausfetten der Tortenform

Butter, Staubzucker und die Geschmackszutaten schaumig rühren, nach und nach Eidotter einrühren. Eiklar mit Kristallzucker zu schmierigem Schnee schlagen, locker unter die Butter-Dotter-Masse heben, Haselnüsse und Brösel vemengen und locker einrühren. Masse in gefettete Tortenform einfüllen und im vorgeheizten Rohr bei 170°C ca. 70 Minuten backen. Aus dem Rohr nehmen, 5 Minuten stehen lassen, mit Mehl leicht bestauben und umgedreht auf Backtrennpapier auskühlen lassen.

Torte herausschneiden, mit grob gehackten Walnüssen bestreuen und eventuell mit Staubzucker besieben.

Topfen-Früchte-Torte

Tortenreifen, 24 cm im Durchmesser, ca. 12 Stück

Biskuitmasse:

250 g ganze Eier (= ca. 5 kleinere Eier)
100 g Zucker
½ TL Vanillezucker, 1 Messerspitze Salz
geriebene Schale einer halben Zitrone
80 g Mehl, 80 g Weizenpuder (Maisstärke, Maizena)
50 g Butterschmalz, flüssig oder Öl

Eier mit Zucker, Vanillezucker, Salz, geriebener Zitronenschale und Zitronensaft gut schaumig rühren, bis diese Masse an Volumen nicht mehr zunimmt. Mehl mit Weizenpuder gut vermengen, unter die Eiermasse vorsichtig einrühren. Zuletzt rasch das flüssige Butterschmalz einrühren. Jetzt darf die Masse nicht mehr viel gerührt werden. In vorbereitete Tortenreifen einfüllen, bei 160° bis 170°C im vorgeheizten Rohr ca. 35 bis 40 Minuten backen.

Zutaten für die Torte:
Halber Biskuitboden, in zwei Teile geschnitten. Die zweite Hälfte kann für späteren Gebrauch gut verpackt tiefgekühlt werden.

Fruchtcreme

100 g Fruchtmark (Erdbeeren, Brombeeren oder Himbeeren)
70 g Staubzucker
20 g Zitronensaft
3 Blatt Gelatine, in kaltem Wasser eingeweicht
250 g Obers

Passiertes Fruchtmark mit Staubzucker und Zitronensaft verrühren, aufgelöste bzw. erwärmte Gelatine einmengen, gut durchrühren, zuletzt das geschlagene Obers unterheben.

Topfencreme

100 g passierter Topfen
40 g Staubzucker
2 EL Joghurt
2 Blatt Gelatine, in kaltem Wasser eingeweicht
Saft und geriebene Schale einer Zitrone
Vanillezucker
Salz
170 g Obers

Passierten Topfen mit Staubzucker, Joghurt, Zitronensaft und Schale, Vanillezucker und Salz glattrühren. Aufgelöste Gelatine vorsichtig einrühren, zuletzt das geschlagene Obers unterziehen.
Diverse Früchte zum Belegen der Torte
100 g geröstete Mandelblättchen
1 Paket Tortengelee

Fertigstellung der Torte:
Einen geschnittenen Biskuitboden in einem Tortenreifen legen. Die Fruchtcreme einstreichen, dabei seitlich etwas hinaufstreichen. Danach die Topfencreme einstreichen. Eventuell einige Beeren als Einlage einstreuen. Mit dem zweiten Biskuitboden abdecken und 2 Stunden im Kühlschrank abstocken lassen. Mit geputzten Früchten je nach Saison belegen und mit Tortengelee gelieren. Zur seitlichen Garnierung gehobelte und geröstete Mandelblättchen andrücken.

Nußzwieback

Zutaten für 2 Stangen, je ca. 30 cm lang

3 ganze Eier
200 g Staubzucker
240 g Mehl
200 g Rosinen
500 g Walnußkerne, ganz
Salz

Backrohr auf 180°C vorheizen.
Staubzucker, Mehl, Rosinen, ganze Walnüsse und Salz vermischen. Die Eier verschlagen und in die Masse einrühren. Alles gut verrühren, bis das Ei ganz verrührt ist. Es wird eine feste, klebrige Masse. Blech mit Backtrennpapier belegen. Hände in Wasser tauchen und kleine Stränge auf das Papier modellieren. Bei 180°C rasch etwa 25 bis 30 Minuten backen. Den ganzen Nußzwieback in Klarsichtfolie eindrehen und trocken aufbewahren. Vor dem Verbrauch in ganz dünne Scheiben schneiden, ca. 2 bis 3 Wochen haltbar.

Tip: Nußzwieback kann als Weihnachtsgebäck, als Teegebäck sowie zum Wein serviert werden.

Trauben-Nußkuchen mit Weinsabayon

Zutaten für 16 Portionen
1 Haushaltsblech, 30 x 40 cm

5 Eigelb
50 g Zucker
20 g Wasser, 2 Messerspitzen Zimt
5 Eiweiß
100 g Zucker
100 g Mehl
120 g geriebene Walnüsse
20 g Öl
200 g Traubenkompott, abgetropft
Vanillezucker, Salz
geriebene Zitronenschale
Butter zum Bestreichen
Staubzucker zum Besieben
Ein tiefes Backblech mit Backtrennpapier auslegen oder mit Butter bestreichen. Das Backrohr auf 160°C Ober- und Unterhitze vorheizen.
Eigelb mit 50 g Zucker, Wasser, Vanillezucker, etwas Salz und geriebener Zitronenschale schaumig rühren, Eiklar mit 100 g Zucker zu Schnee schlagen, beide Massen vorsichtig zusammenmengen, geriebene

Walnüsse mit Mehl gut vermischen und vorsichtig unter die Eier-Schnee-Masse heben, zuletzt das Öl einrühren.
Die Masse auf das Backblech streichen, die abgetropften Trauben auf die Oberfläche streuen und im vorgeheizten Rohr bei 170°C ca. eine dreiviertel bis eine Stunde backen. Auskühlen lassen.

Weinsabayon
⅛ l säuerlichen Weißwein (Riesling)
4 Dotter
80 g Zucker
½ TL Vanillezucker

Wein mit Dotter, Zucker, Vanillezucker über Wasserdampf schaumig schlagen. Weinsabayon sollte bei maximal 80°C aufgeschlagen werden, damit dieses schön cremig wird, nicht zu heiß, da sonst die Eidotter stocken.

Traubenkompott
Zutaten für ca. 3 Gläser, à 1 l

Ca. 3 kg kernlose Trauben waschen, eventuell vorhandene Stielansätze entfernen und in saubere Gläser füllen. Mit dem Fond begießen und im Wasserbad oder Dunst bei 85°C ca. 30 bis 35 Minuten ziehen lassen (pochieren).
Wichtig! Die Temperatur darf nicht höher sein, da die Trauben sonst aufplatzen würden.

Fond:
½ l Wasser, ½ l Weißwein
300 bis 350 g Zucker
½ Zimtrinde, 3 bis 4 Gewürznelken
Für den schnellen Gebrauch könnte man das Kompott auch auf dem Herd ca. 10 Minuten bei höchstens 85°C ziehen lassen.

Kletzenbrot - Früchtebrot
2 Wecken

500 g eingeweichte Kletzen (getrocknete Birnen)
500 g Rosinen
300 g Feigen
150 g Pignolien
150 g Aranzini
etwas Anis, Fenchel, Koriander, Nelkenpulver
¼ l Zwetschkenbrand
5 Eier
250 g Vollwertzucker
300 g Weizen- oder Roggenmehl, glatt
1 Ei zum Bestreichen
Mandeln zum Belegen

Kletzen über Nacht in Wasser einweichen, dann alle Früchte klein schneiden, mit Zwetschkenbrand und Gewürzen vermengen, 24 Stunden marinieren lassen. Backrohr auf 160°C vorheizen.
Dotter und Eiweiß getrennt jeweils mit der halben Menge Vollwertzucker aufschlagen, unter die Früchte rühren und zuletzt das Mehl einrühren.
Aus dieser Masse kleine Wecken formen, mit Ei bestreichen, mit Mandeln belegen und bei mittlerer Hitze (160°C) 1½ Stunden backen.

Gut verpackt 1 bis 2 Wochen haltbar. Diese Masse kann auch in einer Tortenform gebacken werden.

Weihnachtsstollen
Zutaten für 2 Stollen

200 g Milch
280 g Mehl
1 Packerl Germ (42 g)
300 g Butter oder Butterschmalz
70 g Staubzucker
1 TL Salz, 1 TL Vanillezucker
geriebene Zitronenschale einer halben Zitrone
1 TL gemahlenen Zimt
3 Dotter, 1 Messerspitze Kardamom
40 g Rum
450 g Mehl

Einlage:
120 g Aranzini
240 g Rosinen (eventuell 24 Stunden vorher in etwas Rum einlegen)
60 g geröstete, geschälte, grob gehackte Haselnüsse oder gestiftelte Mandeln

Zum Einstreichen:
150 g Butter

Zuckergemisch zum Wälzen:
200 g Staubzucker, 1 Packerl Vanillezucker
Backrohr auf 170°C vorheizen.
Mit Milch, Germ und 280 g Mehl ein Dampfl ansetzen. 300 g Butterschmalz mit 70 g Staubzucker, einem Packerl Vanillezucker, der geriebenen Zitronenschale, dem Zimt, dem Kardamom und etwas Salz schaumig rühren, nach und nach die Eidotter einrühren. Sobald das Dampfl genug aufgegangen ist (sein Volumen verdoppelt hat), wird dieses mit dem Abtrieb sowie Rum und Mehl zu einem nicht zu weichen Teig verarbeitet; diesen läßt man dann ca. eine Stunde zugedeckt rasten. Die Früchte beigeben, kurz durchkneten und den Teig halbieren. Aus den Teigstücken etwa 30 cm lange Stangen formen. Diese Stangen mit dem Rollholz rechteckig ausrollen, in der Mitte dünner, so daß an den Längsseiten dickere Wülste bleiben, zur typischen Stollenform zusammenschlagen, auf Backtrennpapier setzen und mit einem trockenen Tuch zugedeckt ca. 20 Minuten gehen lassen.

Bei 170°C ca. 50 Minuten backen. Die noch warmen Stollen gut mit flüssiger Butter bestreichen und in einem Gemisch aus Staubzucker und Vanillezucker wälzen bzw. großzügig bezuckern.

Apfelstreuselkuchen, Rezept Seite 174
Schilcherroulade, Rezept Seite 173

Eisenbahner

Teegebäck - Zutaten für ca. 80 Stück

Teig für 2 Backbleche:
240 g Mehl, 160 g Butter, 80 g Zucker, Salz, Vanillezucker, geriebene Zitronenschale
Marzipanmasse:
300 g Rohmarzipan
50 g Staubzucker
30 g Butter
60 g Honig
2 Eiklar
ca. 500 g Ribiselmarmelade

Backrohr auf 170°C vorheizen.
Den Teig wie folgt zubereiten: Mehl mit Butter und Zucker, Salz und etwas geriebener Zitronenschale am besten in der Küchenmaschine zu einem glatten Teig verkneten, zu einer Kugel formen und im Kühlschrank für eine halbe Stunde rasten lassen.
Den fertigen Linzerteig halbieren und jeweils auf einem Bogen Backtrennpapier ca. 3 mm dick ausrollen, auf das Blech ziehen und mit einer Gabel mehrmals einstechen. Bei 170°C ca. 10 Minuten goldgelb backen. Nach dem Backen einen Mürbteigboden mit der Hälfte der Marmelade bestreichen, mit dem zweiten Mürbteigboden bedecken und in ca. 4 bis 5 cm breite Streifen schneiden.
Für die Marzipanmasse alle Zutaten vermischen und verkneten. Soviel Eiklar dazugeben, bis eine dressierfähige Masse entstanden ist. Marzipanmasse seitlich nicht zu weit außen auf die Mürbteigstreifen aufdressieren. Die beiden Enden ebenfalls mit Marzipanmasse verschließen, damit die Marmelade beim Füllen nicht ausrinnen kann. Eine Stunde trocknen lassen und bei starker Oberhitze (Grillschlange) kurz überbacken (flämmen). Ribiselmarmelade aufkochen und zwischen den Marzipanstreifen eingießen, auskühlen lassen und schneiden.
Rezept Seite 181

Sandmuscheln

Zutaten für ca. 100 Stück gefülltes Spritzgebäck

100 g Rohmarzipan
300 g Butter
120 g Staubzucker
Salz, Vanillezucker
geriebene Zitronenschale
2 Eiklar (= 60 g)
350 g Mehl
helle Marmelade
Tunkmasse oder Glasurmasse

Marzipan und Butter auf Zimmertemperatur bringen und mit Staubzucker schaumig rühren. Vanillezucker, Salz, geriebene Zitronenschale zugeben und nach und nach Eiklar einrühren. Zuletzt das Mehl unterheben.

Auf Backtrennpapier kleine Muscheln dressieren und bei 170°C im vorgeheizten Backrohr backen. Mit heller Marmelade füllen und zu einem Drittel in Schokolade tunken.

Weihnachtsgebäck von links nach rechts: Eisenbahner, Elisen, Vanillekipferl, Sandmuschel, Linzeraugen, Schokoladekipferl, Heidesand, Florentiner, Polos, Gefüllter Lebkuchen, Makaronen, Ribiselecken.

Vanillekipferl

Zutaten für 40 Stück

300 g glattes Mehl
250 g Butter
100 g Staubzucker
80 g geriebene Walnüsse
80 g geriebene Haselnüsse
Salz, Vanillezucker

Gemisch aus Staubzucker und Vanillezucker zum Wälzen

Aus allen Zutaten einen Teig, am besten unter Zuhilfenahme einer Küchenmaschine, bereiten und einige Stunden kühl rasten lassen.
Kipferln formen und bei 160°C backen, noch warm mit Zucker-Vanillezucker-Mischung besieben oder darin wälzen.

Schokoladekipferln

Zutaten für 60 bis 70 Stück

150 g Schokolade
150 g Butter
Salz
210 g Staubzucker
210 g gemahlene, gesiebte Mandeln
Schokoglasur zum Tunken

Die Schokolade langsam auflösen (handwarm). Butter und Salz mit Schokolade und Staubzucker leicht schaumig rühren, geriebene, gesiebte Mandeln dazugeben, rasch abkneten und gut kühlen. Aus der gut gekühlten Masse kleine Kipferln formen. Auf Backtrennpapier setzen und bei leicht geöffnetem Rohr (Holzkochlöffel einklemmen) bei 150°C 25 bis 30 Minuten langsam backen.
Die Kipferln zur Hälfte oder ganz in Schokoladeglasur tauchen.

Tip: Wenn die Masse gut temperiert ist, kann man diese auch in einen Spritzsack mit glatter Tülle füllen und auf das Backtrennpaier dressieren.

Heidesand

Zutaten für 80 bis 90 Stück

160 g Butter
250 g glattes Mehl
120 g Staubzucker
Vanillezucker
Salz
geriebene Zitronenschale
2 Eiklar zum Bestreichen
100 g Kristallzucker zum Wälzen
Ribiselmarmelade oder andere dunkle Marmelade

Zutaten wie bei einem Mürbteig kurz zusammenkneten und eine Stunde rasten lassen. Masse zu einer 2 bis 3 cm starken Stange rollen, mit verschlagenem Eiklar mit einem Pinsel bestreichen und in Kristallzucker wälzen.

Die Stangen gut kühlen und dann in ca. 5 mm dicke Scheiben schneiden, auf Backtrennpapier auflegen. Mit einem Kochlöffel jeweils eine kleine Vertiefung drücken und diese mit Marmelade füllen. Im vorgeheizten Backrohr bei 170° bis 180°C rasch backen. Eventuell nach dem Backen die Vertiefungen mit Marmelade nachfüllen.

Florentiner

Zutaten für 40 bis 50 Stück

125 g Zucker
125 g Obers
40 g Honig
30 g Dextropur (oder Glukose, flüssig)
50 g Butter
150 g gehobelte, gebrochene Mandeln
50 g Aranzini, fein gehackt

ca. 200 g Tunkmasse

Zucker, Obers, Honig, Dextropur und Butter solange einkochen, bis die Masse dickflüssig geworden ist. Dann die gebrochenen Mandelblättchen und die gehackten Aranzini zugeben und nochmals durchkochen lassen. Ein Backblech mit Backtrennpapier belegen, die Masse dünn aufstreichen und bei 180°C im vorgeheizten Rohr hellbraun backen. Das Backgut etwas auskühlen lassen, noch warm mit einem Sägemesser kleine Quadrate schneiden und dann ganz auskühlen lassen.

Die Tunkmasse bei 29° bis 31°C verarbeiten. Wenn die Temperatur erreicht ist, mit einer Winkelpalette auf ein mit Backtrennpapier ausgelegtes Blech dünn aufstreichen. Die gebackenen Florentinerblättchen in Reihen mit ca. 1 cm Abstand auflegen. Bevor die Tunkmasse zu stocken beginnt, mit einem kleinen Messer die Florentiner ausschneiden. Zur Gänze stocken lassen.

Polos

Zutaten für 60 bis 70 Stück

250 g Butter
140 g Staubzucker
2 Eier, à 60 g
1 Eigelb, à 20 g
230 g glattes Mehl
Salz, Vanillezucker
geriebene Zitronenschale
Marmelade zum Füllen
aufgelöste Kochschokolade zum Verzieren

Butter, Staubzucker, Zitronenschale und Vanillezucker schaumig rühren. Eier nach und nach einrühren, zuletzt das Mehl einrühren. Auf Backtrennpapier kleine Tupfen dressieren, und bei 180°C ca. 10 Minuten backen. Die eine Hälfte der Kekse mit Marmelade bestreichen und die anderen Kekse darauflegen. Eventuell mit flüssiger Schokolade garnieren, indem Streifen oder Ringe aufgespritzt werden.

Ribiselecken

Zutaten für ca. 40 bis 50 Stück

80 g Zucker
160 g Butter
240 g Mehl
Salz, Vanillezucker
geriebene Zitronenschale

400 g passierte Ribiselmarmelade
40 g geröstete, geriebene Kürbiskerne
Alle Zutaten zu einem Mürbteig verkneten, im Kühlschrank für mindestens zwei Stunden kühlstellen. Auf einem mit Backtrennpapier ausgelegten Backblech ca. 3 mm dick ausrollen, mit einer Gabel mehrmals einstechen und bei 170°C goldbraun backen. Nach dem Überkühlen in zwei gleiche Teile schneiden, einen Teil mit Ribiselmarmelade bestreichen. Den anderen Teil daraufsetzen. Restliche passierte Ribiselmarmelade erwärmen, gefüllten Mürbteig mit gefalteter Alufolie umstellen, ca. 0,5 bis 1 cm hoch, mit heißer Ribiselmarmelade begießen, Marmelade abstocken lassen, geröstete geriebene Kürbiskerne aufstreuen und dann den Alurand entfernen. In beliebige Ecken schneiden.

Gefüllter Lebkuchen

Zutaten für ca. 100 Stück à 3 x 4 cm

Lebkuchengrundteig:
350 g Honig
85 g Kristallzucker
40 g Wasser
200 g glattes Roggenmehl
150 g glattes Weizenmehl

Honig mit Kristallzucker erwärmen, bis sich die Kristalle aufgelöst haben, dann auf etwa 30°C abkühlen lassen, mit Roggen- und Weizenmehl und Wasser zu einem Teig kneten, in Folie einschlagen und 3 bis 4 Wochen zugedeckt und kühl lagern.

Zweiter Teig:
2 Dotter (40 g)
1 TL Zimt
1 TL Lebkuchengewürz
8 g Ammonium
2 cl Milch
3 g Pottasche
1 cl Milch
150 g glattes Weizenmehl

Den Lebkuchengrundteig auf Raumtemperatur bringen.

Dotter mit Zimt und Lebkuchengewürz schaumig rühren. Pottasche in 2 cl lauwarmer Milch auflösen, getrennt davon Ammonium in 1 cl Milch auflösen. Nun alle Zutaten - auch Grundteig - mit dem restlichen Mehl in der Küchenmaschine ca. 10 Minuten gut verkneten.

Teig ca. 5 mm dick auf zwei mit Backtrennpapier ausgelegten Backblechen ausrollen und im vorgeheizten Rohr bei 180°C ungefähr 15 bis 20 Minuten backen.

Fülle für Lebkuchen:
150 g Dörrpflaumen
50 g getrocknete Apfelringe
100 g Feigen
100 g Aranzini
100 g getrocknete Marillen
100 g grob geriebene Nüsse
1 TL Zimt
250 g Rohmarzipan
8 cl Slibowitz oder Kirschbrand

Alle Zutaten faschieren und gut vermischen, am besten über Nacht durchziehen lassen.

Schokoüberzug:
200 g Kochschokolade
50 bis 80 g Kokosnußfett oder Erdnußfett

Kochschokolade im Wasserbad vorsichtig mit dem Fett auflösen und gut verrühren.

Ausfertigung:
Einen gebackenen Lebkuchen mit der Früchtemischung gut bestreichen, den zweiten Lebkuchen darauflegen. Backtrennpapier darüberlegen und mit einem Holzbrett und Gewichten beschweren, etwa 2 Stunden beschwert stehen lassen. Den ganzen Lebkuchen in Streifen schneiden (ca. 3 cm breit). Diese Streifen mit der Schokoladeglasur überziehen und in kleine Portionen schneiden.

Pottasche (Hirschhornsalz) treibt den Teig in die Breite, Ammonium treibt ihn in die Höhe. Beide sind wichtige Lebkuchenzutaten und in der Apotheke erhältlich.

Makronen

Zutaten für 80 bis 100 Stück

250 g Eiklar
250 g fein geriebene Haselnüsse
500 g Kristallzucker
80 g Rohmarzipan

Eiklar, Haselnüsse und Kristallzucker in einem Kessel so lange abrösten, bis sich der Kristallzucker aufgelöst hat, dies geschieht bei etwa 80° C.
Die Masse auf der Arbeitsplatte ausleeren und das Rohmarzipan einrühren. Die Masse soll geschmeidig, eher flüssig sein. Auf ein mit Backtrennpapier ausgelegtes Blech dressieren. Etwa 20–30 Minuten trocknen lassen (Fingerprobe, Oberfläche darf nicht kleben) und bei 160° C ca. 13 Minuten fertig backen.

Fülle für Makronen

250 g Rohmarzipan
50 g Marillenmarmelade
ca. $\frac{1}{16}$ *l* Marillen- oder anderen Fruchtschnaps

Alle Zutaten gut verrühren. Die Hälfte der Makronen mit dieser Fülle bestreichen und mit der zweiten Hälfte zusammensetzen.

Essigfrüchte

Eingelegtes und Angesetztes

Kürbis, süßsauer eingelegt

Zutaten für 5 Gläser, à ½ l Inhalt

1½ kg Kürbis*
¾ l Wasser
1¼ l Weinessig, 6 %
10 bis 15 Gewürznelken
2 Zimtstangen
3 EL Honig
Salz, Zucker und etwas Sonnenblumenöl

Kürbis vierteln und entkernen. Kürbisfleisch mit der Schale würfelig schneiden. Wasser und Essig mit den Gewürzen aufkochen und abschmecken. Die Marinade soll gut gewürzt und harmonisch süß-sauer sein. Gewürfelten Kürbis darin nicht zu weich kochen, in Gläser füllen, mit Gewürzsud begießen und bis zum Rand mit Öl auffüllen.
Gläser verschließen und in eine tiefe Wanne mit Geschirrtuch ausgelegt auf den Kopf stellen. Auskühlen lassen und kühl und dunkel lagern.
Der eingelegte Kürbis paßt gut zu Terrinen, Pasteten und kalten Vorspeisen.

* Für diese Zubereitung eignet sich am besten der rot-orangefarbige, festfleischige Hokkaido-Kürbis, der mit der Schale verarbeitet werden kann und in der Steiermark angebaut wird.

Eierschwammerln oder Steinpilze, sauer eingelegt

Für 2 Gläser, à ¾ l

1 kg Eierschwammerln, geputzt, große Stücke halbiert oder geviertelt, in leichtem Salzwasser kurz aufkochen, abseihen und in Gläser füllen.
Mit Marinade auffüllen, mit Olivenöl randvoll füllen und verschließen.

Marinade
1 l Wasser, ⅜ l bis ½ l Weißwein-Essig (6%)
10 g Knoblauch
10 g Wacholderbeeren
4 bis 5 Lorbeerblätter
40 g Salz, 10 g Aromat, 10 g Zucker
5 g Thymian, 100 g Zwiebeln
1 Rosmarin- und 1 Thymianzweig

Anstelle von Eierschwammerln können auch andere Pilze wie Steinpilze, Champignons, Austernpilze oder Schneeschwammerln verwendet werden.
Um eine schleimige Konsistenz im Glas zu vermeiden, soll die Marinade, in denen die Pilze aufgekocht wurden, durch ein nasses Tuch geseiht werden.
Durch das Vorblanchieren der Pilze in Salzwasser kann die Trübung auch verhindert werden.

Eingelegte Nüsse - Schwarze Nüsse

Zutaten für 6 Gläser, à 0,3 l

60 unreife, noch weiche grüne Walnüsse mit einer Gabel oder Rouladennadel oftmals einstechen und für 14 Tage in Wasser einlegen, das zweimal täglich gewechselt werden muß.
Am 15. Tag die Nüsse in klarem Wasser einige Minuten blanchieren. Kalt abspülen und in leichtem Zuckerwasser ca. 10 Minuten kochen (2 l Wasser, ca. 200 g Zucker)
Zuckerwasser abgießen und die Nüsse in kaltem Wasser auskühlen lassen.
Ca. 3 l bis 3½ l Wasser mit 1,5 kg Zucker, 50 Gewürznelken, 2 Zimtstangen, Zitrone- oder Orangenschale aufkochen, heiß über die Nüsse gießen und über Nacht auskühlen lassen.
Am 16. Tag die Zuckerlösung abseihen, aufkochen, abschäumen, kalt werden lassen und über die Nüsse geben. Am 17. und 18. Tag wiederholen.
Dann die Zuckerlösung etwas einkochen lassen und die Nüsse darin mehrmals aufkochen, die Nüsse sollten weich sein. In Gläser füllen und mit dem sirupartig eingekochten Saft begießen. Gut verschließen sowie kühl und dunkel lagern.

Als Beilage bzw. Dekoration für Desserts oder Wildgerichte.

Himbeeressig

Eine weithalsige Flasche oder Karaffe mit reifen Himbeeren anfüllen, mit Rotweinessig auffüllen, gut verschließen und an hellem, jedoch nicht sonnigem Standort ca. 3 bis 4 Wochen stehenlassen (zwischendurch zwei- bis dreimal pro Woche kurz aufschütteln). Je nach Verhältnis Essig – Himbeeren wird der Fruchtgeschmack bestimmt. Abseihen und in Flaschen füllen, gut verschließen, kühl und dunkel lagern.
Tip: Der Himbeeressig sollte zum Aromatisieren von Speisen verwendet werden; dabei soll der Himbeeressig zu Rotwein- oder Weißweinessig in kleinen Mengen beigemischt werden.

Anstelle von Himbeeren können auch Erdbeeren, Brombeeren oder Schwarze Ribiseln (Johannisbeeren) verwendet werden.
Für Blattsalate, mariniertes Gemüse, Nudelsalat.

Senfgurken

Zutaten für 2 Gläser, à ¾ l

5 bis 6 Feldgurken, geschält, halbiert, entkernt = ca. 1,2 kg
Mit ca. 50 g Salz marinieren und 1 Stunde stehenlassen (Wasser ziehen).
In kochendes Wasser geben und kurz blanchieren (2 bis 3 Minuten), im Eiswasser abschrecken. Abtropfen und in Gläser füllen. Mit abgekühlter Marinade begießen und verschließen.

Marinade
½ l Wasser, ½ l Weißweinessig, 100 g Zucker, 3 Lorbeerblätter, 2 EL Senfkörner, weiße Pfefferkörner, ein kleines Stück Kren,
1 Dillzweig bzw. Dillkrone, 1 kleine geschnittene Zwiebel, etwas Salz, 10 g Einmachsalz.
Alle Zutaten aufkochen und abkühlen lassen.

Zwiebeln, süßsauer

(Schalotten oder Cippollini)
Zutaten für 1 Glas (1Liter)

1 kg Schalotten, geschält, ganz
50 g Olivenöl (nicht kaltgepreßt)
100 g Zucker
10 cl Rotwein (0,1 l)
16 cl Rotweinessig (6%)
4 cl Balsamico-Essig oder Apfel-Balsamessig
3 Lorbeerblätter, 2 bis 3 Knoblauchzehen, 5 g Salz, Rosmarin, Thymian
Kaltgepreßtes Olivenöl oder Sonnenblumenöl

Schalotten in 50 g Olivenöl anrösten, mit Zucker bestreuen und karamelisieren lassen. Mit Rotwein, Rotweinessig und Balsamico-Essig ablöschen.

Mit Lorbeerblättern, Knoblauch, Salz, Rosmarin und Thymian würzen, langsam weichschmoren.

Heiß in ein Glas füllen und mit kaltgepreßtem Olivenöl randvoll auffüllen, verschließen, umdrehen und auf ein Tuch stellen, abkühlen lassen.
Kalt oder lauwarm als Beilage bzw. Vorspeise servieren.

Eingelegte grüne Paradeiser

Zutaten für 1 Glas (¾ l)

Ca. 400 g grüne Paradeiser mit Zahnstochern öfters einstechen. Ca. 3 Minuten in Salzwasser blanchieren, im Eiswasser abschrecken und in ein Glas füllen. Mit heißer Marinade auffüllen, abkühlen und verschließen. Eventuell mit Olivenöl auffüllen.

Marinade
½ l Wasser, ¼ l Essig (6%), 10 g Salz
2 Lorbeerblätter, Pfefferkörner, Senfkörner
5 g Einmachsalz, 1 kleine halbe Zwiebel, geschnitten
Dillzweig oder Dillkrone

Anstelle von grünen Paradeisern können auch Karfiol, Karotten, Kohlrabi einzeln oder gemischt eingelegt werden.

Tomatenpüree (Ketchup)

Zutaten für 1Glas (ca. ¾-l-Glas) bzw. 1,2 kg oder in kleine Gläser füllen

3 kg Paradeiser, am besten längliche, fleischige Sorte
¼ l Weißweinessig (6%)
Eventuell 2 EL Balsamico-Essig
100 g Zucker
20 g Salz
10 g Aromat (Suppenwürze)
3 bis 4 Lorbeerblätter

Gewürzbeutel oder Tee-Ei:
2 bis 3 Nelken, 6 Stück Pimentkörner, etwas Zimt, Ingwer, ½ EL Senfkörner, weiße Pfefferkörner

Vollreife, fleischige Paradeiser waschen, schneiden und ca. eine ¾ Stunde köcheln lassen, mixen und durch ein Sieb abseihen.
Mit Weißweinessig, Balsamico-Essig, Zucker, Salz, Aromat und Lorbeerblättern sowie Gewürzbeutel gut bzw. dick einkochen lassen und noch heiß mit Hilfe eines breiten Trichters in heiße Gläser füllen.

Damit das Püree eine schönere Farbe bekommt, könnten 30 bis 40 g Paradeismark mitgekocht werden.
Für Hot-Ketchup 1 bis 2 Chilischoten im ganzen mitkochen.

Für lange Lagerung nach Belieben 10 g Einmachhilfe beimengen.

Die Südoststeiermark

Das Weinbaugebiet der Südoststeiermark reicht vom südlichsten Zipfel der Steiermark, dem Thermenort Bad Radkersburg, bis hinauf nach Hartberg. Mit 1190 Hektar Rebfläche zählt es zu der zweitgrößten Weinbauregion der Steiermark, an Weinbaubetrieben gerechnet ist es das größte. Die reizvolle Hügellandschaft ist ein Paradies für Wanderer und Radfahrer. Die Ortschaften sind klein, weit verstreut und die Natur bietet genügend Freiräume um sich in aller Ruhe, und das im Sinne des Wortes, zu erholen. Diese Grenzregion ist zum Teil bereits vom pannonischen Klima beeinflußt. Besonders Rotweinsorten wie Blauer Zweigelt, Blauburger oder St. Laurent finden sehr gute Wachstumsbedingungen vor.
In der Gesamtentwicklung des steirischen Weinbaues hat die Südoststeiermark in den vergangenen Jahren wohl die steilste mitgemacht. Bedeutende südoststeirische Weinbauregionen finden sich in den Orten St. Peter am Ottersbach, St. Anna am Aigen, Straden, Riegersburg, Klöch, Hartberg und Fehring. Bei der steirischen Landesweinbewertung 1997 gibt es zahlreiche Siegerweine, die aus der Südoststeiermark stammen. Beim Welschriesling ist es der Winzer **Manfred Platzer** aus Pichla/Tieschen, beim Riesling x Sylvaner (Müller-Thurgau) stand der Weinbaubetrieb **Ploder-Rosenberg** aus St. Peter am Ottersbach am Siegerstockerl. Mit seinem Traminer wurde **Josef Gießauf-Nell** aus Klöch prämiert. Bei den Rotweinen ist es **Alois Pfeifer** aus St. Anna a. Aigen, der mit seinem Blauen Zweigelt 1996 Landessieger wurde.

Die Südoststeiermark ist sowohl per pedes auf Wanderwegen als auch mit dem fahrbaren Untersatz leicht zu entdecken. Ein beliebter Wanderpfad ist der **südoststeirische Grenzwanderweg,** der in Bad Radkersburg seinen Ausgangspunkt nimmt und nordwärts durch das oststeirische Weinland führt. Über Wiesen und Felder kommt man zum kleinen Grenzort Zenting, wandert der österreichisch-slowenischen Grenze entlang nach Goritz, Pölten nach Klöch. In dieser Region wachsen auf nähstoffreichen Böden aus vorwiegend vulkanischem Lavaverwitterungsgestein aus Basalt die besten Traminer und Gewürztraminer des Landes. Der Wanderweg führt vorbei an der mittelalterlichen Burgruine, die ehemals eine bedeutende Grenzfestung war. Klöch war einst Sitz der Herrschaft Stürgkh. Zwei der bedeutendsten Ahnen dieses Geschlechtes hatten hohe politische Funktionen inne. Graf Georg Christoph von Stürgkh, war Anfang des 18. Jahrhunderts Hofkanzler unter Kaiser Karl VI. und Graf Karl Stürgkh war von 1911 bis 1916 Ministerpräsident unter Kaiser Franz Josef I. Von Klöch führt die Strecke nach Deutsch-Haseldorf und weiter nach St. Anna am Aigen. Dort macht der südoststeirische Grenzwanderweg eine Schleife zum Dreiländereck Steiermark, Burgenland, Slowenien. Die Berg- und Talwanderung führt von der Höhensiedlung Sichauf zum Schloß Kapfenstein. Die einstige Wehrburg aus dem 11. Jahrhundert wird heute von der Familie **Winkler-Hermaden** als Weingut geführt.
Von Kapfenstein ist es nicht mehr weit zum Zielpunkt der Wanderung. Man folgt dem Höhenrücken bis zum Kuruzzenkogel und beendet dann in Fehring die rund 40 Kilometer lange Wanderung.
Gleich vier Weinstraßen führen durch das weite oststeirische Weinland. Nahezu parallel zum südoststeirischen Grenzlandwanderweg führt die Klöcher Weinstraße ebenfalls von Bad Radkersburg in den oststeirischen Garnisonsort Fehring. Angeschlossen an die Klöcher Weinstraße ist die **südoststeirische Hügelland-Weinstraße,** die in Frutten-Gießelsdorf beginnt. Der Weg führt durch die Weingegend vom „Rosenberg" über Neusetz und Hof nach Straden. Weit hinein ins Land sichtbar sind die Wahrzeichen dieses Weinbauortes, die drei Türme der vier Stradener Kirchen. Aushängeschild dieser Gemeinde ist das Weingut von **Albert und Anni Neumeister**, die an den Hängen des Kirchberges ihre Rebstöcke kultivieren. Von Straden führt der Weg wieder bergab nach Wieden. Vorbei an Obst- und Weinkulturen kommt man nach Perbersdorf und weiter auf den Bierbaumberg. Über Steinriegel, Perbersdorf und Kalvarienberg kommt man nach St. Peter am Ottersbach. Von hier aus führen gut markierte Wanderwege durch die schön angelegten Weinberge dieser Region. Eine besondere Attraktion ist eine alte Mühle in Wittmannsdorf. Die Besitzer, die Familie Frauwallner, sind gerne bereit, Besucher durch dieses mächtige alte südoststeirische Kulturgut zu führen.

An die Klöcher Weinstraße schließt die **Thermenland Weinstraße** an, die eine in sich geschlossene Fahrtstrecke ist. Von Brunn geht es über Oberhatzendorf nach Riegersburg. Hier steht Österreichs größte Festungsanlage, die Riegersburg. Tief in das Land reicht der Blick von dieser Burg. Nur wenige Kilometer abseits der Thermenland Weinstraße liegt das Schloß Kornberg, ein überaus sehenswertes architektonisches Baujuwel vergangener Zeiten. Von Riegersburg durch die Region um Lembach kommt man nach Breitenfeld an der Rittschein. Über idyllische Straßen geht es dann nach Markt Hartmannsdorf, weiter über Eichberg, dem Kleegraben nach Reigersber und dann weiter nach Stein. Von hier ist es nur ein kurzer Abstecher zur Therme Loipersdorf.

Rund 130 Weinbaubetriebe mit Buschenschenken liegen an der oststeirischen **Römerweinstraße**, die in Gleisdorf ihren Ausgangspunkt hat und über Hohenberg nach Gamling führt. Bei Obernitschaberg teilt sich diese Weinstraße. Auf der einen Seite gibt es eine „Abkürzung" nach Großpesendorf, doch lohnt sich der kleinere Umweg über Nitscha nach Prebensdorf. Das Symbol der oststeirischen Römerweinstraße, den „Gersdorfer Krug", kann man im Museum in Pischelsdorf besichtigen. Unweit vor dieser Gemeinde zweigt die Weinstraße in Richtung

Romatschachen ab und man erreicht St. Johann bei Herberstein. Stumme Zeugen einer alten Weinbaukultur finden sich in diesem Ort in Form von Römersteinen mit Ornamenten von Weinreben. Über Hartberg, dort lohnt sich ein Abstecher zur alten römischen „villa rustica", Mitterberg, St. Magdalena nähert man sich dem Ziel der oststeirischen Römerweinstraße, dem Kurort Bad Waltersdorf.

Der Weinbau hat in der Familie **List vulgo Leibnitzer** aus Siebing bei Weinburg in der Südoststeiermark eine lange Tradition. Im Jahre 1789 wurde der Weingarten am Graßnitzberg in Spielfeld von Johann List erworben. In der siebten Generation führt nun Anton List gemeinsam mit Gattin Ingrid das Weingut. Neben Graßnitzberg steht ein Weingarten in Wiellitsch in der Gemeinde Berghausen im Ertrag. Welschriesling, Weißburgunder, Ruländer, Scheurebe, Traminer Zweigelt und als Junganlage ein Muskateller und ein Sauvignon blanc werden dort kultiviert. Der persönliche Fahrplan für Anton List heißt Qualität: „Durch optimale Pflegemaßnahmen im Weingarten kann hochwertiges Traubenmaterial geerntet werden." Der Lohn seiner Mühen wurde mit einem Weißburgunder als Salonsieger 1992 und Landessieger 1993 und Berufung in den österreichischen Weinsalon ausgezeichnet.

Weingut Anton List, vulgo Leibnitzer, Siebing 17, 8481 Weinburg, Telefon: 03472 / 82 79

Handarbeit ist das Loswort von **Anton Liebmann** in St. Peter am Ottersbach. Gemeinsam mit Gattin Marianne und Sohn Thomas kultiviert der Winzer großteils auf diese Weise in den Rieden am Rosen-

Die Weingärten von Walter Müller am Klöchberg.

berg und Oberberg rund zwei Hektar Weingärten. Welschriesling, Weißburgunder, Sämling 88, Morillon, Ruländer und Blauer Zweigelt sind dort ausgepflanzt. „Wir versuchen jedes Jahr Weine im Qualitäts- und Prädikatsbereich zu keltern. Die Lagen unserer Weingärten und das beständige Klima haben viele Vorzüge, um Trauben in bester Qualität wachsen zu lassen." Die Winzerfamilie betreibt den Weinbau mit besonderer Hingabe und investierte viel in die Kellertechnologie. Zum Einsatz kommen sowohl moderne Edelstahltanks als auch normale Holzfässer und solche aus Barriques, die allerdings nur dem Zweigelt vorbehalten sind.

Weinbau Anton Liebmann, 8093 St.Peter am Ottersbach, Unterrosenberg 92, Telefon: 03477 / 23 27

Die Menschen in der Südoststeiermark setzen auf den sanften Tourismus und bewerben ihre Region mit der Ursprünglichkeit und reizvollen Landschaft und den überdurchschnittlichen Sonnenscheinstunden, die auch die Weinstöcke prächtig wachsen lassen. Mitten in diesem Land, auf dem kleinen Hügel des Perbersdorfberg unweit von St. Peter am Ottersbach, liegt der Weinbauernhof der **Familie Rauch**. Auf sandigen Lehmböden in den Rieden Hausberg, Kalvarienberg und Oberberg kultiviert Günther Rauch einen breiten Rebsortenspiegel im Gesamtausmaß von drei Hektar Weingärten. Säurebetont und feinwürzig zeigt sich die Hauptweinsorte, der Welschriesling. Dieser fruchtige Wein stammt aus der Ried Kalvarienberg. Der Blauburger besticht durch seine angenehme zarte Säurestruktur und her-

ben Charakter. Neben den zahlreichen Qualitätsweinen werden auch feinste Edelbrände angeboten.

Weingut Rauch Günther, 8093 St.Peter am Ottersbach, Perbersdorf 30, Telefon: 03477 / 25 10

To make the best of it." Das Beste aus einer Sache machen. Dieses Credo könnte auf **Alois Frauwallner,** Englischlehrer aus Wittmannsdorf in St. Peter am Ottersbach zugeschnitten sein. Der Pädagoge gilt als Spätberufener. Jetzt ist er umso eifriger bei der Sache. Gemeinsam mit seiner Gattin Rosa Maria kultiviert er in den Rieden Rosenberg und Kernriegel rund ein Hektar Weingärten. Diese bescheidene Fläche füllt er mit regem Zukauf von Trauben auf. Im Ertrag stehen Weißburgunder, Ruländer, Grüner Sylvaner, Sämling 88, Traminer und Zweigelt.
Auf naturnahe Weingartenarbeit legt der „Luigi" besonderen Wert. Im Keller kommen sowohl Stahltanks als auch traditionelle Holzfässer zum Einsatz. Beim Rotwein wird die offene Bottichvergärung praktiziert. Der Weinbaubetrieb ist Mitglied der ARGE bäuerliche Selbstvermarktung. Bei einem Besuch des Betriebes, gibt es in der gemütlichen Weinstube neben der Weinverkostung kulinarische Schmankerl – alles original vom Hof. Angeschlossen an das Gut ist eine alte Mühle. Waren dort vor nicht allzu langer Zeit Müller mit der Bereitung feinster Mehlsorten beschäftigt, dient sie heute noch als Ölpresse.

Weinbau Alois Frauwallner, 8093 St.Peter am Ottersbach, Wittmannsdorf 3, Telefon 03477 / 21 74

Der Klöchberg mit den Gräflich Stürgkh'schen Weingärten.

Alfred Ploder könnte heute genausogut Tabakpflanzen kultivieren. Doch der Winzer hat es vorgezogen, seine ganze Energie in den Obst- und noch vielmehr in den Weinbau zu stecken. Ihm zu Seite stehen Gattin Maria und der Ploder-Opa. Das Weingut im südoststeirischen St. Peter am Ottersbach wird seinem Namen erst seit 1968 gerecht. Gepflegt und gehegt werden 5 Hektar Rebfläche in den Rieden Rosenberg, Kalvarienberg und Entschendorfberg. Welschriesling, Riesling, Sylvaner, Weißburgunder, Ruländer, Morillon und Blauer Zweigelt stehen dort im Ertrag. Und wenn Alfred Ploder auf die Frage nach dem Wesentlichen bei der Weingartenarbeit in einem Satz meint: „Wir bringen alles auf den Punkt", wird er für dieses Statement schon seine Gründe haben. Stahltanks haben noch keine im Keller Platz gefunden. Dafür jede Menge prämierter Weine: Salonsieger, Plazierungen im Weinsalon, mehrfacher Landessieger. So hat er bei der Steirischen Weinbewertung 1997 mit den 96er Riesling x Sylvaner (Müller-Thurgau) den Sortensieger gestellt.

Weingut Alfred Ploder, Rosenberg 86, 8093 St.Peter am Ottersbach, Telefon 03477 / 32 34

Cari Seyffertitz führt eines der traditionsreichsten Weingüter in Klöch und ist gleichzeitig derjenige, der dem traditionellen Stil des Gewürztraminers großes Augenmerk schenkt. Die Geschichte des **Gräflich Stürgkh'sches Weingutes** reicht bis 1724 zurück. Der erste Besitzer war Georg Christoph Graf Stürgkh, Hofkanzler unter Kaiser Karl VI. Einer seiner Nachfahren und spätere Eigentümer dieses Besitzes war Karl Graf Stürgkh, Ministerpräsident unter Kaiser Franz Josef. Heute umfaßt das Weingut zwölf Hektar Rebfläche, davon stehen 6,5 Hektar im Vollertrag. Die Weingärten befinden sich großteils in Südlagen verteilt auf dem Klöcher Berg, der zum Besitz des gräflichen Weingutes gehört. Auf Basalt-Verwitterungsböden wachsen dort hervorragende Traminer und Gewürztraminer. Doch finden auch Welschriesling, mit 32 Prozent Anteil die Hauptsorte, sowie Sauvignon blanc, Rheinriesling oder der St. Laurent hervorragende Wachstumsbedingungen. Angestrebt werden Jahr für Jahr Weine im oberen Qualitätsbereich, wenn es die Natur vorgibt, werden aber auch Prädikatsweine gekeltert. Cari Seyffertitz bringt in das Weingut seine Erfahrungen ein, die er zunächst in der Weinbauschule Krems, dann bei verschiedenen Weinbaubetrieben in Österreich, Deutschland aber auch in Frankreich im Elsaß als Praktikant gesammelt hat. Er achtet auch auf eine genaue Weingartenarbeit: „Wir schneiden kurz und zurückhaltend. Je kürzer der Bogen, um so intensiver kann sich der Stock auf der Traube und die Blattmasse konzentrieren." Diese konsequente Ertragsverminderung wirkt sich folglich auf die geernteten Mengen aus. Beim Traminer und beim Sauvignon blanc werden je nach Jahrgang nur rund 4000 Liter je Hektar geerntet. Der Lesezeitpunkt wird von mehreren Faktoren bestimmt: „Ich bestimme die Lesetermine je nach Rebsorte unterschiedlich und achte darauf, daß die Trauben ihre physiologische Vollreife und ein optimales Säure-Zucker-Verhältnis erreicht haben." Die Gärung und Lagerung der Weine erfolgt im Stürgkh'schen Weingut ausschließlich in Holzfässern. Kunststoff- und auch Edelstahltanks haben bis heute noch keinen Einzug in den sehenswerten alten Weinkeller gefunden. Bei der Vergärung wird besonders darauf geachtet, daß diese möglichst langsam vor sich geht, um so viele Bukettstoffe als möglich zu erhalten. Der Ausbau der Stürgkh'schen Weine erfolgt trocken, wie der Sauvignon blanc 1996,der mit seiner nuancierten, vornehmen Nase und dem intensiven, frischen Sauvignon-Bukett beeindruckt. Der Gewürztraminer 1995 verfügt über einen würzigen Rosenduft und eine schöne Säurestruktur. Er zeigt schon jetzt sein großes Potential.

Gräflich Stürgkh'sches Weingut, 8493 Klöch 29
Telefon: 03475 / 22 23

Ein Paradies für Radsportfreunde ist das Radhotel Klöcherhof in Klöch. Es gehört zum Weinbaubetrieb der **Familie Domittner**. Knapp nach der Jahrhundertwende, im Jahr 1906, begann die Familie Domittner hier ihre Weine zu keltern. Die 2,5 Hektar Rebflächen befinden sich in der Lage Hochwarth, der Untergrund dort besteht aus reinem Vulkangestein. Im Jahre 1995 hat Günther Domittner den Weinbaubetrieb von Vater Karl Domittner übernommen. Er besuchte die Weinfachschule Silberberg und legte auch die Weinbau- und Kellermeisterprüfung ab. „Qualitätsbewußter Schnitt im Weingarten sowie sorgfältige Laubarbeit mit Traubenkorrektur sind die Garanten für hohe Qualitäten. Darauf achten wir besonders", erzählt der Jungwinzer. Gekeltert werden ausschließlich fruchtige und gehaltvolle Weißweine. Welschriesling, Weißburgunder, Rheinriesling, Müller Thurgau werden allesamt trocken ausgebaut. Die Hauptsorten sind aber Traminer, Gewürztraminer und Sämling 88. Im Jahr 1992 wurde vom Gewürztraminer eine Auslese gekeltert, die beim Vinoforum Graz ausgezeichnet wurde.

Weingut Günther Domittner, 8493 Klöch 4
Telefon: 03475 / 22 06

Über den kleinen Weinbauort Klöch in Richtung Burgruine geht's zum Weinbaubetrieb der Familie **Johann und Herta Giessauf**, deren Buschenschank als Geheimtip bereits seit dem Jahr 1962 unter Insidern weiterempfohlen wird. Auf den großteils von Vulkangestein geprägten Böden dieser Region finden die ausgesetzten Weinstöcke ideale Wachstumsbedingungen vor. „Ich achte sehr auf einen qualitätsorientierten Schnitt und zweckmäßige Laubarbeit. Gerade bei der Laubarbeit muß man ein richtiges G'spür haben und nichts übertreiben. Da kann man sehr schnell mehr Schaden als Nutzen anrichten", ist Johann Giessauf von seiner Arbeit im Weingarten überzeugt. 4,5 Hektar Rebflächen stehen derzeit im Vollertrag. „Der Sauvignon blanc ist noch sehr jung und bringt daher besonders düftige Weine", meint der Weinbauer, der bei seiner Arbeit von Tochter Margit und Schwiegersohn Sepp unterstützt wird. Die Weine von Hans Giessauf werden je nach Sorte und Qualität sowohl im Stahltank als auch in normalen Holzfässern vergärt und weiter ausgebaut. Der Hauswein, ein Welschriesling Qualitätswein, hat eine zartgrüne Farbe und einen frischen, feinwürzigen Geschmack, der leicht an saftige Äpfel erinnert. Der kinderfreundliche Betrieb führt auch einen großzügig gestalteten Buschenschank.

Weinbau Johann und Herta Giessauf, 8493 Klöch 63
Telefon: 03475 / 72 65

Die Südoststeiermark und im besonderen Klöch reiht man zu den besten Weinbaugebieten für den Gewürztraminer. Der vulkanreiche Boden und das besondere Mikroklima sind Ausgangsbasis für die ausgezeichneten Qualitäten der Weine von **Leopold Winkler**. Er bewirtschaftet zwei Hektar Rebflächen, die alle in sehr guten Lagen im Ertrag stehen. Mit 30 Prozent ist der Anteil des Welschriesling am größten, mit dem Gewürztraminer gelingen dem Weinbauer aber immer wieder Weine im Prädikatsbereich zu keltern wie eine Gewürztraminer Spätlese. Goldgelb in der Farbe präsentiert sich der 92er Jahrgang, mit dem er auch Landessieger 1994 wurde. Die sehr komplexen Aromen unterstreichen die sortentypischen Nuancen dieser Spätlese, die mit ihrer eleganten Restsüße und der fein eingebundenen Säure ein komplexes Gaumenspiel ergeben. Der Weißburgunder zeigt sich in heller Farbe und dezenter Nase mit einem fruchtigen Aroma. Fein und rund im Geschmack mit einer pikanten Säure läßt er im Geschmack seine süd-oststeirische Herkunft nicht verleugnen. Das breite Sortiment an Eigenprodukten wie zum Beispiel Fruchtbrände aus biologischem Obst kann ganzjährig im Kellerstüberl des Weinbaubetriebes verkostet werden.

Weinbau Leopold Winkler, 8493 Klöch, Klöchberg 76
Telefon: 03475 / 72 74

Traminer und Welschriesling sind die Hauptsorten des Weinbaubetriebes **Josef Wonisch**. Auf 4,5 Hektar Rebfläche wachsen Welschriesling, Rheinriesling, Weißburgunder, Müller Thurgau, Blauer Zweigelt und Traminer in der Ried Hochwarth. Ein Besonderheit des Weingutes ist es, das Altweine in kleinen Mengen zurück bis zum Jahr 1982 noch erhältlich sind. Mit dem Traminer konnte Josef Wonisch bei der Internationalen Weinmesse in Laibach eine Goldmedaille gewinnen.An das Weingut ist auch ein Buschenschank angeschlossen. Er wird von Elfriede Wonisch betreut.

Weinbau Josef Wonisch, 8493 Klöch 65a
Telefon: 03475 / 23 47

Der Weinhof **Frühwirth** ist ein ansehnlicher Besitz in Deutsch-Haseldorf 46 in Klöch. Seit 1880 im Familienbesitz, leitet jetzt Friedrich Frühwirth den Weinbaubetrieb. Es war 1971, als er den Betrieb als Verantwortlicher übernahm. Die Weingärten umfassen gerade drei Hektar und sind in den Rieden Klinzl, Hochwarth, Kratzer, Zepfer, Dorfweingarten, Leiten und Hausweingarten verteilt. Welschriesling, Traminer, Müller Thurgau, Sämling, Sauvignon blanc und Weißburgunder sind die Hauptrebsorten. Als Rotwein wird Blauer Zweigelt kultiviert. Die ganze Familie hilft im Betrieb. Gattin Marianne ebenso wie Tochter Gabriele, die Weinprinzessin des Jahres 1994. Fleißige Hände haben die beiden jüngsten Frühwirth-Kinder, Martina und Friedrich. Zur Hand geht auch Bruder Karl Frühwirth. Fritz Frühwirth achtet im Weingarten auf kurzem Anschnitt. „Ich schaue sehr auf die Qualität der Trauben. Sie sind es, die für die Qualität der Weine ausschlaggebend sind." Die Weißweine werden durchwegs in Stahltanks vergoren und weiter ausgebaut. Beim Rotwein wird die offene Maischevergärung bevorzugt. Der weitere Ausbau erfolgt in Holzfässern. Die Spezialitäten sind Gewürztraminer, Weißburgunder und Blauer Zweigelt. Mit seiner Scheurebe (Sämling 88) gewann Friedrich Frühwirt schon mehrmals den Titel des Steirischen Landessiegers. Die Spitzengewächse der Familie Frühwirth findet man quer durch Österreichs Topgastronomie. Angeschlossen an das Weingut ist ein großzügig gestalteter Buschenschank. Bei etwas Glück wird „steirisch aufg'spielt".

Weinhof Frühwirth Friedrich, Deutsch-Haseldorf 46
8493 Klöch, Telefon: 03475 / 23 38

Auf einem hohen Niveau steht die Weinproduktion von **Walter und Elisabeth Müller** in Klöch 53. Unterstrichen wird diese Aussage besonders durch die vielen Auszeichnungen bei Gebiets- und Landesweinbewertungen sowie den Umstand, daß man die Weine von Walter Müller österreichweit in unzähligen Spitzenrestaurants und guten Gaststätten auf der Weinkarte findet. Weinbau- und Kellermeister Walter Müller ist ein unermüdlicher Arbeiter. Er betreut das alteingesessene Weingut Dirnböck und hat so sein Weingut zum größten von Klöch gemacht. Der überwiegende Teil der 9,5 Hektar im Ertrag stehenden Rebflächen in den Rieden Hochwarth und Seindl sind arbeitspraktische Flachlagen, der Rest von rund drei Hektar Weingarten verteilt sich auf Hanglagen mit rund 35 Prozent Neigung. Unter Mithilfe eines Landarbeiters werden die Weinberge mit äußerster Sorgfalt gepflegt. „Mit der Sense oder einer Haue halten wir unsere Weingärten von Unkraut frei und setzen somit auch gleich einen wichtigen Schritt für einen nützlingsschonenden Pflanzenschutz", erklärt der umweltbewußte Winzer und ergänzt weiters: „Ein geringer Anschnitt sowie das händische Ausdünnen der Traubenzone ist für uns ebenso selbstverständlich wie die handverlesene Traubenernte." Der Sortenspiegel des Weinbaubetriebs ist vielfältig und mit zwölf unterschiedlich ausgesetzten Rebsorten typisch steirisch ausgerichtet. 80 Prozent der Weißweine werden in Edelstahltanks vergoren und auch ausgebaut. Eine besondere Weinspezialität gelang dem Weinbau- und Kellermeister im Jahr 1994 mit dem Ausbau einer Gewürztraminer Spätlese; deren konzentrierte Rosenduft erinnert an die würzigen Trauben. Sehr harmonisch der elegante und geschmeidige Geschmack mit einer fein eingebundenen Säure. Damit konnte die Familie Müller bei der Weinmesse in Laibach eine Goldmedaille gewinnen. Raritäten sind weiters eine Traminer und eine Sauvignon blanc Spätlese.

Weingut Walter Müller, 8493 Klöch 51
Telefon: 03475 / 71 60

Fritz Lamprecht ist Anfang Dreißig. Sein Vater war zwar Winzer, doch erst mit dem jungen Weinbau- und Kellermeister wurde auf die Produktion von Qualitätsweinen größeren Wert gelegt. Das Weingut von Fritz und Maria Lamprecht liegt in Hürth 37 unweit von Klöch und Halbenrain und hat eine fast hundertjährige Tradition. Das außergewöhnliche Mikroklima und die wärmespeichernden vulkanischen Böden verwöhnen die Winzer in dieser

Region mit gutwachsenden, gesunden Trauben. „Unsere Rebflächen liegen alle in der Weinbaugemeinde Klöch an sonnigen Südhängen" berichtet Fritz Lamprecht. „Die Rieden Seindl und Zaraberg und Klöchberg stehen derzeit mit 3,8 Hektar Weingärten im Vollertrag." Rund die Hälfte davon sind mit der Sorte Welschriesling ausgepflanzt, doch ist der Anteil der Traminertraube, die hier rund um Klöch beste Voraussetzungen vorfindet, größer als die der restlichen Rebsorten. Es sind dann auch der Traminer und Gewürztraminer, die zu den Spezialitäten des Hauses zählen. Ein Wein mit besonderer Lagerfähigkeit ist der Gewürztraminer Spätlese Jahrgang 1993. Mit einer schönen Farbtiefe, reich leuchtend, besticht er durch sein würziges Bukett und bringt reife, warme Fruchttöne geschmeidig auf dem Gaumen und lieblich zur Geltung. Aufgrund der guten Traubenreife entwickelt sich der trocken ausgebaute Pinot Blanc 1996 im Aroma kräftig fruchtig und zeigt spürbar frisch das südliche Temperament voll im Geschmack. Seinen konzentrierten Zweigelt baut Fritz Lamprecht auch in Barriques aus steirischen Eichenhölzern aus. Der flaschenvergorene Welschriesling-Sekt „Vision" ist eine weitere Spezialität des Hauses.

Weinbau Fritz Lamprecht, 8492 Halbenrain, Hürth 37
Telefon: 03475 / 2248

Im Schnittpunkt zwischen Bad Gleichenberg und Bad Radkersburg, an der Thermenlinie, liegt das Weingut von **Josef Edelsbrunner**: in Hof 87 in Tieschen. Vor mehr als 100 Jahren vom Urgroßvater erworben, arbeitet Josef Edelsbrunner jetzt in vierter Generation am Hof. „Ich stelle höchste Ansprüche an die Qualität meiner Weine. Und die beginnt im Weingarten", so der Winzer. „Wenig Fruchtholz und das Ausdünnen von Blättern und auch Trauben ist selbstverständlich." Der Winzer kultiviert 3,6 Hektar Rebfläche. Neben den bodenständigen steirischen weißen Sorten ernten Josef Edelsbrunner den Blauen Zweigelt. Diesen Zweigelt baut er auch im Barriques aus. Neben einem Ruländer Kabinett und einer Traminer Spätlese ist ein selbstgebrannter Grappa das Kabinettstückerl des Winzers.

Weingut Josef Edelsbrunner, 8355 Tieschen, Hof 87
Telefon: 03473 / 7816

Nach Wissen verlangen heißt im tiefsten Grunde immer nach einem Sinn des Lebens suchen. Im Durchschnitt verdoppelt sich in unserer Zivilisation das Wissen innerhalb von vier bis fünf Jahren. Dieses nahezu unübersehbare Potential an neuem Wissen gilt für alle Bereiche, auch für den Weinbau. Einer jener nach neuen technischen Errungenschaften unbeirrbar forschenden Weinbauern in der Steiermark ist **Manfred Platzer** aus Pichla 25 bei Tieschen. Die heutige Weinbaugeneration verdankt ihm eine Reihe von Erfindungen, die von vielen seiner weinbautreibenden Kollegen genutzt werden. Der Nährboden für diesen High-Tech-Winzer ist vor allem der Weingarten. So war er maßgeblich an der Erfindung einer Meßstation beteiligt, die einen computerüberwachten Witterungsablauf im Weingarten erlaubt. Sie zielt vor allem darauf ab, den genauen Zeitpunkt einer beginnenden Peronospora-Infektion punktgenau zu bestimmen. „Eine Peronospora-Infektion oder wie sie im Volksmund heißt der falsche Mehltau kann nur dann stattfinden, wenn die Sonneneinstrahlung unter 50 Watt pro Quadratmeter absinkt und das Verhältnis Temperatur und Blattnässe in einem bestimmten Faktor zueinander stehen. Dann beginnt die Infektionsgefahr", erzählt der Weinbautechniker. Durch den Einsatz dieser computergesteuerten Meßstation, die bereits erfolgreich an vielen Orten in der gesamten Steiermark im Einsatz steht, ergeben sich vollkommen neue Anwendungsperspektiven. So kann die Bekämpfung dieser Infektion durch die Auswertung der Meßdaten gezielt und nicht mehr auf Verdacht vorgenommen werden. Die technische Selbstorganisation von Manfred Platzer gipfelt auch in der Konstruktion eines beim Traktor angebrachten Spritztunnels: „Es hat mich immer geärgert, daß beim Spritzen des Weingartens stets mehr Spritzmittel in der Luft verschwindet, als auf dem Rebstock landet. Gerade bei der ersten Spritzung, wenn der Stock noch wenige Blätter hat, gehen bis zu 80 Prozent dieses teuren Schädlingsbekämpfungsmittel in die Luft." Der Spritztunnel ist am Traktor – der natürlich mit Rapsöl betrieben wird – so angebracht, daß er beim Einsatz längs über die Weinstöcke gestülpt, den unterschiedlichen Höhen der Rebkulturen angepaßt wird und dann das Spritzmittel abgibt. Die sonst üblicherweise in die Luft gesprühten Mittel werden durch die Plexiglaswand des Spritztunnels gesammelt und über eine Leitung wieder in den Tank zurückgepumpt.

Manfred Platzer

Eine weitere Erfindung ist die Konstruktion einer rebstockschonenden Mähmaschine. Das zu mähende Gras im Weingarten wird von hydraulisch-peumatischen Fühlern abgetastet, die sofort auf das Mähwerk

Bild rechts: Von den Klöcher Weingärten über St. Anna am Aigen und dem Schloß Kapfenstein führt die südoststeirische Weinstraße.

F.Spann

einwirken, sollte es zu nahe an einen Rebstock kommen und bewahrt ihn so vor Verletzungen.
Ein Beispiel der umfassenden Analyse der Techniken, Probleme zu behandeln, führte Manfred Platzer auch zu den Gedanken, die auf einem Weinbaubetrieb anfallenden Abwässer nutzbringender und umweltschonender zu verwerten. Mit der Akribie eines Chemikers und Physikers zugleich tüftelte der Winzer erfolgreich an einem Projekt zur Aufbereitung der Abwässer, die er im jetzigen Stadium beinahe wieder zu Trinkwasserqualität aufbereiten kann.
Alle diese technischen Errungenschaften auf dem Weingut von Manfred Platzer zeigen, wie eng dieses Netz geflochten ist und lassen sich letztendlich auf einen einzigen Nenner bringen: Sie lösen Probleme – eigene und fremde – und helfen dem Winzer nicht nur bei der Arbeit sondern auch Kosten sparen. Sie sind vielfältig miteinander verschachtelt und fördern die Innovation – jetzt und auch in der Zukunft.
Die Platzers betreiben seit dem Jahr 1950 ihren Weinbau in Pichla. An das Anfangsjahr erinnert ein schmiedeeisernes Aushängeschild an der Einfahrt zum Hof. Die Weingärten in der Ried Klöchberg, Ried Aunberg und Ried Rosenberg stehen mit 2,7 Hektar im Ertrag. Im Weinbau setzt Platzer nicht ausschließlich auf trockene Ware. Seine Spätlesen und Auslesen besitzen eine ausgewogene Restsüße. Die Kunst eines Weinbauern liegt für Manfred Platzer darin, die Qualität, die bereits die Natur bringt, im Keller zu erhalten. „Da muß man schon eine gute Hand haben, um durch starkes Entschleimen und entsprechendes Kühlen die Gärung optimal zu steuern."
Vom Chardonnay 1996 wurden nur 5.000kg gelesen, ein Teil davon wurde „traditionell" im großen Eichenfaß und ein kleiner Teil in Barriques vergoren und auch weiter ausgebaut. Der barriquevergorene Chardonnay ist ein erstklassiges Beispiel für das Potential der Steiermark, in der man vom leichten trockenen Weißwein bis zum gehaltvollen Weißwein alles keltern kann. Mit einem zartfeinen Fruchtbukett, hervorragend integrierte Barriquetannine und einem nicht endenwollenden Abgang ausgestattet, präsentiert sich dieser Wein am Gaumen. Jeder, der von Manfred Platzer vinifizierten Weine, kann als Musterbeispiel für eine Rebsorte vorgestellt werden, so gekonnt ist seine Umsetzung von der Traube zum Wein. Die besten Rebsorten von Manfred Platzer sind der Traminer und der Gewürztraminer. „Im Weingarten sind sich diese zwei unterschiedlichen Sorten sehr ähnlich, vom Blatt her sogar identisch", erklärt der Winzer. Der Unterschied ist nur an der Traube sichtbar. Während die Farbe der reifen Traminertrauben vom Dunkelrot bis beinahe ins Blaue geht, ist der Gewürztraminer rotbraun mit kleinen Tupfen auf den Beeren. Als Wein entwickeln beide Sorten einen eigenständigen Charakter. Der jugendliche Typus wird nach ca. drei Jahren erreicht: fruchtig mit einer feinen Note und zunehmender Flaschenreife. Nach fünf bis sieben Jahren bringt der Traminer seine ideale Trinkreife, bei der das Bukett ausgeglichener wirkt. Hingegen ist bei Traminern im Spätlese- und Auslesenbereich erst nach zehn bis zwanzig Jahren eine zunehmende Entwicklung und Reifung des Weines zu erwarten.
Bei der steirischen Weinbewertung 1997 wurde Manfred Platzer mit seinem Welschriesling Sortensieger.

Weinhof Manfred Platzer, 8355 Tieschen, Pichla 25
Telefon: 03475 / 23 31

Inmitten des südoststeirischen Weinbauortes Tieschen liegt der Weinbaubetrieb der Familie **Horst und Gertraud Kolleritsch.** In den Rieden Strandler, Steffjogl und Kästenkogl stehen drei Hektar Rebfläche im Ertrag. Die Hauptsorten sind Traminer, Zweigelt und Welschriesling. Für die Vergärung seines Zweigelts setzt der Weinbaumeister Horst Kolleritsch einen speziellen Rotweingärtank ein. Die Produktpalette wird durch verschiedene Sekte bereichert. Schmuckstück des Weinguters ist die Buschenschenke „Steintalkeller" mit einer originalen Weinpresse aus dem Jahr 1915.
Mit der Traminer Spätlese Jahrganges 1993 wurde Horst Kolleritsch Sortensieger bei der Steirischen Weinbewertung 1994.

Weinbau Horst Kolleritsch, 8355 Tieschen 5
Telefon: 03475 / 2305

Vor mehr als hundert Jahren, im Jahre 1880, begann die **Familie Palz** mit dem Weinbau. Sie gilt in der Südoststeiermark als Vorreiter der Sortenselektionierung und Rebvermehrung. Den ersten Edelwein produzierten die Winzerfamilie Palz um 1930. Noch heute wird das Weingut Josef Palz als qualitätsorientierter, selbstvermarktender Familienbetrieb geführt. In den Weingärten in den Rieden Scheming und Domberg wird naturnaher Pflanzenschutz betrieben. Produziert werden Welschriesling, Weißburgunder, Morillon, Blauburger und Zweigelt.

Weinbau Palz Josef, 8354 St.Anna a. Aigen, Plesch 24
Telefon: 03158 / 24 09

Die Familie **Herbert und Johanna Grießbacher** vulgo Nullbauer in St. Anna am Aigen kultivieren rund ein Hektar Rebfläche. Die Rieden Grub und Globitsch sind mit Weißburgunder, Sämling 88, Welschriesling und Zweigelt bestockt. Auf sorgfältige Grünarbeit und Mengenreduktion wird besonderer Wert gelegt. Gerne kredenzt die Familie im über 80 Jahre alten Gewölbekeller Kostproben.

Weinbau Herbert Grießbacher, 8354 St.Anna a. Aigen, Risola 7, Telefon: 03158 / 22 69

In den Rieden Aunberg und Schenning in St. Anna am Aigen liegen die Weingärten von **Manfred Frühwirth**. Gemeinsam mit seiner Gattin Gertrude kultiviert der Winzer drei Hektar Rebfläche, davon sind im Ertrag 2,7 Hektar. Das Weingut wird als reiner Familienbetrieb geführt. „Gediegene Handarbeit wird noch immer belohnt", so Manfred Frühwirth und verweist auf die entsprechende Ausdünnung der Trauben. Seine Weißweine baut er sowohl in Stahltanks, als auch in Holzfässer aus. Beim Rotwein praktiziert der Winzer die offene Bottichvergärung. Der Ausbau erfolgt dann in traditionellen Holzfässern und in Barriques. Seine Weine vermarktet der Weinbauer bis nach Vorarlberg.

Weinbau Frühwirt Manfred, 8354 St.Anna a. Aigen, Klapping 5, Telefon: 03158 / 22 55

Vor mehr als 140 Jahren gründete der Urgroßvater von **Peter Haarer** in St. Anna am Aigen das Weingut. In den Rieden Schemming, Zangl und Kellergarten stehen 2,8 Hektar Rebfläche im Ertrag. Welschriesling, Weißburgunder, Müller Thurgau und ein Altsteirischer Mischsatz bei den Weißweinsorten, Blaufränkisch und Blauburger bei den Rotweinsorten sind ausgepflanzt. Für die Vinifizierung der Rotweine setzt der Kellermeister auch Barriques ein.

Weinbau Harrer Peter, Waltra 12, 8354 St.Anna a. Aigen Telefon: 03158 / 22 16

Das die Südoststeiermark klimatisch für Rotweine bestens geeignet ist, hat **Alois Pfeifer** aus St. Anna a. Aigen bewiesen. Sein Zweigelt blau Jahrgang 1996 wurde beim Landesweinwettbewerb 1997 Landessieger. Seine Zweigeltweingärten machen nur 20 % seiner gesamten Rebfläche von 2,5 ha aus, doch hat er in den letzten Jahren gerade mit dieser Rebsorte ausgezeichnete Erfolge. In der Ried Schemming, auf Sand- und Kalkmuschelböden gedeihen Welschriesling, Weißburgunder, Morillon und Müller-Thurgau. Bei der Kellerwirtschaft wird mit zeitgerechten Standart gearbeitet, gekühlt vergoren und weitereTankreifung bei den Weißweinen, mit einer frühen Flaschenfüllung um die feine Frucht und frische zu erhalten. Der Zweigelt wird offen vergoren und je nach Qualitätsstufe entweder in großen Holzfässern oder auch in Barriques aus steirischer Eiche ausgebaut.

Weinbau Pfeifer Alois, Waltra 24, 8354 St.Anna a. Aigen Telefon: 03158 / 26 01

Weinbau ist ein Unternehmen mit den besten Möglichkeiten, aus eigener Kraft und Motivation eine führende Rolle einzunehmen", so **Josef Scharl** aus Plesch in St. Anna am Aigen. „Wenn auch nicht leicht, ist dieses Ziel Schritt für Schritt zu erreichen." Für den Qualitätsfanatiker ist Innovation das Um und Auf. Diese „moderne Linie", wie er sie nennt, reicht von der modernen Kellertechnik über das ausgefeilte Design der Flaschenetiketten bis zum schönen Degustationsraum.
Das Weingut Scharl – der Josef wurde vergangenes Jahr den kürzeren Namen wegen einfachhalber gestrichen – kultiviert rund vier Hektar Rebfläche. Integrierter Pflanzenschutz bei der Weingartenarbeit ist für die beiden Scharls ebenso selbstverständlich wie qualitätsorientierte Erziehungsform und saubere Laubarbeit. Im Ertrag stehen rund zehn verschiedene Rebsorten. Scharl sen.: „Die Burgunder-Sorten und der Sauvignon sind unsere besten." Für den Ausbau der Weine stehen den Winzern modernste Kellertechnik zur Verfügung. Stahltanks werden genauso wie herkömmliche Holz- und Barriquefässer eingesetzt. Letztere geben sowohl dem Chardonnay als auch dem Zweigelt die feine Tanninstruktur. So kann man den Chardonnay 1993 Barrique zu den elegantesten der Region zählen. Innerhalb kürzester Zeit hat Josef Scharl den Umgang mit den kleinen Fässern erlernt und kann die, durch die Barriquereifung gegebenen Möglichkeiten der Weinveredelung, bestens einsetzen. Mit diesen Weinen gelang ihm auch der Durchbruch in die gehobene Gastronomie. Das Weingut Scharl ist unter anderen im „Steirereck" in Wien und in der „Schmanckerlküche" in Salzburg auf der Weinkarte vertreten. Der 96er Welschriesling ist ein sehr fruchtig-frischer Vertreter dieser Rebsorte, zartduftig und mit angenehmer Säure ausgestattet.

Weinhof Scharl, Plesch 1, 8354 St.Anna a. Aigen Telefon: 03158 / 23 14

Vom Buschenschank der Familie Hütter in der Ried Schemming bei St.Anna a. Aigen gelegen, ist der Blick ins benachbarte Kapfenstein am schönsten. **Manfred und Gabrielle Hütter** bewirtschaften hier 3 ha Weingärten, in denen die Burgundersorten eine besondere Rolle spielen. Der kräftige Chardonnay und der Weißburgunder 1996 präsentieren sich sehr fruchtbetont, elegant mit harmonischer Säure. Der Sauvignon Blanc und der Muskateller sind wegen ihrer feinen Fruchtigkeit und Harmonie besonders erwähnenswert. Die edlen Obstbrände wie der Pfirsichbrand, der Nuß-, Weichsel- und Heidelbeerschnaps runden das Angebot ab.

Weinhof Manfred Hütter, Waltra 27 8354 St. Anna a. Aigen, Telefon: 03158 / 22 62

Imposant wie die drei Türme der vier Stradener Kirchen aus dem südoststeirischen Hügelland herausragen, hat sich das vielfach ausgezeichnete Weingut von **Albert und Anni Neumeister** in den vergangenen Jahren hervorgetan. Den Anfang machte im Jahre 1950 Vater Rupert Neumeister, der für damalige Zeiten ganz und gar ungewöhnliche Muskat-Sylvaner (Sauvingon blanc)-Reben auspflanzte und der seine Weine bereits sehr früh trocken auszubauen begann. Seit 1981 wird das Weingut, das die Rieden Saziani, Buchberg, Klausen, Himberg, Moarfeitl und Steintal umfaßt, mit Hang zur Perfektion sowie gepaart mit viel Charme von Sohn Albert und Schwiegertochter Anni geführt. Unterstützt werden beide von ihren

Söhnen Christoph und Matthias. Kellermeister Albert Neumeister ist nicht nur bei der Vinifizierung seiner Weine durch und durch ein Meister seines Fachs. Die Aufgeschlossenheit und wache Neugier von Albert Neumeister gegenüber neuen Ideen zur Verbesserung des Standards im Weingarten und Keller haben den bisherigen Weg des Weingutes an die Spitze geebnet. Da die Qualität des Weines und die harte Arbeit des Winzers im Weingarten beginnen, rund 70 Prozent der gesamten Rebfläche sind Steillagen, wird auf den naturnahen Pflanzenschutz ebenso wert gelegt wie auf den optimierten Einsatz der Arbeitskräfte. Aus dem Mulch finden die Rebstöcke ausreichende Versorgung mit Nährstoffen. 9,5 Hektar Rebflächen stehen derzeit in Ertrag. Als Besonderheit wurden zwar mehr Rebstöcke pro Hektar als üblich ausgepflanzt, dafür aber weniger Trauben pro Stock belassen, maximal 10 bis 16 je nach Sorte. Neben den Hauptsorten Welschriesling, Sauvingon blanc, Chardonnay und Grauburgunder runden Riesling, Pinot blanc, Traminer und Gelber Muskateller die Weißweinpalette ab. Bei den Rotweinen dominiert der Blaue Zweigelt, neben den Sorten Blaufränkisch und Cabernet Sauvignon.
Der durchschnittliche Ertrag macht 40 bis 50 hl je Hektar aus. Die Jahresproduktion beläuft sich auf rund 50.000 Stück 0,75-Liter-Flaschen Qualitätswein. Noch überwiegt im Keller das klassische Holzfaß. Zunehmende Bedeutung kommt aber der Vergärung in Stahltanks und in 300-Liter-Barrique-Fässern von Seguin Moreau zu. „Mit dem Herantasten zu einem harmonischen Barrique-Ausbau meiner Weine begann eine neue Ära in der Kellerarbeit“ schwärmt Albert Neumeister. Mit dem schwierigen 96er Jahrgang ist der Weinbauer zufrieden. Durch mehrmalige radikale Traubenselektion und spätes Lesen konnten dichte, extraktreiche und elegante Weine gekeltert werden. Sowohl Sauvingon blanc, Chardonnay, Pinot Gris als auch der Traminer zeigen ein wechselhaftes Spiel von Frucht und Säure in großer Harmonie.
Zwölf Neumeister-Weine wurden mit dem „Goldenen Schlüssel“, der höchsten Auszeichnung des Landes Steiermark, bedacht. 1996 wurde er mit seinem Weißburgunder 1995 Steirischer Landessieger. Internationale Reputation brachte dem Weingut Neumeister auch der Gewinn von zwei Silber und einer Bronzemedaillen bei der „Wine Challenge“ in London im Jahre 1993, ein Jahr darauf konnten wiederum 2 Bronzemedaillen von London nach Straden gebracht werden. Zu einer echte Spezialität haben sich in den letzten Jahren die Sauvignon blanc aus den Lagen Buchberg und Moarfeitl entwickelt. 1996 wurde er auch mit einem Sauvignon blanc „A la Carte“ Grand Cru Sieger, und beim Sauvignon blanc-Wettbewerb der Zeitschrift „essen & trinken“ belegte Albert Neumeister gleich den 1. und den 4.Platz.
Die Liste der vom Weingut Neumeister belieferten österreichischen Spitzengastronomie liest sich nicht umsonst wie ein „Who-is-who“ der heimischen Qualitäts-Gastroszene. Die eigene Buschenschank „Saziani Stub`n“ ist von März bis Oktober geöffnet. Zu den Weinspezialitäten gesellt sich hier ein vielfältiges Speisenangebot sowie außergewöhnliche Käsekultur. In dem etwa 300 Jahre alten und in schönbrunngelb leuchtenden, langhingestreckten Haus am Saziani-Berg lädt nicht nur die „Saziani Stub`n“, sondern neuerdings auch ein beschaulicher, stilvoller Verkostungsraum ein. Anregungen und Informationen nebst Terminen von Lesungen, Vernissagen oder sonstigen weinkultureller Ereignissen bietet die eigene Zeitung „Vitis Vinifera“.

Weingut Albert Neumeister, 8345 Straden 42
Telefon: 03473 / 398

Bei Kilometer 45,4 an der Gleichenberger Bundesstraße zeigt ein Wegweiser die Strecke zum Weinbaubetrieb der **Familie Pock** in Karla Nr. 1 bei Straden. Die Familienmitglieder, Max und Franz sowie Johanna und Michaela Pock bewirtschaften gemeinsam den 2,5 Hektar großen Betrieb. Ausgepflanzt wurden Welschriesling, Riesling x Sylvaner, Sämling 88, Morillon, Weißburgunder, Ruländer und Blauer Zweigelt. Die Weine, die sie am Karlaberg ernten, können sich sehen lassen. Spezialitäten sind ein Morillon Kabinett Jahrgang 1994 und 1995. Mit dem Blauen Zweigelt, Jahrgang 1993 wurde Max Pock Sieger bei der Steirischen Weinbewertung 1994. In der Spitzengastronomie sind die Pock's im Steirereck in Wien vertreten. Daneben gibts auch eine eigene Keramikproduktion.

Weinbau Max Pock, Karla 1, 8345 Straden
Telefon: 03473 / 390

Bis ins Jahr 1655 reicht der Stammbaum der Familie **Alois und Berta Oswald** aus Hof 50 bei Straden. Eindruckvoll sind die Familiendaten in der Pfarrchronik Straden dokumentiert. 1968 übernahm das Ehepaar Oswald den Betrieb. „Seit den 30er Jahren gibt es bei uns den Weinbau. Mein Großvater kultivierte noch Direktträger“, erzählt uns der Winzer. In den Rieden Rosenberg und Neusetz sind die Rebsorten Ruländer, Weißburgunder, Sämling 88 und Riesling x Sylvaner ausgesetzt. Großen Wert legt der Winzer auf die Weingartenarbeit. „Wir arbeiten noch alles händisch. Da hat man die beste Kontrolle, daß alles richtig gemacht wird“, so der Weinbauer. Im Weinbau sieht das Ehepaar Oswald auch die Zukunft. „Noch heuer werden wir eine Neuanlage in der Ried Karlaberg mit Zweigelt bepflanzen. Wir haben uns auch ein altes Winzerhaus aus Holz gekauft, in mühevoller Arbeit zerlegt und am Rosenberg auf unseren neuen Weinkeller aufgesetzt“, kommt es euphorisch aus dem Mund von Berta Oswald. „In uns steckt noch ein Pioniergeist. In ein paar Jahren werden wir weitersehen“, ergänzt Alois Oswald seine Zukunftspläne.

Weinbau Alois Oswald, Hof 50, 8345 Straden
Telefon: 03473 / 7130

Unverkennbar – ein echter Südoststeirer." Und das als Kompliment gedacht für den 86er Muskat-Sylvaner, einer Auslese, die dem Winzer **Erich Wiedner** aus Hof bei Straden gelang. Der Weinbauer kultiviert, gemeinsam mit seinem Sohn Hermann, zwei Hektar Rebfläche in den Rieden Hoch-Strandl und Schwabeck, beide Lagen mit vulkanischer Bodenstruktur. „Der Weinbau hat bei uns eine lange Tradition. Bereits unsere Vorfahren scheuten nicht die harte Arbeit in den vorwiegend steilen Lagen unserer Weingärten." Die Lagen haben es in sich. Denn auch im Jahr 1996 konnten sehr gute Qualitäten wie ein Morillon und ein Muskat-Sylvaner (Sauvignon blanc) gelesen weren. Zu den Spezialitäten des Winzers zählen eine Welschriesling Spätlese und ein Steirischer Mischsatz. Ausgebaut werden die Weine trocken bis lieblich.

Weinbau Erich Wiedner, 8345 Straden, Hof 1
Telefon: 03473 /267

Die stattliche Burg Kapfenstein, der Stammsitz der Familie **Winkler-Hermaden,** liegt im Südosten der Steiermark, in der Nähe von Fehring, unweit der ungarischen und slowenischen Grenze. Das mittelhochdeutsche Wort „kaphen" – es bedeutet soviel wie spähen oder gaffen – und das Wort Stein als Synonym für eine felsige Erhebung sind die Namensgeber für den aus dem 11. Jahrhundert stammenden Wehrbau und dessen Erbauer, dem Geschlecht der „Caphensteiner", aber auch letztendlich für den Ort selbst. Die heutige Form von Schloß Kapfenstein ist auf Bautätigkeiten im 16. und 17. Jahrhundert zurückzuführen – und so sind Elemente der Spätrenaissance heute ebenso zu erkennen wie jene des Barocks. Von der einst mächtigen Wehranlage auf dem steil aufragenden Basaltfelsen mit seinen Schutzwallen und Wehrtürmern ist nur mehr das Hauptgebäude, ein rechteckig geschlossener Baukomplex, voll erhalten geblieben. Seit 1898 ist die Burg im Besitz der Familie Winkler-Hermaden und dient heute zwei unternehmerischen Zwecken: als Restaurant-Hotel, das von Martin Winkler-Hermaden geführt wird, und als Weingut, das Georg und Margot Winkler-Hermaden leiten.
Bescheiden begann die Familie im Jahre 1918 mit dem Kultivieren von Weinstöcken. Im Laufe der Jahrzehnte entwickelte sich der Betrieb Schritt für Schritt zu seiner heutigen Größe mit 12 Hektar Rebfläche und einer Jahresproduktion von zirka 70.000 Flaschen Qualitätswein. Im Ertrag stehen zehn verschiedene Rebsorten. Während der Blaue Zweigelt mit 20 Prozent den größten Anteil an der Gesamtrebfläche hat, machen aber im Gesamten die Weißweinsorten das Gros der Produktion aus.
Die Rieden Kirchleiten, Winzerkogel, Schloßkogel, Rosenleiten, Hinteregg und an der Kapelle stehen großteils auf vulkanischen Böden, und die sanft ansteigenden Weinberge bilden mit der ausreichenden Versorgung der Weinstöcke mit Nährstoffen und den

Georg Winkler-Hermaden

kleinklimatischen Verhältnissen der oststeirischen Thermenregion ideale Voraussetzungen für den Weinbau und tragen mit den wechselhaften Temperaturzyklen zwischen Tag und Nacht ihren Teil bei, das Wachstum der Trauben bei Laune zu halten.
Georg Winkler-Hermaden schenkt seinen Weingärten größte Aufmerksamkeit, besonders während der zwei empfindlichsten Wachstumsperioden, zur Blütezeit und beim Reifebeginn der Trauben. Weiters wird eine Dauerbegrünung der Weingärten angestrebt, der Weinbauer mulcht dazu das Gras fünf- bis sechsmal im Jahr. Wie viele seiner Kollegen in dieser Region betreibt auch Winkler-Hermaden einen computerüberwachten Pflanzenschutz zur Bekämpfung der Peranosperainfektion.
Ein Kapitel für sich ist die Erziehungsart im Weingarten. Während die älteren Rebstöcke einen steirischen Bogenschnitt aufweisen, gibt es bei jüngeren Anlagen eine Flachbogenerziehung: „Neuanlagen wurden mit rund 4500 Rebstöcken pro Hektar bepflanzt. Es ist dies eine Doppelstockpflanzung und je Stock wird nur ein flacher Bogen angeschnitten."
Im ehemaligen Zehentkeller des Schlosses, einem alten, wuchtigen Gewölbekeller aus dem 17. Jahrhundert, werden die Weine vinifiziert. High-Tech und Tradition bilden dort eine Einheit. Für die Vergärung des Seihmostes und den Ausbau der Weine werden temperaturgeregelte Edelstahltanks mit Berieselungstechnik oder Kühlplatten ebenso eingesetzt wie normale Holzfässer und solche aus Barriques.
Der Morillon Ried Hinteregg 1996, „Steirische Klassik", ist harmonisch und ausgewogen im Bukett, der Morillon aus der Ried Rosenleiten verfügt über einen feinen komplexen Duft, ist gut strukturiert mit einem langen Abgang ausgestattet. Der Grauburgunder 96 hat eine rauchige Duftnote, eine Verbindung von Holz und reifer Frucht. Vom Traminer wurde 1996 in der Ried Kirchleiten eine Beerenauslese geerntet, die mit einem vollem Rosenbukett und einer kräftigen Säure ausgestattet ist.
Bei den Rotweinen wird großteils eine geschlossene Maischevergärung in einem temperaturkontrollierten Edelstahltank mit Rührwerk praktiziert. Während bei Weißweinen die Gärtemperaturen unter 20°C ange-

strebt werden, liegen sie bei Rotweinen zwischen 25° und 30°C. Diese Weine werden einem biologischen Säureabbau unterzogen. Bis zu eineinhalb Jahre reifen die Rotweine im Holzfaß, teilweise auch in kleinen Eichenfässern. Sie werden aus Eichenholz aus dem zum Gut gehörenden Wald hergestellt. Eine Rotweinspezialität des Weingutes Winkler-Hermaden ist der Olivin, die Bezeichnung für ein olivgrünes vulkanische Kristallgestein, das im Basalttuff des Kapfensteiner Kogels vorkommt und „Taufpate" für den besten Rotwein des Hauses ist.
Der 95er Olivin ist ein kräftiger, charaktervoller Rotwein, die Zweigeltfrucht ist im Vordergrund, die Gerbstoffe im Hintergrund. Der Blaue Zweigelt 1995 besticht durch seine feine Frucht und Würze; samtig, rund und geschmeidig ist der Blauburger 1995.
Die Produktpalette ist vielfältig und qualitätsorientiert, darunter der extratrockene Sekt der Oststeirer, die „Vision", sowie eine Reihe von Fruchtsäften und Edelbränden, und wird auch im familieneigenen Restaurant „Schloßwirt" angeboten. Mit einem bunten Reigen kulinarischer Kreationen versteht es Martin Winkler-Hermaden hervorragend, seinen Gästen die Früchte des Jahres stilvoll anzubieten. Die Feinschmeckerreise beginnt im März mit den „Kapfensteiner Degustationsmenüs", die zu Beginn jedes Monats stattfinden. Der Höhepunkt des Kapfensteiner Herbstes ist das „Jagdbüffet", mit einem großen Angebot an Wildgerichten. Reisebegleiter sind die jeweils dazu passenden Kreszenzen aus dem Weinkeller.

Weingut Schloß Kapfenstein, Georg Winkler-Hermaden,
8353 Kapfenstein 105, Telefon: 03157 / 2322

Von der Terrasse des Weinbaubetriebes **Ferdinand und Christine Bernhart** hat man einen schönen Blick auf die mächtige Riegersburg. Das Ehepaar kultiviert rund vier Hektar Rebflächen. Es sind dies südseitige Kessellagen mit Ganztagessonneneinfluß. Kultiviert wird Welschriesling, RieslingxSylvaner, Weißburgunder, Ruländer, Schilcher, Blauburger und Blauer Zweigelt. Als eigenständige „Spezialität" keltert Ferdinand Bernhart einen Wein aus wilden Trauben. Bedingt durch die sonnenreichen Jahre 1992 und 1993 konnten von den Rebsorten Weißburgunder und Ruländer Spätlesen und vom Ruländer sogar eine Auslese geerntet werden. Angeschlossen an das Weingut ist ein Buschenschank.

Weinbau Ferdinand Bernhart, 8333 Riegersburg
Hofberg 61, Telefon 03153 / 83 79

Vor über 100 Jahren gab es innerhalb der Burgmauern der Riegersburg das letzte Mal einen Weingarten. Der Leutschacher Winzer Andreas Tscheppe erkannte das Potential das diese Höhenlage mit sich bringt. Er schloß einen Pachtvertrag und begann 4 ha Reben auszusetzen. Je fast einen Hektar mit Weißburgunder, Morillon, Sauvignon blanc und Welschriesling. Mit dem Jahrgang 1991 war es soweit, da konnte erstmals geerntet werden. Die Trauben werden händisch gelesen und dann nach Leutschach gebracht, wo sie verarbeitet werden. Vom leichten Welschriesling bis zu kräftigen Burgundern reicht die Bandbreite der Traubenqualität. Gearbeitet wird mit modernster Kellertechnologie, wobei aber von den bukettintensiven Sorten wie dem Morillon zwei Linien vinifiziert werden. Einerseits klassisch ausgebaut, und andererseits mit Barriqueeinsatz. Die Jahrgänge 1993 und 1994 haben schon einiges von der zu erwartenden Größe der Weine, die in dieser Höhenlagen gewachsen sind, gezeigt. Vermarktet werden die Weine von der Vinothek Karnerhof, Alois Pechmann, der auch für das Design der Etikette verantwortlich ist.

Burgweinbau Riegersburg, 8333 Riegersburg
Vertrieb: Vinothek Karnerhof, Alois Pechmann
8410 Wildon, Karnerhofweg 1, Telefon: 03182 / 7202

Südöstlich von Riegersburg, am Schießlkogel 12 in Hatzendorf, liegt das Weingut der Familie **Alois Eibel**. Der gelernte Elektromechaniker entschloß sich erst spät, den Weinbau zu seinem Lebensinhalt zu machen. Seit 1980 bewirtschaftet der leidenschaftliche Hobbyfotograf am Schießlkogel zwei Hektar Rebfläche. Dieser Kogel soll im Mittelalter ein beliebter Treffpunkt für Hexen und Zauberer gewesen sein. Heute wachsen dort erstklassige Trauben, und aus denen „zaubert" Alois Eibel hervorragende Weißweine. Mit seinem kernigen Welschriesling 1992 startete Alois Eibel erstmals groß durch und konnte bei einem regionalen steirischen Wettbewerb gleich den ersten Platz als bester Welschriesling belegen. Weitere Spezialität des Hauses sind ein Morillon, ein Weißburgunder und ein Blauer Wildbacher, der als Rotwein ausgebaut wird.

Weinbau Alois Eibel, 8361 Hatzendorf
Schießl 12, Telefon: 03155 / 39 30

Bereits seit dem 17. Jahrhundert wird auf den Rieden des Weinbaubetriebes von **August und Anna Brunner** in Kleegraben 15 in Ilz Weinbau betrieben. Die Linie der Weine wird von Franz Brunner bestimmt. Im Ertrag stehen 1,5 Hektar Rebflächen mit Welschriesling, Weißburgunder, Morillon und Blauer Zweigelt in der Riede Rosenberg. Die halbtrockene Burgundercuvée ist von den Brunner´schen Weinen besonders hervorzuheben. Das Weingut wurde 1991 mit seinem Weißburgunder 1990 in den österreichischen Weinsalon aufgenommen. An das Weingut angeschlossen ist ein Buschenschank, der von Ostern bis Ende Oktober geöffnet ist.

Weinhof Brunner, 8262 Ilz, Kleegraben 15
Telefon: 03385 / 77 15

Tradition verpflichtet. Seit 1796 ist der Obst- und Weinbaubetrieb von **Heribert Pilz** in Gschmaier bei Ilz in Familienbesitz. Der Obst-, Weinbau- und

Kellermeister übernahm den Betrieb von seinen Eltern Alfred und Maria Pilz. Der Rebsortenspiegel ist für eine Gesamtrebfläche von 1,5 Hektar typisch steirisch: Welschriesling, Weißburgunder, Chardonnay, Sauvignon blanc, Müller-Thurgau, Schilcher, Zweigelt und Blauburgunder. Bepflanzt sind sie auf den Rieden Antlaberg und Lichtenegg. Auf einen kurzen Nenner bringt Heribert Pilz das Wesentliche bei der Weinproduktion: „Kurzer Anschnitt, Traubenreduzierung, Laubarbeit." Seine Weißweine vergärt er zum großen Teil in Stahltanks, ehe er sie in Holzfässer weiter ausbaut. Beim Rotwein praktiziert er die offene Bottichvergärung. Zu den Spezialitäten des Hauses zählen der Weißburgunder Kabinett, ein Welschriesling-Winzersekt und ein Tresterbrand. Seine vielfach prämierten Weine werden großteils ab Hof vermarktet. In der Spitzengastronomie werden Pilz-Weine im Schloßhotel Obermayerhofen angeboten.

Weinbau Heribert Pilz, 8265 Groß Steinbach
Gschmaier bei Ilz 112, Telefon: 03386 / 280

Mächtig stemmt sich der 200 Jahre alte Vierkanthof in Wagerberg 25, Bad Waltersdorf, in die Landschaft. Mit dem Weinbau wurde vor zwanzig Jahren begonnen. Einen Generationswechsel gab es vor sechs Jahren, als **Katharina und Karl Glatz-Nöhrer** den Betrieb übernahmen. Auf den zwei Hektar Rebflächen kultivieren sie in den Rieden Wagerberg, Wagerbergberg und Sauberg die Sorten Welschriesling, Weißburgunder, Riesling x Sylvaner, Zweigelt und Schilcher. Das Wesentliche bei der Weingartenarbeit ist für das Winzerehepaar ein biologisch integrierter Pflanzenschutz. Verstärkte Laubarbeit und das Ausdünnen der Trauben sind für sie selbstverständlich. Weißweine werden großteils im Stahltank vergärt und gelagert. Der Zweigelt wird zum Teil auch weiß gekeltert. Die Spezialität des Hauses ist das „Römerblut", eine Zweigelt-Jahrgangscuveé.Neben Qualitätsweinen werden feine Edelbrände, wie Tresternbrand, Ringlotten, Hirsch-Mostbirne angeboten. Weiters gibt es noch Hausgeselchtes, Sulz, Hauswürste, Schafkäse, Kernöl und vieles mehr zu kaufen.
Ein Buschenschank mit schattigem Innenhof und einer urigen Gaststube wird mit kleinen Unterbrechungen ganzjährig betrieben.

Weingut Katharina Glatz-Nöhrer, 8271 Bad Waltersdorf, Wagerberg 25, Telefon: 03333 / 2427

Der steirische Wein lebt von seiner Sortenvielfalt. Diese Botschaft könnte auf keinen anderen Weinbauer besser zutreffen als auf **Franz Hutter** aus Reiting bei Feldbach. Mit bestechender Dynamik, ausgerüstet mit dem nötige Fachwissen und den Mut für innovative Entscheidungen, führte der junge Winzer innerhalb kurzer Zeit das Weingut an die Spitze der steirischen Weinproduzenten. Die Unternehmensstrategie von Franz Hutter ist klar definiert – einerseits Qualitätswein zu produzieren und andererseits sich mit dem stets wachsenden und verändernden Markt auseinanderzusetzen. Daß dies dem Weinhof Hutter schon seit Jahren gut gelingt, beweist einerseits eine Auszeichnung aus dem Jahr 1988, als ein Welschriesling Qualitätswein Jahrgang 1987 durch den österreichischen Weinsalon prämiert wurde.
Seit mehr als 250 Jahren, die erste urkundliche Erwähnung stammt aus dem Jahr 1726, gibt es die Familie Hutter schon in dieser reizvollen oststeirischen Hügellandschaft. Heute bewirtschaftet Franz Hutter rund 4,5 Hektar Weingärten. Um die hochgesteckten Ziele zu erreichen, gute Qualitätsweine zu keltern, gehört die exakte Weingartenarbeit zum Einmaleins des Winzers. Dem Ausdünnen der Trauben kommt dabei besondere Bedeutung zu. Neben sämtlichen Rotweinsorten sind es vor allem der Weißburgunder und Sauvignon blanc, die rigoros im Sinne des Wortes beschnitten werden. Das Ergebnis sind Jahr für Jahr Weine hoher Gradationen. 1993 war für Franz Hutter wieder einmal ein außerordentlicher reifer Jahrgang. Am Reitingberg ließ der Winzer seinen Weißburgunder in mehreren Durchgängen ernten. Der Weingarten liegt in unmittelbarer Nähe des Weinhofes, es ist eine Südsüdwestlage mit einem schottrig-lehmigen Boden und hohen Eisenanteil sowie mit einer extremen Hangneigung von rund 50 Prozent. „Die Trauben aus der Vorlese brachten schon 16° KMW", erzählt Franz Hutter. „Mit rund 18,5° KMW wurde dann die Hauptlese begonnen. Ein an und für sich schönes Resultat für den Weißburgunder. Doch die Natur meinte es noch besser mit uns", erinnert sich der Weinbauer. Denn die Nachlese dieses Weißburgunders erzielte für steirische Verhältnisse unglaubliche 28,5° KMW. Das war die Geburt eines hervorragenden Ausbruch-Weines. „Meines Wissens ist es die höchste je in der Steiermark gemeldete Gradation", ist Franz Hutter sichtlich stolz auf seine Errungenschaft. Zur Vergärung kam dann der Wein ins Holzfaß, ehe er für kurze Zeit im Barriquesfaß lagerte. „Dieser Weißburgunder ist so extraktreich, daß die Holztöne des kleinen Eichenfasses fein eingebunden werden." Die besondere Säure dieses Weines bringt einen frischen Abgang und bindet die Fruchtsüße harmonisch ein.
Aber auch alle anderen Weine von Franz Hutter haben Rasse und Klasse. Dazu zählen die Weißen wie der Sauvignon blanc, der Rote Traminer, der Morillon oder der Welschriesling. Der 96er Sauvignon blancKabinett zeigt einen intensiven Brennesselduft, einen kräftigen Körper mit feiner Säure und sehr langem Abgang.
Bei den Rotweinen dominiert der Blaue Zweigelt. Im Ertrag stehen weiters Sorten wie Blauburger und Cabernet Sauvignon. Vinifiziert werden die Weine sowohl in Edelstahltanks als auch in Holzfässern. Besondere Jahrgänge und Qualitäten werden in Barriquesfässern ausgebaut. So der Blaue Zweigelt Barrique 1995, der dunkelrot mit schönen rubinroten Reflexen, fruchtig frisch im Duft und im zartherben

Bukett mit zarten Tanninen unterlegt ist.
Franz Hutter beschäftigt sich auch mit der Erzeugung von Sekt und Frizzante. Eine Reihe von Edelbränden, Fruchtsäften, Obst, verschiedene Essig- und Kernölsorten komplettieren den Reigen der selbsterzeugten Produkte. Verkostungen sind jederzeit möglich. Angeschlossen ist auch eine Buschenschank.

Weinhof Franz Hutter, Reiting 2, 8330 Feldbach
Telefon: 03152 / 4422

In vielen traditionellen Weinbauregionen gab es in den vergangenen Jahren umfangreiche technische Erneuerungen, die große Investitionen mit sich brachten. Auch im oststeirischen Hügel- und Grabenland machte diese Entwicklung nicht halt. Oft genug ist es die nachrückende Winzergeneration, die zukunftsorientiert in neue Technologien investiert und so ihren Weinen eine völlig neue Linie verleiht. Der Weinbaubetrieb und Buschenschank **Alois Stocker** aus Oberlamm 43, rund sieben Kilometer von der Heiltherme Loipersdorf entfernt, scheute nicht vor Erneuerungen im Betrieb. Zum einen drängte der Junior, ein Absolvent der Weinbaufachschule Klosterneuburg, zu neuen Schritten, zum anderen bot sich der allgemeine Trend zu Erneuerungn förmlich an. So stehen jetzt im Keller für die Vinifizierung der Weißweine Edelstahltanks zur Verfügung. Und für den Ausbau des Blauburger wurden kleine Barriquesfässer angeschafft, die diesem Rotwein ein feines Bukett ebenso verleihen wie einen zarten unaufdringlichen gerbstoffreichen Geschmack.
Mit seinem Blauburger Barrique, Jahrgang 1993 wurde Alois Stocker Sortensieger bei der Steirischen Weinbewertung 1994.

Weinbau Alois Stocker, Oberlamm 43, 8352 Unterlamm, Telefon: 03155 / 8180

Die Weinberge von **Karl Breitenberger** liegen verstreut rund um Kaibing, einem kleinen Ort an der Wechselbundesstraße zwischen Gleisdorf und Hartberg. Daß in dieser Gegend schon die Römer Weinbau betrieben haben, zeigt ein in der Pfarrkirche von St. Johann bei Herberstein eingemauerter Römerstein. Deutlich ist dort eine Weinranke zu erkennen. Der junge Weinbauer bewirtschaftet in Kaibing 71 einen sogenannten gemischten landwirtschaftlichen Betrieb mit etwas mehr als zwei Hektar Weingärten. Er ist ein lustiger, geselliger Mensch – ein g'spaßiger Kerl könnte man sagen –, sehr sprachgewandt und mit viel Fachwissen ausgestattet. Die Arbeit als Weinbauer nimmt Karl Breitenberger sehr ernst. „Im Weinbau geht es mir immer um den logistischen Aufbau der Arbeit. Nicht was ein Weinbauer mit seiner Arbeit erwirbt, sondern was er durch sie wird, ist entscheidend." Das Ergebnis dieser konsequent verfolgten Linie ist sicherlich mit ein Grund für den Erfolg dieses oststeirischen Winzers, der sich als Obmann der steirischen Weinbau- und Kellermeister vor allem um die Steigerung und und im weiteren um die Erhaltung der erreichten Qualitäten engagiert. Seine Rebflächen liegen alle in reiner Südlage um den Kaibingsberg und zählen zu den besten Lagen dieser kleinen Weinbauregion. „Bewußt haben wir unsere Rieden nach den für sie bestens geeigneten Rebsorten bepflanzt. Die kleinklimatischen Vorzüge dieser Lagen ergänzen sich hervorragend mit den unterschiedlichen Bodentypen", erklärt der Winzer. Burgundersorten und der Sauvignon blanc finden auf den sandigen Lehmböden gute Wachstumsbedingungen vor. Auf felsigen Urgesteinsböden steht zum Beispiel der Rheinriesling im Ertrag, der einen Löwenanteil an der Gesamtrebfläche ausmacht und an dem eine Trauben-Selektion durch Vorlesen vorgenommen wird. „Zuerst gibt es eine Negativlese, das heißt, gesundes Traubenmaterial wird noch am Stock hängengelassen und später mit höherer Reife geerntet." Die sorgfältige Pflege der Weingärten ist das Um und Auf für gesundes Traubenmaterial. Dabei geht der Weinbauer auch eigene Wege. „Wir arbeiten bewußt mit etwas mehr Laub, da dies die Lunge des Rebstockes ist", ist Karl Breitenberger von diesem Weg überzeugt.
Der Weinbaubetrieb von Karl Breitenberger hat sich in den vergangenen Jahren enorm entwickelt. Rebflächen wurden zugekauft, Erneuerungen durchgeführt. Der technische Fortschritt im Weinkeller zeigt sich bei den Edelstahltanks, die Anfang der neunziger Jahre angeschafft wurden. „Die Umstellung auf temperaturkontrollierte Gärung mit den Edelstahltanks hat der Linie unserer Weine gutgetan", erklärt Karl Breitenberger. „Dadurch können wir hochwertige, reife aber dennoch feine und zarte Weine erzeugen, die sich mit einer schönen Säurestruktur und einer reintönigen Sortenfinesse präsentieren." Die vier Hauptträger des Weinbaubetriebes sind der Rheinriesling, der Sauvignon blanc, der Weißburgunder und der Ruländer. Gekeltert werden weiters ein Welschriesling, Sämling 88 und ein Blauer Zweigelt.
Das Paradestück der breitenbergerischen Weinproduktion ist aber zur Zeit die „Sunnseitn", eine Cuvée aus Sauvignon blanc, Ruländer und Weißburgunder, von der Grundqualität reinsortig im oberen Kabinettbereich gelesen und dann gemeinsam vergoren. Der 96er Wein ist sehr fruchtintesiv und mit allen Feinheiten und Vorzügen der drei Rebsorten ausgestattet. Der Riesling 1996 zeigt eine fruchtige Reife und Fülle - verbunden mit einem feinen Bukett und einer erfrischenden Säure. Ein Wein von großer Rasse und Eleganz.
Seit mehreren Jahren befaßt sich der Karl auch mit dem Ausbau seiner Weine in kleinen Barriquesfässern aus steirischem Eichenholz denn: „Dort wo der Wein wächst, wächst bestimmt auch das beste Holz für's Faß." Zwölf bis 15 Monate reift der Zweigelt in den Barriques bevor er in Flaschen gefüllt wird. Der Blaue Zweigelt Barrique 1995 besticht durch sein kräftiges Kirschbukett, die Tannine sind fein mit der Frucht verwoben und unterstützen den Gesamteindruck.

Karl sen. und Karl jun. Breitenberger mit Familie

Karl Breitenberger vermarktet seine Produkte, unter ihnen auch eine Reihe von Edelbränden, großteils ab Hof bzw. über den Buschenschank, der von Vater Karl und Mutter Johanna betreut wird und als heimlicher Mittelpunkt der Region gilt.
Karl Breitenberger, der Jüngere, ist auch eine besondere Partner-Freundschaft mit zwei Gleichgesinnten eingegangen. Zum einen mit Georg Winkler-Hermaden, seinem Weinbaukollegen aus Schloß Kapfenstein, zum anderen mit Günther Stalzer Junior, Haubenkoch im familieneigenen Gasthof Stalzer in Pöllau. „Die 3" beschreiten einen eigenen Weg zur Pflege der Wein- und Eßkultur. Durch verschiedene Menüfolgen versuchen sie die Harmonie zwischen Speisen und Wein zu wahren und diese kulinarischen Schmankerln gemeinsam mit Freunden – „unsere Gäste sind auch unsere Freunde" – zu verkosten.

Weingut Karl Breitenberger, 8221 Kaibing bei Stubenberg Kaibing 71, Telefon: 03113 / 87 71

Seit die Römer mit der Ziehung und Kultivierung von Rebstöcken begannen, ist der Wein eine feste Konstante der weinbautreibenden Zivilisationen: Zwar unterscheiden sich Qualität, Weinkultur und auch im Kleinen die Praktiken zur Erzeugung je nach Zeit und Land, der Wein selbst hatte und hat in allen Gesellschaften stets einen hohen Stellenwert. Und dem Weinbauer brachte der Weinbau Wohlstand und Ansehen. Das war früher so und ist heute nicht anders. **Karl Thaller**, der es durch den Weinbau in der Oststeiermark schaffte, erfolgreich wie kaum ein zweiter in dieser Region zu sein, ist zu beneiden. Er führt einen Musterbetrieb, welcher auf einem für die Steiermark so typischen kleinen Hügel liegt und dem jungen Winzer einen traumhaften Blick über das herrliche Panorama dieses Landstriches mit seiner alles überragenden, mächtigen Riegersburg freigibt. Karl Thaller, der Familienmensch – Gattin Maria und die Kinder Bettina, Kathi, Michi und Karli komplettieren das Sextett – fühlt sich wohl in Maierhofbergen bei Großwilfersdorf. Innerhalb von nur wenigen Jahren hat der Weinbau- und Kellermeister seinem Weingut ein neues Gesicht gegeben, hat den Familienbetrieb von bescheidenen ein Hektar Rebfläche Anfang der achtziger Jahre zu einem stattlichen Betrieb mit heute 8,5 Hektar Weingärten geführt.
Die Professionalität, wie Karl Thaller seinen Weinbaubetrieb leitet, zeigt sich am augenscheinlichsten in seinem im Frühjahr 1994 völlig neu adaptierten und umgebauten Weingut. Alte Elemente wurden da mit jungen Ideen verbunden, die Buschenschank in Raumzentren gegliedert: mit dem G'wölb und seinem offenen Kamin, mit der Stub'n und seiner bäuerlich-rustikalen Einrichtung oder mit dem Ritterzimmer. Alles in allem ein wohldurchdachtes System, um allen Anforderungen gerecht zu werden und den Gästen kleine architektonische Inseln der Gemütlichkeit zu bieten und ihnen auch das Gefühl zu geben, nur für sie dazu sein. „Unsere Kunden müssen einen weiten Weg zu uns fahren, da haben sie ein Anrecht auf Erholung", erklärt der Weinbauer.
Mit Karl Thaller ist ein Mann am Werk, der den Weinbau zu seiner Lebensphilosophie gemacht hat und dem die Qualität seiner Weine sehr am Herzen liegt: „Wenn du wirklich Qualität produzieren willst, mußt du mit beiden Beinen im Geschäft stehen" und spielt dabei auf sein starkes Engagement an.
In den Rieden Steinfeld, Sandleitn, Jullerltal stehen zehn verschieden Rebsorten im Ertrag, nahezu ein Drittel davon sind Rotweinsorten. Die Bodenstrukturen der Weinberge sind unterschiedlich. Die Ried Sandleitn am Tautenberg hat sandige Böden und ist sehr durchlässig. Hier wachsen Chardonnay und Blauer Burgunder. Im Jullerltal finden Welschriesling, Zweigelt und der Blaue Wildbacher ideale Wachstumsbedingungen vor. „Die Steiermark ist durch ihre Sortenvielfalt bekannt, dadurch hat man als kleiner Betrieb alle Jahre die Möglichkeit, einmal mit dieser Weinsorte, ein anderesmal mit jener besonders hervorzustechen", so Karl Thaller.
Um die im Weingarten immer wiederkehrenden Blattkrankheiten auf ein Minimum zu reduzieren, betreibt Karl Thaller einen computerüberwachten Pflanzenschutz in seinen Weingärten. „Durch die Auswertung und Analyse dieser mikrochipgesteuerten Meßanlage kann ich gezielt etwaigen Infektionsgefahren im Weingarten vorbeugen." Der Weinbaumeister betreibt auch ein striktes Ausdünnen des Traubenbe-

hanges. Im allgemeinen sind Weißweinsorten weniger empfindlich bei erhöhten Ertragsmengen. Bei übermäßigem Behang büßen Rotweine an Farbe, Volumen und Geschmack ein. „Der Blaue Burgunder ist am empfindlichsten. Man muß ständig wachsam sein und die Anzahl der Trauben auf ein Minimum halten. Etwas unkomplizierter ist der Cabernet Sauvignon. Mit den kleinen Beeren und den dicken Schalen trotzen diese Trauben einen etwaigen Wasserüberschuß." Eine generelle Ertragsbeschränkung zur Qualitätserhaltung gilt aber für alle Rebsorten.
Karl Thaller favorisiert bei den Weißweinen die zarte, feine Linie. Sämtliche Weißweine werden in Edelstahltanks temperaturgeregelt vergoren und reduktiv ausgebaut. Das Steckenpferd des Weinbauern ist der Welschriesling, der 96er ist ein feiner, elegant-fruchtiger Wein. Der Chardonnay Kabinett1996 verfügt über komplexe Aromen, die in eine harmonische Säurestruktur eingebunden sind.
Die Rotweine werden unterschiedlich gekeltert. Zum einen wird eine offene Bottichvergärung praktiziert, zum anderen kommt die Maische der blauen Trauben zur Vergärung in den Stahltank. Der weitere Ausbau erfolgt dann sowohl in normalen Holzfässern als auch in Barriques. Der Zweigelt 95 hat eine fruchtbetonte Nase, ein weicher Rotwein, der mit ausgewogenen Gerbstoffen ausgestattet ist. Der Blaue Burgunder 95 verfügt über eine weiche Fruchtfülle, ist rund und mit weichen Tanninen ausgestattet.

Weingut Karl Thaller, 8263 Großwilfersdorf
Maierhofbergen 24, Telefon: 03387 / 29 24

Eine kleine Arche Noah ist der Weinbau- und gemischte landwirtschaftliche Betrieb von **Johann Stocker** aus Übersbach 64 in Fürstenfeld. Kühe, Schweine, Hühner und vieles mehr tummeln sich auf dem Weinhof und tragen mit dazu bei, daß sich die Familie auf ihrem mächtigen, aus dem Jahr 1777 stammenden Vierkanthof, selbst versorgen kann. Vor nahezu einhundert Jahren begann man hier Weinstöcke zu setzen. Die Rebflächen waren nie übertrieben groß, wurden aber stets sorgsam gepflegt und mit einer Vielzahl von Sorten bepflanzt. Nicht weniger als sieben verschiedene Rebsorten stehen heute auf bescheidenen 1,4 Hektar Weingartenfläche am Hausweingarten in Übersbach sowie in der Ried Buchberg im Ertrag. „Wir profitieren viel von der Heiltherme Loipersdorf. Kururlauber kommen immer wieder zu uns und sind begeistert von der Qualität der Weine", freut sich der Wein-Bauer, der in diesem oststeirischen Hügelland auch den für die Weststeiermak so typischen Schilcher keltert. „Eurer is' net so sauer. So schmeckt er mir besser", gibt ein Wiener Kurgast fachmännisch seinen Kommentar dazu ab. Die Hauptsorte ist allerdings der Welschriesling. Die Weine sind alle sehr fein und bekömmlich in der Säure. „Wenn uns die Natur keinen Strich durch die Rechnung macht, lesen wir die Trauben vornehmlich im Spätlesenbereich. Mit der sorgfältigen Laubarbeit und dem rigorosen Ausdünnen von Trieben und Trauben tragen wir das unsere dazu bei", erklärt der junge Hans Stocker. Ebenso sauber wird im Weinkeller gearbeitet. „Wir versuchen aus dem, was uns die Natur schenkt, das Beste zu machen." Ein Spiegelbild dieser Arbeiten ist die 83er Weißburgunder Spätlese. Das stilvolle, duftige Burgunderbukett verbindet sich mit der fruchtigen und noch kraftvollen Säure zu einem ereignisreichen Wein. Tanninintensiv und rubinrot zeigt sich der Blaue Zweigelt Barriques Jahrgang 1995 in einem schönen Kleid zarter Fruchtaromen von schwarzen Johannes- und Brombeeren. Von kraftvoller Struktur ist der Ruländer Jahrgang 1996, mit einem schönen Säurespiel am Gaumen mit langem Abgang.

Weinbau Johann Stocker, 8280 Fürstenfeld
Übersbach 64, Telefon: 03382 / 53 6 00

Es muß alles darauf ausgerichtet sein, bestes Traubenmaterial in den Keller zu bekommen. Unter dieser Maxime arbeitet in der Oststeiermark **Josef Habersack** auf seinem Weingut in Stadtbergen 7 bei Fürstenfeld. Seine 2,4 Hektar Weingärten werden dementsprechend bearbeitet. „Wir sind auf niedrige Erträge ausgerichtet", erzählt der Weinbauer. Er sucht auch ständig nach Wegen, noch besser, effizienter zu arbeiten. Seine Konzentration liegt ganz bei der Kultivierung von nur zwei Rebsorten: dem Welschriesling und dem Blauen Zweigelt. Mit dem im Ertrag stehenden Welschriesling besitzt Josef Habersack ein großes Kaliber dieser Rebsorte. „Es gelang uns, aus einem alten Weingarten 50 Jahre alte Welschrieslingstöcke zu erhalten und diese weiterzuzüchten." Diese kraftstrotzenden Weinstöcke liefern jetzt Jahr für Jahr gesunde Trauben, die Erntemenge von diesen alten Stöcken ist zwar sehr gering, dafür sind sie umso Bukettintensiver. Geerntet wird alles per Hand. Die Vinifikation der Weine nimmt Josef Habersack persönlich vor, und stark traditionsgebunden ist seine Arbeitsweise. So baut der Winzer seine Weine durchwegs in Holzfässern aus. Der Welschriesling Jahrgang 1996 besitzt eine feinwürzige Note mit einer fruchtunterstützten Säurestruktur. Der 96er Zweigelt rosé ist fruchtig und spritzig. Der Rotwein wird mittels offener Maischevergärung vinifiziert. Das sich Josef Habersack dafür viel Zeit nimmt sieht man an der dunklen Farbe des Blauen Zweigelt 1995. Helles Rubin , fruchtig und kräftig im Volumen. Eine weitere Spezialitäten sind der Zweigelt Rosé und ein Weinbrand vom Riesling Sylvaner. In seiner Arbeit wird Josef Habersack von seiner Gattin Rosemarie und Mutter Maria unterstützt, die mit ihm gemeinsam die Weingärten pflegen.

Weinbau Josef Habersack, 8280 Fürstenfeld
Stadtbergen 7a, Telefon: 03382 / 53 6 91

Dem Weinbau angemessen Respekt und Aufmerksamkeit schenken, sich aufs Wesentliche konzentrieren und dabei noch Akzente setzen – **Johann Lang** aus St. Johann bei Herberstein ist kein Zweifler, noch weniger Zögerer. Mit Mut zu Erneuerungen setzte der Weinbauer vor nicht allzu langer Zeit neue Schritte in seiner Art der Weinbereitung, brachte Edelstahl in den Keller und verfeinerte gleichsam den Ausbau seiner Weine mit dem Einsatz von wertvollen Barriquefässern. Sein Weinbaubetrieb steht auf historischem Boden, läßt sich doch die erste urkundliche Erwähnung mit Jahr 1381 datieren: 600 Jahre Geschichte – das verpflichtet. Gemeinsam mit Gattin Irmtraud und Sohn Wolfgang bewirtschaftet der Weinbauer 2,5 Hektar Rebfläche, großteils Südlagen in der Ried am Hoferberg, mit der er äußerst sorgsam umgeht. Das fängt beim Schnitt an, setzt sich in der konsequenten Laubarbeit fort und reicht bis zur rigorosen Traubenausdünnung und ist so für ihn ein Garant für künftig gute Weinqualitäten. Als Hauptsorte wird der Welschriesling gekeltert, sauber mit einer frischen Frucht besticht er mit einem schönen Säurerückgrat. Mit weichen Tönen und einem harmonischen Wechselspiel von Säure und Frucht zeigt sich die Morillon Spätlese in guter Verfassung. Der Zweigelt Barrique ist mit seiner rubinroten beinahe ins Violette gehenden Farbgebung, den feinen Tannintönen und einem langanhaltenden Abgang eine tolle Bereicherung des Weinsortiments, das zum Teil in zahlreichen Spitzenrestaurants in Österreich angeboten wird. Großteils werden die Produkte ab Hof vermarktet bzw. über die dem Weingut angeschlossenen Buschenschank.

Weingut Johann Lang, 8222 St.Johann bei Herberstein, Hoferberg 27, Telefon: 03113 / 85 60

Nachweislich wird auf den Rieden des Weingutes **Maurer & Maurer** in Gleisdorf seit 1446 Weinbau betrieben. Knapp nach der Jahrhundertwende, im Jahr 1901, kam der Betrieb in den Besitz der heutigen Familie. Kultiviert werden rund vier Hektar Rebfläche in den Rieden Hohenberg und Kirchweg. Dort findet sich fast die gesamte steirische Sortenpalette. Vom Welschriesling, Weißburgunder, Morillon, Bouvier, Riesling x Sylvaner, Schilcher, Blauem Zweigelt bis zum Blauburger wurde alles ausgepflanzt. Ing. Josef Maurer ist für die Kellerwirtschaft verantwortlich. Im Weingarten kultiviert er seine Trauben in einer niederen Erziehungsform, um die Laubwand zu erhöhen. Mehr Laub am Weinstock bringt eine höhere Ausreifung der Trauben und dadurch eine bessere Weinqualität. Die Erträge sind auch relativ gering, nur 4,5 hl/ha werden durchschnittlich gelesen. Für die Vergärung werden temperaturgesteuerte Edelstahltanks eingesetzt. Dementsprechend feinfruchtig und frisch sind auch die Weine von Josef Maurer.

Weinbau Maurer & Maurer, 8200 Gleisdorf Hohenberg 34, Telefon: 03112 / 20 05

Am Ölberg liegt ein Teil der Weingärten der Familie **Alois und Gerlinde Postl.** Am Ölberg in der Nähe von Hartberg. Seit mehr als 150 Jahren gibt es die Postl's schon in dieser Gegend. Die wechselvolle Geschichte der Familie hat seit dieser Zeit mit dem Weinbau zu tun. Das Weingut mit angeschlossenem Buschenschank liegt in Ring Nr. 80, rund zwei Kilometer oberhalb von Hartberg. Etwas mehr als zwei Hektar Weingärten sind derzeit ausgepflanzt. Welschriesling, Weißburgunder, Morillon, Schilcher und Blauer Zweigelt stehen im Ertrag. Wird beim Rotwein, dem Blauen Zweigelt, eine offene Maischevergärung mit anschließendem Ausbau im Holzfaß praktiziert, kommen die Weißweine, Welschriesling, Weißburgunder und Morillon, zur Vergärung in Stahltanks und dann in Holzfässer zur weiteren Reifung. Die Postl Weißweine zeichnen sich durch ein harmonisches Frucht-Säureverhältnis aus. Als Gustostückerln werden im Weingut Apfel- und Birnenbrände genauso angeboten wie ein Zweigelt Weinbrand. Kernöl, Honig und als Raritäten Wildbret vom Damhirsch sowie Selchfleisch und Wurstspezialitäten runden das Angebot im Buschenschank, der von März bis Dezember geöffnet ist, ab.

Weinbau Alois Postl, Ring 80, 8230 Hartberg Telefon: 03332 / 63 2 19

Adressen und Telefonnummern der beschriebenen Weinbaubetriebe:

Südsteiermark

8403 Lang

Lenhard Franz, Göttling 20	03182 / 7186

8430 Leibnitz

Assigal August, Seggauberg 45	03452 / 86811
Bischöfliches Weingut Seggau, Seggauberg 1	03452 / 71123
Kieslinger Otto, Kogelberg	03452 / 82780
Weinbauschule Silberberg, Kogelberg 16	03452 / 82339

8430 Kaindorf a.d.Sulm

Dr.Heidinger Helmut,Grottenhof 16	03452 / 72352

8441 Fresing

Gerngroß Josef, Hochbrudersegg 11	03456 / 2922
Schrotter Wolfgang, Brudersegg 11	03456 / 3418
Wohlmuth Gerhard, Fresing 24	03456 / 2303

8442 Kitzeck

Weingut Albert, Christian Cramer, Gauitsch 19	03456 / 2239
Heber Alfred, Kirchenwirt	03456 / 2225
Weinhof Kappel, Steinriegel 25	03456 / 2347
Lambauer Georg, Greith 19	03456 / 2235
Schauer Karl, Greith 21	03456 / 3521
Schwarz Hans, Greith 34	03456 / 2256
Warga-Hack, Gauitsch 20	03456 / 2282

8505 St.Nikolai im Sausal

Pichler - Schober, Mitteregg 26	03456 / 3471
Strauß Herbert, Petzles 6	03456 / 3485

8444 St.Andrä

Hirschmugl Franz, Rettenberg 97	03456 / 2684

8413 St.Georgen a.d. Stiefing

Jöbstl Johann, Badendorf 9	03183 / 409

8424 Gabersdorf

Potzinger Herbert, Gabersdorf 12	03452 / 82277

8471 Spielfeld

Kugel Christian, Graßnitzberg 42	03453 / 2592
Polz Erich und Walter	03453 / 2730
Rupp Klaus, Obegg 11	03453 / 4017
Strablegg Robert, Graßnitzberg 58	03453 / 2605

8461 Berghausen

Tement Manfred, Zieregg 13	03453 / 4101
Firmenich Dieter, Berghausen 62	03453 / 2435

8461 Ehrenhausen

Georgischlößl Wagner Günther	03453 / 2553
Steirischer Weinvertrieb	03453 / 2423
Weinkellerei Regele, Ewitsch 34	03453 / 2426
Schwarzl Johann, Ottenberg 32	03453 / 2820

8461 Ratsch

Maitz Wolfgang, Ratsch 45	03453 / 2153
Gross Alois, Ratsch 10	03453 / 2527
Jakope Ilse, Kästenburg, Ratsch 66	03453 / 2565

8462 Gamlitz

Adam Rupert, Kranach 13	03453 / 2485
Adam Otmar, Steinbach 53	03453 / 3830
Casutt Werner, Kranach 17	03453 / 5356
Dietrich Franz, Sernau 13	03453 / 3384
Dietrich Johann, Eckberg 9	03453 / 4203
Dreisiebner Josef, Sulztal 35	03453 / 2590
Dreisiebner-Muster, Grubtal 14	03453 / 2300
Elsnegg Engelbert, Eckberg 26	03453 / 4812
Ferlinz Franz, Eckberg 22	03453 / 2392
Grasmuck Karl, Hauptstraße 51	03453 / 2278
Kapun Raimund, Grubtal 39	03553 / 32564
Klapsch Franz, Labitschberg 8,	03453 / 32562
Knaus Robert, Sulztal 8	03453 / 2652
Krenn Erhard, Eckberg 28	03453 / 3763
Lambauer Josef und Eva, Eckberg 37	03453 / 2570
Lackner-Tinnacher Friedrich	03453 / 2142
Liebmann Sepp, Sulztal 29	03453 / 3022
Nekrep Josef, Eckberg 72	03453 / 2248
Riegelnegg Karl, Sernau 21	03454 / 490
Riegelnegg Otto, Steinbach 62	03454 / 6263
Söll Johannes, Steinbach 63a	03454 / 6667
Sabathi Otto, Kranach 51	03453 / 2900
Sabathi Erwin, Pößnitz 48	03454 / 265
Sattlerhof, Sernau 2	03453 / 2556
Schloß Gamlitz, Familie Melcher	03453 / 2363
Schnabl Franz, Sernau 6	03453 / 3010
Schwarzl Johann, Ottenberg 32	03453 / 2820
Skoff Peter, Kranachberg 50	03454 / 6104
Strauß Karl, Steinbach 16	03453 / 3434
Tinnauer Johann, Labitschberg 42	03453 / 2391
Trabos Josef, Kranach 30	03454 / 430
Zierer Ing. Wolfram, Eckberg 25	03453 / 2475
Zweytick-Pilch Anton, Ottenberg 34	03453 / 2582

8463 Leutschach

Hernach Herbert, Pößnitz 84	03454 / 6178
Horvath Gerhard, Schlossberg 99	03454 / 6196
Lamprecht Erwin, Pößnitz 41	03454 / 342
Masser Johann, Pößnitz 39	03454 / 324
Maßer Peter, Fötschach 41	03454 / 467
Pronegg Karl, Kranach 5	03454 / 261
Puschnig Josef, Glanz 32	03454 / 329
Repolusk Roland, Glanz 41	03454 / 313
Sabathi Erwin, Pößnitz 48	03454 / 265
Schwarzl Reinhold, Arnfelserstraße 12	03454 / 238
Tscheppe Eduard, Pößnitz 168	03454 / 205
Tschermonegg Albin, Glanz 50	03454 / 326-0

8453 Eichberg-Trautenburg

Klug Josef, Eichberg 18	03454 / 6163
Lieleg Franz, Eichberg 39	03454 / 439
Rothschädl Anton, Eichberg 20	03454 / 6363
Skringer Johann, Eichberg 28	03456 / 2666
Skringer Josef, Eichberg 53	03455 / 7755
Strablegg Franz, Eichberg 54	03455 / 429
Wildbacher Thomas, Eichberg 56	

Südoststeiermark

8093 St. Peter am Ottersbach
Frauwallner Alois, Wittmannsdorf 3 — 03477 / 2174
Rossmann Helmut, Bierbaum 37 — 03477 / 2664
Ploder Alfred, Rosenberg 86 — 03477 / 3234
Liebmann Anton, Rosenberg 92 — 03477 / 2327
Rauch Günter, Perbersdorf 30 — 03477 / 2510

8481 Weinburg
List Anton, Siebing 17 — 03472 / 8279

8361 Hatzendorf
Eibel Alois, Schießl 12 — 03155 / 3930

8333 Riegersburg
Bernhart Ferdinand, Hofberg 61 — 03153 / 8379
Burgweinbau Riegersburg, Andreas Tscheppe 03182 / 7202

8330 Feldbach
Hutter Franz, Reiting 2 — 03152 / 4422

8352 Unterlamm
Stocker Alois, Oberlamm 43 — 03155 / 8180

8263 Grosswilfersdorf
Thaller Karl, Maierhofbergen 24 — 03387 / 2924

8230 Hartberg
Noehrer Josef, Safenau 11 — 03332 / 64963
Familie Postl, Ring 80 — 03332 / 63219

8221 Kaibing bei Stubenberg
Breitenberger Karl, Kaibing 71 — 03113 / 8771

8222 St. Johann bei Herberstein
Lang Johann, Hoferberg 27 — 03113 / 8560

8265 Großsteinbach
Pilz Heribert, Gschmaier bei Ilz 112 — 03386 / 280

8280 Fürstenfeld
Stocker Johann, Übersbach 64 — 03382 / 53600
Habersack Josef, Stadtbergen 7a — 03382 / 53691

8492 Halbenrain
Lamprecht Fritz, Hürth 37 — 03475 / 2248

8493 Klöch
Domittner Günther, Klöch 4 — 03475 / 2206
Giessauf Johann, Klöch 63 — 03475 / 7265
Gräflich Stürgkh´sches Weingut — 03475 / 2223
Frühwirt Friedrich, Deutsch-Haseldorf — 03475 / 2338
Müller Walter, Klöch 51 — 03475 / 7160
Pölzl Josef, Kirchenberg 57 — 03475 / 2388
Winkler Leopold, Klöchberg 76 — 03475 / 7274
Wonisch Josef, Klöch 65a — 03475 / 2347

8355 Tieschen
Edelsbrunner Josef, Hof-Neustift 87 — 03473 / 7816
Kolleritsch Horst, Tieschen 5 — 03475 / 2305
Platzer Manfred, Pichla 25 — 03475 / 2331

8354 St.Anna am Aigen
Grießbacher Herbert, Risola 7 — 03158 / 2269
Haarer Peter, Waltra 12 — 03158 / 2216
Scharl, Josef, Plesch 1 — 03158 / 2314
Palz Josef, Plesch 24 — 03158 / 2409
Pfeifer Alois, Waltra 24 — 03158 / 2601
Frühwirt Manfred, Klapping 5 — 03158 / 2255
Hütter Manfred, Waltra 27 — 03158 / 2262

8345 Straden
Neumeister Albert, Straden 42 — 03473 / 308
Wiedner Erich, Hof 1 — 03473 / 267
Oswald Alois, Hof 50 — 03473 / 7130
Pock Max, Karla 1 — 03473 / 390

8353 Kapfenstein
Winkler-Hermaden Georg — 03157 / 2322

Weststeiermark

8563 Ligist
Kremser Fritz, Dittenberg 91 — 03143 / 3959

8511 St.Stefan ob Stainz
Fuchs-Maierhofer Josef , Gundersdorf — 03463 / 81480
Grinschl Max, Gundersdorf 50 — 03463 / 813012
Hiden Franz, Hochgrail 66 — 03463 / 81817
Jochum Anton, Greisdorf 4 — 03463 / 81484
Kleindienst-Kainz Horst,
Gundersdorf 9 — 03463 / 81291
Klug Josef, vlg. Voitl, Steinreib 14 — 03463 / 813022
Klug Markus, Hochgrail 100 — 03463 / 81753
Langmann Stefan, Langegg 23 — 03463 / 81204
Lazarus Josef, Langegg 20 — 03463 / 81405
Lukas Max, Hochgrail 101 — 03463 / 81111
Oswald Eduard, Lestein 40 — 03463 / 81082
Strohmeier Hubert, Lestein 48 — 03463 / 81855

8524 Bad Gams
Koller Johann, Feldbaum 35 — 03462 / 2923

8510 Stainz
Ulz Alfred, Hauptplatz 2 — 03463 / 2216

8530 Deutschlandsberg
Leitinger Johann, Steinwandweg 12 — 03462 / 42349
Pongratz Gerhard, Glashütten 135 — 03462 / 3984

8551 Wies
Ing. Jöbstl Johann, Wernersdorf — 03466 / 42379
Lipp Josef, Etzendorf 38 — 03465 / 20584
Reiterer Christian, Lamberg 2 — 03465 / 20835
Franz Kröll, Aug 44 — 03465 / 25 18
Müller Maria, Krass-Etzendorf 5 — 03465 / 39 10

8544 Pölfing-Brunn, St.Ulrich im Greith
Kuntner Erich, Obergreith 48 — 03465 / 3383
Karl Malli, Tombach 3 — 03465 / 3322
Prattes, vlg Schwab Pitschgauegg 22 — 03465 / 2757

8552 Eibiswald
Kiefer Karl, Hörmsdorf 88 — 03466 / 42496
Krottmayer Franz, Kornriegl 4 — 03466 / 43756
Strohmeier Josef, Haiden 53 — 03466 / 42414

Rezepte in alphabetischer Reihenfolge

Namensregister

Ortsregister

Fotonachweis:

Seite 30, Wohlmuth
Seite 63, 76, Josef Ertl
Seite 70, Tscheppe
Seite 140, Herbert Pirker
Seite 199, Breitenberger

alle anderen Farb- und s/w Bilder sind von Rudolf Lantschbauer

BLAUFRÄNKISCH
BARRIQUE - ERNTE 1992
WOHLMUTH